# 자본시장법 강의

입문에서 중급까지

# CAPITAL MARKET ACT

자본시장법은 이름 그대로 자본시장에 관한 법, 자본시장에서 일어나는 일들에 관한 법이다. 자본시장법은 무엇을 하고자 이렇게 방대한 '규제의 천라지망'을 펼치고 있는 것일까? 자본시장법의 목적과 사명을 한 문장으로 정의하자면, 1. '자본시장'에서, 2. '금융투자상품'에 관한, 3. 제반 '행위'를, 4. '규제'하는 5. '통합법'이라고 할 수 있다.

[2024년 판]

# 자본시장법 강의

## 입문에서 중급까지

성희활 지음

캐피털북스

## 2024년 판 머리말

만 2년 만에 출간하는 이번 개정판은 2022년~2023년 2년간의 변화를 반영하였다. 지난 2년간 주요 변화를 살펴보면, 먼저 법령 측면에서는 크게 세 가지를 들 수 있다. 첫째는 불공정거래에 대해서 금융위원회의 과징금 부과를 도입한 것이고, 둘째는 불공정거래에 대한 벌금과 과징금 부과 시 부당이득 산정방식을 법제화한 것이며, 셋째는 내부자거래 사전공시제의 도입이다.

불공정거래에 대한 과징금 부과는 2015년 시장질서 교란행위에 대한 과징금 도입으로 제한적으로 시작되었는데 이제 모든 불공정거래에 대한 과징금 부과가 가능해져 불공정거래 제재의 패러다임적 변화가 예상된다. 부당이득 산정방식은 2009년 이후 불공정거래 관련 소송에서 중대한 쟁점 중 하나였는데 이를 입법적으로 해결하고자 한 것이다. 그러나 2023년 법제화된 부당이득 산정방식은 그동안 헌법재판소와 대법원이 배척한 단순차액방식에 기반하고 있다는 점에서 위헌성 논란이 불가피할 것으로 보인다. 내부자거래 사전공시제는 주요주주와 임원이 대량의 주식을 매도할 경우 사전에 이를 공시할 것을 요구한다. 이 제도의 본질은 내부자거래 규제라기보다는 주식 대량보유자의 매출을 규제하는 것인데 2023년 말에 전격 통과된 자본시장법은 이를 내부자거래 규제 관점에서 접근하고 있다. 이번 개정판은 이러한 사항들에 대한 자세한 해설을 추가하였다.

한편 시장 측면에서도 여러 변화가 있었는데, 그중에서 중요한 몇 가지만 들자면 투자계약증권의 시대가 열렸다는 점과 코넥스시장의 일반투자자 투자제한 철폐 및 ATS인 다자간 매매체결회사의 예비인가가 처음으로 이루어졌다는 것 등을 들 수 있다.

투자계약증권의 시대가 열렸다는 점은 무엇을 말할까? 2022년 4월, 뮤직카우의 '저작권료 참여청구권'이라는 신종 증권에 대해서 금융당국은 자본시장법 역사상 처음으로 'Howey 기준'에 따른 증권성 판단을 내렸다. 이어서 증권성 판단 가이드라인을 발표하고 이를 미술품과 한우 등 여러 조각투자에 대해서도 적용하여 신종 증권에 대한 규제를 본격화하였다. 그리고 2023년에는 미술품 조각투자 상품을 공모하기 위한 투자계약증권신고서가 처음으로 제출되었다. 이러한 증권성 판단은 향후 각종 신종 증권뿐만 아니라 수많은 가상자산에 대해서도 유사하게 적용될 것이라는 점에서 투자계약증권의 시대가 열렸다고 해도 과언이 아니다. 이를 감안하여 이번 개정판에서는 투자계약증권에 대한 해설을 거의 논문 수준으로 상세하게 기술하였다.

한편 코넥스시장의 일반투자자 투자제한 철폐는 그동안 위험한 발행시장으로서의 성격을 감안하여 일반투자자의 코넥스투자를 제한했던 것을 다 철폐하여 코넥스시장을 코스피 및 코스닥시장과 동일하게 유통시장화 하였다는 의미가 있다. 코넥스시장의 기원과 본질을 생각할 때 그다지 바람직하다고 볼 수 없다는 이유와 그렇다면 이제는 코넥스시장에 주어진 간주모집 규제 특례도 폐지되어야 한다는 이유를 설명하였다. 다자간 매매체결회사는 2013년 개정 자본시장법에 도입되었는데 10년 만에 처음으로 넥스트레이드가 예비인가를 받아 2025년부터는 본격적인 영업이 가능할 것이다. 2000년대 초반 몇 년간 한국증권거래소와 코스닥증권시장이 경쟁을 벌인 적이 있었지만 양 시장의 상장 종목이 달랐다는 점에서 진정한 경쟁이라고는 볼 수 없었다. 이제 동일한 상장종목을 두고 진정한 경쟁이 이루어진다는 점에서 약 70년간의 거래소 독점 체제가 무너진다는 역사적 의미가 크다. 그동안 법문에만 존재하던 최선집행의무가 큰 쟁점으로 부각될 수밖에 없어서 이에 대한 각별한 관심이 필요하다.

부족한 책에 관심을 주시는 독자 여러분의 건강과 평온, 그리고 행복을 기원합니다. 감사합니다!

2024년 1월

성희활

# 2022년 판 머리말

만 2년 만에 개정판을 발간하게 되었다. 이번 개정판은 2020년 3월부터 2022년 3월까지의 관련 법령과 제도의 변화를 반영하였다.

천변만화하는 세상사가 그렇듯이 지난 2년 동안 우리 자본시장에도 많은 변화가 있었는데, 그 중 중요한 것들을 꼽자면 우선 라임·옵티머스펀드 등 일련의 사모펀드(보다 정확히는 사모펀드 중 헤지펀드) 사태와 입법적 대응을 들 수 있다. 2011년 이후 단기간에 급성장한 사모펀드가 부실 운용과 부실 판매로 투자자에게 큰 손실을 초래하였고 시장의 건전성도 크게 훼손되었다. 이로 인해 금융회사의 영업행위에 관한 기본법이라 할 금융소비자보호법이 발의된 지 거의 10년 만에 2020년 국회를 통과하여 제정되었고 2021년부터 시행되고 있다. 그리고 자본시장법상 사모펀드 규제도 변화되었는데 사모펀드 최소 투자금액이 3억원으로 상향되었으며, 헤지펀드와 PEF로 양분한 사모펀드 체계를 일반사모펀드와 기관전용사모펀드로 재편하고 양자 간에 운용 등 기본 규제사항을 일원화하였다.

한편 전대미문의 글로벌 팬데믹인 코로나19 사태를 맞이하여 경기

불황을 방어하고 방역 조치로 인한 사업 손실을 보전하기 위해 각국 정부는 통화팽창과 확장 재정정책을 집행하였고 이에 따라 자본시장도 큰 영향을 받았다. 넘치는 통화와 자본시장의 급등은 유례없는 개인투자자의 시장 유입으로 이어졌고, 이 개인투자자들은 자국 시장은 물론이고 외국 증권시장에도 투자를 확대하면서 글로벌 스마트 투자자의 모습을 보여줬다. 개인투자자들이 급증하고 그 목소리도 커지면서 우리 자본시장 정책에도 큰 영향을 끼쳤는데 바로 공매도 규제의 강화다. 지난 2년간 우리 증권시장의 가장 뜨거운 논쟁이었던 공매도 문제는 결국 불법 공매도를 내부자거래·시세조종 등과 같은 불공정거래와 동일한 수준으로 처벌하는 입법으로 귀결되었다.

이 개정판은 이와 같은 변화를 감안하여 금융소비자보호법에 대한 설명을 대폭 반영하였고, 사모펀드에 대한 설명을 수정 및 보완하였으며, 공매도 규제 강화에 대한 설명을 보완하였다. 그리고 영업행위 규제 중 정보교류차단장치(차이니스월)에 대한 법률 개정과 그로 인한 영향에 대한 설명을 추가하였고, 직무 관련 정보의 이용 금지에 대한 법률 개정의 의미에 대한 설명도 추가하였다. 기타 몇 가지 사항에 대해서 설명을 보완하고 오류를 바로잡았다. 한편, 쉬어가는 코너로서 독자들의 자본시장법에 대한 관심과 이해 제고에 도움이 될 수 있도록 저자가 신문에 게재한 칼럼 중 몇 편을 중간 중간 관련 부분에 배치하였다.

독자들의 건강과 평온, 그리고 건승을 늘 기원합니다. 감사합니다!

2022년 3월

성희활

# 2020년 판 머리말

자본시장법에 대한 입문용 저서를 집필하는 동안 늘 마음에 되새긴 원칙은 "최대한 쉽게 쓰자"와 "저자의 숨결이 느껴지도록 친근하고 생생한 문장으로 쓰자"였다. 그리고 「입문에서 중급까지」라는 부제처럼 입문자뿐만 아니라 어느 정도 기본적 공부가 된 사람들도 의미있는 통찰을 얻을 수 있도록 제도의 취지나 이유 및 배경도 많이 설명하자는 것이었다. 저자의 이러한 의도가 독자들에게 얼마나 전달되었는지는 알 수 없으나 초판이 예상보다 빨리 매진됨으로써 저자의 진정성이 조금이나마 인정받은 듯 하여 기쁘고 감사한 마음이다.

초판이 매진되었으니 책을 추가로 발간해야 하는데 수정없이 2쇄로 할 것인지 아니면 그동안의 법령 개정 등을 반영하여 개정판으로 발간할 지 고민이 되었다. 원래 이 책의 성격은 입문용으로서 법령과 제도의 상세한 내용보다는 기본적인 원리와 취지를 주로 서술했기에 법령 개정에 따른 보완 작업은 그다지 필요하지 않기 때문이다.

고민 끝에 개정판으로 발간하기로 했는데 그 이유는 첫째, 초판에 사소하지만 몇 군데 오타와 오인용 및 잘못되거나 불명확한 설명이 있어서 이를 바로잡을 필요가 있었고 둘째, 자본시장 분야는 변화가 많고 법령도 자주 바뀌기 때문에 입문용 저서라 할지라도 변화의 추세를 적시에 반영하는 것은 바람직하다고 생각했기 때문이다.

그럴지라도 기본적 원리 중심의 설명을 담고 있는 책의 성격은 그대로이므로 초판을 가지고 있는 독자라면 굳이 이 개정판을 다시 구입할 필요성이 크지 않다고 할 것이다. 초판 독자를 위해서 주요 수정 및 보완 사항을 간단히 설명하면 다음과 같다. 우선 중요한 부분은 스튜어드십 코드에 따른 기관투자자의 주주활동 강화를 위해 2020년 2월 개정·시행된 시행령상의 5% 보고제도에 대한 설명이다. 5% 보고제도는 2005년 이후 가장 큰 폭으로 개정되었는데 제도의 기본적인 틀이 바뀌었으므로 다른 자료를 통해서라도 이를 숙지할 필요가 있다. 다음은 총수익스왑(TRS)의 탈법적 이용 사례를 간단히 제시하면서 입법적 조치를 촉구한 것이다. 그리고 시장가매매와 단일가매매 등 증권시장 매매제도 관련 잘못된 설명을 수정하는 한편 불명확한 부분을 보완하였고, 신주인수권증서에 대한 설명의 오류를 수정하였으며, 증권신고서 정정 부분을 수정 및 보완하였고, 우회상장 규제 근거에 법령 부분도 언급하였으며, 여타 사소한 몇 가지를 수정 및 보완하였다.

독자들의 변함없는 성원을 기대하면서 남다른 디자인과 품질로 책의 완성도를 높여 주시고 이 개정판 출간도 기꺼이 맡아 주신 캐피털북스의 김정수 대표님께 깊은 감사를 드린다. 그리고 초판을 꼼꼼히 읽고 오류와 불충분한 부분에 대해서 유익한 의견을 준 한국거래소 장인봉 박사와 소병기 팀장께도 감사를 드린다.

2020년 2월

성희활

# 머리말

자본시장은 경제 시스템의 양대 기둥이라 할 수 있는 금융과 기업이 한데 어우러져 있는, 국민경제의 핵심 기반이자 현대 자본주의의 정수라고 할 수 있다. 경제의 발전에 따라 자본시장도 나날이 발전하여 우리나라를 비롯한 여러 선진국의 자본시장은 이제 거대한 복잡계 시스템이 되어 규모와 범위를 가늠하기도 어려운 수준이 되어 있다. 이에 따라 이를 규율하는 자본시장법 또한 규제의 천라지망이 되어 있는 것이 현실이다.

저자는 약 30년에 걸쳐 자본시장과 인연을 맺었다. 우리 자본시장의 중추인 한국거래소에서 19년간 일하였고, 최근 10년간은 인하대학교 법학전문대학원 교수로서 자본시장법과 상사법을 강의하여 왔다. 증권이나 자본시장에 대해서 아무 것도 모르던 시절부터 업무와 연수, 연구와 강의를 거듭하면서 자본시장과 그 규제법에 대한 체계적 이해와 소박하나마 독자적인 규제철학도 갖출 수 있게 되었다.

이 책은 저자의 이해와 통찰을 바탕으로 방대하고도 어려운 자본시장법을 가급적 쉽게 이해할 수 있도록 쓴 기본적인 해설서이다. 망망대해와 같은 자본시장법을 공부할 때 작은 길잡이나마 되었으면 하는 바램으로, 저자가 그동안 학교와 학교 밖의 여러 기관(상장회사협의회, 금융투자협회, 서울지방변호사회, 사법연수원 등)에서 강의하면서 사용한 강의록을 바탕으로 집필하였다. 집필 대상으로 상정한 독자는 자본시장법을 처음 공부하는 사람들과, 자본시장법에 대한 기초적인 지식이 있는 상태에서 이 법에 대한 보다 체계적인 이해를 필요로 하는 사람들이다. 그래서 책 제목의 부제를 「입문에서 중급까지」로 하였다.

책의 내용은 입문자를 위한 아주 기본적인 사항들부터 시작하여, 자본시장법의 규제체계와 규제법리에 대한 개괄적 설명을 위주로 하면서, 때로는 현행 규제의 체계와 법리가 형성된 배경, 이유 및 문제점 등 다소 깊은 수준의 사항들까지 상당수 다루고 있다. 서술 방식은 일반적인 개론서처럼 다른 학자들의 저서와 논문을 인용하고 논의하는 학술적 서술 방식이 아니라, 강의실에서 마주보고 이야기 하듯 강의식으로 서술하였다. 따라서 각주에 인용하는 참고문헌은 약간의 판례와 금융위원회 등 공적 규제기관의 보도자료 및 필자의 기존 논문 몇 개로 최소화함으로써 독자가 읽어 나가기에 편하게 하였다.

이 책을 제대로 읽고 이해하게 되면, 처음 공부하는 사람들은 기업과 회사의 차이가 무엇인지, 유가증권 · 증권 · 주식 · 주권은 어떻게 다른지, 기업공개와 상장은 어떻게 구분되어 진행되는지, 금융투자회사와 상장기업에 대한 규제 수준과 범위는 어떻게 차별화되어 있는지, 기업의 인수 · 합병(M&A)은 무엇이고 법적으로 어떻게 그리고 왜 규율되는지, 금융위원회와 증권선물위원회 및 금융감독원은 서로 어떤 관계인지를 알 수 있을 것이라 기대한다.

그리고 기초 지식이 있는 독자는 4대 규제 패러다임을 바탕으로 자본시장법의 전체적인 체계를 한 눈에 조망할 수 있게 되고, 투자계약증권과 파생상품의 정확한 개념과 무한한 확장성을 이해할 수 있을 것이며, 금융투자업에 대한 방대한 규제에 놀랄 것이고, 상장법인에 대한 규제의 범위와 한계를 알게 될 것이며, 불공정거래에 대한 허술하면서도 치밀한 규제에 새삼 경각심을 가지게 될 것이라고 기대한다.

이 책으로 기본적인 지식을 얻은 다음 더 고급 수준을 원한다면 보다 학술적인 해설서와 논문들을 보는 것이 좋을 것이다. 고급 수준의 문헌으로는 다양한 판례 소개와 그에 대한 상세한 해설, 우리 자본시장법의 뿌리라 할 수 있는 미국 증권법에 대한 설명, 다른 학자들의 주장에 대한 인용과 비판, 그리고 비교법적 관점과 저자의 규제철학에 입각한 제도 비판과 개선방안 제시 등을 담고 있는 책과 논문이 바람직해 보인다.

이 책을 쓰면서 저자는 의도적으로 "그것은 왜 그럴까?", "그 이유는 ... 때문이다"라는 문장들을 많이 사용하였다. 그리고 곳곳에 사례 문제와 해설을 배치하였다. 그 이유는 첫째, 독자들이 책을 읽을 때 기계적으로 읽어 나가는 것이 아니라 스스로 생각해 볼 수 있는 기회를 많이 제공하고자 함이었다. 둘째는 제도와 규제의 배경과 이유를 설명함으로서, 단순히 현행 제도의 현황과 조문의 문구를 외우는 것이 아니라 그 제도와 조문이 존재하고 또 변화될 수 밖에 없는 기본 원칙들을 가급적 많이 습득하고 체화할 수 있도록 하고자 하였기 때문이다. 그리고 사례 문제들을 통하여 책에 있는 기본 원칙들이 실제로 어떻게 적용되는지 현장감을 느껴 보기를 원하였기 때문이다.

기본적으로, 현황이 아니라 배경과 기본 원칙을 잘 숙지하고 있으면 법령 개정으로 세부적 사항이 변할지라도 공부와 업무 활용에 별 지장이 없다. 그리고 자본시장법과 같은 방대하고 전문적인 법에 대한 해설서는 구체적 사항에 대한 설명이 많으면 좋겠지만 필수적인 것은 아닐 수도 있다. 아무리 자세하고 정확하게 기술한 책이라 할 지라도 수시로 변하는 자본시장법령의 특성상 책만 보고 현행 규제를 파악한다는 것은 너무 위험하므로, 그때 그때 필요할 때마다 법령을 직접 보고 확인해야 하기 때문이다. 이런 면에서 언론 기사는 아주 훌륭한 공부 교재라 할 수 있다. 이 책과 같이 기본 원칙을 충실히 설명한 해설서들로 기초를 닦은 상태에서, 매일 매일 언론 기사들을 읽고, 메모로 정리하고, 이해가 잘 안되는 부분은 이리저리 관련 자료들을 찾고, 전문가들에게 묻고, 주변 동료들과 토론하다 보면 어느새 고급 수준에 가 있는 자신을 발견하게 되리라 믿는다.

보잘 것 없는 책이지만 이 책을 쓰면서 여러분들께 감사의 마음이 들었다. 먼저 출판을 맡아 주신 김정수 서울파이낸스앤로그룹 대표님께 감사드리고 싶다. 무려 2천 페이지에 가까운 『자본시장법 원론』의 저자이기도 한 김 대표님은 저자가 재직했던 한국거래소의 임원 출신으로서, 거래소 시절부터 오늘에 이르기까지 저자에게 학문적 멘토로서 아낌없는 조언과 도움을 주셨다.

　다음으로 저자가 한국증권법학회의 총무이사와 부회장으로 일해 온 동안, 회장으로 재임하시면서 지도와 조언을 해 주신 이철송 건국대 법학전문대학원 석좌교수님, 송옹순 변호사님(세종), 송종준 충북대학교 법학전문대학원 교수님, 임재연 변호사님(율촌), 김순석 전남대학교 법학전문대학원 교수님께도 깊은 감사의 말씀을 드리고 싶다. 특히 이철송 교수님은 저자의 학부 시절 은사셨고, 그 이후에도 저자를 학계로 이끄시고 이모저모로 지도해 주셔서 더욱 감사드리고 싶다. 저자의 박사과정 지도교수이셨던 미국 Indiana University at Bloomington School of

Law의 J. William Hicks 교수님은 학문적 업적으로나 인격적으로나 저자가 무한한 존경을 드리는 스승으로서 다시 한 번 감사를 드리고 싶다.

그리고 이 책을 출판할 수 있도록 지원해 준 인하대학교 법학연구소와 친구이자 상사법 담당 동료인 정준우 인하대학교 법학전문대학원 교수, 그리고 인하대학교 법학전문대학원의 여러 동료 교수님들께도 감사드린다. 저자의 오늘이 있기까지 가장 큰 도움과 영향을 준 한국거래소와 선후배 및 입사 동기들께도 남다른 감사의 말씀을 드리며, 한국거래소의 무궁한 발전을 기원하고 싶다. 저자가 연구년차 미국에 체류하면서 이 책을 집필하는 동안 기도와 격려로 응원하여 주신 블루밍턴 한인침례교회 박정환 목사님 내외분과 여러 집사님들께도 감사의 말씀을 드리고 싶다.

무엇보다 가장 큰 감사의 말은 내 존재의 근원이자 삶의 의미가 되는 사랑하는 부모님과 우리 가족들께 드리고 싶다. 예수 그리스도의 사랑으로 우리 생명 다하는 날까지 서로 사랑하며 살기를 소망하면서.

2018. 12. 20.

성희활

# 목차

## 제1장 총론

# 제2장 자본시장법을 이해하기 위한 기본 지식

# 제3장 금융투자업 규제

# 제4장 증권 발행에 대한 규제 (공모규제)

# 제5장 공개·상장법인의 계속공시의무

# 제6장 기업의 인수 · 합병(M&A) 규제

# 제7장 불공정거래 규제

# 제1장

# 총론

# 제1절 자본시장법 개요
## 자본시장법은 무엇을 하고자 하는 법인가?

보통 '자본시장법'이라고 부르는 법률의 공식 명칭은 「자본시장과 금융투자업에 관한 법률」이다. 이 법은 다른 법률들에 비해서 몇 가지 두드러진 특징을 가지고 있다. 첫째, 법령의 분량이 방대하다. 법률만으로도 총 449개조가 넘는데, 이 법률에서 위임을 받아 구체적 사항을 정하고 있는 대통령령(시행령이라고도 한다)과 총리령(시행규칙이라고도 한다)이 각각 390개조와 41개조로 이루어져 있다. 이뿐만 아니라 법령(법률과 시행령 및 시행규칙을 포괄하는 개념)의 위임을 받아 이 법령의 집행을 주관하는 금융위원회가 만드는 각종 규정도 있고, 금융위원회 규정의 위임에 따라 금융감독원이 정하는 시행세칙도 있다. 게다가, 한국거래소와 금융투자협회 등 자율규제기관이 만드는 규정과 시행세칙들도 있다. 더욱이 정확한 숫자를 알기도 어려울 만큼 많은 지침, 가이드라인, 행정지도 등 그림자규제도 있다. 이 모든 법령과 규정, 지침들이 치밀하게 맞물려 자본시장 규제라는 거대한 그물망을 형성하고 있는 것이다.

둘째, 법령과 규정의 내용이 매우 전문적이고 복잡하다. 자본주의 경제체제의 핵심은 기업과 금융이다. 그리고 이 기업과 금융은 고도로 발달한 현대 사회의 특성을 반영하여 대단히 복잡하다. 민법이나 형법과 같이 전 국민의 생활에 직결되는 기본법들은 법을 전문적으로 공부하지 않은 일반인들도 어느 정도 이해할 수 있는 일상어로 쓰여 있지만, 자본시장법 영역은 법학 지식뿐만 아니라 기업과 금융 및 회계에 이르기까지 여러 분야의 관련 지식이 있어야만 법령과 규정을 정확히 이해할 수 있다.

셋째, 조문 하나의 내용도 상당한 분량인 경우가 많다. 예를 들어, 금융투자회사의 이해상충을 방지하기 위한 정보교류차단장치(일명 '차이니스월')에 대해서 2020년 개정되기 전 법률(제45조 정보교류의 차단)과 시행령이 200자 원고지 50매의 분량으로 규정하고 있었고, 금융위원회의 「금융투자업규정」에서 또 약 40매의 분량으로 규정하고 있었을 정도였다.

자본시장법은 무엇을 하고자 이렇게 방대한 '규제의 천라지망'을 펼치고 있는 것일까? 자본시장법의 목적과 사명을 한 문장으로 정의하자면, 1. '자본시장'에서, 2. '금융투자상품'에 관한, 3. 제반 '행위'를, 4. '규제'하는, 5. '통합법'이라고 할 수 있다. 각각의 요소별로 자세히 살펴본다.


## 1. 자본시장법은 '자본시장'에 관한 법이다

자본시장법은 이름 그대로 자본시장에 관한 법, 자본시장에서 일어나는 일들에 관한 법이다. 그러면 자본시장이란 무엇인가? 자본시장은 증권시장과 파생상품시장을 통칭하는 용어이다. 증권시장은 기업 등 자금을 필요로 하는 자가 주식·채권 등 증권을 발행하여 자금을 조달하고, 투자자들이 서로 간에 그 증권을 거래하는 곳이다. 보다 세부적으로 구분하면, 기업 등이 자금을 조달하는 시장을 발행시장이라 하고 투자자들이 거래를 하는 시장을 유통시장이라 한다. 파생상품시장은 각종 위험을 관리하고자 하는 자들이 선물이나 옵션 등 파생상품을 이용하여 위험을 헤지(hedge)하거나, 이들을 상대로 투기적 동기에서 거래 상대방이 되어주는 거래가 일어나는 곳이다.

자본시장과 금융시장은 어떤 관계인가? 금융시장은 금융 활동이 일어나는 모든 곳을 포괄하는 상위 개념이다. 이 금융시장은 은행·증권·보험 등으로 구성되어 있는데, 수신과 여신을 업으로 하면 은행, 위험관리를 담당하면 보험, 카드·리스·대부 등 여신만 담당하면 비은행여신이 된다. 자본시장은 원칙적으로 이들 은행·보험·여신전문업을 제외한 대부분 영역이 속하는 곳이라고 할 수 있다. 자본시장의 개념과 범위가 이렇게 넓으면서 또한 포괄성과 확장성을 가지는 이유는 자본시장의 상품 자체가 많기도 하지만, 자본시장에서 거래되는 증권과 파생상품의 범위가 불확정적이라는 점과 이들 개념의 포괄주의적 성격 때문이기도 하다. 예를 들어 최근 크게 활성화되고 있는 P2P 대출과 가상화폐 등은 기존 금융상품과 전혀 다른 새로운 성질을 가져서 금융시장 중어디에 속하는지 불확실한데, 이들 상품의 설계에 따라서는 증권의 범위에 포함될 여지가 많고 따라서 자본시장법의 규제 대상이 될 가능성이 크다.[1] 그뿐만 아니라 수익형부동산과 같이 금융이나 자본시장과 관계없어 보이는 신종 투자상품도 자본시장법의 규제 대상이 될 수 있다.

---

1   P2P 대출을 규제하는 법으로서 2019년 제정된 「온라인투자연계금융업 및 이용자 보호에 관한 법률」(약칭: 온라인투자연계금융업법)은 제3조 제4항에서 "이 법에 따른 원리금수취권은 「자본시장과 금융투자업에 관한 법률」 제3조 제1항에 따른 금융투자상품으로 보지 아니한다"고 명시적으로 자본시장법의 적용을 배제하고 있다.

## 2. 자본시장법은 자본시장의 '금융투자상품'에 관한 법이다

자본시장법은 모든 금융상품을 규제하는 법이 아니라 금융상품 중에서 '투자성'이 있는 것만을 규제대상인 금융투자상품이라 정의하고 이를 거래하는 '행위'에 대한 법이다. 따라서 금융투자상품의 정의는 자본시장법으로 들어가는 문이라고 할 수 있다. 금융투자상품이 아니면 증권회사 등 금융투자회사가 거래하더라도 자본시장법이 적용되지 않고, 금융투자상품이라면 금융투자회사가 아니라 은행, 보험회사, 기타 일반인들에게도 자본시장법이 적용되는 것이다. 그러면 금융투자상품이란 무엇인가? 금융투자상품의 자세한 개념과 내용에 대해서는 따로 설명하기로 하고, 여기서는 일단 은행 등 수신기관의 예금과 대출, 보험회사의 보험상품, 여신전문금융기관(카드, 리스 등)의 여신상품을 제외한 대부분의 금융상품이 자본시장법이 적용되는 금융투자상품이라고 이해하면 된다.


## 3. 자본시장법은 자본시장의 금융투자상품에 관한 여러 '행위'에 대한 법이다

자본시장법은 주로 자본시장에서 금융투자상품에 관련된 '행위'에 대한 법이다. 금융투자상품에 관한 '행위'란 무엇이며 어떠한 것들이 있는가? 자본시장의 참여자는 기본적으로 자금 수요자인 기업과 자금 공급자인 투자자이며, 이외에 추가로 기업과 투자자의 중간에서 상호 간의 거래를 연결해 주는 금융투자회사도 있고 이들을 감독하고 규제하는 금융당국도 있다. '행위'는 이들 자본시장의 참여자들이 자본시장에서 행하는 일련의 행동들이고, 자본시장법은 이러한 행동들이 자본시장과 국민경제에 미치는 영향을 고려하여 무제한의 자유를 허용하지 않고 적절하다고 판단하는 수준으로 규제한다.

'행위'의 종류를 보면, 우선 기업이 증권 등 금융투자상품을 발행하여 자금을 조달하는 것도 있고, 금융회사가 금융투자상품을 판매·중개·자문 등을 하는 영업행위도 있으며, 기업 M&A 활동도 있고, 투자자들이 불공정거래를 하는 경우도 있으며, 금융당국이 규제를 하는 경우도 있다. 이러한 모든 행위가 자본시장법이 규제 대상으로 하고 있는 '행위'이다. 대표적인 행위들과 이에 대한 자본시장법의 접근 방식을 간략히 소개한다.

### (1) 증권 등 금융투자상품의 발행(판매)

기업은 자금을 조달하기 위하여 주식이나 채권과 같은 증권을 발행하여 투자자에게 판매한다. 주식이나 채권을 널리 투자자 일반에게 발행하면 다수의 투자자가 그 기업과 이해관계를 맺게 된다. 부실한 기업이 함부로 증권을 발행하면 투자자의 신뢰를 확보하지 못하여 자본시장은 장기적으로 존속하기 어렵게 되며, 이는 국민경제에 치명적인 결과를 가져올 것이다. 따라서 기업이 투자자에게 증권을 발행하는 행위는 현대 증권법의 뿌리라 할 수 있는 미국에서도 가장 먼저 국가의 규제대상이 되었다. 미국의 증권 관계법 중 가장 먼저 제정된 1933년 연방 증권법(Securities Act of 1933)은 전적으로 증권의 발행을 규제하기 위한 법이었고, 그 이전에 주정부의 청공법(Blue Sky Acts)들도 주식의 발행을 규제한 법이었다.

우리 자본시장법도 증권의 발행에 대해서는 증권신고서 및 투자설명서와 같은 엄격한 규제 장치를 두고 있다. 그리고 한 번이라도 일반투자자를 대상으로 증권을 공모하였으면 계속공시의무를 부여하여, 원칙적으로 그 기업이 존속하는 한 매 분기 상세한 사업보고서를 공표해야 하는 정기 공시의무 및 중요사항의 발생과 결정에 대해서는 그 즉시 주요사항보고서를 통하여 공시해야 할 비정기 공시의무도 부여하고 있다. 이러한 규제는 자본시장법 제3편(증권의 발행 및 유통)에 상세히 규정되어 있고, 법령의 위임에 따라 금융위원회가 제정한 「증권의 발행 및 공시에 관한 규정」이 구체적인 실무사항까지 정하고 있다. 상장법인의 경우에는 이에 더하여 한국거래소의 규정도 준수하여야 하는데, 거래소의 규정 중에는 상장규정과 공시규정이 이 부분을 담당하고 있다.

자본시장법의 증권 중에는 수익증권과 파생결합증권과 같이 기업의 자금조달이 목적이 아닌 증권도 있다. 이들은 금융투자회사가 영리 목적으로 발행하여 투자자에게 판매하는 것으로서 거래당사자는 금융투자회사와 투자자가 되는데, 이 경우에도 증권의 발행에 대한 제3편의 규제는 원칙적으로 적용된다.

### (2) 금융투자업자의 영업

자본시장에서 금융투자회사의 역할은 막중하다. 자본시장을 직접금융이라 부르는데 그 이유는 기업과 투자자가 직접적인 법률관계를 맺게 되기 때문이다. 즉 기업이 발행하는 증권을 투자자가 직접 계약 당사자가 되어 매수하는 것이다. 따라서 직접금융에서는 증권회사와 같은 중개인의 존재가 필수적인 것은 아니다. 그러나 자본시장의 구조와 그곳에서 거래되는 증권 등이 매우 복잡하고 어려워서 기업과 투자자 모두 중개인인 금융투자회사에게 의존할 수밖에 없는 것이 현실이다.

금융투자회사는 기업의 자금조달을 지원하는 역할 외에도 파생상품 등을 활용하여 다양한 투자상품을 만들어 여유자금 투자를 원하는 투자자에게 제공하기도 한다. 특히 펀드자본주의라 할 만큼 현대 사회는 펀드와 같은 간접투자가 활성화되어 있는데 이때에도 집합투자업자인 자산운용회사가 핵심적인 역할을 한다. 경제가 고도로 발달할수록 간접금융보다는 직접금융의 역할이 커지고, 투자자의 직접투자보다는 간접투자가 활성화되므로 앞으로 우리나라에서도 금융투자회사의 역할과 국민경제에서 차지하는 비중은 더욱 커질 것이다.

그런데 금융투자회사는 금융업의 본질인 이해상충의 소지가 매우 크다. 즉 투자자를 위하여 영업하면서도 자신의 이익을 도모하고, 또 다양한 투자자를 상대할 때 기관투자자와 같은 특정 투자자를 우대하는 등 건전하지 못한 행위를 할 수도 있는 것이다. 게다가 고도의 신뢰가 필요한 금융업의 특성상 회사가 부실해지면 투자자의 재산적 손해는 물론 국민경제에도 상당한 충격을 줄 수 있다. 이러한 점을 감안하여 자본시장법은 금융투자회사의 발전을 위하여 다양한 육성 방안을 두고 있는 한편으로 투자자를 보호하고 시장이 투명하고 안정되게 운영되도록 매우 엄격한 규제 체계를 구축하고 있다.

금융투자회사에 대한 규제는 크게 4가지 분야에서 이루어진다. 첫째는 진입 규제로서 아무나 금융투자업을 하도록 허용하는 것이 아니라 투자자 일반의 신뢰를 얻는데 충분할 정도의 까다로운 자격 요건을 충족하는 자에게만 인가나 등록을 허용한다. 둘째는 지배구조 규제로서 금융투자회사의 건전하고 투명한 경영을 확보하기 위하여 이사회와 경영진의 견제와 균형, 이해상충 관리, 내부통제제도 등에 대해서 규제한다. 셋째는 건전성 규제로서 금융투자회사의 부실을 방지하여 투자자의 재산을 보호하고 시장질서를 유지하며, 국민경제에 충격을 주는 전염효과를 방지하고자 한다. 넷째는 영업행위 규제로서 투자자의 신뢰를 확보하고 투자자에게 부당한 손실을 발생시키지 않도록 한다.

금융투자회사뿐만 아니라 은행·보험 등 다른 금융회사도 금융투자
상품을 취급하면 원칙적으로 금융투자업자에 해당되어 자본시장법의
규제를 받게 된다.

### (3) 기업 M&A 활동

기업의 인수합병(M&A)은 기업의 성장전략 중 가장 효과적인 방법의
하나다. 구글의 오늘을 있게 한 원동력이 바로 M&A라 해도 과언이 아
닐 정도로 구글은 다양한 M&A를 통하여 초거대기업이 되었다. M&A
는 기업 활동 중에서 가장 복잡하고 전문적인 분야로서 법적, 경제적
분석이 치밀하게 이루어져야 한다. M&A가 기업과 증권시장에 미치는
막대한 영향력을 고려하여 자본시장법은 M&A에 대한 규제 조항을 두
고 있다. 다만 M&A 전반에 걸쳐 규제하는 것은 아니고 투자자보호 차
원에서 접근하여 3~4가지 정도만 규제하고 있다. 그것은, 공개매수 규
제, 대량보유상황보고제도, 의결권 대리행사 권유 규제, 그리고 합병비
율의 강제적 적용 등이다.

### (4) 불공정거래

내부자거래와 시세조종(주가조작) 등 불공정거래는 자본시장의 신뢰
를 뿌리에서 흔드는 악성 위법행위이다. 카지노도 룰에 따라 움직이는데,
하물며 한 나라의 경제 상황의 축소판인 자본시장이 공정하고 투명하게
운영되지 않는다면 어찌 그런 국가에 미래가 있겠는가? 자본시장법은
불공정거래 규제를 근본 원칙으로 삼아 아주 엄격하게 규제하고 있다.

### (5) 집합투자기구(펀드)의 설정, 판매, 운용

현대 자본주의의 특성 중 하나가 바로 펀드를 통한 간접투자의 전성

시대라는 점이다. 국민연금과 같은 공적 연기금, 투자신탁과 같은 공모펀드, 그리고 헤지펀드와 PEF라는 사모펀드까지 자본시장에서는 다양한 펀드가 활동 중이다. 자본시장법은 펀드의 막대한 영향력과 중요성을 감안하여 펀드를 만들고, 판매하며, 운용하고, 의결권 행사를 하는 단계 단계마다 엄격한 규제를 하고 있다.

### (6) 상장법인 특례

국가대표급 기업이라 할 수 있는 상장법인에 대해서는 상법과 자본시장법이 특례 규정을 두어 때로는 규제로 때로는 지원으로 관여하면서 상장법인이 국민경제에 바람직한 역할을 하도록 유도하고 있다. 특례는 지배구조와 재무구조에 걸쳐 존재하는데 지배구조에 대해서는 상법(회사편)이 다루고 재무구조에 대해서는 자본시장법이 다루고 있다.


## 4. 자본시장법은 자본시장의 금융투자상품에 대한 여러 행위를 '규제'하는 법이다

'규제'(Regulation)란 국가가 법령에 따라 국민에게 일정한 행위를 금지하거나 때로는 일정한 행위를 적극적으로 하도록 요구하고, 이를 위반하는 경우 금전적·비금전적 제재를 함으로써 법령을 준수하도록 하는 것이다. 국가가 규제를 할 때는 법치주의의 원칙에 따라 내용면에서 정당한 법령에 따라야 하며, 절차면에서 국민의 기본권이 충분히 보장될 수 있도록 적법절차(due process of law)를 준수해야 한다.

제재에는 형사적·행정적·민사적 제재가 있는데 형사적 제재는 형벌(징역, 벌금 등)에 의해 이루어지고, 행정적 제재는 관할 행정청의 행정처분에 의해 이루어진다. 자본시장법은 금융위원회가 관할하며 금융위원회는 금융회사의 인·허가 취소, 영업정지, 임직원 제재 등 다양한 제재조치를 내릴 수 있다. 민사적 제재는 민사 손해배상청구 소송에 의해 이루어질 수 있는데 자본시장법은 투자자보호 차원에서 민법상 일반 불법행위 소송보다 원고인 투자자들에게 좀 더 유리한 수단을 제공하고 있다.

한편 제재는 금전적·비금전적 제재로 구분할 수도 있는데, 금전적 제재는 벌금·추징금·과징금·과태료·이행강제금 등이 있고, 비금전적 제재로는 징역, 인가·허가·등록의 취소, 영업정지, 임직원 징계, 경고, 주의 등이 있다.

그런데 자본시장에 대한 특별한 규제 필요성은 무엇일까? 형법상 사기죄와 민법상 불법행위책임이라는 기본적인 국가 규제가 있는데 왜 자본시장법과 같은 방대한 법률이 필요한 것일까? 그 이유로는 자본시장의 몇 가지 특성을 들 수 있다. 첫째는 자본시장의 거대한 거래규모이다. 자본시장에서는 장내시장(거래소시장)만 하더라도 하루 평균 50조원의 엄청난 규모의 거래가 이루어지고 있고 투자자 수도 수백만 명에 달하고 있다. 그리고 규모 외에도 이러한 거래가 모두 비대면, 전자적으로 눈 깜짝할 사이에 이루어지고 있다는 점도 특별한 규제가 필요한 특성이다.

둘째는 정보 비대칭을 들 수 있다. 자본시장에서는 정보가 생명인데 투자자들이 필요로 하는 정보는 대부분 상장법인이 가지고 있고 상장법인과 가까운 금융회사와 기관투자자가 일부 가지고 있다. 일반 개인 투자자들은 정보에 대한 접근이 차단되어 매우 불리한 상황에서 거래를 할 수밖에 없다. 이러한 정보 비대칭이 시정되지 않는다면 시장에 대한 신뢰는 형성되기 어렵고 궁극적으로 현재와 같은 자본시장은 존재할 수 없을 것이다. 따라서 일반투자자의 투자판단에 도움이 될 정보가 적절히 제공되는 것이 시장의 건전성·투명성과 투자자보호에 핵심적이다.

셋째는 사기의 빈발이다. 자본시장의 거대한 거래규모와 극단적인 정보 비대칭 상황은 한탕을 노리는 내부자거래와 시세조종 등 사기적 행위를 유발할 수밖에 없다. 정보 비대칭과 마찬가지로 자본시장에서의 사기적 행위도 시장을 무너뜨릴 수 있는 심각한 행위이다.

자본시장법은 자본시장의 이러한 특성을 감안하여 설계된 방대하고 전문적인 규제이다. 특히 정보 비대칭을 시정하기 위한 강제공시제도와 사기적 행위를 방지하고 처벌하기 위한 불공정거래 규제는 자본시장 규제의 양대 기둥이라 할 정도로 중요한 규제이다.


## 5. 자본시장법은 자본시장의 금융투자상품에 대한 여러 행위를 규제하는 '통합법'인 '규제행정법'이다

자본시장법은 2007년 8월에 국회를 통과하여 법률로 제정되었고, 1년 6개월의 유예기간을 거쳐 2009년 2월에 시행되었다. 이 법은 은행법, 보험업법 등을 제외한, 당시 자본시장과 금융투자상품을 규율하던 제반 법률(15개 법률)중 6개 법률을 통합하고 나머지 9개 법률은 관련 규정을 일괄 정비한 법이다. 폐지 법률들은 증권거래법, 선물거래법, 간접투자자산운용업법, 신탁업법, 종합금융회사에 관한 법률, 한국증권선물거래소법이다. 폐지된 6개 법률중 증권거래법이 가장 중요하고 분량도 많아서 자본시장법은 증권거래법의 확대, 개편이라고 봐도 무방하다.

개정법률들은 여신전문금융업법, 부동산투자회사법, 선박투자회사법, 산업발전법, 벤처기업육성에 관한 특별 조치법, 중소기업창업지원법, 사회기반시설에 대한 민간투자법, 부품소재전문기업 등의 육성에 관한 특별조치법, 문화산업진흥기본법이다. 개정법률들의 특징은 주로 펀드에 관한 조항들이 개정되었다는 점이다. 원칙적으로 모든 펀드는 자본시장법의 집합투자 규제로 통일되는 것이 타당하지만, 정부 여러 부처에서 자기들이 관할하고 있는 산업을 진흥시킬 목적으로 특별법에 따른 펀드를 운영하고 있는 취지를 존중하여 개별법들에 따른 특별한 펀드를 인정한 것이다. 다만 개별법들에 따른 펀드라 할지라도 일반투자자 수가 50인 이상인 공모펀드일 경우에는 투자자보호를 고려하여 자본시장법이 적용된다.

자본시장법을 제정한 근본적인 취지는 글로벌 투자은행과 같은 선진 금융회사를 만들기 위한 것이다. 자본시장법 제정이 진행되던 시기는 골드만삭스 등 글로벌 투자은행들의 영향력이 역사상 그 어느 때보다 더 대단하였다. 1980년 이후 본격적으로 전개된 미국과 영국에서의 신자유주의는 글로벌 스탠더드로 받아들여졌고, 이 신자유주의 흐름에서 최대의 수혜자 중 하나가 바로 글로벌 투자은행과 헤지펀드 등의 거대 금융자본이었던 것이다. 당시 우리나라는 빠른 경제성장 덕분에 제조업을 중심으로 한 실물경제는 세계적 수준이 되었으나 실물경제를 뒷받침할 금융업은 상대적으로 성장이 정체되어 있었다. 이에 정부는 금융이 주도하는 세계 경제의 흐름에 적극적으로 대응하고자 자본시장법을 추진하였던 것이다.

2008년 글로벌 금융위기가 터지자 상황은 반전되기도 하였다. 투자은행과 자본시장이 주도하던 경제 흐름이 바뀌고 이들의 역할에 대한 회의도 제기되면서 우리 자본시장법의 역할도 움츠러들었고 낙관적인 전망도 흐릿해졌다. 그러나 G20를 중심으로 주요국의 강력하고 신속한 공조 덕분에 금융위기는 진정되었고 기업의 자금조달 지원이라는 자본시장의 근본적 명제는 여전히 유효하게 존재한다.

아래 그림은 자본시장법 이전의 금융법 체계가 자본시장법 제정 이후 어떻게 변화하였는지를 잘 보여주고 있다.[2] 자본시장법은 단순히 기존 여러 법률을 통합한 것만이 아니고 규제 원칙으로서 포괄주의와 같은 혁신적 장치를 도입함으로써 과거 규제 사각지대에 있던 비정형 간접투자와 장외파생상품거래도 규제 범위로 포섭할 수 있게 되었다는 것을 알 수 있다.

**과거 금융법 체계**

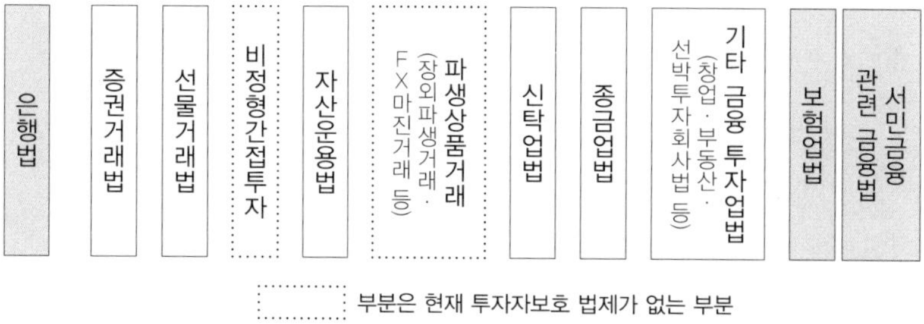

| 은행법 | 증권거래법 | 선물거래법 | 비정형 간접투자 | 자산운용법 | 파생상품거래 (장외파생거래 · FX마진거래 등) | 신탁업법 | 종금업법 | 기타 금융 투자업법 (창업 · 부동산 · 선박투자회사법 등) | 보험업법 | 서민금융 관련 금융법 |

┈┈┈ 부분은 현재 투자자보호 법제가 없는 부분

\* 비정형 간접투자 : 상법상 익명조합, 민법상 조합, 유한회사 등 기존 간접투자관련 법률에서 허용되지 않는 vehicle을 이용한 간접투자

**통합 후 현행 금융법 체계**

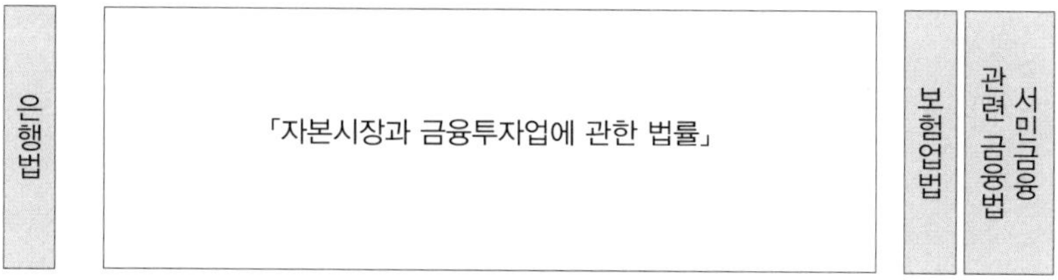

| 은행법 | 「자본시장과 금융투자업에 관한 법률」 | 보험업법 | 서민금융 관련 금융법 |

---

2  재정경제부, "『자본시장과 금융투자업에 관한 법률 제정안』 설명자료", 보도자료, 2006. 6. 30, 62면.

# 제2절 자본시장법의 구성 체계

자본시장법은 총 10편으로 구성되어 있고, 전체 조문 수는 449조가 넘는다. 조문의 일련번호는 제449조에서 끝나지만 제00조의2, 제00조의9 등으로 규정되어 있는 '가지 조문'들도 꽤 되기 때문이다.[3] 예를 들어 상장법인특례의 경우 제165조의2~제165조의19에 기술되어 있고, 사모펀드(일반·기관전용 사모집합투자기구 등)는 제249조의2~제249조의23에 규정되어 있다. 별표도 있는데 여기에는 본문 중에 서술하기에는 분량이 다소 많은 처분 사유들을 정하고 있다. 처분의 대상은 금융투자회사와 관계기관들이다. 그리고 부칙의 경우도 때로는 분량 면에서나 중요성 면에서나 상당한 수준으로 기술되어 있으니 주의를 기울일 필요가 있다. 각 편별 주요 내용을 간단히 설명한다.

---

3    법령 개정 시 새로운 조항을 신설할 필요가 있을 때, 기존 조문번호를 건드리지 않으면서 삽입하고자 '가지 조문'을 사용한다. 조문번호는 당해 법령내에서나 다른 법령에서 인용되는 경우가 많아서 바뀌지 않는 것이 바람직하기 때문이다.

## 1. 제1편 총칙

제1편 총칙은 제1조~제10조로 구성되어 있다. 이 총칙은 아주 중요하다. 자본시장법의 제정 목적을 보여주고 있고, 주요 용어를 정의하고 있으며, 다른 법률에 우선하는 특별 조항도 두고 있다. 특히 용어 정의는 자본시장법의 세계에 있는 모든 법령과 규정들을 구속하는 법적 효력이 있으므로 관련 조문을 읽을 때마다 총칙에 있는 용어 정의를 되새기며 읽어야 해석과 적용에 오류가 없게 된다. 법률용어는 일반적인 국어 지식과 상식으로 접근하면 곤란한 것이다.

## 2. 제2편 금융투자업

제2편은 제11조~제117조의16으로 구성되어 있다. 여기서는 자본시장의 핵심인 중개(넓은 의미에서의 중개) 기능을 수행하는 금융투자업에 대한 규제를 정하고 있다. 세부적으로 5장으로 이루어져 있는데, 이는 금융업에 대한 일반 규제 체계, 즉 진입 규제(인·허가), 지배구조 규제, 건전성 규제, 영업행위 규제 체계를 반영하여 장별로 구분한 것이다.

제1장은 금융투자업의 인가·등록을 다루고, 제2장은 지배구조를 다루었는데 현재 이 제2장은 금융회사 지배구조에 관한 기본법인 「금융회사의 지배구조에 관한 법률」(이하 '지배구조법'이라 함)이 제정되면서 다 삭제된 상태이다. 따라서 금융투자업자의 지배구조는 자본시장법이 아니라 지배구조법에 정하는 바에 따라 규율된다. 제3장은 건전성 규제 파트인데, 여기서 중요한 사항은 재무건전성에 관한 영업용 순자본 규제와 경영건전성 규제이다. 그런데 이에 관한 내용은 워낙 전문적이고

방대해서 법령보다는 금융위원회가 고시로 정하는 규정과 금융감독원이 정하는 규정세칙에 자세하게 수록되어 있다.

제4장은 영업행위 규제 부분인데 제2편의 핵심이자 자본시장법 전체에서도 아주 중요한 부분이라 할 수 있다. 왜냐하면 금융업에 대한 4대 규제 영역, 즉 진입·지배구조·건전성·영업행위 규제를 가만히 보면 진입 규제는 거의 모든 금융업에 공통된 사항이고, 지배구조는 지배구조법에서 통일적으로 규제하며, 건전성은 은행과 보험보다 중요성이 떨어진다. 그런데 영업행위 영역은 자본시장의 특성이 크게 두드러져 각별한 규제가 필요한 것이다. 왜냐하면, 자본시장의 금융투자상품은 다른 금융권에 비해서 상당히 복잡하고 전문적인 성격이 강하고, 고객과의 접촉도 긴밀하고도 빈번하다. 즉 매일 통화하는 가까운 고객에게 파생상품과 같은 어려운 상품을 자주 권한다고 생각해 보라, 얼마나 위험한 것인지를. 이를 은행과 비교하면 쉽게 자본시장의 특성이 이해될 것이다. 따라서 제37조~제117조의2에 이르기까지 제2편에서 가장 큰 비중으로 영업행위 규제를 서술하고 있는 것이다. 다만 적합성원칙과 설명의무, 부당권유금지, 투자광고 규제 등 공통영업행위 규제 중 핵심 장치들은 금융소비자보호법상 6대 판매 규제로 이관되어 거의 모든 금융회사 영업행위에 대한 기본적 규제가 되었다.

제5장은 온라인소액투자중개업자 등에 대한 특례를 정하고 있다. '온라인소액투자중개업자'는 증권형 크라우드펀딩 중개업체를 말한다. 온라인소액투자중개업자도 자본시장법상 투자중개업자임이 분명한데 왜 여기서 특례를 정하고 있는 것일까? 일반적인 투자중개업자의 대표적인 회사가 바로 증권회사인데 자본시장법상 투자중개업자에 대한 규제는 증권회사를 염두에 두고 설계되어 있다. 그런데 크라우드펀딩 중개업체는 증권회사에 비해서는 현저히 규모가 영세하기 때문에 투자중개

업자에 대한 통상의 규제를 도저히 감당할 수 없다. 따라서 제5장을 신설하여 투자중개업자에 대한 규제를 대부분 완화나 면제하고자 특례를 두고 있는 것이다.


## 3. 제3편 증권의 발행 및 유통

제2편이 금융투자업자에 특화된 내용이라면 제3편은 기업에 특화된 내용으로 볼 수 있다. 이 편에서 다루는 내용은 기업의 증권 발행에 대한 규제, 기업 M&A에 대한 규제, 상장법인 등의 강제공시제도, 상장법인 특례(재무 사항 관련), 그리고 장외거래에 대한 것으로서 제118조~제171조에 걸쳐 규정되어 있다.

발행규제는 사모에는 적용되지 않으므로 공모규제라고도 부른다. 공모규제의 핵심은 증권신고서 제도로서 투자자보호의 핵심 장치라고 할 수 있다. 한 마디로 일반투자자를 대상으로 증권을 발행하고자 하는 자는 자신의 과거, 현재에 대해서 최대한 자세하게 고백해야 하고, 미래에 대해서도 예측 가능한 범위 내에서 최대한 성실하게 기술하여야 한다. 신고서라고 해서 서류 몇 장이 아니고 수백 페이지에 이르는 방대한 문서이며, 작성하는데 수십 명의 전문인력과 최소한 몇 개월의 기간이 소요된다. 증권신고서의 부실기재에 대해서는 형사·행정·민사 등 모든 형태의 제재가 기다리고 있다.

기업 M&A에 대한 규제는 3가지 제도만을 규정하고 있는데 공개매수 규제, 대량보유상황 보고제도, 의결권 대리행사 권유 규제이다. 자본시장법의 M&A 규제는 상법에 비해서 현저히 자세하게 규정하고 있고 위반행위 시 금융당국이 조기에 개입하여 여러 가지 강력한 제재조치를 내림으로써 M&A 분쟁을 신속하게 해결한다는 특징이 있다. 따라서 실제 M&A 상황이 닥치면 법령과 금융위원회 규정에 있는 제반 관련 규정들을 세심하게 검토할 필요가 있다.

상장법인 등의 강제공시제도는 자본시장 규제의 양대 기둥 중의 하나로서 계속공시제도라고도 한다. 상장법인이거나, 한 번이라도 증권을 공모하였거나, 상장법인도 아니고 공모한 적도 없지만 기업의 규모가 일정 수준 이상이고 투자자 수가 많은 기업이라면 원칙적으로 회사가 존속하는 한 계속 공시를 해야 한다. 계속공시에는 사업보고서(연간보고서)와 분·반기보고서로 이루어지는 정기공시와 주요사항보고서라는 비정기공시가 있다. 거래소 상장법인이라면 이에 더하여 거래소가 정하는 수시공시 의무도 진다.

상장법인 특례는 상장법인에 대해서 상법(회사편)에 의해 규율되는 일반 회사에 비해서 특별한 취급을 하는 규정들이다. 상장법인 특례는 과거 증권거래법에 규정되어 있었는데, 회사의 조직과 재무에 관한 사항이 왜 상법(회사편)이 아닌 증권거래법에 있어야 하는지에 대해서 논란이 있었다. 자본시장법이 제정되면서 상장법인 특례는 양분되어 기업지배구조에 관한 부분은 상법에 편입되었고 재무에 관한 부분은 자본시장법으로 들어왔다.

장외거래 부분에서는 장외파생상품에 대한 규제가 중요하다. 장외파생상품은 금융투자상품 중 가장 위험도가 높은 것으로 분류되어 자본시장법상 가장 엄격한 규제를 받는다. 예를 들어 장외파생상품에 대한 영업을 하려면 최소한 900억원의 자기자본이 필요한데, 이는 금융투자업 인가·등록 요건 중에서 가장 높은 기준이다. 참고로 가장 낮은 기준이 적용되는 투자자문업의 경우 자문 범위를 펀드 등 일부로 제한하면 1억원만 있어도 등록 요건을 충족한다. 장외파생상품 중 일부에 대해서는 거래당사자 간의 계약을 자본시장법령이 정하는 청산기관에게 채무인수 등으로 넘겨 청산기관을 통한 결제가 이루어지도록 강제하는 의무적 청산거래제도가 시행 중이다. 이는 글로벌 금융위기에 대처하기 위하여 G20 정상회의의 결의에 따라 법제화한 것이다. 현재 의무적 청산거래 대상 상품은 원화이자율스왑이며 청산기관은 한국거래소로 지정되어 있다.

## 4. 제4편 불공정거래의 규제

불공정거래 규제는 제172조~제180조의3에 걸쳐 규정되어 있다. 분량은 적지만 자본시장 규제의 양대 기둥 중 하나로서 그 중요성은 새삼 강조할 필요조차 없다. 제2편과 제3편의 경우 적용되는 대상자가 특정되어 있는 반면, 이 제4편은 국민 누구나 적용대상이 될 수 있다. 불공정거래는 크게 내부자거래·시세조종·부정거래로 구분할 수 있다. 최근 도입된 시장질서 교란행위는 이 3개의 유형이 모두 포함되어 있는데, 다만 제재 수단이 형벌이 아니라 행정처분(과징금)이라는 것이 차이점이다. 공매도도 제4편에 규정되어 있는데, 그렇다고 공매도가 불공정거래라는 것은 아니다. 다만 공매도가 내부자거래와 시세조종과 관계가 밀접하고 결제불이행이 발생하면 시장에 큰 혼란을 줄 수 있으므로, 제4편에 규정하여 엄격히 규제하고자 하는 것이다.

## 5. 제5편 집합투자기구

제5편은 흔히 펀드라고 부르는 집합투자기구에 대한 규제 파트이다.

자본시장법 제정 이전에 펀드에 대한 통합법이었던 간접투자자산운용업법을 수용하여 제181조~제282조에 걸쳐 자세하게 규정하고 있다. 펀드는 그 규모나 국민경제에 미치는 영향이 커서 펀드 규제는 일반 증권에 대한 규제보다 엄격하고 세밀한 편이다. 자본시장법은 다른 법률에 비해서 상당히 자세한 내용을 기술하고 있는데, 이 제5편은 그 자본시장법에서도 유난히 세밀하게 규정되어 있다.

펀드는 공모펀드와 사모펀드로 나눌 수 있다. 공모펀드는 수많은 투자자들이 있기에 규제가 엄격하고, 사모펀드는 극소수의 투자자들만 있으므로 규제가 대폭 완화되어 있다. 현재 펀드 시장의 추세는 공모펀드보다는 사모펀드가 규모도 더 크고 기업에 대한 영향력도 증가하고 있다. 사모펀드는 일반사모펀드와 기관전용사모펀드로 구분된다.

이 책은 자본시장법에 대한 기본적인 설명을 위한 것이므로 펀드에 대한 규제는 생략하고 있다.


## 6. 제6편 금융투자업관계기관

제6편은 유관기관이라고도 부르는 관계기관들에 대해서 규정하고 있다. 제283조~제372조에 걸쳐 규정되어 있다. 제7편에 규정되어 있는 거래소도 유관기관으로 분류된다. 유관기관들은 금융투자회사는 아니지만 자본시장의 인프라로서의 역할을 하므로 자본시장의 원활한 운영에 필수적인 기관들이다. 은행이나 보험에는 거의 없는 유관기관이 자본시장에 많이 있는 이유는 자본시장은 매일 약 50조원 규모의 거래가 일어나는 곳이고, 거래에 따라 금전과 증권이 양방향으로 결제되는 곳이며, 기업이 발행한 증권이 대부분 중앙예탁기관에 예탁되어 장부상으로만

결제되는 곳이기 때문이다.

유관기관에는 금융투자협회, 예탁결제원, 증권금융, 신용평가회사, 명의개서대행회사 등이 있다.


## 7. 제7편 거래소

제7편은 거래소에 대한 부분인데 과거 한국증권선물거래소법이 편입된 것이다. 제373조~제414조에 걸쳐 규정되어 있다. 거래소 체제는 2013년 자본시장법 개정으로 크게 변화하였다. 그전까지는 법정설립주의라고 해서 자본시장법에 명시적 근거를 두고 한국거래소가 설립되었다. 즉 자본시장에서 거래소는 한국거래소 하나뿐이었고 법이 개정되지 않는 한 다른 거래소의 설립이 불가능하였다. 그러나 2013년 개정법은 복수 거래소 체제와 거래소 허가주의를 도입하였고, 이에 따라 이제는 정부의 허가를 받으면 누구나 거래소를 설립할 수 있게 되었다. 그러면서 자본시장법에 있는 거래소라는 명칭은 한국거래소를 지칭하던 고유명사에서 여러 거래소를 가리키는 일반명사가 되었다. 제7편에 있는 거래소 관련 규정들은 다른 거래소가 설립되면 그 거래소에도 동일하게 적용되어야 하는 일반 규정들인데도 현재의 한국거래소를 가리키고 있는 듯이 보인다. 그 이유는 2013년 개정 전에 있던 한국거래소에 관한 조항들을 그대로 두면서 설립 근거 조항을 삭제하고 대신 허가주의 조항을 도입하였기 때문이다. 한국거래소는 부칙에 의해서 자본시장법에 의한 허가를 받은 거래소로 간주된다.

거래소에 관한 규정들은 조직에 대한 부분과 시장에 대한 부분으로 나눌 수 있다. 자본시장법 측면에서 중요한 것은 증권시장과 파생상품시장 자체이지 거래소라는 조직이 중요한 것은 아닌데도 조직에 대한 자세한 규제 조항을 두고 있는 것은 거래소가 그만큼 중요한 역할을 하기 때문이다. 법적으로 주식회사이고 정부는 단 1주도 가지고 있지 않지만, 국민경제에서 차지하는 공공성이 크다고 보아 법에서 조직에 대해서까지 엄격하게 규제를 하고 있어서 거래소는 그 어떤 공공기관보다 더 공공성이 강화되어 있는 상태이다.

## 8. 제8편 감독 및 처분

제8편은 금융당국의 감독권한을 규정하고 있다. 제415조~제434조의 4에 걸쳐 감독권, 명령권, 승인권, 검사 및 조치권, 불공정거래 조사권, 과징금 처분 등을 규정하고 있다. 금융업은 모든 산업 중에서 가장 엄격한 규제하에 있기 때문에 이 규제를 집행하는 금융당국의 권한은 어느 정부 기관에 비해서도 강력하다.

규제 대상자별로 보면 불공정거래 조사는 일반 국민을 대상으로 하고, 발행·유통시장에서의 공시규제는 기업을 대상으로 하며. 금융투자업에 대한 규제는 금융회사를 대상으로 한다. 이 중에서 가장 강력한 권한을 행사하는 분야는 금융투자업에 대한 것으로서 금융회사에 대해서는 위법행위에 대한 사후적 조치는 물론이고, 부실을 방지하고 준법 경영을 담보하기 위해서 사전적으로도 적극 개입할 수 있다. 반면에 일반 국민에 대한 불공정거래 조사는 사법당국에 고발·통보하는 선에서 그치고 자체적인 조치 수단은 거의 없는 상태이다. 기업에 대한 규제 권한은 공시와 관련된 부분에 그치고 일상적인 경영에 개입할 여지는 거의 없으므로 금융회사와 일반 국민의 중간 정도 선에 있는 규제 권한이라고 이해하면 된다.

## 9. 제9편 보칙

제9편의 보칙은 제435조~제442조에 걸쳐, 외국 금융투자감독기관과의 정보교환 등 상호협조, 권한의 위임·위탁, 금융감독원에 대한 감독 등을 규정하고 있다.

외국 감독기관과의 상호협조는 자본시장의 국제적 연계성을 감안할 때 상당히 중요한 규정이다. 오늘날 우리나라와 선진국의 자본시장은 자본의 유출입이 자유롭고 증권의 상장도 복수 거래소에 걸쳐 있어서 불공정거래도 국제화하고 있다. 외국 감독기관과의 상호협조의 요지는 외국감독기관이 우리 국민에 대해서 우리 자본시장법이나 자기 나라의 자본시장법과 비슷한 법을 위반했다고 판단하여 우리 금융당국에 협조를 요청하면 그에 관한 정보를 제공하거나 나아가 그 외국 감독기관을 위하여 불공정거래 조사나 금융회사 검사를 대신 해 줄 수 있다는 것이다. 그리고 국제관계의 원칙인 상호주의에 따라 우리나라도 외국인이 외국에서 우리 자본시장을 대상으로 범죄를 저지르는 경우 그 자에 대해서 외국 금융당국에 조사나 검사를 요구할 수 있는 것도 당연하다. 자본시장의 불공정거래에 대한 각국 감독기관들의 국제적 협력에 관한 협정으로 국제증권감독기구(IOSCO)의 MMoU와 EMMoU가 있는데, 우

---

4  MMoU는 '자문·협력·정보교환에 관한 다자간양해각서' (Multilateral Memorandum of Understanding Concerning Consultation and Cooperation and the Exchange of Information) 로서, 2001년 9.11 테러 이후에 발족하였고 우리나라는 2010년에 정회원으로 가입하였다. 2016년, IOSCO는 불공정거래 조사 관련 국가 간 공조 강화를 위해 기존 MMoU를 강화한 EMMoU를 도입하였는데, 우리 금융위원회와 금융감독원은 2018년 12월에 회원국이 되었다. 기존 MMoU와 비교할 때, EMMoU는 정보교환 범위를 확대하고 구체화하여 금융거래정보 외에 회계·인터넷·통신자료 등도 포함시켰고, 정보요청의 신속성 및 보안절차를 강화한 것이 특징이다. 자세한 사항은 금융위원회, "한국, IOSCO Enhanced MMoU(EMMoU) 회원 가입", 보도자료, 2018. 12. 6. 참조.

리 금융당국은 다 가입되어 있는 상태이다.[4]

권한의 위임·위탁의 경우, 위임은 상하 관계에서 상급 기관이 하급 기관에 대행 권한을 주는 것이고, 위탁은 상호 대등한 관계에서 대행 권한을 부여하는 것이다. 금융위원회가 금융감독원이나 거래소·금융투자협회에 권한을 주는 것은 위탁이다. 왜냐하면 이들은 정부 기관이 아닌 민간 기구이고 정부와 민간 사이에 상하 관계는 없기 때문이다. 반대로 금융위원회가 산하 위원회인 증권선물위원회에 대행을 시키는 것은 위탁이 아니라 위임이 된다. 같은 정부 기구로서 상하 관계에 있기 때문이다.

제440조는 금융감독원에 대한 지시·감독권을 명시하고 있다. 금융감독원은 민간 기관으로서 원칙적으로 정부의 지시를 받을 이유가 없지만, 법령에 의해서 금융위원회의 많은 권한이 위탁되어 있기 때문에 그에 걸맞은 지시·감독도 필요하기 때문이다. 동조는 또한 수많은 자본시장 관련 업무를 금융감독원이 수행하는 근거를 명시적으로 제시하고 있기도 하다. 이에 따르면, 1. 증권신고서, 2. 공개매수에 관한 사항, 3. 유관기관 등의 검사, 4. 상장법인의 관리, 5. 상장법인의 기업분석 및 기업내용의 신고, 6. 장외시장에서의 증권 및 장외파생상품의 매매 감독, 7. 정부로부터 위탁받은 업무, 8. 그 밖에 이 법에 따라 부여된 업무, 9. 제1호부터 제8호까지의 업무에 부수되는 업무가 금융감독원에 위탁되어 있다. 1호와 2호는 구체적인 범위를 정하고 있으나 4호와 5호는 상당히 포괄적으로 규정되어 있다. 또 7호와 8호에 의해서 상당한 분량의 업무가 금융감독원에 위탁되어 있는 상황이라 금융감독원이 얼마나 많은 권한을 행사할 수 있는지는 정확히 파악하기도 어려운 현실이다.

## 10. 제10편 벌칙

벌칙에서는 행정형벌로서 징역, 벌금, 양벌규정을 두고 있고, 행정질서벌로서 과태료를 두고 있다. 행정형벌이란 자본시장법과 같은 행정법에서 강력한 처벌을 위하여 형벌을 규정하고 있는 것을 말한다. 따라서 벌의 근거 조항은 자본시장법에 있지만, 실제 처벌이 이루어지려면 형법총칙과 형사소송법이 적용되어 검사의 공소제기(기소)에 의해 형사재판으로 진행된다. 행정질서벌이란 사회질서 유지 차원에서 경미한 위반행위에 대하여 고의·과실에 관계없이 소액의 금전적 제재(최대 1억원 이하)를 하는 것이다.

제8편에서 정하고 있는 과징금과 제10편에 있는 과태료는 다 같이 행정청인 금융위원회가 부과하지만, 제도의 취지와 부과 금액은 상당히 다르다. 과징금은 원칙적으로 부당이득의 환수를 목표로 도입된 것이고 부과 금액도 상당하다. 공시위반에 대한 과징금은 20억원의 한도가 있지만, 시장질서 교란행위의 경우는 한도도 없다. 그리고 과징금을 부과하기 위해서는 원칙적으로 위반행위가 고의나 중과실로 저질러졌을 것이 필요하다.[5]

제10편에 규정된 벌칙 조항 중 가장 무거운 형벌은 불공정거래에 대한 것으로서 부당이득 금액이 크면 무기징역까지 선고될 수 있다. 그러면 실제 우리나라의 증권범죄에 대한 형사처벌 실태는 어떨까?

일단 법원에 가기까지를 보면, 한국거래소에서 금융감독당국에 불공정거래 혐의가 있다고 통보한 사건 중 금융감독당국의 조사를 거쳐 검

---

5 제430조(과징금의 부과) ① 제428조 및 제429조(제4항은 제외한다)에 따른 과징금의 부과는 과징금부과대상자에게 각 해당 규정의 위반행위에 대하여 고의 또는 중대한 과실이 있는 경우에 한한다.

찰에 고발·통보되는 것이 약 3분의 1이고, 이중 검찰의 수사 결과 기소되는 사건은 고발·통보 건의 약 3분의 1에 불과한 듯하다. 즉 검찰이 수사를 거쳐 기소하는 사건은 거래소가 혐의 있다고 적발, 통보한 사건의 약 10분의 1 정도에 불과하다.

법원의 판결을 보면, 2011년 대법원 통계(사법연감)를 기준으로 증권거래법과 자본시장법 관련 형사재판, 즉 증권범죄에서 유죄판결이 선고된 것은 심리사건의 약 절반 정도이고, 유죄 선고 중에서 실형은 약 3분의 1밖에 안 되는 반면 집행유예가 3분의 2가 되는 것으로 나온다.

이처럼 법원의 판결이 일반인의 법 감정과는 달리 경미한 것은 아무래도 자본시장과 증권범죄에 대해서 사법부가 그리 심각성을 잘 못 느끼는 것일 수도 있고, 또 기본적으로 우리 양형기준이 외국에 비해서 낮게 설정되어 있다는 점도 들 수 있다. 우리나라는 최근 강화된 양형기준에 의하더라도 부당이득이 300억원 이상인 최고 높은 단계의 증권범죄에 대한 최대 징역형이 15년에 불과한 실정인데, 이는 법에서 정하고 있는 최고형이 무기징역이라는 점을 감안하면 상당히 낮은 수준이다.

미국의 경우를 보면 나스닥 CEO 출신의 폰지사기범 버나드 메이도프를 150년형에 처하는 등 형량이 천문학적 수준이다. 다만 이런 엄청난 형량은 각 주의 보통법(common law)에 의한 것이고, 연방증권법은 훨씬 낮아서 연방증권법상 법정형 최고한도는 징역 25년이다. 연방증권법에 의하여 실제 처벌된 경우를 보면, 월드컴 회계부정과 관련 CEO 버나드 에버스가 25년, 엔론의 회계부정 관련 CEO였던 제프리 스킬링이 24년 3개월 등 법정형 한도까지 선고되었다. 또 70억 달러를 미국주식시장에서 굴리던 스리랑카 출신의 갤리언 헤지펀드 설립자 라자라트남은 2011년 7월 내부정보를 주식거래에 이용한 혐의로 징역 11년과 약

1천억원의 벌금을 선고받은 바 있다.[6]

한편, 양벌규정의 경우 특별한 쟁점이 있다. 우리나라 행정규제법에는 수백 개의 양벌규정이 있는데 거의 대부분 동일한 형식으로 규정되어 있다. 자본시장법상 양벌규정은 제448조에서 "법인(단체를 포함한다. 이하 이 조에서 같다)의 대표자나 법인 또는 개인의 대리인, 사용인, 그 밖의 종업원이 그 법인 또는 개인의 업무에 관하여 제443조부터 제446조까지의 어느 하나에 해당하는 위반행위를 하면 그 행위자를 벌하는 외에 그 법인 또는 개인에게도 해당 조문의 벌금형을 과(科)한다. 다만, 법인 또는 개인이 그 위반행위를 방지하기 위하여 해당 업무에 관하여 상당한 주의와 감독을 게을리하지 아니한 경우에는 그러하지 아니하다"고 규정하고 있다.

이 규정의 기본 취지는 '형식상 사람'에 불과한 법인에게도 책임을 부과하기 위해서, 실제 위법행위를 한 소속 임직원 외에 그들에 대한 관리감독 소홀을 이유로 법인에게도 책임을 확장하여 위법행위를 억제하고자 하는 것이다.

그런데 행위 주체가 자연인이 아니라 법인 자체일 경우도 있다. 예를 들어, 제174조의 미공개정보 이용금지 규정에서는 "1. 그 법인(그 계열회사를 포함한다. 이하 이 호 및 제2호에서 같다) 및 그 법인의 임직원·대리인으로서 그 직무와 관련하여 미공개중요정보를 알게 된 자"라고 하여, 해당 법인 자체도 위법행위의 주체로 열거하고 있다.

행위 주체로서인 해당 법인의 경우에는 양벌규정이 독특하게 적용된다. 즉, 양벌규정의 일반적인 적용에서는 회사 임직원의 행위에 대해서

---

6   성희활, "영화 '작전'에 대한 금융법 및 자본시장법적 고찰", 한국거래소, KRX Market, 2013. 6, 35~36면.

그 임직원은 물론이고 법인도 관리책임 소홀을 이유로 처벌한다. 이와 달리, 법인의 대표이사가 회사를 위하여 일반적인 의사결정 절차에 따라 내부자거래를 하였다면, 그 대표이사 개인의 행위라기보다는 법인 자체의 행위가 되어 해당 법인이 책임 주체가 된다. 이 경우에 양벌규정은 해당 법인 뿐만 아니라 그 행위를 직접 수행한 개인에게도 책임을 묻는 규정으로 역방향으로 해석되는 것이다.[7] 따라서 법인 자체가 행위와 처벌 주체가 되어 있다 하더라도, 직접 그 일을 수행한 개인의 책임이 면제되는 것은 아닌 것이다.

---

7    대법원 1999. 7. 15. 선고 95도2870 전원합의체 판결 참조 ("구 건축법(1991. 5. 31. 법률 제4381호로 전문 개정되기 전의 것) 제54조 내지 제56조의 벌칙규정에서 그 적용대상자를 건축주, 공사감리자, 공사시공자 등 일정한 업무주(業務主)로 한정한 경우에 있어서, 같은 법 제57조의 양벌규정은 업무주가 아니면서 당해 업무를 실제로 집행하는 자가 있는 때에 위 벌칙규정의 실효성을 확보하기 위하여 그 적용대상자를 당해 업무를 실제로 집행하는 자에게까지 확장함으로써 그러한 자가 당해 업무집행과 관련하여 위 벌칙규정의 위반행위를 한 경우 위 양벌규정에 의하여 처벌할 수 있도록 한 행위자의 처벌규정임과 동시에 그 위반행위의 이익귀속주체인 업무주에 대한 처벌규정이라고 할 것이다.")

# 제3절 규제행정법으로서의 자본시장법의 특성과 관련 법령 및 규정 체계

## 1. 행정법으로서의 자본시장법

자본시장법은 상법(회사편)의 특별법으로 인식된다. 상법은 회사에 관한 기본법인데, 자본시장법은 상장법인에 대한 특례를 통하여 상법에 따라 설립되고 운영되는 회사에 대해 특별 취급을 하기 때문이다. 게다가 회사가 증권 발행을 통하여 자금조달을 하면 그와 관련된 범위 내에서 해당 회사의 경영을 규제하기 때문이기도 하다. 그런데 자본시장법이 상법의 특별법인 것은 맞지만, 그렇다고 해서 상법과 같은 사법(私法)은 아니고 행정법에 해당하는 공법(公法)이다. 행정법 중에서도 규제 목적으로 제정된 규제행정법이고, 그중에서도 경제(금융)를 규제하는 경제규제행정법이다.

공법과 사법은 법리가 상당히 다른데, 가장 큰 차이는 사법의 경우 기본적으로 법률행위 당사자들의 자율적 결정에 따라 법률효과가 발생하는 데 반해, 공법의 경우는 국가가 공권력을 통하여 법을 집행한다는 것이다. 행정법은 공법의 대표적인 법이다. 특히 규제행정법은 사회공공의 안녕과 질서를 유지하거나 공공의 이익을 증진하기 위하여 국가가 사인(私人)의 행위에 관여하면서 일정한 행위를 금지하기도 하고 일정한 행위를 명령하기도 한다. 그리고 이 금지나 명령을 위반하는 자에 대해서는 행정벌(행정형벌과 행정질서벌)과 행정처분으로 제재함으로써 준법을 유도하여 입법 목적을 달성하고자 한다.

행정법은 다른 영역의 법과 구별되는 몇 가지 특성이 있다. 행정 주체가 일반 국민보다 우월한 지위에서 일방적 금지와 명령을 발하고, 이를 위반하면 강제력을 행사하여 그 이행을 확보하거나 일정한 제재를 가하며, 사법(私法) 영역에서와 같은 의사자치가 적용되지 않고, 행정행위에 흠이 있어도 원칙적으로 일단 유효하게 성립한다는 것 등이다.

행정법에는 법률만 있는 것이 아니고 대통령령(시행령), 총리령·부령(시행규칙)도 행정법을 구성한다. 대통령령과 부령을 보통 법규명령이라고 하며, 국민과 행정청을 구속하고 재판규범이 되기도 한다. 이에 위반한 행정행위는 무효나 취소가 가능하며, 규제대상자는 손해배상을 청구할 수도 있다. 이들은 원칙적으로 헌법과 법률 등 상위 규범의 위임 근거가 필요하다.

한편 행정청은 법규명령 외에 행정규칙을 발령하기도 하는데, 행정규칙은 행정청이 그 조직이나 업무처리의 절차·기준 등에 관하여 발하는 규정 등으로서 고시·훈령·예규 등이 있다. 이 중에서 고시는 종종 법적 논란의 대상이 되기도 하는데, 쟁점은 고시가 법규명령성이 있느냐 여부이다. 법규명령성이 있다고 하면 국민의 기본권을 제한하는 것이 가능하지만 법규명령성이 없다고 하면 고시에 기본권 제한 사항을 규정하면 위헌, 위법이 된다. 금융위원회가 자본시장법을 집행하는데 중요한 역할을 하는 것이 각종 감독규정인데, 금융투자업규정, 증권의 발행 및 공시 등에 관한 규정, 조사업무규정 등이 있다. 이들 규정의 법적 성격이 고시이다.

고시는 형식적으로는 법규명령에 해당한다고 보기 어려워 국민의 기본권을 침해할 수 없으나, 법률에서 구체적으로 범위를 정하여 위임한 경우에는 법령보충규칙이라 하여 법규명령으로 간주될 수도 있다. 그 근거로는 「행정규제기본법」을 들 수 있는데 동법 제4조 제2항은 "법령에서 전문적·기술적 사항이나 경미한 사항으로서 업무의 성질상 위임이 불가피한 사항에 관하여 구체적으로 범위를 정하여 위임한 경우에는 고시 등으로 정할 수 있다"고 하고 있다. 이러한 위임입법에 대하여 법률이 입법사항을 대통령령이나 부령이 아닌 고시와 같은 행정규칙의 형식으로 위임하는 것이 헌법 제40조, 제75조, 제95조 등과의 관계에서 허용되는지에 대하여 헌법재판소는 긍정적인 입장이다.[8] 한편 금융위원회의 위임으로 금융감독원이 제·개정을 담당하는 감독규정세칙은 위임입법의 법리에 비추어 법규명령이 되기 어렵다고 볼 것이다. 따라서 감독규정세칙에는 국민의 기본권에 관련 없는 기술적인 사항 위주로 규정되어야 한다.

---

8  헌법재판소 2004. 10. 28. 99헌바91 결정 [금융산업의 구조개선에 관한 법률 제2조 제3호 가목 등 위헌소원] 참조. ("행정규칙은 법규명령과 같은 엄격한 제정 및 개정절차를 요하지 아니하므로, 재산권 등과 같은 기본권을 제한하는 작용을 하는 법률이 입법위임을 할 때에는 "대통령령", "총리령", "부령" 등 법규명령에 위임함이 바람직하고, 금융감독위원회의 고시와 같은 형식으로 입법위임을 할 때에는 적어도 행정규제기본법 제4조 제2항 단서에서 정한 바와 같이 법령이 전문적·기술적 사항이나 경미한 사항으로서 업무의 성질상 위임이 불가피한 사항에 한정된다 할 것이고, 그러한 사항이라 하더라도 포괄위임금지의 원칙상 법률의 위임은 반드시 구체적·개별적으로 한정된 사항에 대하여 행하여져야 한다.")

## 2. 자본시장법령과 규정의 전체 체계

대부분의 금융법들은 방대한 체계로 구성되어 있다. 모든 산업 중에서 규제가 가장 심한 영역이기도 하고, 아주 전문적이고 복잡하기 때문일 것이다. 자본시장법은 그중에서도 한층 더 방대하게 구성되어 있는데, 그 이유는 전문성과 복잡성에 더해 유통시장으로 인한 긴급성 때문이기도 하고 다른 금융영역에 없는 자율규제가 발달해 있기 때문이기도 하다.

자본시장법의 체계는 우선 공적규제 영역에서 다단계의 중층 구조로 구성되어 있다. 즉 법률 → 시행령 → 시행규칙 → 감독규정(고시) → 감독규정세칙의 5단계이다. 이 중에서 법률부터 감독규정까지는 금융위원회가 제·개정을 담당하고, 감독규정세칙은 금융감독원이 담당한다. 자율규제 영역에서는 한국거래소, 금융투자협회, 한국예탁결제원 등이 여러 규정과 세칙을 제정하여 각자의 영역을 관리하고 있다. 자율규제라고 해서 완전한 자율은 아니다. 자율규제도 제재대상자의 기본권이 침해되는 부분이 있으므로 현대의 자율규제는 기본적으로 국가의 감독을 받는 제한적인 자율규제이다. 이러한 자율규제를 'audited self-regulation' 또는 'government-supervised self-regulation'이라 한다. 따라서 자율규제기관의 규정은 정부 부처인 금융위원회의 승인을 받아야만 제·개정을 할 수 있다. 다만 세칙은 자율규제기관의 전문성을 고려하여 독자적으로 제·개정할 수 있도록 하고 있다.

지금까지 설명한 법령과 규정, 자율규제기관의 규정 등은 모두 법적 근거가 명확하고 또한 성문의 규범으로 되어 있다. 그런데 자본시장을 규제하는 수단 중에는 법적 근거도 불명확하고 성문의 규범도 아닌 수많은 그림자규제가 있다. 금융당국이 금융회사에 대하여 임의적 협력에 기초하여 특정 행위를 하거나 하지 않을 것을 요청하는 "행정지도", 감독업무 수행 과정에서 법령 · 규정에 대한 설명 · 통보, 주의환기, 이행촉구 등의 "감독행정", 가이드라인, 지침, 법령해석(유권해석), 비조치의 견서(no-action letter) 등이 그림자규제의 대표적인 사례들이다.[9]

규제산업인 금융업의 특성상 금융당국의 입장은 그것이 명시적 법령에 근거하든 그림자규제에 근거하든 금융회사에 대한 실질적 영향력은 그리 큰 차이가 없다. 법적 규제와 그림자규제는 규제의 천라지망이 되어 규제대상자인 금융회사와 기업들로 하여금 막대한 규제준수비용을 초래하고 있고, 사소한 위반 하나도 금융회사의 영업에 큰 지장과 손해를 가져오기도 한다. 이런 환경이 바로 우리가 자본시장법에 대한 정확한 이해를 위해서 공부를 해야 할 절실한 이유이다.

## 자본시장법의 법령 · 규정 체계도 (법제처 국가법령정보센터)

☐ 상하위법

☐ **법률** 자본시장과 금융투자업에 관한 법률 [시행 2018. 11. 1.] [법률 제15022호, 2017. 10. 31., 타법개정]　[본문] [3단비교] [판례등]
　☐ **시행령** 자본시장과 금융투자업에 관한 법률 시행령 [시행 2018. 11. 1.] [대통령령 제29269호, 2018. 10. 30., 타법개정]
　　☐ **시행규칙** 자본시장과 금융투자업에 관한 법률 시행규칙 [시행 2018. 11. 1.] [총리령 제1497호, 2018. 11. 1., 타법개정]
　　　☐ **행정규칙**
　　　　☐ **고시** 금융투자업규정 [시행 2018. 9. 3.] [고시 제2018-22호, 2018. 9. 3., 일부개정]
　　　　☐ **고시** 증권의 발행 및 공시 등에 관한 규정 [시행 2018. 2. 21.] [고시 제2018-7호, 2018. 2. 21., 일부개정]
　　　　☐ **기타** 금융투자업규정시행세칙 [시행 2019. 1. 1.] [세칙 제9999호, 2018. 11. 22., 일부개정]
　　　　☐ **기타** 증권의 발행 및 공시 등에 관한 규정 시행세칙 [시행 2016. 6. 30.] [세칙 제9999호, 2016. 6. 23., 일부개정]
　☐ **행정규칙**
　　☐ **고시** 금융기관분담금 징수 등에 관한 규정 [시행 2015. 7. 1.] [고시 제2015-20호, 2015. 6. 30., 타법개정]
　　☐ **고시** 금융투자업규정 [시행 2018. 9. 3.] [고시 제2018-22호, 2018. 9. 3., 일부개정]
　　☐ **고시** 단기매매차익 반환 및 불공정거래 조사신고 등에 관한 규정 [시행 2017. 7. 18.] [고시 제2017-24호, 2017. 7. 18., 일부개정]
　　☐ **고시** 분반기재무제표 검토준칙 [시행 2015. 7. 1.] [고시 제2015-20호, 2015. 6. 30., 타법개정]
　　☐ **고시** 자본시장조사 업무규정 [시행 2016. 12. 28.] [고시 제2016-46호, 2016. 12. 28., 일부개정]
　　☐ **고시** 중소기업 육화 금융투자회사의 운영에 관한 지침 [시행 2016. 10. 19.] [고시 제2016-39호, 2016. 10. 19., 일부개정]
　　☐ **고시** 증권의 발행 및 공시 등에 관한 규정 [시행 2018. 2. 21.] [고시 제2018-7호, 2018. 2. 21., 일부개정]
　　☐ **고시** 한국표준산업분류 [시행 2017. 7. 1.] [고시 제2017-13호, 2017. 1. 13., 전부개정]
　　☐ **기타** 금융투자업규정시행세칙 [시행 2019. 1. 1.] [세칙 제9999호, 2018. 11. 22., 일부개정]
　　☐ **기타** 자본시장조사 업무규정 시행세칙 [시행 2016. 6. 1.] [세칙 제9999호, 2016. 6. 1., 일부개정]
　　☐ **기타** 증권의 발행 및 공시 등에 관한 규정 시행세칙 [시행 2016. 6. 30.] [세칙 제9999호, 2016. 6. 23., 일부개정]

---

9　그림자규제를 개선하려는 금융당국의 노력에 대해서는 금융위원회, "행정지도 등 그림자 규제 개선방안", 보도자료, 2015. 9. 18. 참조.

## 3. 자본시장법의 특별법으로서의 의의

민법, 형법, 상법과 같이 모든 국민의 일상생활에 관계되는 법을 기본법 내지 일반법이라 부른다. 그리고 특정 분야에 대한 법이나 특정 목적을 위한 법은 특별법이라 한다. 그런데 동일한 사항에 대해서 일반법과 특별법이 같이 적용되거나 상충되는 경우에는 어떤 법을 어떻게 적용해야 하는 것일까?

이런 상황에 대한 법 원칙이 특별법 우선의 원칙이다. 즉 일반법이 있는 상황에서 추가로 만들었기 때문에 특별한 취지가 있을 것이고, 따라서 그 취지를 존중하는 것이 바람직한 법 집행이라는 것이다. 법 규범 간에 무엇이 우선하여 적용되는가를 정하는 원칙에는 상위법 우선의 원칙과 신법 우선의 원칙도 있다. 상위법 우선의 원칙은 헌법 → 법률 → 시행령 → 시행규칙 → 고시 등의 순서로 상하의 위계가 있다는 것이고, 신법 우선의 원칙은 새로 제·개정된 법이 우선한다는 것이다. 그러면 이 세 가지 원칙 중에서 어느 원칙이 우선 적용되어 법 규범의 서열을 정하는가? 이에 대한 답은, 상위법 우선의 원칙이 먼저 적용되고, 다음으로 특별법 우선의 원칙, 그다음이 신법 우선의 원칙이 적용된다는 것이다. 따라서 법률의 위임이 없는 특별법 시행령이 일반 법률을 우선할 수 없으며(상위법 우선의 원칙), 일반법 법률의 개정 규정이 특별법 기존 규정을 우선할 수 없다(특별법 우선의 원칙). 상호 대등한 법률 간에는 신법이 우선한다.

자본시장법은 일반법(상법, 민법, 형법)과의 관계에서 몇 가지 살펴볼 점이 있다. 즉 비슷한 규정이 양쪽에 있을 때 특별법인 자본시장법이 우선하여 적용되는 것은 분명한데, 특별법인 자본시장법만 배타적으로 적용되는지(배타적 적용설) 아니면 일반법도 중복적(선택적)으로 적용되는

지(선택적 적용설)에 대해서 논란이 있을 수 있다.

먼저 상법의 경우, 자본시장법상 상장법인 특례 조항과 상법의 일반 조항 간에 내용이 서로 다를 때 어떻게 하는가이다. 과거 자본시장법에 있다가 현재는 상법에 규정되어 있는 소수주주권은 상장법인 특례 조항과 일반 조항이 달랐는데, 이에 대해서 법원은 양쪽을 선택적으로 이용할 수 있다는 입장을 보인 바 있다. 민법과의 관계를 보면, 자본시장법상 설명의무 위반이나 불공정거래는 민법상 불법행위에도 해당하는데 양자의 시효와 요건이 다르다. 법원은 이에 대해 청구권경합설이라 하여 양쪽을 다 이용할 수 있다는 입장이다. 즉 자본시장법상 안 날로부터 2년 또는 위법행위 시로부터 5년의 시효가 만료되어 소를 제기할 수 없다 해도, 민법상 불법행위로서 안 날로부터 3년 또는 불법행위 시로부터 10년 이내에 소송을 제기할 수 있다는 것이다. 형법과의 관계를 보면, 자본시장법에는 많은 형사처벌 조항이 있는데 중복적인 범죄의 경우 대체로 특별법인 자본시장법이 중형이라 우선 적용되고 있다.

# 제4절 자본시장법의 제정 목적과 4대 규제 패러다임

## 1. 자본시장법의 제정 목적: 국민경제 발전 vs 투자자보호

자본시장법은 무엇을 위한 법인가에 대한 물음에 대한 근원적인 대답은 법의 제정 목적을 명시한 제1조에서 찾을 수 있다. 동법 제1조는 자본시장법의 제정 목적을 "이 법은 자본시장에서의 금융혁신과 공정한 경쟁을 촉진하고 투자자를 보호하며 금융투자업을 건전하게 육성함으로써 자본시장의 공정성·신뢰성 및 효율성을 높여 국민경제의 발전에 이바지함을 목적으로 한다"고 하고 있다.

이 문장을 분해해 보면, 자본시장법의 궁극적인 목적은 "국민경제의 발전"이고, 그 궁극적 목적을 위한 중간 목표는 "자본시장의 공정성·신뢰성 및 효율성"을 높이는 것이며, 그 목표에 이르는 수단은 "금융혁신과 공정한 경쟁을 촉진하고 투자자를 보호하며 금융투자업을 건전하게 육성"하는 것으로 볼 수 있다. 목표와 수단을 구체적으로 연결하자면 공정성에 이르는 수단은 '공정한 경쟁'이고, 신뢰성을 담보하는 수단은 '투자자보호'이며, 효율성을 높이는 수단은 '금융혁신'과 '금융투자업의 건전 육성'이 된다.

한편 자본시장법의 핵심 요소로서 통상 '자본시장법의 4대 규제 패러다임'이라 불리는 규제 원칙들이 있다. 이 4대 핵심 규제원칙은 자본시장법에서 워낙 중요하여 패러다임으로까지 불릴 정도인데, '포괄주의', '겸업주의', '기능별 규제', '투자자보호 선진화'가 그것이다. 이 원칙들은 과거 오랫동안 우리 자본시장 규제 법령이 취해온 규제 원칙들과 거의 정반대의 입장을 택하고 있다는 점에서 '패러다임 쉬프트'의 전형을 보여주고 있다고 해도 과언이 아니다.[10]

자본시장법의 입법과 해석에 있어서 기준이 될 이 원칙들은 제1조에 있는 입법 수단을 구체적으로 구현하기 위한 규제 방법이라 할 수 있다. 따라서 제1조와 4대 규제 패러다임은 상호 연결이 된다. 상호 관계를 보면 '금융혁신'과 '포괄주의'가 연결되고, '금융투자업의 건전 육성'과 '겸업주의'가 짝이 되며, '공정한 경쟁'과 '기능별 규제'가 맺어지고, '투자자보호'와 '투자자보호의 선진화'가 함께 한다.

이 4대 규제 패러다임에 대한 설명으로 들어가기 전에 중요한 사항하나를 짚어볼 필요가 있다. 즉 '투자자보호'라는 규제 철학이다. 증권법이나 자본시장법에 대한 국내외의 많은 저서와 논문들은 '투자자보호'를 자본시장 규제의 제1의 원칙이요 궁극의 목적으로 간주하고 있다. 국민경제의 발전이라는 궁극의 입법 목적은 거의 모든 경제 관련 법률에 있는 형식적 문구이고 실질적 중요성은 별로 없다고 하기도 하

---

10  "패러다임"이라는 용어는 '인식의 구조적 체계', '사고의 틀', '철학·사상의 구조' 등의 의미로 쓰인다. 과학철학자 토마스 쿤이 『과학혁명의 구조』에서 과학의 역사는 점진적 발전이 아니라 "패러다임의 전환(paradigm shift)"에 따른 급진적·혁명적 발전의 역사라고 주장하면서 다양한 영역에서 널리 사용되었다.

며, 우리 자본시장법의 중요한 기원 중 하나인 미국의 증권 관련 법률들이 1930년대 대공황(Great Depression) 당시 제정될 때 투자자보호를 목적으로 하였기 때문에 그렇다는 설명도 한다. 합리적 해석이자 타당한 지적이다. 실제 우리 증권거래법도 1962년 제정 당시에 제1조(목적) "본법은 유가증권의 발행과 매매 기타의 거래를 공정하게 하며 유가증권의 유통을 정상화시켜 국민경제의 발전과 투자자의 보호를 목적으로 한다"고 규정한 바 있다.

그러나 달리 생각해 볼 점도 있다. 만약 투자자보호가 그렇게 중요하고 궁극의 목적이라면 자본시장법은 투자자보호 장치로 무장되어야 할 것이고, 기업이나 금융투자회사들은 막대한 부담을 져야 할 것이다. 그러나 이런 접근 방식이 문제가 있다는 것은 상식적 차원에서도 알 수 있다. 그리고 사실 현행 자본시장법은 투자자보호만이 아니라 기업과 금융투자회사의 부담도 고려하여 양자 간 균형과 조화를 꾀하고 있기도 하다. 역대 정부와 거래소는 수시로 '상장기업 부담경감 방안'을 추진하기도 했다.

이러한 균형은 자본시장의 기본 구조와 작동 원리를 고려하면 쉽게 이해할 수 있다. 자본시장(증권시장)은 기본적으로 자금을 필요로 하는 기업과 자금을 공급하는 투자자로 이루어져 있다. 어느 한쪽이 없어도 존재할 수 없다. 물론 자기보호 능력이 떨어지는 투자자를 위한 배려가 많이 필요한 것은 당연하다. 그러나 이를 위해 기업의 부담을 크게 증가시키면 결국 자금을 조달하고자 하는 기업이 줄거나 사라질 것이다. 그렇게 되면 투자자들은 좋은 투자 기회를 상실할 것이다. 보다 더 근본적인 문제로 살펴봐야 할 것은, 투자자와 기업이 국민경제에 미치는 영향이 과연 같거나 투자자의 영향이 더 큰 것인가 하는 점이다.

자본시장의 규제를 엄격히 해서 투자자보호를 극대화하더라도 그 투자자들은 전체 국민 중에서 일부분에 불과하다. 그런데 기업이 자본시장에 들어오지 못하고 그에 따라 성장할 수 있는 기업이 줄어들면 그로 인한 잠재적 손실은 전체 국민에게 미친다. 그런데 자본시장에 참여하고 있는 투자자들의 피해는 직접적이고 눈에 띄지만, 기업의 저성장으로 인한 잠재적 손실은 보이지 않고 피해도 간접적이기 때문에 제대로 인지되지 않는다. 이러한 맹점을 고려하면 자본시장은 투자자와 함께 기업도 보호 대상이 되는 것이 바람직하다는 결론으로 이어진다. 이것이 국민경제의 발전이라는 입법 목적이 그저 형식적인 문구가 아니라 자본시장법의 규제 체계를 설계할 때 반드시 고려되어야 하는 이유이다.

## 2. 자본시장법의 4대 규제 패러다임

### (1) 포괄주의 규제 원칙

포괄주의가 무엇인지를 알기 위해서는 포괄주의에 대한 직접적 정의보다 포괄주의의 반대 개념이 무엇인지를 아는 것이 훨씬 쉽게 이해된다. 왜냐하면 포괄주의는 자본시장법이 새로 도입한 규제 원칙인 데 반해, 포괄주의의 반대 개념인 열거주의(한정적 열거주의)는 우리나라 법률에서 오랫동안 사용되어온 규제 원칙이기 때문이다.

한정적 열거주의는 규제대상을 구체적으로 하나하나 열거하는 방식을 말한다. 구 증권거래법상 증권의 개념이 한정적 열거주의의 전형이었다.[11] 한정적 열거주의하에서는 증권회사의 영업 범위가 증권거래법에 정해진 증권에 한해서 허용되었고, 법령에 명시되지 않은 신상품은 취급할 수 없었다. 증권회사의 업무 범위 또한 법에 명시된 업무로 제한되었는데, 본질 업무에 필요한 부수업무마저 법에 열거된 것만 허용되어 증권회사의 자유로운 영업이 어려웠다.[12]

이와 달리 포괄주의는 규제대상이 되는 금융상품이나 영업활동을 추상적이고 포괄적으로 정의하는 방식으로서 현행 자본시장법의 금융투자상품과 투자계약증권 등의 개념이 포괄주의의 대표적 사례라 할 수

---

11  구 증권거래법 제2조(정의) ① 이 법에서 "유가증권"이라 함은 다음 각호의 1에 해당하는 것을 말한다.
    1. 국채증권
    2. 지방채증권
    3. 특별한 법률에 의하여 설립된 법인이 발행한 채권
    4. 사채권
    5. 특별한 법률에 의하여 설립된 법인이 발행한 출자증권
    6. 주권 또는 신주인수권을 표시하는 증서
    7. 외국법인등이 발행한 증권 또는 증서로서 제1호 내지 제6호의 증권이나 증서의 성질을 구비한 것
    8. 외국법인등이 발행한 증권 또는 증서를 기초로 하여 대통령령이 정하는 자가 발행한 유가증권예탁증서
    9. 제1호 내지 제8호의 증권 또는 증서와 유사하거나 이와 관련된 것으로서 대통령령이 정하는 것

12  증권거래법 시행령 제36조의2(증권회사의 업무범위) ⑤ 법 제51조 제1항 제3호에서 "대통령령이 정하는 부수업무"라 함은 다음 각 호의 업무를 말한다.
    1. 증권업과 관련된 업무로서 다음 각 목의 어느 하나에 해당하는 업무
       가. 유가증권 및 지분의 평가업무
       나. 기업의 매수 및 합병의 중개·주선 또는 대리업무
       다. 양도성예금증서의 매매 및 매매의 중개업무
       라. 사채모집의 수탁업무 등등 (생략)
    2. 당해 증권회사가 소유하고 있는 인력·자산 또는 설비 등을 활용하는 업무로서 다음 각 목의 업무
       가. 부동산임대업무
       나. 금고대여업무 등 (생략)

있다.[13] 이에 따라 이제 금융투자회사는 능력이 되는 한 얼마든지 신상품을 자유롭게 만들어 판매할 수 있다. 부수업무 또한 과거 증권거래법과 달리 경영건전성이나 투자자보호에 지장을 초래하는 경우가 아닌 한 신고만으로 다양한 부수업무를 자유롭게 영위할 수 있게 되었다.[14] 이로써 포괄주의는 금융혁신을 구현하는 구체적 규제 방식이 된다.

근래 '네거티브규제'라는 말이 포괄주의와 거의 동일한 개념으로 사용되는 경우가 많다. 네거티브규제란 원칙적으로 모든 영업행위를 다 허용하고, 예외적으로 일부만 금지하는 규제 방식이다. 이와 달리 원칙적으로 법률에 허용되는 것만 명시하고 그외는 다 금지하는 것을 포지티브규제라고 한다. 그러나 포괄주의가 곧 네거티브규제라고는 하기 어렵다. 포괄주의가 영업활동이 허용되는 영업범위를 획정하는데 적용된다면 '원칙허용-예외규제'라는 네거티브규제 철학에 부합하지만, 투자자보호와 관련하여 네거티브규제가 적용된다면 이는 원칙금지-예외허용이라는 포지티브규제와 같은 결과를 초래할 수 있기 때문이다. 예를 들어, 자본시장법상 투자계약증권의 개념이 투자자보호를 위하여 동원되는 경우는 최근 출현한 P2P 대출형 크라우드펀딩, 수익형부동산, 가

---

13  제3조(금융투자상품) ① 이 법에서 "금융투자상품"이란 이익을 얻거나 손실을 회피할 목적으로 현재 또는 장래의 특정(特定) 시점에 금전, 그 밖의 재산적 가치가 있는 것(이하 "금전등"이라 한다)을 지급하기로 약정함으로써 취득하는 권리로서, 그 권리를 취득하기 위하여 지급하였거나 지급하여야 할 금전등의 총액(판매수수료 등 대통령령으로 정하는 금액을 제외한다)이 그 권리로부터 회수하였거나 회수할 수 있는 금전등의 총액(해지수수료 등 대통령령으로 정하는 금액을 포함한다)을 초과하게 될 위험(이하 "투자성"이라 한다)이 있는 것을 말한다.
제4조(증권) ⑥ 이 법에서 "투자계약증권"이란 특정 투자자가 그 투자자와 타인(다른 투자자를 포함한다. 이하 이 항에서 같다) 간의 공동사업에 금전등을 투자하고 주로 타인이 수행한 공동사업의 결과에 따른 손익을 귀속받는 계약상의 권리가 표시된 것을 말한다.

14  제41조(금융투자업자의 부수업무 영위) ① 금융투자업자는 금융투자업에 부수하는 업무를 영위하고자 하는 경우에는 그 업무를 영위하고자 하는 날의 7일 전까지 이를 금융위원회에 신고하여야 한다.

상화폐공개(ICO) 등이 모두 투자계약증권에 해당될 수도 있고 이 경우 공모규제 대상이 되므로 자유로운 영업활동이 제한을 받게 되는 현상을 들 수 있다. 물론 영업활동이 허용되는 사항을 포괄적·추상적으로 규정함으로써 영업활동 가능 범위가 크게 확대되는 측면이 있기에 네거티브규제 방식에 아주 가깝다는 점은 부인할 수 없다.[15]

자본시장법의 포괄주의 규제 원칙은 우리나라 법령의 일반적인 규제 방식이 열거주의인 점을 고려할 때 상당히 선도적이라고 평가할 수 있고, 최근 규제 혁신을 위한 논의에서 포괄주의의 모범적인 사례로 꼽히기도 하였다. 외국의 예를 보면, 대체로 미국·영국 등 영미법계 국가들의 법령이 포괄주의 원칙을 취한 경우가 많고, 독일·일본 등 대륙법계 국가들의 법령은 열거주의를 취하는 경우가 많은 것으로 평가된다.

### (2) 겸업주의 규제 원칙

겸업주의 원칙도 반대 개념인 전업주의 원칙을 먼저 보면 쉽게 이해된다. 전업주의 원칙은 우리나라 금융 법령이 오랫동안 취해온 규제 방식이어서 편하게 다가오기 때문이다. 자본시장법 이전의 자본시장 관련 업계의 상황을 보면 금융회사가 증권업, 선물거래업, 자산운용업, 신탁업, 종금업 등을 영위하기 위해서는 각 영업별로 별도의 회사를 설립해서 그 영업의 인·허가를 받아야만 가능했다. 은행과 보험으로부터 엄격히 분리되어 있는 자본시장 관련 영업마저 이렇게 세분화되어 있으니, 자본시장 관련 영업을 하는 금융회사들은 국제적 규모에 턱없이 못 미치는 영세한 수준이어서 규모와 범위의 경제를 추구할 수 없었다. 이

---

15  성희활, "4차 산업혁명의 시대에서 「네거티브규제 패러다임」에 따른 금융규제체계의 재구축 방안 연구", 제주대 법과정책, 제24집 제1호, 2018, 137면.

와 달리 국제적인 투자은행들은 이러한 영업을 상당수 겸영하면서 시너지 효과를 도모할 수 있고, 나아가 유니버셜뱅킹이 허용되는 유럽 일부 국가의 금융회사들은 아예 은행과 자본시장 관련 업무도 겸영이 허용되어 규모의 경제를 마음껏 추구할 수 있는 실정이다.

자본시장법이 택한 겸업주의 원칙은 한 금융회사가 앞의 다양한 영업을 같이 취급할 수 있게 한 것이다. 이에 따라 현재 금융투자회사는 역량이 허용되는 범위까지 자유롭게 하고 싶은 영업의 인·허가를 받아 종합금융서비스를 제공할 수 있게 되었다. 예를 들어, 증권과 선물·옵션 거래 서비스를 같이 제공하고, 거액 자산가들을 위한 종합자산관리 서비스를 위하여 자산운용이나 신탁 서비스를 제공할 수 있게 되었다. 나아가 자기자본 3조원 이상을 갖출 경우 종합금융투자사업자라 하여 헤지펀드 등에게 매매거래 중개, 신용거래, 결제, 자산보관, 외환업무 등을 일괄해서 제공하는 전담중개업무(prime brokerage) 서비스도 제공할 수 있는 것이다.

이 겸업주의 원칙은 앞의 금융투자상품의 포괄주의 원칙과 더불어 영세한 우리 금융투자업을 금융 선진국의 투자은행 수준으로 육성하고자 하는 취지에서 도입된 것으로서 자본시장법 제정의 근본적 동기라고 해도 무방하다.

### (3) 기능별 규제 원칙

기능별 규제 원칙 또한 앞의 두 원칙과 같이 우리 법령이 이전에 거의 경험하지 못한 규제 원칙이라 할 수 있다. 먼저 반대 개념에 해당되고, 오랫동안 우리 법령이 택해 온 기관별 규제 원칙부터 알아보자. 금융의 영역에는 은행, 증권, 보험, 여신전문기관 등 성격이 다른 기관들이 많이 존재한다. 이 기관들을 그 성격에 따라 엄격히 영역을 구분하여, 은행에 대해서는 은행법을 적용하고, 보험에 대해서는 보험업법, 여신전문기관에는 여신전문금융업법, 그리고 증권회사에 대해서는 증권거래법을 적용하는 것이 기관별 규제였다. 각 기관은 다른 권역의 법률에 신경 쓸 필요 없이 자신을 직접 규제하는 법률만 준수하면 되었다.

그런데 시간이 지나면서 금융시장의 환경이 크게 변화하여 기관별 규제 원칙을 계속 적용하는 것은 여러 문제점을 야기하게 되었다. 예를 들어 신탁업을 보면, 과거 신탁업은 신탁업을 전문으로 하는 신탁회사가 따로 있었고, 이후 은행들에게 신탁업이 허용되었다. 그러다가 2005년 이후에는 증권회사와 보험회사에도 신탁업이 허용되어 본격적인 경쟁 체제가 시작되었다. 즉 과거에 같은 시장에서 만날 일이 없던 금융회사들이 어느새 한 운동장에서 서로 경쟁을 하게 된 것이다. 한편 금융상품의 경우도 주가지수연계예금, 변액보험 등과 같이 은행+증권, 증권+보험의 하이브리드 상품이 등장하고, 많은 금융상품에 옵션 등 파생상품이 가미되면서 어느 법률을 적용하면 좋을지 모를 상황이 되었다. 또 보험이나 펀드의 판매 경로도 다양해져 여러 금융회사가 동일한 상품을 놓고 판매 경쟁을 하기도 하였다.

이처럼 서로 격리되어 자신만의 영역에서 활동하던 금융회사들이 같은 운동장에서 경쟁하는 상황이 되었으면 경쟁의 룰이 공정하게 적용되는 것이 타당한데, 기관별 규제에서는 그렇게 되기가 어렵다. 왜냐하면 과거 은행법·증권거래법·보험업법 등이 제정될 때에는 각 규제대상 기관들의 성격과 하는 일이 워낙 달라서 각 법률의 규제 수준과 내용도 크게 달랐기 때문이었다. 어떻게 다르고 왜 다른가?

먼저 은행을 보면 기본 업무가 수신과 여신으로서 다루는 상품이 단순한 편이다. 그런데 국민경제적 중요성은 어떤 금융기관보다도 커서 은행이 특정인의 사유물이 되거나 은행이 망하면 심각한 부작용이 발생한다. 따라서 은행법령은 은행이라는 기관에 대한 소유 제한(은산분리 원칙)과 재무건전성에 가장 초점을 두고 있고, 이와 달리 고객 보호를 위한 은행의 영업행위 규제는 별 필요가 없어서 미약한 편이다.

이와 반대로 증권회사를 보면 고객이 맡긴 돈과 증권은 그 증권회사가 아닌 증권금융과 한국예탁결제원에 보관되기 때문에 증권회사가 망하더라도 고객 보호에는 별문제가 없고, 또 증권회사의 소유도 은행만큼 중요하지 않기 때문에 아무런 제한이 없다. 그런데 증권회사의 업무는 매우 다양하고 취급하는 금융상품도 매우 복잡하고 어렵다. 그리고 고객과의 관계도 투자 상담 등을 통하여 매우 밀접하게 형성되는 경우가 많으므로 부적절한 투자권유와 사기 등으로부터 보호할 필요성이 상대적으로 크다. 따라서 증권거래법은 증권회사의 영업이 건전하게 이루어지고 고객이 부당권유 등으로부터 보호받을 수 있도록 영업행위 규제에 초점을 두고 있다.

이처럼 규제철학과 규제의 중점이 다른 금융법들을 동일한 경쟁 상황에 대한 고려 없이 그대로 집행하면 영업행위 규제비용이 큰 증권회사는 크게 불리할 수밖에 없고, 은행은 경쟁에서 유리한 자리에 있게 된다. 이러한 문제를 규제차익(regulatory arbitrage)이라고도 한다. 이처럼 달라진 환경에서 기관별 규제의 문제점을 시정하여, 공정한 경쟁을 담보하고 규제차익을 제거하기 위한 조치가 기능별 규제라고 할 수 있다. 그러면 기능별 규제는 어떻게 이루어질까?

기능별 규제 원칙의 핵심은 '동일한 기능에 동일한 규제'로 요약할 수 있다. 즉 자본시장법에 규정된 동일한 기능을 수행하는 금융기관에 대해서는 그 기관의 성격에 관계없이 자본시장법을 적용한다는 것이다. 여기서 중요한 개념이 '기능'이라는 용어인데, '기능'이란 하나의 영업 단위라고 할 수 있다. 자본시장법에서는 이를 구체적으로 3가지 요소로 구성하고 있다. 즉 '무엇'을, '누구에게', '어떻게'하는 것인가이다. '무엇'은 금융투자상품을 말하고, '누구에게'는 투자자의 종류를, '어떻게'는 구체적인 영업행위를 말한다. 예를 들어 '채권'이라는 금융투자상품을 '일반투자자'에게 '판매'한다면 이것도 하나의 기능이 되는 것이고, '선물'이라는 상품을 '전문투자자'에게 '중개'한다면 이것도 하나의 기능이 되는 것이다.

기능을 구성하는 3요소는 각각 세분화된 하위 카테고리로 구성되어 있다. 금융투자상품은 증권 · 장내파생상품 · 장외파생상품으로, 투자자는 전문투자자 · 일반투자자로, 영업행위는 투자매매 · 투자중개 · 집합투자 · 신탁 · 투자일임 · 투자자문으로 되어 있는 것이다. 이론적으로 단순히 계산하면 3×2×6=36의 기능이 있겠지만, 하위 카테고리들도 추가로 세분화된 카테고리들을 갖고 있기 때문에 실제로는 약 100개에 가까운 기능을 설정하고 있다. 인가나 등록도 이 세부 기능별로 이루어지고 있어서, 금융회사는 자신이 하고자 하는 기능을 마음대로 선택해서 인가나 등록의 요건을 충족하면 영업을 할 수 있다.

기능별로 규제를 한다는 것은 은행인지 증권회사인지 관계없이 자본시장법이 설정한 이 기능들을 영위하는 한 자본시장법의 규제를 적용한다는 것이다. 그리고 이 결과 자본시장법이 은행과 보험회사 등에도 적용되어 은행과 보험회사 등은 과거와 달리 자신들을 직접 규제하는 은행법, 보험업법 외에 자본시장법도 준수해야 하는 상황이 된다. 다만, 은행과 보험회사 등은 이미 엄격한 규제를 받고 있는 점을 고려하여 인가 · 등록 등 진입 규제와 재무건전성 유지를 위한 건전성규제는 직접 규제하는 법령에 맡기고, 원칙적으로 영업행위 분야에 대해서만 자본시장법을 적용하는 것으로 하여 불필요한 중복규제를 제거하고 있다. 결론적으로 기능별 규제 원칙으로 인하여, 금융투자상품에 관한 한 자본시장법은 모든 금융기관에 적용되는 금융거래기본법으로서의 성격을 갖게 된다.

### (4) 투자자보호 선진화

투자자보호 선진화란 투자자보호 수준을 자본시장법 이전보다 획기적으로 강화하자는 것이고, 그 수단으로 적합성원칙과 설명의무와 같은 투자자보호 조치를 자본시장법의 기본 원칙으로 규정한 것이다. 앞에서 언급한 바와 같이 자본시장법 제정의 근본적 동기는 우리 자본시장과 금융투자업을 골드만삭스와 같은 세계적 투자은행 수준으로 육성하고 발전시키겠다는 취지이고, 이를 위한 기본적 수단이 포괄주의 원칙과 겸업주의 원칙이다. 그런데 이와 같이 금융투자업의 성장과 발전에만 치중하게 되면, 안 그래도 복잡한 금융투자상품과 자본시장으로 인하여 날로 피해가 증가하는 투자자보호 문제는 소홀히 될 수 있다. 투자자보호 문제는 자본시장법의 유일한 입법 목적은 아닐지 몰라도 역사적으로나 현실적으로 가장 중요한 원칙 중의 하나이고 또 성장·발전이라는 날개와 균형을 맞추기 위해서라도 이를 획기적으로 강화할 필요가 있었던 것이다.

투자자보호의 핵심적 수단으로 꼽히는 것이 적합성원칙과 설명의무이다. 자본시장법 이전에는 우리나라 금융 관련 법령에 적합성원칙에 대한 근거가 없이 금융위원회 규정 또는 시행세칙에만 있었고, 설명의무의 경우는 법령상 근거가 있다 하더라도 현행 자본시장법보다 미약하였다. 자본시장법은 기존에 감독규정상의 적합성원칙과, 판례상 형성되어온 고객보호의무론의 내용을 보다 구체화하여 자본시장법에 명시적으로 규정하였다. 그리고 이 투자자보호 장치는 기능별 규제 원칙을 통하여 은행과 보험회사 등에도 그대로 적용되므로 금융 영역에서 가장 중요한 원칙이라고 해도 무방하다.

자본시장법을 상징하는 핵심 키워드인 적합성원칙과 설명의무 등은 2020년 제정되어 모든 금융업자의 영업행위에 적용되는 금융소비자보호법으로 이관되어 자본시장법에서는 삭제되었다. 이에 대한 자세한 내용은 금융투자업자의 영업행위 규제 부분에서 금융소비자보호법을 설명할 때 다루기로 하고 기본 개념만 간단히 설명하면 다음과 같다.

　적합성원칙은 고객에게 상품을 판매할 때 그 고객에게 적합한 상품을 권유하라는 것으로서, 이를 위해서는 고객이 어떤 사람인지를 파악하고 상품을 위험별로 분류하여 안정형인 사람에게는 안정적 상품을, 공격적인 투자 성향의 사람에게는 고수익·고위험 상품을 권유하여야 한다. 설명의무는 적합성원칙을 거쳐 선택된 상품에 대해서 고객이 위험과 비용 등을 충분히 파악할 수 있도록 최대한 자세히 설명하여야 하는 의무이다. 이상 설명한 4대 규제 패러다임과 자본시장법의 제정 목적의 관계를 그림으로 표현하면 다음과 같다.

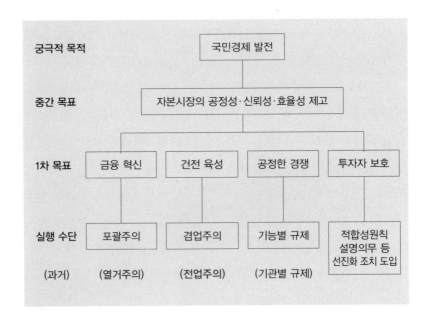

# 제5절 자본시장 규제기관

자본시장에 대한 규제를 담당하는 기관은 크게 공적규제기관과 자율규제기관으로 나눌 수 있다. 공적규제기관에는 금융위원회, 증권선물위원회, 금융감독원이 있고, 자율규제기관으로는 한국거래소와 금융투자협회를 들 수 있다. 공적규제기관은 법령을 집행하고, 법령에 규제 권한이 명시되어 있으며, 법령 위반행위에 대해서 행정처분 등 제재를 할 수 있다. 자율규제기관은 구성원(회원)들의 합의로 구성되고 자치법인 정관에 의해서 회원에 대한 규제를 담당한다.[16] 이하 자본시장법의 주요 내용을 이루고 있는 공적규제기관에 대해서 각 기관별로 조직과

---

16 한국거래소의 회원은 증권회사 등 금융투자회사이며, 상장법인은 회원이 아니다. 따라서 일정한 위반행위 시 회원 금융투자회사는 자치법규인 정관에 따라 제재를 받으나, 상장법인은 정관에 의한 제재를 받는 것이 아니라 상장계약에 따라 일정한 불이익을 받을 뿐이다. 정관은 현재와 미래의 회원을 구속하는 자치법규로서 계약과는 성격이 다르다. 거래소 규정 중 업무규정과 시장감시규정은 자치법규로서의 성격을 가지며, 상장 및 공시규정은 계약적 성격을 가진다. 정관의 자치법규로서의 성격에 대해서는 대법원 2000. 11. 24 선고 99다12437 판결 참조("사단법인의 정관은 이를 작성한 사원뿐만 아니라 그 후에 가입한 사원이나 사단법인의 기관 등도 구속하는 점에 비추어 보면 그 법적 성질은 계약이 아니라 자치법규로 보는 것이 타당하므로...").

권한 등을 살펴본다.

## 1. 금융위원회

금융위원회(Financial Services Commission)는 우리나라 금융정책 및 감독정책에 관한 최고의결기구로서 국무총리 소속의 합의제 행정기관으로 설치되었다. 증권선물위원회의 상위 의결기관이며, 민간조직인 금융감독원에 대한 지시·감독도 담당한다. 금융위원회는 독임제 기관인 각 부 장관과 달리 독자적인 부령(시행규칙)을 발령할 권한이 없고 국무총리령으로 발령한다.

위원은 9인으로 구성되는데, 위원장, 부위원장 외에 당연직으로서 기획재정부 차관, 금융감독원장, 예금보험공사 사장, 한국은행 부총재가 있고, 금융위원장이 추천하는 금융전문가 2인과 대한상공회의소 회장이 추천하는 경제계 대표 1인이 있다. 대체로 금융위원장이 추천하는 2인은 금융위원회 상임위원으로 복무한다. 한편 "금융위원회"라고 지칭할 때는 이 합의제 의결기구로서의 위원회가 아니라, 의결기구를 지원하는 사무국으로서의 공무원 조직을 포괄해서 말하는 경우도 있으니 상황과 문맥을 살펴서 봐야 한다.

금융위원회는 금융시장 및 금융기관 감독에 대한 최고의사결정기관으로서 다음의 사항을 결정한다. 금융에 관한 정책 및 제도에 관한 사항, 금융시장의 안정에 관한 사항, 금융기관의 설립·합병·전환·경영 등의 인·허가, 금융기관에 대한 감독과 관련된 규정의 제정 및 개정, 금융기관에 대한 감독 및 검사·제재에 관한 사항, 자본시장의 관리·감독 및 감시에 관한 사항, 기타 다른 법령에서 부여된 사항 등. 그리고 금융감독원에 대한 지시·감독을 담당하는데, 여기에는 금융감독원에 대한 일반적 지시·감독권 행사, 금융감독원의 정관변경 승인, 예산결산 승인 등이 있다.


## 2. 증권선물위원회

증권선물위원회(Securities and Futures Commission)는 이름 그대로 증권시장 및 선물시장(파생상품시장)의 관리·감독에 관한 사항을 심의하고 의결하는 전문 기관이다. 즉 자본시장에 특화된 규제기관인 셈이다. 자본시장의 거대한 규모와 고도의 전문적인 특성을 고려하여 별도의 전문 규제기관을 두고 있다. 금융위원회와는 분리된 기관이지만 금융위원회와 같이 사무국의 지원을 받아 업무를 수행한다. 위원회는 5인으로 구성되는데, 위원장은 금융위원회 부위원장이 겸임하고 상임위원 1인과 비상임위원 3인으로 이루어진다.

증권선물위원회의 기능으로는 자본시장에서의 불공정거래 조사, 기업회계기준 및 회계감리에 관한 업무, 금융위원회가 의결하는 자본시장의 관리·감독·감시 등에 관련된 주요사항의 사전 심의 등을 수행하고 기타 금융위원회로부터 위임받은 업무도 담당한다. 위임 업무에는 증권신고서, 공개매수신고서, 정기·비정기공시의무, 자기주식 취득신고제도, 5% 신고제도 등의 위반에 대한 조사 및 조치권이 있다. 그리고 이상의 업무에 대하여 금융감독원에 대한 지시·감독권도 행사한다. 특히 불공정거래에 대한 조사 및 처분에 있어서는 금융위원회를 대체하여 증권선물위원회에서 관련 업무가 종결된다. 증권선물위원회는 업무의 전문성을 고려하여 산하에 회계와 관련하여 감리위원회를, 불공정거래와 관련하여 자본시장조사심의위원회를 자문 및 심의위원회로 두고 있다.

## 3. 금융감독원

금융감독원(Financial Supervisory Service)은 1997년 외환위기 이후 통합금융감독의 중요성과 필요성에 따라 종전의 은행감독원, 증권감독원, 보험감독원, 신용관리기금을 통합하여 1999년 1월에 발족한 기관이다. 영국의 통합 금융감독청이었던 'Financial Supervisory Authority'가 모델이었다. 금융감독원은 정부조직이 아니고 민간조직이지만, 법률에 의해 독자적인 금융회사 검사권과, 금융위원회·증권선물위원회의 집행 기구로서의 역할을 담당함으로써 공적규제 기능을 수행하는 무자본 특수법인이다.

자본시장법에서 금융위원회의 지시나 위탁 없이 금융감독원장이 독자적으로 할 수 있다고 명시하고 있는 업무는 금융투자업자에 대한 업무 및 재산상황에 대한 검사 정도에 불과하다. 그러나 실질적으로 금융감독원은 방대한 업무 범위를 가지고 있고 금융회사에 대한 권한과 권위도 대단하다. 이러한 권한은 법령에서 명시적으로 금융위원회로 하여금 위탁하도록 하거나 금융위원회가 자율적으로 위탁을 함에 따라 발생한다.

금융감독원은 무자본 특수법인이기 때문에 자본금도 없고 영리사업도 없으므로 정부출연금, 금융기관의 출연금, 검사분담금 등으로 예산을 조달한다.

# 제2장

# 자본시장법을 이해하기 위한
# 기본 지식

자본시장법은 자본시장에 관한 법률이다. 따라서 자본시장법을 제대로 이해하기 위해서는 자본시장과 법률에 대한 기본 지식이 필요하다. 다른 모든 전문 분야와 마찬가지로 법률 분야도 법 전공자들만이 사용하는 전문 용어들로 가득하여 일반인들이 사전 지식 없이 법률을 이해하기란 매우 어렵다. 게다가 자본시장법은 법률만으로도 어려운데 거기에 더하여 규제 대상인 자본시장에 대해서도 기본 지식이 있어야 이해할 수 있는 까다로운 법이다. 증권시장과 파생상품시장으로 구성되는 자본시장을 이해하기 위해서는 증권과 파생상품에 대한 이해가 선행되어야 하고, 증권을 이해하기 위해서는 발행 기업에 대한 기초 지식이 또 필요하다. 기초 지식을 토대로 단계적으로 전문 지식으로 접근하기 위해서는 기본이 되는 제도와 용어에 대한 정확한 이해가 매우 중요하다. 이 장에서는 자본시장과 법에 관련된 기본적인 제도와 법률용어를 설명한다.

# 제1절 자본시장법을 이해하기 위한 기본적인 시장 제도

## 1. 자본시장의 의의와 기능

### (1) 금융의 구조와 기능

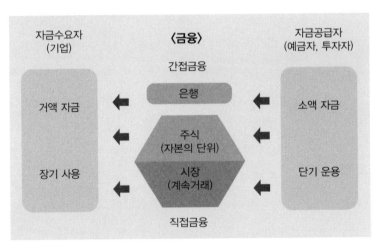

인간이 무리를 지어 사회생활을 하는 곳이면 자연적으로 시장이 형성되고, 그 시장에서는 물건의 매매를 중개하는 상인이 핵심적인 역할

을 한다. 물건의 생산자와 소비자가 직접 만나 거래하는 것은 시간과 거래를 위한 비용이 많이 들어 비효율적이기 때문이다. 금융시장의 경우에도 자금 수요인 기업과 자금 공급자인 투자자는 직접 만나 거래하기 어렵다. 일반 물건의 거래처럼 비효율적인 측면도 있지만 그에 더하여 금융의 본질적인 문제점이 있는데, 그것은 바로 양자의 기본적인 욕구가 반대라는 점이다.

기업의 경우 사업에 필요한 자금을 조달할 때 이왕이면 거액을 선호할 것이고, 장기간 사용하거나 영원히 상환하지 않고 사용하기를 원할 것이다. 그러나 투자자는 이와 정반대로 주로 소액의 자금만 가지고 있으며, 단기간 운용하는 것을 좋아하고 필요할 때 언제라도 투자자금을 돌려받기를 원할 것이다. 즉 거액·장기자금에 대한 수요와 소액·단기자금의 공급은 본질적으로 부조화 관계인 것이다. 이러한 부조화를 해결하여 효율적인 '금전의 융통'을 도모하고자 금융 제도가 자연스럽게 출현하였다.

금융의 역사를 보면 은행이 먼저 출현하였다. 은행은 예금과 대출을 통하여 소액·단기자금을 거액·장기자금으로 전환하고 있다. 은행을 간접금융이라고 하는데 그 이유는 자금의 수요자와 공급자가 직접 만나지 않고 은행이 이들의 직접 거래당사자가 되기 때문이다. 즉 예금계약(수신계약)을 통하여 은행과 투자자가, 대출계약(여신계약)을 통하여 은행과 기업이 거래당사자가 된다. 간접금융에서는 은행과 같은 중개기관의 존재가 필수적이다. 그런데 경제활동과 규모가 커지면서 점차 은행만으로는 자금의 조달과 운용에서 다양한 수요를 충족시키기 어렵게 되었고 이는 직접금융인 증권시장의 출현으로 이어지게 되었다.

간접금융과 직접금융은 각자 다음과 같은 장단점을 가지고 있다.

**간접금융과 직접금융의 장단점**

|  | 간접금융 | 직접금융 |
|---|---|---|
| 장점 | • 경영 내지 지배구조 간섭이 없음<br>• 자금조달 절차 간편 및 조달비용 낮음 | • 이자와 만기 부담이 없음<br>• 다양한 자금조달 수단으로 기업과 투자자의 요구에 호응할 수 있음<br>• 저신용의 초기기업도 위험자본 조달 가능<br>• 광범위한 투자자를 대상으로 대량의 자금조달 가능 |
| 단점 | • 이자와 만기의 부담<br>• 어느 정도 신용이 있어야 자금 조달 가능<br>• 자금조달의 수단이 단순하고, 조달 범위에 한계 | • 경영 내지 지배구조의 간섭이 심하고 심하면 경영권 상실 위험도 있음<br>• 상장법인이 되면 혜택도 있지만 각종 공시의무 등 부담도 커짐<br>• 공모에 의한 자금조달 시 절차가 복잡하고 조달비용이 높음 |

## (2) 자금조달을 위한 증권시장

증권시장은 거액과 소액의 부조화를 해결하기 위해 주식이나 채권 등의 증권을 사용한다. 이들 증권의 특징은 우선 최소한의 단위로 분할이 가능하다는 점이다. 주식은 최소 단위가 100원인 것도 발행할 수 있고 아예 액면이 없는 무액면주도 있다. 따라서 아이들도 용돈을 투자하여 대기업의 주식을 사서 주주가 될 수 있는 것이다. 채권의 경우도 1만원짜리로도 발행할 수 있다. 이처럼 소액들을 널리 모으면 거액이 될 수 있으니 증권은 소액자금의 거액자금으로의 전환 기능을 수행하는 것이다. 이러한 소액자금의 거액자금으로의 전환이 일어나는 곳을 발행시장이라고 할 수 있다.

다음으로 단기자금의 장기자금으로의 전환을 위하여 금융은 이들 증권의 자유로운 양도를 허용한다. 채권은 대체로 수년의 시간이 지나야 만기가 되어 상환받을 수 있는데, 만기 전에 자금이 급히 필요한 투자자는 이 채권을 시장에서 다른 투자자에게 매각하여 필요한 자금을 마련할 수 있게 된다. 주식의 경우는 만기 상환이란 것이 아예 없고, 회사에 상환청구도 할 수 없는 것이 원칙이므로 시장에서의 양도가 허용되지 않으면 투자 수단으로서 매력이 전혀 없을 것이다. 거래소와 같은 증권시장은 이러한 자유 양도를 촉진하기 위한 시장이고, 이러한 시장을 유통시장이라 한다.

역사적으로나 이론적으로나 발행시장이 유통시장에 우선한다. 그러나 유통시장이 보장되지 않는다면 발행시장에서 증권을 살 사람이 얼마나 될지 의문이기 때문에 양자의 관계는 상호보완적이라 할 수 있다.

### (3) 위험관리를 위한 파생상품시장

파생상품시장의 본질적 기능은 자금조달이 아니라 위험의 회피 내지 관리다. 일반상품이든 금융상품이든 보유자는 언제나 그 상품의 가격 변동에 따른 위험을 안고 있다. 따라서 최소한의 비용 또는 아예 무비용으로 그 위험을 관리할 수 있으면 좋을 것이다. 위험관리라는 점에서 보면 파생상품과 보험은 공통성을 가지고 있다. 파생상품을 통한 체계적 위험관리가 가능하기 때문에, 오늘날 기업은 원유를 안정적으로 조달할 수 있고 주가연계증권(ELS)과 같은 다양한 파생결합증권을 투자상품으로 개발할 수도 있는 것이다.

위험관리라는 본질적 기능 외에 파생상품시장은 또 다른 중요한 경제적 기능을 제공하는데, 예컨대 가격발견기능과 같은 것이다. 파생상품시장에서 결정되는 가격은 현물시장에서 기초자산의 가격과 수학적 연동성을 가지고 움직인다. 그리고 파생상품 거래는 레버리지 효과라고 하여 소액의 투자금으로도 큰 수익을 거둘 가능성이 크기 때문에 고도의 전문적인 투자자들이 몰려들어 투기적 거래를 함으로써 파생상품시장의 가격은 현물시장의 가격에 선행하는 경우가 많다.

이처럼 파생상품시장은 위험관리와 가격발견기능을 통하여 간접적으로 기업의 자본형성과 안정적인 경영을 지원함으로써 국민경제의 발전에 기여한다.

## 2. 금융투자상품시장과 거래소시장

### (1) 금융투자상품시장과 거래소시장의 의의

일반적으로 자본시장이라고 할 때는 증권과 파생상품 거래가 일어나는 모든 곳을 가리키는데, 일정한 조직과 규칙을 가지고 증권과 파생상품의 거래가 대량으로 계속적으로 일어나는 곳이 거래소시장이다. 과거 "거래소"라고 할 때는 법률에 명시적 근거를 두고 설립된 '한국거래소'를 지칭하는 고유명사였으나, 2013년 자본시장법 개정에 따라 복수거래소 체제와 거래소 허가주의가 도입됨으로써 이제 거래소라는 말은 시장을 개설한 기관 모두를 가리키는 일반명사가 되었다. 다만 자본시장법 일부 규정 내에서 거래소의 범위를 "한국거래소"라고 명시적으로 제한하는 경우가 있다. 한국거래소는 자본시장법에 따른 허가를 받은 것으로 간주되고 있고, 한국거래소 외에 거래소 허가를 받은 기관은 아직 없다.

자본시장법상 거래소는 "증권 및 장내파생상품의 공정한 가격 형성과 그 매매, 그 밖의 거래의 안정성 및 효율성을 도모하기 위하여 제373조의2에 따른 금융위원회의 허가를 받아 금융투자상품시장을 개설하는 자"를 말하고, 금융투자상품시장이란 "증권 또는 장내파생상품의 매매를 하는 시장"을 말하며, "거래소시장"이란 "거래소가 개설하는 금융투자상품시장"을 말한다(법 제8조의2). 거래소시장은 증권시장과 파생상품시장으로 구분되는데, 거래소에 따라서는 시장별로 둘 이상의 시장을 개설하여 운영할 수 있다(법 제386조). 이에 따라 한국거래소는 증권시장에 '유가증권시장'과 '코스닥시장' 및 '코넥스시장'을 따로 개설하여 운영하고 있다.

거래소시장 밖에서 거래되는 시장을 장외시장이라 한다. 장외시장의 종류 내지 범위는 상당히 넓은데, 개인 간 1:1의 거래부터 조직을 갖춘 금융투자협회의 K-OTC 시장까지 모두 장외시장으로 분류된다. 개인 간 거래처럼 어쩌다 한번 발생하는 경우는 "계속적 · 반복적"으로 하는 "업"에 해당되지 않기 때문에 규제 문제를 신경 쓸 필요가 없다. 그러나 그 밖의 조직적 장외거래는 허가 없이 금융투자상품시장을 영위하는 것으로서 원칙적으로 금지되며, 다만 법령상 명시적으로 예외를 인정받을 경우에 한해서 허용된다.

법령상 거래소 허가 없이 시장을 개설 · 운영할 수 있는 경우는 법 제373조에 열거된 1. 다자간매매체결회사가 제78조에 따라 다자간매매체결업무를 하는 경우, 2. 협회가 제286조 제1항 제5호에 따라 증권시장에 상장되지 아니한 주권의 장외매매거래에 관한 업무를 하는 경우 및 법의 위임에 따라 시행령 제354조의2에서 정하고 있는 1. 제176조의8 제4항 제2호에 따라 투자매매업자 또는 투자중개업자가 신주인수권증서를 매매 또는 그 중개 · 주선이나 대리업무를 하는 경우, 2. 제179조에 따라 채권중개 전문회사(IDB: Inter-Dealer Broker)가 증권시장 외에서 채무증권 매매의 중개업무를 하는 경우, 3. 종합금융투자사업자가 제77조의6 제1항 제1호에 따라 금융투자상품의 장외매매 또는 그 중개 · 주선이나 대리 업무를 하는 경우이다.

이상 5가지 예외를 제외하고는 누구라도 금융투자상품의 장외매매를 중개하면 무허가 시장개설로서 위법행위에 해당된다. 예를 들어 우리나라에는 수많은 장외주식 웹사이트에서 상장주식과 비상장주식의 거래 관련 서비스를 제공하고 있다. 그런데 이들 웹사이트의 행위가 위법행위가 되지 않으려면 웹사이트의 역할을 철저하게 제한할 필요가 있다. 웹사이트의 역할이 투자자 간 주문을 대행하거나, 일방 투자자를 대신하여 상대방 투자자와 직접 접촉하거나, 체결 서비스를 제공하고 자금과 주식의 이체에 관여하면 이는 곧 중개·주선이나 대리에 해당될 여지가 큰 것이다. 따라서 위법행위가 되지 않으려면 투자자들이 자신의 주문을 웹사이트 게시판에 포스팅할 장소만 제공하고 그 이후에는 절대로 관여를 하지 않아야 자본시장법에 저촉되지 않는다.

### (2) 다자간매매체결회사

"다자간매매체결회사"란 일종의 '전자거래소'라고 할 수 있는데, 미국 등에서 성업 중인 대체거래소(ATS: Alternative Trading System)를 우리 법에 도입한 것이다. 이러한 ATS는 허가받은 거래소에 상장되어 거래되는 증권에 대해서 매매만 중개하는 것이 업무의 본질이다. 즉 독자적인 상장이나 공시, 시장감시 등의 기능이 없고 매매 후의 청산 및 결제도 거래소가 담당한다. 일종의 무임승차를 제도적으로 허용해 주는 것인데, 그 이유는 약간의 경쟁적 환경을 조성하여 거래소시장의 자연독점 현상을 완화함으로써 시장 전체의 효율성을 높이기 위한 것이다. 2013년에 자본시장법에 도입된 후 10년 만인 2023년 7월 최초의 다자간매매체결회사로서 넥스트레이드에 투자중개업 예비인가를 부여하였다. 넥스트레이드는 예비인가일로부터 18개월 내 본인가 신청 후 본격 영업을 시작하게 된다.

자본시장법 제8조의2 제5항은 "이 법에서 '다자간매매체결회사'란 정보통신망이나 전자정보처리장치를 이용하여 동시에 다수의 자를 거래 상대방 또는 각 당사자로 하여 다음 각호의 어느 하나에 해당하는 매매 가격의 결정방법으로 증권시장에 상장된 주권, 그 밖에 대통령령으로 정하는 증권(이하 "매매체결대상상품"이라 한다)의 매매 또는 그 중개·주선이나 대리 업무(이하 "다자간매매체결업무"라 한다)를 하는 투자매매업자 또는 투자중개업자를 말한다"고 하고 하면서, 매매가격의 결정방법은 1. 경쟁매매의 방법(매매체결대상상품의 거래량이 대통령령으로 정하는 기준을 넘지 아니하는 경우로 한정한다), 2. 매매체결대상상품이 상장증권인 경우 해당 거래소가 개설하는 증권시장에서 형성된 매매가격을 이용하는 방법, 3. 매매체결대상상품의 종목별로 매도자와 매수자 간의 호가가 일치하는 경우 그 가격으로 매매거래를 체결하는 방법을 열거하고 있다(법 제8조의2 제5항 및 시행령 제7조의3 제3항).

다자간매매체결회사에 대한 정의에서 주의해서 볼 부분이 몇 개 있는데 첫째, 이 회사의 법적 성격은 투자매매업자 또는 투자중개업자이고 보다 정확히는 투자중개업자라는 것이다. 거래소도 투자자들의 매매를 중개하는 것이므로 본질은 투자중개업을 영위하는 것인데, 거래소의 업무는 다른 공적인 성질도 많아서 투자중개업 인가는 면제하는 대신 별도의 허가를 받도록 엄격히 규제하고 있다. 다자간매매체결회사는 성질은 거래소시장과 비슷하지만, 거래소에 대한 무거운 규제를 부담할 정도는 아니므로 그냥 투자중개업자의 인가만 있어도 된다는 취지에서 투자매매업자 또는 투자중개업자로 법적 성격을 정하고 있는 것이다. 이부분은 매매가격의 결정방법 중 1. 경쟁매매의 방법과도 관련이 있다.

둘째, 매매가격의 결정방법 중 경쟁매매 방법이란 현재 한국거래소의 정규시장에서 사용되는 매매거래의 체결 방법으로서 대규모 거래를 신속하게 체결시킬 수 있는 획기적인 수단이다. 어쩌면 거래소를 거래소답게 만드는 핵심적인 장치 중 하나라고도 평가할 수 있다. 자본시장법은 ATS가 경쟁매매 방법을 쓰는 경우에는 취급할 수 있는 거래량을 일정 수준 이하로 제한하고 있다. 그 기준은 ATS가 중개하는 거래량이 거래소 증권시장 전체 거래량의 15% 및 종목별 거래량의 30% 이하이다(시행령 제7조의3 제2항).

경쟁을 도입한다면서 왜 이런 제한을 두는 것일까? 그 이유는 공정한 경쟁 환경을 조성하기 위한 것이다. ATS의 무임승차를 허용하고 있는 이유는 거래소와의 본격적인 경쟁이 아니라 거래소의 독점을 부분적으로 완화하고자 하는 것인데, ATS의 거래량 제한이 없으면 ATS는 무임승차의 혜택을 누리면서 거래소 수준에 버금가는 시장이 될 수도 있고, 이렇게 되면 불공정한 경쟁이 되기 때문이다. 따라서 법령에서 제한하는 수준 이상의 대량 거래를 취급하고자 한다면 이제는 투자중개업자가 아니라 정식으로 거래소 허가를 받아서 제대로 하라는 의미인 것이다.

셋째, 매매가격의 결정방법 중 3. 매매체결대상상품의 종목별로 매도자와 매수자 간의 호가가 일치하는 경우 그 가격으로 매매거래를 체결하는 방법이란 경쟁매매가 아닌 매매체결 방법을 의미한다. 경쟁매매의 특징은 가격과 거래량이 다 달라도 체결이 가능한 것인데, 여기서는 매수·매도 양자의 호가가 일치하는 경우에만 체결을 허용함으로써 경쟁매매 방법을 사용하지 못하도록 한 것이다. 이렇게 되면 ATS의 거래량은 경쟁매매로 할 때보다 현저히 감소할 것이다. 따라서 ATS는 경쟁매매 방법으로 매매체결 서비스를 제공하려면 제1호에 따라 일정 수준 이하만 하든지, 아니면 제한 없이 매매체결 서비스를 제공하려면 경쟁매매가 아닌 방법으로 하는 수밖에 없게 된다.

### (3) 한국거래소의 시장

여기서는 현재 우리나라의 유일한 거래소시장인 한국거래소를 중심으로 거래소시장의 구조와 기능 등을 살펴본다. 한국거래소의 시장에는 유가증권시장, 코스닥시장, 코넥스시장, 파생상품시장이 있다.

한편 한국거래소에는 금시장, 석유시장, 배출권시장과 같이 자본시장이 아닌 일반상품시장도 있다. 이들 일반상품시장은 자본시장법이 아니라 다른 법률이나 거래소의 정관에 근거하여 한국거래소에 개설되었다. 일반상품시장은 금융위원회가 아닌 정부 다른 부처의 감독 대상이될 수 있다.

### 1) 유가증권시장

유가증권시장은 한국거래소의 주 시장으로서 대기업들이 주로 상장되어 있는, 대한민국을 대표하는 시장이다. 유가증권시장의 전체 주가 수준을 보여주는 지수가 한국종합주가지수(KOSPI)이기 때문에 일반적으로 코스피시장이라고도 한다.

유가증권시장에는 다양한 금융투자상품이 거래되는 시장이 있는데, 종류별로 구분하면 지분증권시장(주식, 신주인수권증서, 신주인수권증권, 기업인수목적회사(SPAC)의 지분), 채권시장(국채, 지방채, 회사채, 전환사채, 신주인수권부사채 등), 펀드시장(상장지수펀드(ETF), 수익증권), 파생결합증권시장(주식워런트증권(ELW), 상장지수증권(ETN))이 있다.

유가증권시장에 주권을 상장한 법인에게는 자본시장법상 특이한 규제가 하나 있는데, 주식 발행 시 일정 비율(20%)을 우리사주조합에 의무적으로 배정해야 한다는 것이다. 코스닥시장이나 코넥스시장에는 이런 규제가 없다(시행령 제176조의9).

### 2) 코스닥시장

코스닥시장은 미국 나스닥을 모델로 벤처기업의 자금조달 활성화에 초점을 두고 개설되었다. 유가증권시장이 주로 중후장대형의 전통 산업에 종사하는 기업들의 시장이라면, 코스닥시장은 경박단소형의 첨단산업 기업들의 시장이라고 할 수 있다. 특히 우리나라는 1999~2000년의 닷컴버블 시절에 많은 벤처기업이 상장되어 성공 신화를 보여주었고, 버블 붕괴 후 이들 기업의 부실화로 상장폐지도 많이 되었지만 현재 세계적으로 성공한 벤처시장으로서 신흥시장의 롤 모델이 되고 있다.

### 3) 코넥스시장

코넥스시장은 독특한 시장이다. 기업규모, 재무요건, 주식분산 등 엄격한 상장요건이 필요한 코스피·코스닥시장과 달리 지정자문인(증권회사)의 자체 심사에 따라 거래소시장에 상장할 수 있다. 즉 코스피시장과 코스닥시장은 증권 발행시 공모규제를 거친 증권들이 엄격한 상장심사를 거쳐 거래되는 반면, 코넥스시장에서는 공모 과정을 거치지 않은 증권이 거래된다. 코넥스시장 상장법인은 기업 규모를 감안하여 자본시장법상 여러 특례가 인정된다. 공시의무가 완화되어 분기·반기보고서를 제출하지 않아도 되고(시행령 제176조 제9항), 사외이사·감사 규제도 면제되며(법 제165조의19 및 시행령 제176조의19), 합병 관련 상장법인에 대한 규제도 적용되지 않는다(시행령 제176조의5).

그러나 엄격한 상장요건이 적용되지 않고 별도의 상장심사를 거치지 않기 때문에 투자위험이 매우 큰 점을 감안하여 초기에는 일반투자자의 투자를 제한하였다. 따라서 실제 참여할 수 있는 자는 전문투자자와 일정한 자격을 갖춘 개인만 가능하고 일반투자자는 참여할 수 없었다. 그러나 2022년 5월 코넥스시장의 활성화를 도모한다는 명분으로 일반투자자의 참여 제한이 철폐되어 현재는 기본예탁금(3천만원) 예치와 소액투자 전용계좌(3천만원 한도) 의무 사용 같은 규제 없이 모든 투자자

가 자유롭게 참여할 수 있게 되었다.[1]

코넥스시장의 문턱을 이렇게 낮춘 것은 코넥스시장의 본질에 비추어 바람직한 조치라고 할 수 없다. 코넥스시장의 본질은 다른 시장처럼 유통시장이 아니라 발행시장이기 때문이다. 코넥스시장의 성격은 코스피·코스닥시장과 완전 다르다는 점을 유념할 필요가 있다. 코스피·코스닥시장은 유통시장으로서, 투자자가 발행시장에서 취득한 증권을 자유롭게 양도하여 투자금을 신속히 회수할 수 있도록 하는 것이 일차적 기능이다. 그러나 코넥스시장은 그렇지 않다. 코넥스시장에 상장하는 기업들은 공모한 증권을 상장하는 것이 아니라 사실상의 공모를 하기 위하여 상장하는 것이다. 달리 말하면 자금조달이 완료된 증권을 투자자 편의를 위하여 시장에 상장하여 투자자들이 투자금을 쉽게 회수할 수 있도록 하는 것이 코스피·코스닥시장이라면, 자금조달을 하기 위하여 증권을 특정인에게 발행(판매)할 수 있는 자격을 부여하고 그 판매 장소를 제공하는 것이 코넥스시장이라는 것이다.

증권을 공모 절차를 거쳐 발행(판매)하는 것은 많은 비용과 시간이 소요되는 힘든 과정이다. 코넥스시장에 상장하는 기업은 코스닥에도 상장하기 어려운 중소기업이 대부분이기 때문에 이들에게 고비용의 공모 절차 대신 코넥스시장을 통한 저비용의 자금조달 방법을 제공하자는 것이 코넥스시장 개설의 근본적 취지였다. 코넥스시장 상장법인은 자금이 필요할 때마다 별도의 규제 절차 없이 증권을 발행하거나 대주주의 지분을 코넥스시장에서 처분하여 필요 자금을 조달할 수 있게 된다. 그런데

---

1  코넥스시장은 2013년 개설 당시 기관전용 사모시장으로 설계하여 일반투자자의 경우 최소 3억원의 기본예탁금이 필요하였다. 그 후 지속적인 코넥스시장의 활성화 조치로 이 기본예탁금이 2015년 1억원으로 줄었고, 이어 2019년에는 3천만원으로 하향 조정되었다가 2022년 5월에 완전 폐지된 것이다.

이 증권은 공모 절차를 거치지 않기 때문에 투자위험이 상대적으로 높은 것이고, 따라서 코넥스시장에서 거래하는 투자자, 즉 증권 매수인의 자격을 전문투자자 등으로 제한했던 것이다. 이런 관점에서 보면 코넥스시장에 대한 성공과 실패의 평가는 거래량이 얼마인가가 아니라 자금조달 실적이 얼마인가에 달려 있다고 봐야 한다. 그럼에도 불구하고 정부와 거래소가 일반적인 유통시장에 대한 관점으로 코넥스시장에 접근하여 제도를 개편한 것은 문제가 있다.

한편 코넥스시장 상장증권에는 상장된 증권의 경우 간주모집 규정을 적용하지 않고 있다.[2] 따라서 코넥스시장 상장법인의 주권을 소수의 자에게 제3자배정 방식으로 발행한 후 이들이 바로 코넥스시장에서 매각하는 것을 막을 수 없다. 이로 인해 코넥스시장의 투자자들은 아무런 정보 없이 주식을 취득하게 되는 한편 갑자기 쏟아지는 대량의 물량으로 인한 불측의 피해를 입을 수 있다. 일반투자자의 참여가 제한된 과거에는 자기보호능력이 충분한 투자자들만 있는 시장이므로 간주모집 특례로 인한 투자자보호 문제는 없었으나 이제 모든 투자자가 참여할 수 있는 코넥스시장은 코스피시장이나 코스닥시장처럼 위험 시장이 되었으므로 다른 시장과 동일하게 간주모집 규제를 적용하는 것이 바람직하다.

---

2 금융위원회의 증권의 발행 및 공시에 관한 규정 제2-2조(증권의 모집으로 보는 전매기준) ① 영 제11조제3항에서 "금융위원회가 정하여 고시하는 전매기준에 해당하는 경우"란 다음 각 호의 어느 하나에 해당하는 경우를 말한다.
　1. 지분증권(지분증권과 관련된 증권예탁증권을 포함한다. 이하 이 조 및 제2-3조제2항에서 같다)의 경우에는 같은 종류의 증권이 모집 또는 매출된 실적이 있거나 증권시장(제2-2조의3제1항에 따른 코넥스시장을 제외한다)에 상장된 경우 [분할 또는 분할합병(「상법」 제530조의12에 따른 물적분할의 경우를 제외한다)으로 인하여 설립된 회사가 발행하는 증권은 분할되는 회사가 발행한 증권과 같은 종류의 증권으로 본다] 또는 기업인수목적회사와 합병하려는 법인이 합병에 따라 발행하는 경우.

### 4) KSM(KRX Start-up Market)

KSM은 일반적인 의미에서의 증권시장이라기보다는 비상장의 창업 초기기업(start-up)의 지분을 거래할 수 있는 플랫폼이다. 코스닥시장이나 코넥스시장 진입을 지원하고자 만든 것으로서 비상장 기업 중 크라우드펀딩 성공기업, 정책금융기관(기술신용보증기금 등) 등이 추천한 기업 등을 등록하여 그 지분을 쉽게 거래할 수 있도록 한 것이다. KSM은 중개 플랫폼으로서의 성격을 명확히 하여 거래소의 개입을 최소화하고 거래당사자 간 협상에 의한 매매체결이 이루어지도록 한다. 따라서 거래소는 당사자 간의 협상 과정과 협상 이후에도 일절 관여하지 않고, 상장심사와 공시의무 등도 없다.

### 5) 파생상품시장

한국거래소가 개설하고 있는 파생상품시장은 세계적 규모를 자랑하는 발달된 시장이다. 거래소 파생상품시장에서 거래되는 금융투자상품의 종류를 보면, 주가지수 선물·옵션, 개별주식 선물·옵션, 국채선물, 달러 선물·옵션, 엔과 유로 선물, 금과 돼지고기 선물 등이 있다

파생상품거래는 가격 변동도 크고 증거금도 낮아 결제일에 제대로 결제가 이루어지지 않을 가능성이 매우 크다. 따라서 거래소는 결제의 안전성 확보를 위하여 몇 가지 장치를 두고 있다.

첫째는 청산소(clearing house)다. 파생상품거래는 불특정 다수가 참여하기 때문에 거래 상대방의 신용을 파악 못한 상태에서 매매가 이루어지므로, 거래 참여자가 안심하고 매매하기 위해서는 모든 거래의 계약이행(결제)을 보증할 제3자인 청산소가 필요하다. 청산소는 파생상품거래에서 매수자·매도자 사이에 개입하여 쌍방에 대하여 거래 상대방이 되어준다. 즉, 매도자에게는 거래 상대방인 매수자가 되어 주고, 매수자

에게는 매도자가 되어 줌으로써 거래 상대방의 신용상태(결제이행능력 여부)에 대하여 염려할 필요 없이 안심하고 매매를 할 수 있게 하는 것이다. 이러한 청산 기능은 비단 파생상품거래에만 고유한 것은 아니고 증권거래에도 존재하는 거래소의 일반적인 기능이다.

둘째는 증거금제도(margin)이다. 파생상품거래는 현재 시점에서 거래 대상물과 대금이 필요 없는 대신 미래 특정 시점에 계약을 이행하겠다는 약속이므로 그 약속에 대한 보증이 필요하다. 이 보증의 역할을 하는 것이 증거금인데, 증거금이란 계약불이행의 위험을 방지하기 위해 거래소가 거래당사자로 하여금 계약과 동시에 납부하도록 하는 일정 비율의 계약 보증금을 말한다. 증거금의 수준은 대상자산의 가격변동성에 따라서 다양한데, 대체로 계약금액의 10% 내외에서 책정된다. 즉 총 계약금액의 10% 정도만 있으면 파생상품거래가 가능하므로 적은 투자금으로 큰 수익을 거두는 소위 '레버리지 효과(leverage effect)'가 매우 크다.

셋째는 일일정산제도(mark-to-market)인데, 청산소는 당일 장이 끝난 후 종가 기준으로 매일의 정산가격을 발표하고 이 가격을 기준으로 모든 거래 참여자들의 미청산계약(open interest)에 대한 잠정이익과 손실을 정산한다. 정산의 결과 증거금계정의 수준이 유지증거금 이하의 수준으로 하락하면 추가증거금을 납부해야 하며, 반대로 기본증거금을 초과하는 이익에 대해서는 현금인출이 가능하다. 청산소는 일일정산 기능을 통하여 계약 당사자들로 하여금 일정 수준의 증거금을 유지하도록 하여 계약불이행 위험을 미리 방지할 수 있다. 파생상품거래의 결제 안전성 확보에 가장 핵심적인 제도라고 볼 수 있다.

# 3. 거래소시장의 매매거래 방식과 매매거래 절차

자본시장법은 매매와 "매매거래"를 구분하고 있다. "매매"라고 할 때는 넓은 의미에서 매매나 기타 유사한 형태의 거래를 포괄하는 의미로 쓰고, "매매거래"라는 용어는 거래소시장에서 이루어지는 거래에 한정하여 사용하고 있다. 매매거래도 일반적인 매매의 한 종류이지만, 거래소시장에서는 상식적인 차원에서 이야기하는 매매와는 상당히 다른 특성이 있기 때문에 굳이 구별하고 있다. 예를 들어 다자간매매체결회사에 대해서 언급할 때도 매매거래라고 하지 않고 "매매"라고 하는데, 그 이유는 다자간매매체결회사에서 이루어지는 거래에는 거래소시장에서의 방식과 다른 방식으로 이루어지는 거래도 있기 때문이다.

'매매'는 여러 가지 방식으로 이루어질 수 있다. 크게 보면 상대매매와 경쟁매매로 나눌 수 있고, 그 중간 형태로 제한적 경쟁매매(또는 확장된 상대매매)가 있을 수 있다. 상대매매는 1:1의 매매와 1:다수의 경매매(입찰·경매)로 나눌 수 있다. 상대매매의 특징은 가격과 수량이 일치할 때 거래가 성립된다는 것이다. 수박 상인이 수박을 10통 묶어서 9만원에 팔겠다고 하는데, 10통을 8만원에 사겠다거나 5만원에 5통만 사겠다고 해서는 거래가 성립되기 어렵다. 1:1의 상대매매는 우리의 일상생활에서의 거래가 대표적이고, 1:다수의 경매매는 입찰이나 경매가 대표적인 형태이다.

이와 반대로 경쟁매매로 할 때는 매수·매도 쌍방이 제시하는 가격과 수량이 서로 달라도 거래가 이루어진다. 예를 들어서 각각 1만원에 수박 10통을 팔겠다는 사람과 2만원에 수박 5통을 사겠다는 사람이 있을 때 경쟁매매 방식으로 할 때는 수박 5통에 대해서 1만원과 2만원 중간에 있는 어느 가격으로 거래를 성립시켜도 쌍방에 불만이 없다. 만약 팔겠다는 사람이 10통을 모두 묶어서 팔겠다고 고집하는 경우에는 경쟁매매 방식을 적용할 수 없고 상대매매 방식으로 거래를 체결시켜야 한다. 거래소시장은 경쟁매매 방식으로 거래를 체결시키기 때문에 이 방식이 싫으면 거래소시장에 들어오지 않으면 되고, 거래소시장에 들어온 이상 거래소가 정하는 경쟁매매에 따라 매매를 하여야 한다.

제한적 경쟁매매는 가격이 같다면 수량은 달라도 거래를 성립시키는 방식이다. 우리 시장에서 이 방식이 사용되는 경우는 다자간매매체결회사가 거래량 제한 없이 매매체결 업무를 수행하려고 하는 경우와 금융투자협회의 K-OTC 시장 등이다.[3]

### (1) 매매체결 방식의 구분

세계 거래소들의 매매거래 체결 방식은 크게 두 가지로 나눌 수 있고 그 방식에 따라 각각 경쟁매매시장과 딜러시장이 된다. '경쟁매매시장'(auction market)은 '주문주도형시장'(order-driven market)이라고도 하는데, 투자자들의 주문 간 경쟁을 통해서 가장 최고의 가격을 제시한 주문을 우선하여 매칭시켜 가격을 결정하는 시장이다. 한국거래소를 비롯하여 뉴욕증권거래소와 동경증권거래소 등이 대표적인 경쟁매매시장으로 분류된다. 이 시장에서 증권회사의 역할은 투자자의 주문을 전달

---

3    자본시장법 시행령 제178조(협회 등을 통한 장외거래)를 보면, 금융투자협회가 주권의 장외매매거래에 관한 업무를 수행하는 경우에는 "주권의 종목별로 금융위원회가 정하여 고시하는 단일의 가격 또는 당사자 간의 매도호가와 매수호가가 일치하는 경우에는 그 가격으로 매매거래를 체결시킬 것"이라고 하여 호가와 수량이 다른 경우에도 거래를 체결시키는 경쟁매매 방식을 허용하지 않고 있음을 알 수 있다. 다만 호가(가격)의 일치만 요구하고 수량의 일치는 요구하지 않기 때문에 상대매매는 아니고 제한적 경쟁매매(또는 확장된 상대매매)로 분류할 수 있다. 매매의 한 방식에 불과한 경쟁매매 방식을 법령에서 굳이 명시적으로 금지하고 있는 이유는, 경쟁매매 방식으로 할 경우 거래량이 폭발적으로 증가하여 허가받은 거래소처럼 될 수 있기 때문에, 거래소 허가를 안 받은 기관을 차별화하기 위한 것이다.

하는 중개업자(broker)가 된다.

딜러시장(dealer market)은 '호가주도형시장'(quote-driven market)이라고 할 수 있는데 마켓메이커라 불리는 딜러들이 호가를 제시하고 이에 응하는 투자자들과 거래를 하는 시장이다. 대표적인 딜러시장으로는 나스닥시장과 런던증권거래소 등이 꼽힌다. 이 시장에서 증권회사의 역할은 투자자의 거래 상대방이 되는 거래 주체로서 자기매매업자(dealer)가 된다.

일상생활에서 딜러의 사례를 보자면 해외여행을 앞두고 환전을 하고자 할 때 환전을 해 주는 은행이 바로 딜러이다. 즉 달러를 얼마에 사고 얼마에 팔고자 하는지 그 가격을 제시하고 그 가격에 환전하고자 하는 고객과 달러를 매매하는 것이다. 예를 들면, 오늘 달러 환율이 1,200원이라고 할 때, 은행은 이 기준환율에 마진을 붙여 '고객이 달러를 은행으로부터 사실 때는 1,280원, 고객이 달러를 은행에 파실 때는 1,120원'이라고 호가를 제시한다. 이처럼 딜러가 제시하는 매수·매도 가격의 차이를 스프레드하고 하는데 이는 딜러의 주 수입원이 된다. 고객은 여러 은행 중에서 자신에게 유리한 은행을 선택하여 거래한다.

눈썰미 밝은 독자라면 주문(order)과 호가(quote)를 구분하여 쓰고 있는 것을 알 수 있을 것이다. 주문은 투자자들이 중개업자인 증권회사에 거래소에서 이 가격에 매매해 달라고 요청하는 것을 말하고, 호가는 자기매매업자인 증권회사가 고객에게 딜러로서 제시하는 것을 말한다. 즉 원칙적으로 주문은 경쟁매매시장에서, 호가는 딜러시장에서 사용되는 용어이다. 한국거래소는 이를 감안하여 투자자가 증권회사에 제출하는 것은 주문이라 하고, 증권회사가 이 주문을 거래소시장에 제출할 때는 호가라고 구분하여 쓰고 있다.

일반적으로 경쟁매매시장은 거래비용이 상대적으로 저렴하며 매매 체결의 신속화를 기대할 수 있지만 시장 변동성이 크다는 것이 단점이다. 딜러시장은 이와 반대라고 보면 된다. 현대 증권거래소들은 대체로 양자의 장점을 살려 혼합적인 시장을 운영하고 있다. 예를 들어, 우리 거래소시장에서 유동성공급자(LP: Liquidity Provider)나 시장조성자(Market maker)는 딜러시장에서 마켓메이커인 딜러와 동일한 기능을 수행하는데, 경쟁매매 방식을 보완하는 차원에서 딜러 제도를 도입한 것이다.[4]

### (2) 거래소시장에서 경쟁매매 방식의 매매거래 체결 원리

경쟁매매는 '단일가격에 의한 경쟁매매'와 '복수가격에 의한 경쟁매매'로 구분된다. 단일가격에 의한 경쟁매매 방식은 시초가 및 종가 형성 등의 경우에 사용된다. 투자자의 주문을 집중시켜 수요와 공급이 일치되는 균형가격을 도출하는데, 불특정 다수의 집단적 판단에 의한 공정가격 산출을 위해 주로 사용된다. 구체적인 방법은 우선순위의 매도주문과 매수주문의 합계수량을 집계하여 어느 한 쪽의 주문이 전부 체결되는 가격(합치가격이라 한다)으로 각 주문의 우선순위에 따라 매도와 매수 간에 매매거래를 성립시킨다. 기본적으로 가격이 먼저 고려되고(가격우선원칙), 같은 가격대에서는 먼저 나온 주문이 먼저 체결된다(시간우선원칙). 매수·매도 쌍방의 주문이 충분한 시간을 두고 집단으로 부딪혀 하나의 가격으로 수렴하는 관계로 수많은 정보가 종합적으로 반영되어 가격의 완전성이 높은 편이다.

복수가격에 의한 경쟁매매 방식은 일명 '접속매매'라고도 하는데, 시

---

4 유동성공급자와 시장조성자는 모두 거래가 적은 상장 종목에 대해서 거래를 활성화하고자 도입된 제도로서, 이들은 본인이 맡은 종목에 대해서 계속적으로 매수·매도 양방향의 호가를 제시할 의무를 진다. 즉 투자자들의 매수·매도 주문이 가격 격차가 너무 커서 거래가 성립되기 어려운 상황에 이들이 그 사이에 있는 가격에 매수와 매도 호가를 모두 제출하면 보다 쉽게 거래가 이루어질 수 있다. 수행하는 기능이 동일한 양자의 차이는, 유동성공급자의 경우 거래소의 회원인 증권회사가 대상 증권을 상장한 법인과 계약을 맺지만, 시장조성자는 회원이 거래소와 계약을 맺고 거래 활성화에 노력하는 자라는 점이다.

가 결정 후 종가 결정 10분 전까지 사용된다. 매도주문과 매수주문 간의 경합에 의한 개개의 가격으로서 개개의 수량이 합치되는 경우 접수된 주문 순서에 따라 일치되는 주문 간에 그때 그때 매매를 성립시키는 매매방법이다. 접속매매는 신속한 체결을 바라는 투자자의 욕구를 반영하여 가격의 완전성보다는 체결의 신속성과 편의성을 고려한 매매체결 방식이라고 할 수 있다.

경쟁매매 시 기본적인 체결원리는 '가격우선의 원칙'이 먼저 적용되고 그다음은 '시간우선의 원칙'이 적용된다는 것이다. 가격우선원칙은 매수주문의 경우 가격이 높은 주문이 가격이 낮은 주문에 우선하고, 매도주문의 경우 가격이 낮은 주문이 가격이 높은 주문에 우선하는 것을 말한다. 그리고 시장가주문은 상·하한가의 지정가주문을 제외하고 일반적인 지정가주문에 우선한다. 시간우선의 원칙은, 가격이 동일한 주문 간 또는 시장가주문 간에는 먼저 접수된 주문이 나중에 접수된 주문에 우선하는 것을 말한다.

단일가매매 중 시초가나 전산장애 내지 서킷브레이커 후 재개시 결정가격이 상·하한가로 형성되는 경우에는 "동시호가"라 해서 모든 호가가 동시에 접수된 것으로 본다. 즉 동시호가 매매에서는 시간우선원칙이 배제되고, 대신 '위탁자우선의 원칙'과 '수량우선의 원칙'이 적용된다. 위탁자우선원칙은 금융투자업자가 자기매매업과 위탁매매업을 겸업함에 따라 발생할 수 있는 이익충돌을 방지하여 투자자를 보호하기 위한 제도로서, 위탁자주문을 회원의 자기주문보다 우선하여 체결하는 것이다. 수량우선의 원칙은 위탁매매 호가 간 또는 자기매매 호가 간에는 수량이 많은 호가부터 먼저 수량을 배분하여 매매를 체결한다.

### (3) 매매거래의 일반 절차

#### 1) 계좌개설 및 주문제출

증권투자를 하려면 먼저 증권회사에 가서 매매거래계좌를 개설하고, 그 계좌에서 주문을 제출한다. 투자자의 주문은 거래소 회원의 중개를 거쳐 거래소에 전달된다. 거래소 회원이 아닌 증권회사는 거래소에 직접 주문을 전달할 수 없기 때문에 회원 증권회사를 한 번 더 거쳐야 한다. 회원으로부터 투자자의 주문을 접수한 거래소는 매매거래 체결원칙에 따라 매매거래를 체결시키고 체결결과를 회원에 통보하며, 회원은 거래소로부터 통보받은 결과를 투자자에게 통보한다. 과거 수작업 시절에는 이 과정이 한참 걸렸으나 전산으로 매매가 이루어지는 현재는 주문제출 즉시 체결결과를 확인할 수 있다.

#### 2) 청산(clearing)

일반적인 매매에는 없고 거래소시장에서의 매매거래에 독특하게 존재하는 과정이 청산 과정이다. 청산은 결제를 위한 준비과정으로써 매매확인 및 정정, 결제자료 산출 등 결제이행을 책임지는 과정이다. 그리고 이 과정에서 통상 결제의 효율성과 법적 안정성을 위하여 거래소가 청산기구(CCP: Central Counterparty)로서 거래당사자 간에 개입하여 채무인수를 통한 결제 당사자가 되고, 다수의 거래당사자 간 총채권과 총채무의 차감을 통해 순채권과 순채무로 전환하는 절차가 끼어든다. 구체적 절차는 ① 매매확인(matching) 및 정정(correcting), ② 채무인수 및 차감(netting), ③ 결제자료 산출 및 결제지시 순으로 진행된다.

매매확인 및 정정 과정에서는 매매거래가 체결된 후 거래당사자 사이의 거래조건에 대한 확인이 이루어지는데, 매매확인 과정에서 당초의 조건과 다른 매매체결 결과가 발견될 경우 매매거래 결과를 정정한다.

채무인수와 다자간 차감(netting) 과정에서는 먼저 채무인수가 일어나는데, 채무인수란 회원사 간의 채권·채무를 청산기구와 회원 간의 채권·채무로 전환하는 과정이다. 즉 회원사 A와 B 사이에 체결된 거래를 A-C, C-B의 거래 관계로 바꾸는 것이다. 채무인수를 하는 이유는 자본시장에서의 거대하고 복잡한 거래에 따른 결제 위험을 공신력 높은 청산기구로 집중시킴으로써 전체 시장의 안정을 도모하기 위한 것이다.

다자간 차감이란 청산기구와 회원들 간의 사전 합의로 회원이 납부해야 할 대금·증권(종목별)과 수령할 대금·증권(종목별)의 차액을 계산하여 그 차액만을 결제하는 것이다. 수천 개의 종목에 대하여 수십 개의 회원사와 일일이 주고받는 것보다는 각 회원이 종목별로 순수하게 주고받을 물량과 대금을 계산하면 절차가 대폭 간소화되는 장점이 차감(netting)의 기능이다. 자본시장 외에 어음교환소도 이런 식의 다자간 차감결제를 한다.

결제자료 산출 및 결제지시 과정은 결제할 증권과 대금의 수량·금액을 확정하고 결제자료를 산출하여 청산회원에게 통보하며, 예탁결제기구에 대해서는 증권 인·수도를, 결제은행에 대해서는 대금이체를 지시·확인하는 절차이다. 증권시장의 청산기구는 거래소다.

### 3) 결제(settlement)

결제란 청산과정을 통해 확정된 증권인도와 대금수령을 목적으로 하는 채권·채무를 당사자 간에 인수 및 인도하도록 함으로써 증권거래로 인해 발생한 채권과 채무를 종결시키는 기능이다. 증권인도(수령)의 경우 통상 중앙예탁기구에 계좌를 개설한 결제기구와 청산회원 간에 실물수수 없이 계좌 간 대체로 처리된다. '계좌 간 대체'(book-entry settlement)란 매매거래에 수반되는 증권의 수수를 현물에 의하지 않고, 장부상의 계좌대체에 의하여 이행함으로써 증권의 실물수수에 갈음하는 제도이다. 우리나라에서는 한국예탁결제원이 중앙예탁기구이자 증권시장의 결제기구이다. 대금수령(납부)은 결제은행(한국은행)의 지급결제시스템(BOK-Wire)을 통한 자금이체(transfer)로 처리된다.

### 4) 매매거래 절차 흐름도

이상의 매매거래 절차를 그림으로 표현하면 다음과 같다.

**증권 매매거래의 체결부터 결제까지 흐름도**

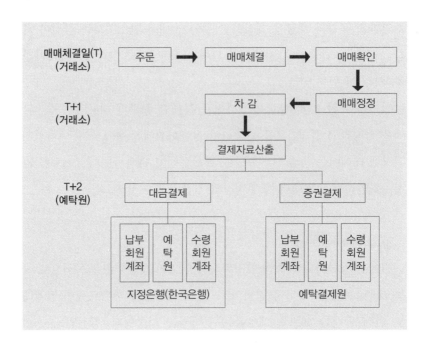

# 제2절 자본시장법의 관문인 금융투자상품과 투자계약증권의 개념과 범위

자본시장법은 모든 금융상품을 규제하는 법이 아니라, 금융상품 중에서 '투자성'이 있는 것을 금융투자상품이라고 규정하고 이를 거래하는 행위를 규제하는 법이다. 따라서 금융투자상품의 정의는 자본시장법으로 들어가는 관문이라고 할 수 있다. 금융투자상품이 아니면 증권회사 등 금융투자회사가 거래하더라도 자본시장법이 적용되지 않고, 금융투자상품이라면 금융투자회사가 아니라 은행, 보험회사, 기타 일반인들에게도 자본시장법이 적용되는 것이다.

투자계약증권은 금융투자상품의 한 종류인데 포괄주의의 상징이라 할 만큼 확장성과 불확실성을 가지고 있다. 경제 현상 중에서 많은 부분이 투자계약증권의 개념에 포섭될 수 있을 만큼 현재와 미래 자본시장 규제에서 중요한 역할을 담당한다. 그러면 금융투자상품과 투자계약증권이 정확히 어떤 것인지를 알아보자.

# 1. 금융투자상품의 개념과 종류

자본시장법은 금융투자상품을 정의하기를 ① 이익을 얻거나 손실을 회피할 목적으로, ② 현재 또는 장래 특정 시점에 금전등을 지급하기로 약정함으로써 취득하게 되는 권리로서, ③ 원본손실 가능성(투자성)[5]을 부담하는 것이라고 하고 있다. 개념 정의가 추상적이고 포괄적으로 되어 있어서 자본시장법의 포괄주의 원칙을 잘 보여주는 사례로 꼽힌다.

이 정의에서 ① 이익 획득이나 손실 회피 목적이란 대부분의 금융거래 나아가 경제활동의 기본적 동기이므로 특별할 것이 없어 보이지만, 자본시장법의 해석에 있어서 이 요소는 투자목적의 거래와 일상생활에서 소비목적의 거래와 구분하는 데 활용된다. 즉 ③의 투자성 요소에 따르면 부동산이나 미술품, 귀금속 등 사고파는 과정에서 손해 가능성이 있는 모든 거래가 금융투자상품의 거래로 될 수도 있는데 이를 방지하는 역할을 하는 것이다. 부동산, 미술품, 귀금속 거래는 투기적 동기도 있지만, 일반적인 금융상품과는 본질적 목적이 다르므로 이를 고려하여 일반 국민의 경제활동을 불필요하게 억제하는 일이 없도록 하자는 취지인 것이다. ②의 현재나 장래 금전지급의 약정이라 함은, 증권의 경우는 거래 시점 현재 대가가 지급되는 것이고, 파생상품의 경우 거래 시점 현재는 약정금(증거금)만 걸고 장래 결제시점에서 정확한 대가가 지급되는 것을 말한다.

③의 투자성 요소는 생각보다 복잡하게 규정되어 있다. 기본적으로

---

5    보다 구체적으로 "권리를 취득하기 위하여 지급하였거나 지급하여야 할 금전등의 총액(판매수수료 등 대통령령으로 정하는 금액을 제외한다)이 그 권리로부터 회수하였거나 회수할 수 있는 금전등의 총액(해지수수료 등 대통령령으로 정하는 금액을 포함한다)을 초과하게 될 위험(이하 "투자성"이라 한다)이 있는 것"이다(자본시장법 제3조 제1항).

는 투자자가 장래 수령할 금액이 계약 당시 지급한 금액보다 적어질 위험이 있기만 하면 현재 거래 시점에서 투자성이 있는 것으로 판단된다. 그런데 은행과 보험회사 등 다른 금융업권의 회사들에게 지나친 규제 부담이 될 수 있으므로, 이들 기관의 전통적인 금융상품인 일반 예금과 보험을 금융투자상품에서 제외하고자 여러 고려 요소를 제시하고 있다. 예를 들어 예금의 경우 판매수수료, 보험의 경우 사업비와 위험보험료 는 투자자의 지급금액에서 제외하여 투자금액의 크기를 실제 보다 줄여 계산상 손해가 발생하지 않도록 하고 있다.

투자자의 수령 금액에서는 투자자가 받지 않은 환매수수료와 해지수수료, 세금 등을 포함하여 수령 금액을 실제보다 늘려 계산한다. 그리고 또 다른 계산상 중요 요소로는 금융투자상품의 발행인이나 거래 상대방의 파산·채무조정 등에 따른 손실도 투자자의 수령 금액에 포함한다는 점이다. 이는 거래당사자들의 약정범위 밖에 있는 발행기관 자체의 신용위험을 손실 개념에서 배제함으로써 유통과정에서의 시장위험 (가격·이자율·환율 변동 등)에 따른 위험만 포함하고자 하는 취지이다. 예를 들어, 발행인의 파산 위험에 대한 예외를 인정하지 않으면 은행이 망해서 예금을 돌려주지 못하는 경우도 금융투자상품에 해당되어 예금 거래에 자본시장법이 적용되는 사태가 발생할 수 있기 때문이다. 자본시장법은 모든 금융거래를 규제하고자 하는 것이 아니라 자본시장에서의 거래를 규제하고자 하는 것이다.

자본시장법은 금융투자상품을 포괄적으로 정의하면서 추가로 그 종류를 증권, 장내파생상품, 장외파생상품 3가지로 구성하고 있다. 정의는 포괄적으로 하면서도 그 종류를 한정적으로 열거함에 따라, 개념적으로는 금융투자상품에 포함되면서도 구체적으로 이 3가지 중 어디에도 해당되지 않아 결국 금융투자상품으로 보기 어려운 상품도 이론상 있을 수 있다. 예를 들어, 비트코인의 경우 증권으로는 보기 어렵지만 금융투자상품에는 해당될 수도 있다. 이 경우 증권과 파생상품에 대한 구체적 규제는 적용되지 않겠지만 제178조(부정거래)와 같이 증권·파생상품 구별 없이 모든 금융투자상품에 대한 규제 조항은 적용될 수 있다. 포괄주의 원칙에 맞지 않으므로 구체적 종류를 예시적 열거주의로 하는 것이 바람직할 것이다. 어쨌든 지금까지 수많은 국내외 코인이 등장하였지만 정부와 검찰은 자본시장법을 적용하지 않았으므로 현재 우리나라의 공식 입장은 증권이 아니면 금융투자상품도 아니라는 엄격한 열거주의 입장이라고 볼 것이다.

금융투자상품의 종류를 그림으로 표현하면 다음과 같다. 우선 모든 금융상품 중에서 투자성(원본손실가능성)이 있는 것이 금융투자상품으로서 자본시장법의 규제 대상이 된다. 따라서 설령 주식·사채 등 증권을 이용한 거래일지라도 원금지급 약속이 있는 한 자본시장법이 적용되지 못한다. 다만 유사수신행위규제법이 적용될 수는 있다.[6]

---

6  유사수신행위의 규제에 관한 법률 제2조(정의) 이 법에서 "유사수신행위"란 다른 법령에 따른 인가·허가를 받지 아니하거나 등록·신고 등을 하지 아니하고 불특정 다수인으로부터 자금을 조달하는 것을 업(業)으로 하는 행위로서 다음 각 호의 어느 하나에 해당하는 행위를 말한다.
   1. 장래에 출자금의 전액 또는 이를 초과하는 금액을 지급할 것을 약정하고 출자금을 받는 행위
   2. (생략)
   3. 장래에 발행가액(發行價額) 또는 매출가액 이상으로 재매입(再買入)할 것을 약정하고 사채(社債)를 발행하거나 매출하는 행위 (이하 생략)

**자본시장법에 따른 금융상품의 분류 체계[7]**

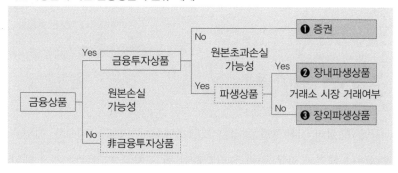

　금융투자상품은 원본을 초과하는 손실 가능성이 있느냐에 따라 증권
과 파생상품으로 구분된다. 증권을 매수할 경우 최대 손실은 원금 전액
까지만이고 원금을 초과하는 손실은 발생하지 않는다. 그러나 파생상품
은 거래를 체결한 현재 시점에서는 증거금만 걸어 놓고 장래에 결제금
액을 확정하므로 그 장래 결제금액이 현재의 증거금을 초과하여 원본을
초과하는 손실이 발생할 위험이 크다. 따라서 위험이 증권보다 훨씬 더
큰 파생상품을 보다 강하게 규제하고자 양자를 구분하고 있다. 파생상
품은 장내와 장외 파생상품으로 나뉘는데, 장내파생상품은 인가받은 거
래소에서 거래되는 것이고 장외파생상품은 거래소 바깥에서 거래되는
것을 말한다. 거래소 거래는 자본시장법에서 엄격히 규제하고 있으므로
그렇지 않은 장외거래보다 투자위험이 상대적으로 낮다고 볼 수 있다.
　자본시장법이 금융투자상품의 종류를 이처럼 분류하고 있는 취지는
위험도에 걸맞은 규제를 하기 위함이다. 인가, 투자권유 규제, 건전성 규
제 등 여러 영역에서 위험도가 큰 상품은 보다 엄격하게 규제하는 것이

---

7　재정경제부, "『자본시장과 금융투자업에 관한 법률 제정안』 설명자료", 보도자료, 2006. 6.
　　30, 9면.

다. 따라서 장외파생상품에 대한 규제가 가장 엄격하게 설계되어 있다.

## 2. 증권의 개념과 종류

증권 발행의 기본적인 목적은 자금조달이다. 자금이 필요한 기업은 주식이나 채권과 같은 증권을 발행하여 필요 자금을 조달하고 그 대가로 배당이나 이자를 지급한다. 증권은 다음 표에서 보는 바와 같이 6가지 종류가 열거되어 있고, 이 모든 종류에 공통되는 기본 속성이 주어져 있다. 그 기본 속성은, 발행자가 증권 또는 증서의 인도와 동시에 그 대금을 전액 수령할 것과 소유자는 증권 또는 증서의 존속기간 동안 계약 당시 지급한 대금 외에 어떠한 명목으로든 추가적인 지급의무를 부담하지 아니할 것이다. 즉 금융투자상품의 요소 중 현재 시점에서의 대가 지급이라는 요소에 원본초과손실의 미발생이라는 요소를 같이 요구하고 있는 것이다.

**증권의 종류와 개요**

| 분류 | 포괄적 정의 | 포함되는 금융상품 |
|------|-----------|------------------|
| 채무<br>증권 | 지급청구권을 표시하는 것 | 국채증권, 지방채증권, 특수채증권, 사채권, 대통령령이 정하는 기업어음증권 등 |
| 지분<br>증권 | 출자지분을 표시하는 것 | 주식, 신주인수권(증서 · 증권), 특별법인의 출자증권, 상법상 합자회사 · 유한책임회사 · 유한회사 · 합자조합 · 익명조합의 출자지분 또는 출자지분 취득 권리 등 |
| 수익<br>증권 | 신탁의 수익권을 표시하는 것 | 신탁 수익증권, 신탁형 집합투자기구의 수익증권 등 |
| 투자<br>계약<br>증권 | 타인의 노력에 의해 투자자의 수익이 결정되는 것 | 채무, 지분, 수익증권 등 전통적 증권의 개념에 대한 포괄적 정의 |

| 파생<br>결합<br>증권 | 외생적 지표에 의해<br>거래당사자 쌍방의<br>수익이 결정되는 것<br>(현금결제형 및 실물<br>상환형) | • 기초자산의 가격·이자율·지표·단위 또는 이를 기초로<br>하는 지수 등의 변동과 연계하여 미리 정하여진 방법에 따<br>라 지급하거나 회수하는 금전 등이 결정되는 권리가 표<br>시된 것<br>• 금융투자상품, 통화, 일반상품, 신용위험 그밖에 자연적·<br>환경적·경제적 현상 등에 속하는 위험으로서 평가가 가<br>능한 모든 것이 외생적 지표 |
|---|---|---|
| 증권<br>예탁<br>증권 | 예탁증권의 발행 국<br>가 밖에서 발행되는<br>증권 | 상기 5종의 증권을 예탁받은 자가 증권이 발행된 국가 이외<br>의 국가에서 발행한 증거증권<br>국내 증권예탁증권(KDR), 외국 증권예탁증권(GDR. ADR 등) |

## (1) 투자계약증권

투자계약증권은 자본시장법에서 가장 중요한 주제 중 하나로서 치열한 법리 다툼이 벌어지는 쟁점이다. 게다가 우리나라에서도 2022년 조각투자[8] 관련하여 최초의 증권성 판단이 내려지고, 2023년에는 역시 최초로 투자계약증권의 공모를 위한 증권신고서가 효력이 발생되었다. 나아가 블록체인을 이용한 디지털증권이라 할 수 있는 토큰 증권(security token)의 도입을 위한 자본시장법과 전자증권법 개정안도 국회에 계류 중이다.[9] 한편 미국에서도 2023년 리플 관련 소송에서 가상자산의 증권

---

8  금융감독원, "'조각투자'에 대한 소비자경보 발령(주의)", 소비자경보 2022-5, 보도자료,
   2022. 4. 20, 2면. 금융위원회는 조각투자의 정의를 "2인 이상의 투자자가 실물, 그 밖에 재
   산적 가치가 있는 권리를 분할한 청구권에 투자·거래하는 등의 신종 투자형태"라고 하고
   있다. 금융위원회, "조각투자 등 신종증권 사업 관련 가이드라인", 보도자료, 2022. 4. 28. (이
   하 "가이드라인 보도자료"라 한다.)

9  토큰 증권(Security Token) 또는 증권형 토큰이란 분산원장 기술(Distributed Ledger
   Technology)을 활용해 자본시장법상 증권을 디지털화(Digitalization)한 것을 의미한다. 금
   융당국은 토큰 증권을 그릇에 비유한다. 즉 자본시장법상 증권이라는 음식을 담는 그릇
   으로 기존에 실물증권과 전자증권이 있었는데, 이제 블록체인을 이용한 제3의 그릇이 바
   로 토큰 증권이라는 것이다. 이에 따르면 조각투자 같은 신종 투자계약증권을 발행할 경
   우 기존의 실물이나 전자증권을 이용해서 발행하는 것도 가능하고, 토큰 증권의 형태로
   발행하는 것도 가능하다. 다만 토큰 증권의 적법한 발행과 유통을 위해서는 자본시장법과
   전자증권법의 개정이 필요하므로 아직은 이용할 수 없다. 금융위원회, "토큰 증권(Security
   Token) 발행·유통 규율체계 정비방안", 보도자료, 2023. 2. 6. 참조.

성에 대한 중요한 판결도 나오는 등 향후 자본시장에 큰 영향을 미칠 환경이 조성되었다. 이와 같이 열리는 투자계약증권의 시대를 맞이하여 이 책이 가지는 입문서로서의 기본적 성격에도 불구하고 이 부분만은 예외적으로 논문 수준으로 자세히 기술하기로 한다. 자본시장법을 처음 공부하는 독자들은 의의와 중요성 정도만 읽고 지나가도 무방하다.

### 1) 투자계약증권의 의의와 중요성

투자계약증권은 금융투자상품과 더불어 자본시장법의 포괄주의를 대표하는 개념 중 하나이다. 6개 증권의 유형 중 채무증권, 지분증권, 수익증권은 모두 투자계약증권의 범주에 포함되며 투자계약증권의 구체적 형태로 볼 수 있다. 나아가 일반적인 상식으로는 도저히 증권으로 보기 어려운 자금조달 행위도 투자계약증권으로 해석될 가능성 또는 위험성을 가지고 있는 포괄적 개념이 투자계약증권이다. 예를 들어 가상자산 ICO[10,] 수익형부동산 분양, P2P 대출형 크라우드펀딩 등과 같이 이전에 없던 새로운 자금조달 행위들도 엄격히 해석하면 다 투자계약증권에 포함될 가능성이 큰 것이다. 또 예전부터 이어져 온 골프장 회원권 분양, 콘도 회원권 분양, 영농조합 조합원 모집 등도 그 자금조달 구조를 설계하기에 따라서는 본의 아니게 투자계약증권에 해당되어 자본시장법의 규제 부담을 지게 될 위험이 있다. 이처럼 주식이나 채권과 같은 증권이 매개되지 않음에도 자금조달 행위가 있는 한 투자계약증권 해당 여부와 그에 따른 자본시장법의 규제 부담이 문제 될 수 있으므로,

---

10  가상자산을 널리 일반투자자에게 제공하고 그 대가로 자금을 받아 기업 활동에 필요한 대규모 자금을 조달하는 행위(공모)를 말한다. 여기서 ICO는 Initial Coin offering의 약자로서 증권시장에서 기업공개를 의미하는 IPO 즉 Initial Public Offering을 모방한 작명이다. 위에서 설명한 토큰 증권의 공모는 STO(Security Token Offering)라 한다

투자계약증권의 개념을 정확히 파악하는 것은 법률 위험을 예방하면서 효율적으로 자금을 조달하는데 아주 중요하다.

원래 투자계약증권은 주식이나 채권 같은 유형화된 증권이 아니라 비전형적인 수단을 통한 편법적 · 사기적 자금조달을 금지하기 위한 추상적인 catch-all anti-fraud(포괄적 반사기) 개념의 일종이었다. 따라서 투자계약증권에 의한 자금조달을 집행할 제도적 수단은 없었다. 그러나 시장환경이 변하여 기존에 없던 조각투자와 같은 자금조달 내지 투자 수단이 등장하면서 이들을 제도권으로 편입할 필요성이 높아졌다. 이에 따라 마침내 투자계약증권을 위한 별도의 증권신고서 양식이 마련되었고 이 증권신고서 양식에 따라 2023년 12월 미술품 조각투자를 위한 제1호 투자계약증권신고서가 효력이 발생되어 성공적인 청약이 이루어졌다.[11]

### 2) 미국에서의 법리 형성과 전개

우리 법의 투자계약증권의 정의는 미국 연방대법원의 정의를 거의 그대로 조문화한 것이므로 미국의 해당 판례를 먼저 살펴보고 우리 법의 규정과 비교하는 것이 이해에 도움이 된다. 미국 연방대법원은 1946년 소위 '하위 사건'(Howey case)[12]에서 투자계약증권(investment contract)이 정확히 무엇을 말하는지 구체적으로 정의를 내린 바 있다. 이 정의는 'Howey 기준'(Howey test)이라 하여 그 이후 지금까지 수많은 자금조달 행위가 투자계약증권에 해당하는지 즉 증권법 적용 대상인지를 판단하는 데 있어서 절대적인 권위를 갖는 기준으로 받들어져 왔다.

---

11  뉴스핌, "오늘부터 투자계약증권 투자 가능…'투자계약증권 1호' 주인공은 열매컴퍼니", 2023. 12. 15.

12  SEC v. W.J. Howey Co., 328 U.S. 293 (1946).

이 사건은 부동산 개발 회사인 하위사가 미국 전역에서 온 투자자들에게 플로리다의 감귤(citrus) 농장 부지를 소규모로 분할하여 매각하면서, 그 농장의 개발 및 경작 등을 위한 위탁관리계약을 맺고 수확된 감귤의 판매 수익을 배분할 것을 약정하면서 시작되었다. 미국 증권감독기관인 증권거래위원회(SEC: Securities and Exchange Commission)는 이러한 행위가 연방 증권법을 준수하지 않은 불법적인 증권 판매라고 주장하면서 법원에 금지명령을 구하였다. 1심과 2심은 위원회의 주장을 받아들이지 않았으나, 최종적으로 연방대법원에서 증권거래위원회의 주장이 타당하다고 인정된 사건이었다.

연방대법원은 소송의 쟁점인 투자계약증권의 성립 여부에 대하여, 투자계약증권이란 투자자가 ① 공동사업에(common enterprise), ② 자금을 투자하는 계약, 거래 또는 계획으로서(investment of money), ③ 전적으로 권유자 또는 제3자의 노력에 의하여 발생하는(derived solely from the efforts of others), ④ 이익에의 기대(reasonable expectation of profit)라고 판단 요소를 제시하고,[13] 이에 따라 하위사의 농장 부지 판매는 투자계약증권을 판매하는 것이라고 판시하였다.

여기서 ① 공동사업이란 상호 간 손익을 함께 하는 공동체라고 할 수 있는데, 투자자와 권유자 간 형성되는 수직적 공동사업과 투자자와 다른 투자자 간 자금이 합산(pooling)되는 수평적 공동사업이 있다. 수평적 공동성은 수직적 공동성을 전제로 하므로, 수직적 공동사업이 없는 경우에는 설령 복수의 투자자 자금의 풀링이 있더라도 투자계약증권의 공동성 요건을 충족할 수 없다. 수직적 공동성으로는 일임매매와 같이

---

13  판결문의 원문은 "a contract, transaction or scheme whereby a person invests his money in a common enterprise and is led to expect profits solely from the efforts of the promoter or a third party"이다.

투자자와 권유자 간의 관계만 존재하는 일임매매 약정을 들 수 있다. 펀드처럼 다수의 투자자가 이해관계를 같이 하지 않으면, 수평적 공동성이 없는 것이 된다. 미국은 수직적 공동성 외에 수평적 공동성을 요구하는 경우가 많다. 미국과 같이 수평적 공동성까지 추가로 요구하면 일임매매, 유한책임 파트너가 1인뿐인 유한책임조합, 가맹점이 하나인 프랜차이즈 조직, 피라미드 각 단계별로 투자자가 1인뿐인 피라미드 조직 등은 투자계약증권성이 부인된다.

② 자금을 투자하는 계약 등의 경우, 돈과 유가증권 등 재산적 가치를 가진 재화를 투자하는 것으로서 노동이나 서비스 제공 같은 비금전적 가치 제공은 여기에 해당되지 않는다. 자금투자가 꼭 계약에 의해서 이루어질 필요는 없으므로 다양한 거래구조를 포섭할 수 있다.

③ '전적으로' 권유자 또는 제3자의 노력 요건의 경우, 투자자가 사업 경영에 참여하게 되면 그 투자자는 이미 그 사업에 대해서 충분한 정보가 있어서 구태여 증권법상의 보호가 필요 없다는 취지에서 요구되는 요건으로 보인다. 그런데 이 요건은 나중에 피라미드형 거래나 프랜차이즈형 거래에서 투자자로 하여금 부분적으로 사업에 참여를 하게 하고는 이를 근거로 하위기준의 요건에 미달하므로 증권이 아니라고 주장하는 사례가 이어지자 연방고등법원들에서 '전적으로(solely)'가 아닌 '주로(mainly)'로 요건을 완화하여 증권의 범위를 확장하였다. 우리 법의 "주로"는 미국의 이런 상황을 반영한 것이다.

④ 이익 기대 요건의 경우, 그 이익이 반드시 금전일 필요는 없으나 용역이 포함되는지는 확실하지 않다. 그리고 투자자가 스스로 사용하거나 소비할 목적이면 증권에서 제외된다. 이와 관련하여 미국에서는 캘리포니아 등 일부 주가 위험자본이론(Risk capital theory)이라 하여 골프장이나 전세비행기 이용 등의 용역 제공을 조건으로 자금을 모집하는

경우도 증권성을 인정한 사례가 있다. 이런 용역은 보통 소비로 여겨지는데도 증권으로 본다는 점에서 위험자본이론은 하위기준보다 더 규제가 엄격하다고 볼 수 있다.

미국에서 전개된 투자계약증권 법리는 향후 우리나라에도 거의 동일하게 적용될 것이므로 다양한 사례를 알아두면 유익할 것이다. 투자계약증권에 관한 미국의 판례 중 특히 중요한 것 두 가지만 소개한다. 먼저 1975년 Forman 사건인데,[14] 이 사건은 자금조달의 수단으로 제공된 '주식'에 대해서 이름과 관계없이 실체적으로 그 자금조달의 구조를 파악해야 한다는 입장이다. 연방대법원은 비영리 협동주택회사(non-profit cooperative membership corporation)가 건축 자금을 모집하면서 발행한 주식에 대해서, 비록 그 명칭이 '주식'이고 법률적으로도 주식이지만 그 경제적 내용을 감안할 때 증권법상 '증권'으로서의 '주식'도 아니고 '투자계약증권'도 아니라고 판단하였다. 연방대법원의 판시 사항을 보면, 이 주식은 전통적인 주식으로서의 일반적인 속성, 즉 이익분배에 따른 배당금 수령권도 없고, 양도 내지 담보가 불가능하며, 소유주식 수에 비례한 의결권도 없는 것으로서, 동사의 주식을 매입한 이유는 주정부의 지원을 받는 저렴한 아파트를 얻기 위한 것이지 이익 목적으로 투자한 것이 아니라는 논리였다. 그리고 투자자들은 개인적인 소비 또는 주거용 공간 확보를 목적으로 주식을 매입한 것이지 타인의 노력으로 창출된 이익(profit)을 기대하여 주식을 매입한 것이 아니라는 점에서 투자계약증권도 아니라고 판단하였다. 동 사건의 시사점은 외형상 또는 명칭이 주식이라고 해서 자본시장법상 주식이나 투자계약증권으로 자동적으로 인정되는 것이 아니라는 것이다.

---

14　United Housing Foundation, Inc. v. Forman, 421 U.S. 837 (1975).

한편 Forman 사건과 반대의 맥락에서 주목할 만한 사건이 연방대법원의 1985년 Landreth 사건[15]으로 소위 '기업양도이론' 또는 '영업양도이론(sale of business doctrine)'을 배척한 사건이다. '기업양도이론'이란 기업 자체의 거래(M&A)가 주식매도 형태로 이루어진 경우 형식적으로는 주식의 거래이지만 경제적 실질은 기업 자체를 거래하는 것이므로 일반적인 증권거래에 적용되는 증권법을 적용하면 안 된다는 논리이다. 이에 대해 연방대법원은 "이 사건에서 문제 된 주식은 전통적인 보통주의 속성을 모두 갖추고 있고, 주식의 매매는 증권법이 적용되는 가장 일반적인 형태의 거래이므로 투자자는 증권법의 적용을 받을 것이라고 믿었을 가능성이 매우 크다"면서 증권성을 인정하여 기업양도이론을 배척하였다.

이와 관련하여, 우리나라에서는 회계법인 등 비금융투자회사가 M&A를 주선·중개하는 경우 자본시장법의 투자중개업 규제 대상이냐에 대하여 논란이 있고, 2018년에는 이들에게 투자중개업 인가를 명확하게 요구하는 법률 개정안이 발의된 바 있다. 미국에서와 논쟁과 유사하게 회계법인 측은 M&A는 금융투자상품이 아니라 기업 자체를 거래하는 것이므로 자본시장법 적용 대상이 아니라는 입장이고, 증권업계 측은 M&A도 결국에는 주식 이동이 따르기 때문에 자본시장법 적용 대상이라는 입장이었다. 금융투자업자가 아닌 기관의 M&A 중개에 대한 대법원의 입장은 M&A 중개는 종합적인 금융자문이므로 주식매매의 중개도 아니고 투자자문도 아니라는 것이다. 이에 따르면 M&A 중개를 위

---

15    Landreth Timber Co. v. Landreth, 471 U.S. 681 (1985).

한 투자중개업 인가나 투자자문업 등록은 불필요하다.[16]

한편 2023년 7월 미국 뉴욕연방남부지방법원(USDC SDNY)은 SEC v. Ripple Laps[17] 사건에서 리플사가 발행한 가상자산 XRP의 증권성에 대해서 리플이 기관투자자에게 판매한 부분은 증권성을 인정하고 반면 개인투자자에게 판매된 부분에 대해선 증권성을 부정한 약식판결을 내렸다. 동 법원은 'Howey 기준'에 따라 자금의 투자, 공동사업, 타인의 노력에 의한 이익에 대한 합리적 기대라는 세 가지 요소를 중심으로 검토한 후 기관투자자 판매분은 이들 요소를 모두 충족하였다고 판단했다. 이와 달리, 개인투자자 판매분의 경우 시장에서 매수한 개인구매자들은 자신의 구매자금이 어디로 가는지 알 수 없었다며 타인의 노력에 의한 이익에 대한 합리적 기대 요건이 충족되지 않았다고 보았다.

이 판단이 최종 확정된다면 많은 가상자산들의 증권성 판단에 중대한 영향을 미칠 것이다. 그런데 같은 시기 같은 법원에서 상반된 판단이 나오면서 가상자산의 증권성 여부는 다시 오리무중에 빠진 상황이다.[18] SEC가 테라폼사와 그 CEO(권도형)를 상대로 증권법 위반으로 제소한 사건에서 동 법원(리플 사건과는 다른 재판부)은 피고들의 제소각하신청(motion to dismiss)을 거부하면서 이 사건에 관련된 가상자산들(테

---

16   대법원 2012. 10. 11. 선고 2010도2986 판결 [특정경제범죄가중처벌등에관한법률위반(배임)] ("이 사건 금융자문으로 실제 행한 업무는 그 주된 내용이 새로운 투자사업의 발굴, 그 투자사업을 위한 거래당사자 사이의 회의 주선, 거래당사자가 제시하는 매매조건의 교섭, 간접투자형식에 관한 조언, 간접투자를 위한 자산운용사의 추천 및 조언 등으로서...이 사건 거래에 관한 금융자문의 본질적이고 주요한 부분은 단순한 주식매매의 중개라기보다 주식매매의 중개를 포함하는 포괄적인 금융자문의 성격을 가진다고 보는 것이 합리적").

17   판결문 원문은 https://www.nysd.uscourts.gov/sites/default/files/2023-07/SEC%20vs%20Ripple%207-13-23.pdf 참조.

18   SEC v. Terraform Laps 사건의 법원 결정문 원문은 https://caselaw.findlaw.com/court/us-dis-crt-sd-new-yor/114770028.html 참조.

라, 루나, 미르 등) 모두에 대해서 증권성을 인정하였다. 특히 리플 사건에서 기관투자자와 개인투자자를 분리하여 증권성을 판단한 그 재판부의 입장을 공개적으로 거부하면서 기관과 개인 모두 동일한 잣대가 적용되어야 한다고 밝혔다.[19]

### 3) 최근 우리나라의 증권성 판단[20]

2022년 4월, 금융당국은 자본시장법 역사상 처음으로 특정 투자수단이 투자계약증권에 해당하는지를 'Howey 기준'에 따라 증권성 판단을 내렸다. '조각투자'로 일컬어지는 신종 투자수단 중 음악 저작권에 투자하는 뮤직카우의 '저작권료 참여청구권'에 대해서 증권선물위원회는 자본시장법상 투자계약증권에 해당된다고 판단하면서 증권신고서 제출 없이 수행한 증권 발행에 대하여 행정조치를 취하였다.[21] 이어서 며칠 후 금융위원회(이하 "금융위"라 한다)는 조각투자와 같은 신종증권 전반에 적용되는 가이드라인도 발표하였고, 2022년 말에는 이 가이드라인에 따라 한우와 미술품에 대한 조각투자 또한 투자계약증권에 해당된다고 판단하였다.[22]

뮤직카우 사례의 증권성 판단과 관련하여 증선위는 먼저 투자계약증

---

19  "In doing so, the Court rejects the approach recently adopted by another judge of this District in a similar case, SEC v. Ripple Labs Inc., − − − F.Supp.3d − − − −, 2023 WL 4507900 (S.D.N.Y. July 13, 2023)."

20  자세한 내용은 졸저, "조각투자의 증권성에 대한 연구", 한국경제법학회, 경제법연구, 제21권 제3호, 2022. 참조.

21  금융위원회, "저작권료 참여청구권의 증권성 여부 판단 및 ㈜뮤직카우에 대한 조치", 보도자료, 2022. 4. 20.

22  금융위원회·금융감독원, "조각투자 시장의 규율을 지속적으로 확립해 나가겠습니다. - ㈜뮤직카우 제재면제 의결 및 한우·미술품 조각투자의 증권성 판단", 보도자료, 2022. 11. 29.

권이란 특정 투자자가 ① 그 투자자와 타인(다른 투자자를 포함) 간의 "공동사업"에 금전등을 투자하고 ② "주로 타인이 수행"한 공동사업의 결과에 따른 손익을 귀속받는 계약상의 권리가 표시된 것이며, ③ "수익기대" 요건은 투자계약증권 정의에는 빠져 있지만 금융투자상품의 일반적 정의에서 이익획득 목적이 요구된다고 하였다.

그리고 뮤직카우의 "청구권"은 다음과 같은 이유에서 자본시장법상 투자계약증권에 해당된다고 판단하였다. 첫째, 동일한 "청구권" 보유 투자자들은 저작권료 수입, 청구권 가격변동 손익을 동일하게 향유하므로 공동사업 요건을 충족한다고 보았다. 둘째, "주로 타인이 수행" 요건과 관련하여 저작권 투자 · 운용 · 관리, 발행가치 산정, 저작권료 정산 · 분배, 유통시장 운영 등 일체 업무를 ㈜뮤직카우(에셋)가 전적으로 수행하고 있고, 기존에 존재하지 않던 권리 및 유통시장을 ㈜뮤직카우(에셋)가 새로이 창설한 것으로 ㈜뮤직카우(에셋)의 사업 없이는 투자수익 획득이 불가하며, 약관상 투자자는 ㈜뮤직카우를 통하지 않고 저작권료 수령이 불가하므로 충족된다고 보았다.[23] 마지막으로 "수익 기대" 또는 이익획득 목적은 투자자들이 특정 곡을 사용하기 위한 목적이 아니라, 저작권료 수입 또는 매매차익을 목적으로 "청구권"을 매수하고 회사도 광고 등을 통해 투자자에게 이익에 대한 기대를 부여하므로 이 또한 충족된다고 하였다.

한우와 미술품 사례의 경우, ㈜스탁키퍼의 한우 조각투자는 송아지의 공유지분(소유권)과 함께 사육 · 매각 · 손익배분을 전적으로 수행하는 서비스 계약을 결합하여 판매하였고, ㈜테사, ㈜서울옥션블루, ㈜투게더아트, ㈜열매컴퍼니의 미술품 조각투자 또한 미술품의 공유지분(소

---

23 당국에 따르면, 약관에 "회원은 청구권에 따른 금원 정산 및 분배에 관한 일체의 업무를 회사에 전속적으로 위임하고 저작권 신탁자 등에 직접 저작권료 정산 등을 요구할 수 없음"이라고 명시되어 있다고 한다.

유권)과 함께 미술품을 보관 · 관리 · 매각 · 손익배분을 전적으로 수행하는 서비스 계약을 결합하여 판매하였기에 이는 자본시장법상 투자계약증권의 요건에 해당된다고 하였다. 특히 2022년 4월에 발표한 조각투자 가이드라인상의 증권성 판단원칙을 강조하면서 민법상 공동소유권을 판매하는 조각투자의 경우에도, ① 조각투자대상 자체의 가치 · 가격 상승을 위하여 회사가 보관 · 관리 · 매각 · 손익배분을 전적으로 수행하는 서비스 계약이 결합되어 있으며, ② 이러한 서비스를 제공하는 회사의 전문성과 사업 활동이 투자자 모집시 중요한 홍보포인트로 제시되어 투자자의 투자 판단에 있어 핵심적인 요인으로 작용하는 경우에는 (투자계약)증권에 해당할 가능성이 높다고 하였다.

한편 금융위원회가 제정한 「조각투자 등 신종증권 사업 관련 가이드라인」은 증권성이 인정될 가능성이 높은 경우를 다음과 같이 제시하고 있다.

- 일정기간 경과 후 투자금을 상환 받을 수 있는 경우
- 사업 운영에 따른 손익을 배분받을 수 있는 경우
- 실물자산, 금융상품 등에 대한 투자를 통해 조각투자대상의 가치상승에 따른 투자수익을 분배받을 수 있는 경우
- 기초자산의 가격변동에 따라 달라지는 회수금액을 지급받는 경우
- 새로 발행될 증권을 청약 · 취득할 수 있는 경우
- 다른 증권에 대한 계약상 권리나 지분 관계를 가지는 경우
- 투자자의 수익에 사업자의 전문성이나 사업활동이 중요한 영향을 미치는 경우
  - 사업자 없이는 투자자가 조각투자 수익의 배분을 기대하기 어려운 경우, 또는 사업자의 운영 노력 없이는 투자자의 손실이 발생하는 경우
  - 사업자가 투자자가 갖는 권리에 대한 유통시장을 개설하여 운영하는 등 거래 여부 · 장소를 결정하고, 유통시장의 활성화 정도가 투자자의 수익에 영향을 크게 미치는 경우
  - 투자자 모집 과정에서 해당 사업의 성과와 연계된 수익, 가치 · 가격상승 또는 투자 손실 방지에 대한 합리적 기대를 갖도록 하는 경우. 특히 이러한 수익, 가치 · 가격상승 또는 손실방지를 가져올 수 있는 사업자의 노력 · 경험과 능력 등과 관련된 내용이 홍보 포인트로 제시된 경우 등

반면에 위의 증권성 인정 가능성이 높은 경우에 해당하지 않고, ① 조각투자대상에 대한 소유권 등 물권, 준물권 등 이와 동등한 권리를 실제로 분할해 투자자에게 직접 부여하는 경우, ② 투자자가 조각투자대상을 개별적으로 직접 사용·수익·처분할 수 있는 경우는 증권성 인정 가능성이 낮다고 한다.

### 4) 우리나라의 증권성 판단 요소 분석

자본시장법상 투자계약증권 해당성, 즉 증권성의 판단 기준은 미국의 'Howey 기준'을 모델로 한 것은 맞지만 100퍼센트 동일하다고 보기는 어렵다. 그리고 'Howey 기준'이 수립된 당시의 경제사회적 환경과 현재의 환경 또한 크게 달라졌기에 새로운 금융현상에 'Howey 기준'을 적용할 때는 매번 세밀한 검토가 필요하다. 여기서 저자 나름의 증권성 판단 기준, 즉 한국형 'Howey 기준'과 그 구성 요소를 제시해 본다.

#### ① 자본시장법상 투자계약증권의 정의와 개념을 구성하는 요소

자본시장법 제4조 제6항은 "이 법에서 '투자계약증권'이란 특정 투자자가 그 투자자와 타인(다른 투자자를 포함한다. 이하 이 항에서 같다) 간의 공동사업에 금전등을 투자하고 주로 타인이 수행한 공동사업의 결과에 따른 손익을 귀속받는 계약상의 권리가 표시된 것을 말한다."고 규정하고 있다.

한편 투자계약증권은 상위 개념인 금융투자상품에 포함되므로 금융투자상품의 정의에 있는 요소도 투자계약증권의 개념 요소가 된다. 금융투자상품의 정의는 "이익을 얻거나 손실을 회피할 목적으로 현재 또는 장래의 특정(特定) 시점에 금전, 그 밖의 재산적 가치가 있는 것(이하 "금전등"이라 한다)을 지급하기로 약정함으로써 취득하는 권리"(제3조 제

1항)라고 하고 있으므로 '이익을 얻을 목적'도 투자계약증권의 개념에 포함되는 요소가 된다.

따라서 투자계약증권의 개념을 구성 요소별로 나열하면, "이익을 얻을 목적"으로, "주로 타인의 노력"으로 운영되는, "공동"의, "사업"에, "금전등"을 투자해서, "손익을 귀속"받는, "계약상의 권리"라고 할 수 있다. 이하 구성 요소별로 자세한 내용을 살펴본다.

### ② 이익을 얻을 목적

이 요소는 미국 'Howey 기준'에서 말하는 이익기대 요건인데 자본시장법은 증권의 상위 개념인 금융투자상품의 정의에서 요구하고 있는 요건으로서 투자이익을 목적으로 하는 것을 말한다. 이는 일반적인 소비나 상거래 목적이 아니라는 것인데 귀금속, 부동산, 골프장 회원권, 상업어음 등과 같이 투자대상이 될 수도 있으나 원칙적으로 고유의 소비나 사용 용도가 있는 것들은 자본시장법이 말하는 "이익을 얻을 목적"으로 취득하는 것이 아니라는 것이며 따라서 자본시장법의 규제 대상이 아니다.[24][25] 투자이익을 목적으로 한다는 것은 투자금에 대한 수익배분을 말하지만 자산의 가치 상승에 대한 기대도 포함한다고 보고 있다. 다만 '자산의 가치'는 뒤에서 보는 바와 같이 유통시장에서의 가격 변동으로 인한 것이라기보다는 투자금을 사용한 본연의 사업으로 인한 가

---

24  투자자가 스스로 사용하거나 소비할 목적으로 대상물을 매입한 경우는 해당하지 않는다고 판시한 연방대법원 판결로는 United Housing Foundation, Inc. v. Forman, 421 U.S. 837 (1975) 참조.

25  변제호 등 5인 공저, 「자본시장법」 (지원출판사, 2009) 78면은 이 요건은 "오직 사용가치만 갖는 경우를 금융투자상품에서 제외하기 위한 요건"으로 보며, 사용가치와 이익 획득 목적이 같이 있는 경우에는 투자자 보호 필요성을 감안하여 금융투자상품에의 해당 여부를 판단하여야 한다는 입장이다.

치 상승을 의미한다고 본다.

### ③ 주로 타인의 노력으로 운영

이 요소는 미국 'Howey 기준'과 같은 내용으로서 저자가 새로 보탤 것은 없고 다만 '전적으로(soley)' 대신 수정된 요건인 '주로(mainly)'의 의미를 보다 명확히 하자면 다음과 같다. SEC v. Glenn W. Turner Enters 사건[26]에서 제9연방고법은 사업자의 노력이 "부정할 수 없을 정도로 중대하고, 사업의 성패를 좌우하는 필수적인 경영상의 노력"일 것을 요구하여 우리 말의 "주로"가 주는 어감보다 훨씬 높은 수준의 관여 내지 노력을 요구한 바 있다.[27]

### ④ 공동성

공동성 요건도 미국 'Howey 기준'과 동일하고, 우리 자본시장법은 "특정 투자자가 그 투자자와 타인(다른 투자자를 포함한다. 이하 이 항에서 같다) 간의 공동사업"이라고 규정하여 수평적 공동성 없이 수직적 공동성만 있어도 이 요건이 충족되도록 하고 있어서 미국에서와 같은 논란의 소지가 적다. 그러나 수직적 공동성에서 사업자와 투자자 간 손익의 귀속이 공통적이어야 하는지에 대해서는 말이 없어서 논란의 소지

---

26  SEC v. Glenn W. Turner Enters., Inc. 474 F.2d 476 (9th Cir. 1973).

27  SEC v. Glenn W. Turner Enters., Inc. 474 F.2d 476, 482 (9th Cir. 1973). ("Rather we adopt a more realistic test, whether the efforts made by those other than the investor are the undeniably significant ones, those essential managerial efforts which affect the failure or success of the enterprise."); SEC v. International Loan Network 사건에서도 법원은 "Finally, profits for CFBS investors are expected to accrue, if not solely, at least predominantly from the efforts of others ..."라고 하여 아주 높은 수준의 타인의 노력을 요구하였다. 968 F.2d 1304, 1308 (DC Cir. 1992).

가 있다.[28] 특히 조각투자와 같은 신종 투자수단에서는 이 요건이 크게 문제될 수 있다.

### ⑤ 사업성

사업이라 함은 대체로 실패 위험이 있는 영리추구 활동을 의미하는 것으로 봐도 무방할 것인데, 이 사업성 요건은 미국 'Howey 기준'도 언급하지 않고 지금까지의 증권성 관련 제반 연구들에서도 거의 찾아보기 어려운 요소이다. 'Howey 기준'의 '공동사업(common enterprise)' 요건에 대한 논의는 대부분 '공동성"(commonality)'에 대한 것뿐이다. 그 이유는 영위하고자 하는 사업 없이 자금을 모집하는 사례가 그동안에는 거의 없었기 때문일 것으로 생각된다. 그런데 최근 등장한 조각투자의 경우 이 사업성이 중대한 쟁점이 될 수 있다. 조각투자 중에는 단순히 소유권을 보유한 경우도 있고 손익이 발생하는 원천인 사업이 사업자와 투자자 간 다른 경우도 있기 때문이다.[29]

### ⑥ "금전등"의 투자

자본시장법은 '금전등'이라고 하여 미국 'Howey 기준'의 '자금투자(investment of money)' 요건 보다 범위를 넓히고 있다. '금전'의 법적 정의는 없지만 대법원은 금전의 의미에 대해서 "불법행위로 인한 손해배

---

28  심인숙, 「「자본시장과 금융투자업에 관한 법률」상 '투자계약증권' 개념에 대한 검토", 비교사법 제15권제1호(통권40호)(비교사법학회, 2008. 3), 82면. ("단순한 수직적 공동만으로 족할지 아니면 '엄격한 수직적 공동'(narrow vertical commonality)이 요구된다고 볼 것인지에 대하여는 해석상 논란의 여지가 있다.")

29  조각투자 가이드라인은 ① 조각투자대상에 대한 소유권 등 물권, 준물권 등 이와 동등한 권리를 실제로 분할해 투자자에게 직접 부여하는 경우, ② 투자자가 조각투자대상을 개별적으로 직접 사용·수익·처분할 수 있는 경우 증권 해당 가능성이 낮다고 보고 있다.

상의 방법에 관하여 규정하고 있는 민법 제763조, 제394조가 정한 '금전'이란 우리나라의 통화를 가리키는 것"이라고 한 바 있다.[30] 그리고 통화는 "법정화폐인 현금을 비롯해 현금으로 쉽게 전환될 수 있는 금융자산을 포괄하는 개념"이다.[31] 그런데 자본시장법은 투자자의 투자 원천을 "금전등"이라고 하여 금전에 국한하지 않고 보다 범위를 넓히고 있어서 재산적 가치가 있으면 다 포섭될 것으로 보인다. 비트코인 같은 가상자산의 경우도 금전으로 보기는 어렵지만 "금전등"에는 충분히 포함된다고 본다.

### ⑦ 손익의 귀속

손익의 귀속 요건은 자금모집의 주체인 사업자가 수행한 사업에서 발생하는 손익이 투자자에게 귀속될 것을 요구한다. 만약 투자자의 손익이 사업자의 사업이 아니라 다른 곳으로부터 기인한다면 이 요건은 논란이 될 수 있다.

### ⑧ 계약상의 권리

자본시장법상 투자계약증권의 개념과 미국 'Howey 기준'의 가장 큰 차이로 많이 지적되는 것이 바로 이 '계약상의 권리'라는 요건이다. 이는 사업자와 투자자 간 계약 관계에서 투자자의 권리가 발생하여야 한다는 요건으로서 채권적 청구권을 의미한다. 만약 투자자의 권리가 계약 관계가 아니라 소유권 등에 기인한다면 물권적 청구권이 되어 증권

---

30  대법원 2018. 3. 15. 선고 2017다213760 판결.

31  한국은행 홈페이지, "경제칼럼 – 통화를 알면 경제가 보인다" 참조. https://www.bok.or.kr/portal/bbs/B0000218/view.do?nttId=10017578&menuNo=200147&searchOptn3=03&pageIndex=1.

성이 인정되기 어렵다. 상당수 조각투자는 투자자의 권리가 전형적인 채권적 청구권이라기 보다는 물권적 청구권에 가까워 이 요건 또한 논란이 될 수 있다.

### 5) 뮤직카우 사례에서 투자자의 '저작권료 참여청구권'의 증권성 여부 검토

앞에서 설명한 한국형 'Howey 기준'의 요소들을 뮤직카우의 청구권에 적용하여 증권성이 존재하는지 여부를 살펴보자.[32] 이와 같은 이론의 실무적 적용은 효율적인 공부 방법이기도 하고, 앞으로 등장할 유사 사례들과 수많은 가상자산들의 증권성 판단에 대한 효과적인 판단 지침이 될 수 있다.

① '이익을 얻을 목적' 요건 관련, 우선 당국이 투자이익으로 인정한 유통시장에서의 매매차익은 우연적 상황에 따라 발생 여부가 달려 있으므로 자산가치의 증가에 대한 기대이익인 투자이익으로 보기 어렵다.[33] 그리고 뮤직카우의 청구권은 지속적인 현금흐름에 대한 기대가 있다는 점에서 미술품 소장과 같은 소비 목적으로 보기는 어렵지만, 증권에서 발생하는 일반적인 투자이익에 대한 기대로 보기에도 애매한 부분이 있다. 왜냐하면 부동산 임대수익처럼 저작권의 소유 자체에서 나오는 현금흐름은 자본시장법상 투자이익에 해당된다고 보기 어렵기 때문이다.

② '주로 타인의 노력'으로 운영되어야 한다는 요건 관련, 뮤직카우

---

32  다만 여기서 피력하는 저자의 의견은 금융당국의 공식 견해와는 많은 부분 상반된다는 점은 주의하자.

33  투자대상 자산의 가치 증가에 대한 기대 여부가 "이익을 얻을 목적" 요소의 판단에 중요하게 작용하는데, 우리 금융당국은 유통시장에서의 가격 상승도 이에 포함된다고 보는 듯하다. 그런데 미국에서 "이익 기대" 요건과 관련하여 언급되는 "자본의 증가"(capital appreciation)는 유통시장에서의 가격 상승으로 인한 이득이 아니라 석유시추 사업과 같이 "최초투자에 의한 개발에 따라 결과되어지는" 것을 말하는 것에 주의할 필요가 있다. 석명철, 「미국증권관계법」(박영사, 2001), 85면 참조.

와 회원 간 손익 발생의 구조가 다르기 때문에 이 요건은 충족되기 어렵다고 본다. (주)뮤직카우의 손익은 경매수익이나 청구권 유통시장 수수료 등에서 발생하지만 투자자의 이익은 대부분 청구권의 원본인 저작권 자체에서 나오기 때문에 청구권 보유자들은 뮤직카우의 노력에 "주로" 의존한다고 보기 어렵다. 앞에서 설명한 바와 같이 미국 'Howey 기준'은 사업자의 노력이 중대하고 압도적일 것을 요구한다. 이러한 점에서 당국이 "㈜뮤직카우(에셋)의 사업 없이는 투자수익 획득이 불가"[34]하다고 판단한 점은 납득하기 어렵다. 뮤직카우의 회원이 아니라 주주라면 (주)뮤직카우의 수행 사업 노력에 거의 전적으로 의존한다고 볼 수 있겠고, 이 경우 회사와 주주 간 정보비대칭이 크기 때문에 자본시장법으로 보호해야 할 필요성이 크겠지만 청구권 보유자는 그러한 정보비대칭이 크지 않다.

③ 공동성 요건 관련, 우선 뮤직카우 회원 간 투자의사의 합치 등이 없어도 자금의 풀링이 있는 이상 수평적 공동성은 인정된다. 문제는 수직적 공동성이 있느냐 여부인데 뮤직카우와 투자자의 손익이 상호 간 무관하게 다른 구조에서 발생하는 것으로 보이므로 엄격한 수직적 공동성은 없고, 다만 단순하게 타인의 노력에 의존하기만 하면 인정될 여지가 있는 유연한 수직적 공동성은 존재한다고 볼 수 있다. 자본시장법은 이에 대해서 침묵하고 있는데 당국의 입장은 유연한 수직적 공동성 입장으로 보인다.

④ '사업성' 요건 관련, 뮤직카우는 손익이 발생하는 사업을 수행하고 있으나 그 사업이 투자자의 손익에 별로 관계없으므로 사업성 요건도 인정되기 어렵다.

---

34   앞의 뮤직카우 보도자료 참조.

⑤ '금전등의 투자' 요건은 논란의 여지 없이 충족된다.

⑥ '손익의 귀속' 요건 관련, 앞에서 설명한 바와 같이 투자자의 수익과 뮤직카우의 수익이 다른 구조에서 창출되고 상호 간 큰 관계가 없으므로 사업자의 사업에서 발생하는 손익이 투자자에게 귀속되어야 한다는 이 요건도 충족되기 어렵다.

⑦ '계약상의 권리' 요건 관련, 투자자가 보유한 청구권이 계약상 권리인지 단순히 소유권에 해당되는지 여부는 청구권의 법적 성질을 어떻게 보느냐에 달려 있다. 뮤직카우의 주주라면 계약상 권리를 가지겠지만 회원인 투자자는 계약상 권리라기보다 소유권(저작권 공유지분권)을 가진 것으로 볼 수도 있기 때문에 이 요건도 다툼의 여지가 있다.

결론적으로 뮤직카우의 청구권은 증권성의 여러 요소를 결여하고 있거나 다툼의 여지가 커서 투자계약증권으로 보기 어렵다는 것이 저자의 소견이다.

## (2) 채무증권

채무증권, 즉 채권이란 돈을 빌리는 자가 빌려주는 자에게 일정 기간 후 원금 이상을 돌려줄 것을 증권의 형태로 약정한 것을 말한다. 국채, 지방채, 특수채, 회사채 등이 있다. 채무증권의 개념을 이해하기 위해서 반대 개념에 해당하는 지분증권(대표적인 지분증권이 주식)과 비교를 해 보면, 출자금 증명서라고 할 수 있는 지분증권은 돈을 주는 자와 받는 자가 운명공동체를 형성하여 만기 상환이 없고, 고정된 이자도 없이 실적에 따라 배당을 받을 뿐이다. 이와 달리 채무증권은 만기가 돌아오면 무조건 원금을 상환해야 하며, 회사가 적자가 나더라도 무조건 약정한 이자를 지급하여야 한다. 그래서 출자금으로 받은 돈은 자기자본이라 하고, 채무증권을 발행하고 받은 돈은 타인자본이라 한다.

자본시장법상 채무증권의 개념을 이해하는데 중요한 요소 중 하나는, 채권·채무가 유가증권의 형태로 표창되어야 한다는 것이다. 유가증권이란 채권 등 재산권이 증서에 표시되어 그 증서 자체가 재산권 자체와 동일시되는 것을 말한다. 즉 그 유가증권을 양도하면 그 증서에 표시된 채권 자체가 완전하게 양도되는 것이다.

예를 들어 설명한다. A가 B에게 차용증서를 받고 돈을 빌려주었다면 이 차용증서는 유가증권이 아니고, A가 B에게 가지고 있는 지명채권을 증명하는 증거서류에 불과하다. 따라서 A가 이 차용증서를 C에게 양도한다고 하더라도 C는 B에 대해서 그 채권을 완전하게 행사하기 어렵다. 왜냐하면 민법에서 지명채권의 양도는 채권자가 채무자에게 최소한 통지하거나(이 경우 채무자가 항변할 이유가 있으면 지급을 거절할 수 있음), 채무자가 그 양도를 승낙(항변 이유가 있어도 지급을 거절할 수 없음)하여야 완전한 양도의 효력이 발생하도록 정하고 있기 때문이다.

이와 달리, 갑 회사가 수백 명의 투자자에게 회사채를 발행하고 돈을 빌린다고 하자. 이 회사채는 유가증권이고, 투자자들은 채무자에 대한 통지나 승낙 없이도 이 회사채를 양도함으로써 갑 회사에 대한 채권을 완벽하게 이전할 수 있게 된다. 어떤 증서가 유가증권이냐 아니냐는 당사자의 의사와 관계없이 그 증서에 관련된 권리·의무와 특정한 증권의 형식과 내용을 규제하는 법률에 따라 정해진다. 갑 회사의 회사채의 경우 상법에 따라 유가증권으로 인정된다.

P2P 대출의 경우 투자자들은 대출참가계약에서 발생하는 원리금수취권을 가지는데, 이 원리금수취권이 민법상 지명채권에 불과한 것인지 아니면 유가증권성을 가져서 자본시장법상 채무증권에 해당되는 것인지 확실하지 않아 논란이 있다. P2P 대출을 규제하는 온라인투자연계금융업법은 이러한 논란을 감안하여 원리금수취권을 자본시장법상 금융투

자상품으로 보지 않는다는 적용 배제 조항을 두고 있다(법 제3조 제4항).

### (3) 지분증권

자본시장법은 지분증권을 "주권, 신주인수권이 표시된 것, 법률에 의하여 직접 설립된 법인이 발행한 출자증권, 「상법」에 따른 합자회사·유한책임회사·유한회사·합자조합·익명조합의 출자지분, 그 밖에 이와 유사한 것으로서 출자지분 또는 출자지분을 취득할 권리가 표시된 것"이라고 하고 있다.

지분증권은 공동기업에 출자금을 납입한 증명서로서 출자자의 권리는 법률에서 정하는 바에 따른다. 공동기업이란 개인이 단독으로 하지 않는 모든 기업 형태를 말하고, 여기에는 법인인 조직과 법인 아닌 조직이 모두 포함된다. 법인 아닌 공동기업으로는 합자조합과 익명조합 및 민법상 조합 등이 있다. 민법상 조합의 조합원은 무한책임을 지기 때문에, 민법상 조합에 대한 출자지분은 자본시장법에서 증권의 일반적 속성으로 규정한 추가지급의무의 부재 요건을 충족하지 못하여 지분증권으로 분류되지 않아 자본시장법의 적용을 받지 않는다. 언론에 보도되는 투자조합, 즉 공동투자활동을 하는 조직은 민법상 조합으로서 그 출자지분은 자본시장법상 금융투자상품이 아니다.

주권은 주식이라는 보이지 않는 출자지분을 증서로 구체화한 것인데, 주식과 구별하지 않고 같은 의미로 사용하는 경우가 많다. 신주인수권이 표시된 것으로는 신주인수권증서와 신주인수권증권이 있는데, 전자는 주식회사가 유상증자를 할 때 원칙적으로 기존 주주에게 주어지는 것으로서 2주 정도 단기간 존속한다. 주주는 신주의 청약이나 신주인수권의 양도에 이 증서를 이용할 수 있다. 주주는 증자에 참여하지 않아 희석되는 자기 주식의 가치를 이 신주인수권증서를 매각하여 복구할 수 있다. 이와 달리 후자는 신주인수권부사채 발행 시 사채에 부가되어 발행되는 것으로서 사채와 분리하여 독자적으로 양도할 수 있고, 존속기간도 사채의 만기와 같아서 3년 정도 장기간인 경우가 많다.

### (4) 수익증권

자본시장법은 수익증권을 "신탁과 투자신탁 및 이와 유사한 것의 수익증권"이라고 정의하고 있다. 수익증권의 개념을 이해하기 위해서는 신탁의 개념을 먼저 알아야 한다. 신탁의 개념을 간단히 정리하면, 자기 재산의 관리를 믿을 수 있는 사람이나 전문가에게 맡기고, 그 재산에서 발생하는 수익을 자기 또는 자기가 지정하는 제3자에게 지급할 것을 정하는 법률관계이다. 여기서 재산을 맡기는 자를 위탁자라 하고 이러한 법률관계를 만드는 것을 신탁을 설정한다고 하며, 관리를 대신해 주는 자를 수탁자, 수익을 받는 자를 수익자라 한다(신탁법 제2조).

신탁법은 신탁에 관한 일반법으로서 신탁계약에 따른 권리·의무를 정한다. 신탁은 본래 영미법상의 제도로서 우리와 같은 대륙법계 국가의 법 제도에는 잘 맞지 않아 신탁법은 신탁의 권리·의무를 대부분 강행규정으로 정하고 있다. 신탁의 인수를 "업"으로 하는 자, 즉 수탁을 영업으로 하는 자를 신탁업자라 하고, 신탁업자에 대한 규제는 과거 신탁업법을 통합한 자본시장법이 담당한다. 신탁법과 자본시장법의 관계는, 보험에 대해서 보험계약에 대한 규제는 상법 보험편에서 담당하고 보험회사에 대해서는 보험업법이 담당하는 것과 같은 관계이다.

투자신탁은 신탁의 여러 유형 중에서 자본시장법이 정하는 전문가인 집합투자업자(자산운용회사)가 투자 대행을 목적으로 설정한 특별 신탁이라고 할 수 있다. 통상 '펀드'로 불리는 집합투자기구 또는 집합투자증권의 대표적인 유형이다. 집합투자업자는 투자자로부터 받은 금전을 증권, 부동산, 실물 자산 등에 투자하여 그 수익을 투자자에게 돌려주는데, 채무증권과 달리 원금이 보장되지 않고 실적에 따라 수익금이 달라진다.

자본시장법은 투자신탁의 정의를 "집합투자업자인 위탁자가 신탁업자에게 신탁한 재산을 신탁업자로 하여금 그 집합투자업자의 지시에 따라 투자 · 운용하게 하는 신탁 형태의 집합투자기구"라고 하고 있다(제9조 제18항 제1호). 이 문구를 잘 보면 투자자와 집합투자업자 사이의 신탁 관계가 아니라 그 집합투자업자와 신탁업자의 신탁 관계를 투자신탁이라 하는 것을 알 수 있다. 그러나 법문에는 생략되었지만 투자자가 집합투자업자에게 자금을 맡기는 것도 신탁 관계임은 틀림없다. 따라서 이러한 자본시장법상의 투자신탁을 이중신탁이라 하기도 한다. 자본시장법이 투자자의 자금을 모집한 집합투자업자가 직접 그 자금을 관리하지 않고 별도의 신탁업자에게 다시 신탁하도록 하는 것은. 집합투자업자가 모집하는 자금의 규모가 거대하기 때문에 이해관계 없는 제3자로 하여금 그 운용을 잘 감시하고 견제하기 위한 취지이다.

한편 수익증권과 신탁의 수익권은 같은 것이 아니다. 신탁의 수익권이라 함은 신탁계약에서 발생하는 수익을 받을 수 있는 추상적인 권리를 말하고, 수익증권은 이러한 추상적 수익권을 증서에 표창하여 유가증권으로 만든 것을 말한다. 따라서 양도가 어려운 수익권과 달리 수익증권은 유가증권의 일반적 속성에 따라 자유롭게 양도할 수 있다. 자본시장법이 널리 수익권 전부를 규제대상으로 하지 않고 수익증권만 규제하는 것은 수익증권이 자유롭게 양도됨에 따라 당초의 신탁계약을 잘 모르는 제3자가 계약관계에 들어오게 되고 따라서 이들을 보호할 필요성이 크기 때문이다.

자본시장법은 일반적으로 펀드라고 부르는 것을 집합투자증권이라고 명명하고 있는데 집합투자증권과 투자신탁의 수익증권은 무슨 관계일까? 수익증권은 모두 집합투자증권이지만, 집합투자증권에는 수익증권 외에도 다양한 형태의 펀드가 있다. 예를 들어 투자회사(mutual fund)는 펀드 자체가 주식회사로 설립되어 그 수익을 받을 권리는 수익증권에 표창되는 것이 아니라 주식으로 표창된다. 다만 이 주식회사는 인력과 조직이 없는 서류상 회사로서 그 회사를 설립한 집합투자업자가 관리한다. 주식회사 외에도 상법상의 공동기업 형태는 대부분 집합투자증권을 발행하는 집합투자기구가 될 수 있다.

### (5) 파생결합증권

자본시장법은 파생결합증권의 정의를 "기초자산의 가격·이자율·지표·단위 또는 이를 기초로 하는 지수 등의 변동과 연계하여 미리 정하여진 방법에 따라 지급하거나 회수하는 금전등이 결정되는 권리가 표시된 것"이라 하고 있다. 그리고 기초자산의 정의는 "금융투자상품, 통화, 농산물 등 일반상품, 신용위험, 그 밖에 자연적·환경적·경제적 현상 등에 속하는 위험으로서 합리적이고 적정한 방법에 의하여 가격·이자율·지표·단위의 산출이나 평가가 가능한 것"이라고 정의하고 있다. 대표적인 파생결합증권이 주가연계증권(ELS),[35] 주식워런트증권(ELW), 주가지수연동증권(ELN)이다. 이들과 비슷한 이름의 ETF는 상장지수펀드(Exchanged Traded Fund)라 하여 파생결합증권이 아니고 펀드의 일종이다. 파생결합증권과 파생상품의 본질을 한마디로 하면 미래 맞추

---

35  주가연계증권은 원금보장형과 원금비보장형이 있다. 자본시장법은 원금보장형은 채무증권으로 분류하고 원금비보장형만 파생결합증권으로 본다. 원금보장형 주가연계증권은 은행 예금처럼 원금도 보장되고 유통도 되지 않는데, 어째서 금융투자상품일까? 그 이유를 들자면 2003년 ELS 도입 당시 이 상품을 증권업계만 허용하고자 증권이라는 명칭을 붙인 것이라는 연혁적 이유도 있지만, 굳이 예금과의 차이를 찾자면 은행 예금과 같은 양도금지 조치(양도시 은행의 승인 필요)가 없어서 이론적으로는 유통 과정에서 손실이 가능하다는 점을 들 수 있다.

기 내기이다. 서로 반대 방향으로 내기를 걸고 맞춘 자에게 못 맞춘 자가 돈을 주는 것이다.

파생결합증권은 파생상품과 구조나 논리가 사실상 동일한데, 다만 파생결합증권은 다른 증권들과 마찬가지로 현재 시점에서 매수자의 대금 지급이 완결되고 추가지급의무가 없다는 점이 차이다.

파생결합증권과 파생상품의 정의도 자본시장법의 특징인 포괄주의 원칙의 대표적 사례이다. 특히 내기가 걸리는 대상인 기초자산의 범위를 자연적 · 환경적 · 경제적 현상 등에 속하는 위험으로서 수치의 산출이나 평가가 가능한 모든 것으로 확장하고 있어서, 이론적으로 무한한 신상품 개발이 가능하다. 앞으로 자본시장의 미래는 이 파생결합증권과 파생상품의 발전에 달려 있다 해도 과언이 아닐 것이다.

### (6) 증권예탁증권

증권예탁증권이란 앞서 설명한 모든 증권을 예탁받은 자가 그 증권이 발행된 국가 외의 국가에서 발행한 것으로서 그 예탁받은 증권에 관련된 권리가 표시된 것이다. 간단히 말하면 예탁 영수증이라 할 수 있고, 영어로는 DR(Depository Receipt)이라 한다. 법적으로는 모든 증권을 근거로 DR을 발행할 수 있지만, 실제로는 거의 대부분 지분증권 그중에서도 주식을 대상으로 발행되고 있어서 주식예탁증서라고도 한다.

예를 들어, 갑 국가의 A 회사가 을 국가의 거래소에 상장하여 자금을 조달하고자 할 때, A 회사의 주권(주식)이 언어와 통화가 다른 을 국가에서 거래되기는 어렵다. 따라서 을 국가의 B 은행에 A의 주권을 예치해 놓고 B 은행이 발행한 대체 증서를 주권 대신 상장하면 이러한 문제를 쉽게 해결할 수 있다. 이때 B 은행이 발행한 대체 증서는, B 은행이 A 회사의 주권을 보관하고 있다는 것과, 이 주권은 B가 발행한 대체 증서와 교환이 되며, 대체 증서는 주권을 가진 것과 거의 동일하게 주주로서의 권리를 누릴 수 있다는 것을 증명한다. 그러나 주주권을 행사할 때 DR은 다소 불리한 점도 있다. 즉 의결권 행사나 배당을 받는데는 문제없지만, 주주제안권과 같은 소수주주권은 행사하기 어렵다.

우리나라는 삼성전자, 포스코, SKT 등 30개가 넘는 대기업들이 해외 거래소에 복수 상장되어 있는데 모두 DR이 상장되어 있다. 그리고 이들 기업이 발행한 주권은 위의 예시 사례에서 B 은행에 해당하는 외국 은행들의 위탁을 받아 한국예탁결제원에 보관되어 있고, 이 외국 은행들은 이를 근거로 자국에서 통용될 수 있는 DR을 발행하여 유통시키고 있다. 미국 시장에서 통용되는 DR을 ADR(American Depository Receipt)이라 하고, 한국 시장에서 통용되는 DR을 KDR이라 한다. DR의 발행 근거가 되는 주권을 원주라 한다. 주의할 점은 원주는 발행 기업의 본국에서 본국법에 따라 발행된 주권을 의미하는 것이 아니라 DR의 형태가 아닌 주권이라는 것을 의미한다는 점이다.

그런데 우리 시장에 상장된 외국 기업들을 보면 위와 같은 일반적인 설명과는 상당히 다른 상황이 펼쳐지고 있다. 즉 외국 기업들임에도 DR이 아니고 원주, 즉 일반 주권이 상장되어 유통되고 있는 것이다. 왜 이런 이례적인 현상이 발생하는가? 그 이유는 우리 시장에 상장되어 있는 외국 기업들이 자국 시장에 이미 상장되어 있는 상태에서 우리나라에서 추가로 2차 상장이나 복수 상장을 한 것이 아니라, 우리나라에서 최초로 기업공개와 상장을 하고 당분간 우리나라에서만 상장기업으로 남아 있을 예정인 점과 관계있다. 삼성전자 등 우리 기업들이 모두 외국에서 2차 상장을 한 점과 대비되는 점이다. 이러한 상황에서는 굳이 번거롭게 본국법에 따른 주권을 발행하고, 이를 한국 예탁기관에 예탁한 후 KDR을 발행하여 상장할 필요가 없게 된다. 즉 한국법에 따른 한국 주권을 발행하여 그대로 상장해도 아무 문제가 없는 것이다.

## 3. 파생상품의 개념과 종류

증권의 기본적인 목적이 자금조달이라면, 파생상품은 위험관리를 핵심 목적으로 한다. 자본시장법은 파생상품을 3가지 유형으로 구분하고 그 개념을 포괄주의 원칙에 따라 추상적으로 정하고 있다. 첫 번째는 일반적으로 '선도'(forward)라 부르는 것으로서 법은 "기초자산이나 기초자산의 가격·이자율·지표·단위 또는 이를 기초로 하는 지수 등에 의하여 산출된 금전등을 장래의 특정 시점에 인도할 것을 약정하는 계약"이라 정의한다.

농촌에서 흔하게 발생하는 농산물 밭떼기 거래가 대표적인 선도거래이다. 예를 들면, 봄에 농부와 중간상인이 포도 과수원에서 나는 전체

**선도거래의 손익구조 그래프**

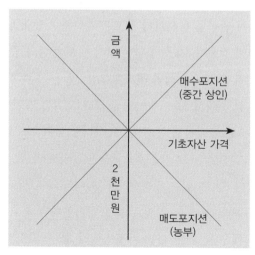

산물을 2천만원에 가을에 인도하기로 계약한다. 가을이 되어 그 포도의 시세가 2천만원이 넘으면 이를 2천만원에 인도받은 중간상인이 이익을 얻을 것이고, 2천만원이 안되면 비싸게 양도한 농부가 이익을 얻게 된다. 이러한 선도거래를 표준화하여 거래소에서 거래시키는 것을 '선물'(futures)이라고 한다.

두 번째는 일반적으로 '옵션'(option)이라고 부르는 것으로서 법은 "당사자 어느 한쪽의 의사표시에 의하여 기초자산이나 기초자산의 가격 · 이자율 · 지표 · 단위 또는 이를 기초로 하는 지수 등에 의하여 산출된 금전등을 수수하는 거래를 성립시킬 수 있는 권리를 부여하는 것을 약정하는 계약"이라 하고 있다.

앞에 든 예를 들어 설명하자면, 이번에는 중간상인이 농부에게 제안하기를, 가을에 그 과수원 포도 전부를 2천만원에 살 수 있는 권리를 주면 그 대가로 지금 현재 1백만원을 주겠다고 한다. 다만 중간상인은 그 매수 권리를 행사할 수도 있고 안 할 수도 있다. 경험상 2천만원이라는 가격은 합리적으로 보이기에 농부로서는 손해 볼 일이 없을 것이다. 즉 가을에 중간상인이 권리를 행사하면 추가로 2천만원을 받고 양도하면 되고, 중간상인이 권리를 행사하지 않고 포기하면 그냥 1백만원의 공짜돈이 생기게 되는 것이다. 가을이 되면 당시 시세에 따라 중간상인은 권리행사 여부를 결정한다. 시세가 최소한 2천만원을 초과해야 중간상인은 권리를 행사할 것이고 그 이하이면 권리를 포기할 것이다.

옵션에는 과수원 사례처럼 살 수 있는 권리도 있고 거꾸로 농부가 중간상인에게 1백만원을 주고 가을에 2천만원에 팔 수 있는 권리를 취득하는 경우도 있다. 살 수 있는 권리를 콜(call)이라 하고 팔 수 있는 권리를 풋(put)이라 한다. 그리고 1백만원을 프리미엄이라 하고 프리미엄을 지급하는 자는 매수인, 받는 자는 매도인이라 한다. 따라서 옵션의 손

**옵션의 손익 구조 그래프**

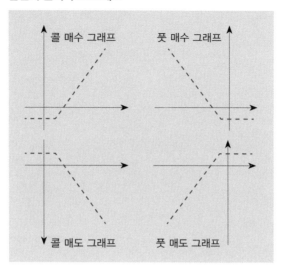

익을 그래프로 표시하면 다음과 같이 콜매수, 콜매도, 풋매수, 풋매도의 4가지 형태로 나타난다. 그래프를 보면 콜·풋 모두 매수의 경우 손실은 제한되어 있는 반면에 수익은 무한할 수 있고, 반대로 매도의 경우는 수익은 제한되어 있는 반면에 손실이 무한할 수 있음을 알 수 있다.

언뜻 보면 상당히 비합리적인 거래로 보이는데, 대체로 위험을 체계적으로 관리할 수 있는 기관투자자들이 주로 매도인의 입장이 되고 개인투자자는 위험이 제한되는 매수인의 입장을 취한다. 비유하자면, 매도 포지션을 취하는 기관투자자는 가끔 큰 위험에 처하기도 하지만 티끌(프리미엄 수취)모아 태산을 이루고, 매수 포지션을 취하는 개인투자자는 가랑비(프리미엄 지급)에 옷 젖는 줄 모른다고 할 수도 있다.

경영학자들은 선도와 스왑도 옵션으로 나타낼 수 있다고 하여 옵션을 가장 중요시하고 있다. 우리 시장에서 거래되는 ELW, ELS 같은 파생결합증권도 다 옵션이 포함된 것이고, 은행의 주가지수연계예금과 보험사의 변액보험 등에도 옵션이 포함되어 있을 정도로 현대 금융상품에서 옵션의 중요성은 지대하다.

세 번째는 '스왑'(swap)이라는 것으로서 "장래의 일정기간 동안 미리 정한 가격으로 기초자산이나 기초자산의 가격·이자율·지표·단위 또는 이를 기초로 하는 지수 등에 의하여 산출된 금전등을 교환할 것을 약정하는 계약"이라 정의되어 있다.

스왑 중 가장 비중이 큰 이자율스왑을 소개하면 아래 그림과 같다. 기업이 대출을 받을 때 은행과 변동금리로 약정하고 스왑거래 상대방과 다시 고정, 변동금리 교환거래 약정을 체결하여 이자교환일에 스왑거래 상대방에게 고정금리를 지급하고 변동금리를 받아 이를 은행에 다시 지급하는 거래로, 기업은 고정금리를 지급하고 변동금리를 받아 은행에 지급하였으므로 결과적으로 고정금리로 대출을 받은 효과와 동일하다.[36]

**이자율(금리)스왑 거래구조**

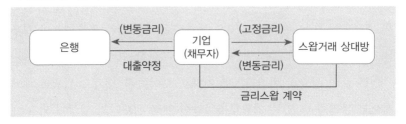

스왑은 거래 양 당사자가 모두 이익을 볼 수도 있는 협력 게임이라는 점에서 선도 및 옵션과 같이 거래 양 당사자의 손익이 정반대되는 제로섬 게임과 구별되는 특징이 있다. 그리고 스왑은 개별 계약성이 강하여 표준

---

36  이문성, "금융실무정보: 기업금융과 파생상품", 은행연합회, The Banker, 제769호, 2018. 4. 참조.

화가 어려운 관계로 거의 대부분 장외시장에서만 거래된다는 점도 장내시장에서 활발히 거래되는 선도(선물) 및 옵션과 다른 특징이다. 기초자산으로는 대체로 금리가 절반 이상을 차지하지만, 우리나라와 같은 수출주도형 경제체제는 환 헤지 필요성이 커서 통화스왑도 큰 비중을 차지한다.

최근에는 주식에 대한 총수익스왑(TRS, 토탈 리턴 스왑)을 이용하여 주식을 실제 보유하지 않고도 보유한 것과 같은 효과를 거두는 현상도 나타나고 있는데, 이는 회사법이나 자본시장법의 전통적인 규제와 상충되는 면이 많아 향후 논란이 커질 것으로 예상된다.

예를 들어 A회사가 B금융회사와 TRS 계약을 맺고 보유중인 자사주를 B에게 양도하거나 B로 하여금 A회사 주식을 사도록 하면, A회사 주식의 법적인 소유권은 B가 가지고 있음에도 불구하고 그 주식의 의결권은 A회사의 뜻대로 행사할 수 있다. 즉 A회사는 자사주 취득에 관한 회사법과 자본시장법의 규제를 회피하면서 자사주와 동일한 효과를 누릴 수 있는 것이다. 또 다른 예를 들자면, C펀드가 D회사에 대한 M&A나 경영권 다툼을 시도하면서 실제 지분을 은닉하기 위해 금융회사들과 TRS 계약을 맺고 이 금융회사들로 하여금 D회사 주식을 보유하게 할 수도 있다. 이 경우 C펀드는 D회사 주식을 사실상 소유하면서도 자본시장법상 5% 보고의무를 회피할 수 있게 된다.

TRS 거래에 이러한 탈법적 요소가 발생할 수 있는 것은 TRS가 차명거래 내지 차명보유와 유사한 외관을 가지고 있기 때문이다. 그러나 최근 활발해진 이 새로운 금융기법에 대해서 현행 법령은 어디에도 명확한 규정이 없다. TRS를 이용한 탈법적 행위를 방지하는 한편 건전한 파생상품의 발전을 도모하기 위해서는 입법적으로 이러한 논란을 명확히 해소할 필요가 있다.

**칼럼** 예술품 등에 대한 조각투자, 증권인가 아닌가?

조각투자의 전성시대다. 돈이 된다면 어떠한 자산이라도 쪼개서 조각투자를 가능하게 한다. 부동산과 채권에 대한 조각투자는 자산유동화라 해서 오래 전부터 행해졌지만 최근에는 그 대상이 미술품과 음악 저작권 등 아트테크, 명품 시계와 한정판 신발, 한우, NFT(디지털 자산 진품증명서) 등으로 빠르게 확산되고 있다. 주식과 코인시장이 잠잠해지자 고수익을 추구하는 MZ세대의 관심 또한 조각투자로 대거 이동하고 있다.

외형상으로는 이들 모두 비슷한 투자 수단으로 보이지만, 그 법적 성격은 증권에 해당하는 것도 있고 단순한 소유권에 불과한 것도 있는 등 큰 차이가 있다. 법적 성격이 증권으로 분류되면 심각한 문제가 발생하는데 바로 자본시장법 규제가 증권에 적용된다는 점이다. 자본시장법 규제가 적용되면, 그 투자상품을 발행 · 판매할 때 법이 정한 엄격한 공시의무를 이행해야 하고, 그 거래를 중개하는 자는 투자중개업자로 인가를 받아야 하며, 누구든 불공정거래시 엄중한 민 · 형사상 책임을 지게 된다. 어느 것 하나 영세한 기업이 감당하기 어려운 부담이다.

어떤 투자상품이 자본시장법상 증권인지 아닌지를 구분하는 일차적 기준이 되는 개념이 바로 투자계약증권이다. 우리 자본시장법상 투자계약증권의 정의는 미국 연방대법원이 1946년 판결에서 확립한 'Howey 기준'을 조문화한 것이다. 투자이익을 기대하며 주로 타인의 노력에 따라 운영되는, 공동의, 사업에, 금전 등을 투자해, 손익을 귀속받는, 계약상의 권리다. 미국에서는 1946년 이래 지금까지 수 많은 투자수단들이 이 'Howey 기준'의 검증에 따라 규제되었는데, 그 중에는 위탁영농에 따른 수익배분이 결합된 토지지분 매매, 프랜차이즈 계약, 피라미드식 판매, 리조트 콘도미니엄 회원권, 은빛여우 · 암소 · 지렁이 사육 등 상식적으로 증권으로 보기 어려운 투자수단들이 증권으로 판정된 바 있다.

투자계약증권의 판단 기준에서 특히 '투자이익', '타인의 노력', 그리고 '사업'이 중요한 요소들이다. '투자이익' 목적은 소비나 상거래 목적이 아니라는 것이고, '타인의 노력'은 투자자의 관여가 거의 없이 자금 모집자가 주도한다는 것이며, '

사업'은 실패 위험이 있는 영리추구 활동을 의미한다. 최근 등장한 조각투자들의 증권성 여부에 대해서 아직 학계의 정설은 없는데 개인적으로 이 요소들을 바탕으로 판단해 본다.

부동산 조각투자 지분은 흔히 '디지털 부동산신탁 수익증권 토큰' 내지 '디지털 자산유동화증권'(DABS, Digital Asset Backed Securities)으로 불리는데, 이 경우 투자자는 부동산 공동소유권과 더불어 신탁사의 해당 부동산 운영에 따른 임대수익 등도 얻을 수 있어서 투자계약증권의 제반 요소를 다 갖추게 되므로 증권으로 볼 수 있다.

미술품과 음악 저작권의 경우, 투자자들이 공동소유권을 가진 상태에서 해당 미술품과 음악의 가치에 대한 시장 평가에 따른 가격 상승만 누린다면 '사업'이 없어서 증권으로 보기 어렵다. 다만 자금모집을 주도한 플랫폼 업체가 미술품 임대 등으로 창출한 수익을 투자자에게 배분할 경우 '타인의 노력'에 의한 '사업' 요소가 있어서 증권에 해당될 수 있다. 명품 시계나 한정판 신발의 경우 임대 수익 등은 기대하기 어렵고 미래 가치 상승에 의한 투자이익만 도모할 것으로 보이므로 공동소유권만 있을 뿐 사업성이 없어서 증권으로 보기 어렵다.

한우 조각투자의 경우, 한우 사육농가가 투자자로부터 모은 자금을 활용하여 송아지를 사서 키운 후 팔아서 수익을 나눈다. 여기에는 사육농가의 노력으로 이루어지는 '사업'이 존재하므로 증권으로 볼 수 있다. NFT의 경우, NFT 자체는 디지털 자산에 대한 진품 증명서에 불과하므로 증권은 아니지만 NFT가 표창하는 기초 자산의 활용 여하에 따라 단순한 소유권인지 아니면 '사업'성이 있는 증권인지 여부가 판단될 것이므로 미술품에 대한 분석을 유사하게 적용할 수 있을 듯하다.

기술 발전에 따라 경제활동도 더욱 복잡해지고 전문화되고 있는데, 새로운 투자수단인 조각투자가 투자자를 보호하면서 경제적 혁신도 달성할 수 있기를 기대한다.

(성희활, 아시아경제 시론, 2021. 9. 9)

# 제3절 자본시장법을 이해하는데 필요한 기본 용어 해설

이 절에서는 자본시장법을 이해하는데 필수적인 기초 용어들을 헷갈리기 쉬운 유사 용어들과의 차이점을 비교하면서 설명한다.

## 1. 자본시장 vs 증권시장, 금융투자회사 vs 증권회사

**질문** 자본시장법은 자본시장에 관한 법률이라고 하는데, 자본시장과 증권시장은 어떻게 다른가? 과거 증권거래법이라고 있었는데 자본시장법과는 어떤 관계인가? 자본시장에서 활동하는 금융회사는 증권회사가 중심인데, 왜 자본회사는 없는가? 증권회사와 금융투자회사는 어떻게 다른가?

**해설** 자본시장법은 2007년에 제정되고 2009년에 시행된 새로운 법으로서 자본시장에 관한 여러 법률을 통합한 것이다. 자본시장법 이전에는 '증권'이라는 말이 가장 핵심적이고 근본이 되는 용어였다. 예를 들어, 증권회사, 증권시장, 증권거래소, 증권규제, 증권거래법, 증권연구원 등 많은 제도와 기관들이 다 증권이라는 말을 사용하였다. 그런데 자본시장법은 이러한 증권뿐만 아니라 파생상품에 관한 법률인 선물거래법과 펀드에 관한 간접투자자산운용업법도 하나의 법률로 통합한 법이므로 보다 종합적인 개념이 필요하였다. 이에 따라 고안된 용어가 자본시장으로서 과거 증권이라는 말을 대체하고 포괄하게 되었다. 예를 들어, 증권시장 → 자본시장, 증권규제 → 자본시장규제, 증권거래법 → 자본시장법, 증권연구원 → 자본시장연구원 등으로 명칭이 변하였다. 명칭에 따라서는 다른 형태로 변하기도 했는데, 증권회사는 자본시장에서의 주된 활동인 '금융투자'를 사용하여 금융투자회사라는 상호를 쓰는 회사도 생겼고, 한국거래소는 한국증권거래소(증권거래법 시절) → 한국증권선물거래소(한국증권선물거래소법 시절) → 한국거래소(자본시장법 현재)로 이름이 변경되었다.

증권시장과 자본시장의 차이를 보면, 증권시장은 주로 기업이 자금조달을 위하여 발행한 증권(주식, 채권 등)이 거래되는 시장을 말하고, 자본시장은 이 증권시장에 파생상품시장을 합한 상위 범주의 시장을 말한다. 자본시장법상 자본시장의 정확한 명칭은 "금융투자상품시장"인데 이렇게 불리는 일은 거의 없고 통상적으로 '자본시장'으로 통용되고 있다. 또한 이 자본시장이라는 말은 자본시장법에서는 '증권시장+파생상품시장'의 의미이지만, 사회 일반적으로는 증권시장 또는 파생상품시장 어느 하나만을 지칭하기도 하는데 대부분 증권시장을 지칭할 때 많이 쓴다. 굳이 어감상 차이를 찾자면, 증권시장은 일반인들이 증권투자를 중심으로 말할 때 많이 쓰이고, 자본시장(capital market)이라는 말은 학계나 정부에서 기업이 자금을 조달하는 시장이라는 의미로 많이 쓰는 듯하다.

증권회사와 금융투자회사의 차이는, 증권회사는 과거 증권거래법에 따라 증권에 관한 업무만 취급 가능한 회사였으나, 금융투자회사는 자본시장법의 규제대상인 금융투자상품을 취급하는 회사로서 모든 금융투자상품을 취급할 수도 있고, 어느 하나의 상품만 취급할 수도 있다. 금융투자라는 말이 포괄적인 용어인 만큼 증권회사도 선물회사도 자산운용사도 다 금융투자회사로 분류될 수 있고 상호에 "증권"이나 "자산운용" 등의 명칭 대신 "금융투자"라는 표시를 할 수도 있다. 다만 강제적으로 그렇게 써야 하는 것은 아니라서 대부분의 증권회사나 자산운용회사들은 예전과 같은 상호를 그대로 쓰고 있는 것이 현실이다. 특히 증권회사는 과거와 달리 파생상품도 취급하면서 상호에는 여전히 "증권"이라고 쓰고 있다.

## 2. 금융투자업자 vs 금융투자회사

**질문** 업자와 회사는 어떻게 다른가? 자본시장법은 왜 금융투자회사라 하지 않고 "금융투자업자"라고 하는가?

**해설** 현행 자본시장법은 금융투자업을 영위할 수 있는 자를 '회사'가 아니라 "업자"라고 하고 있다. 어감상 회사가 아닌 법인이나 개인도 금융투자업의 주체가 될 수 있다는 것으로 보인다. 그러면서도 인가나 등록의 요건을 보면 회사와 같은 조직체로서 일정 규모 이상의 자기자본을 갖출 것을 요구하고 있어서 사실상 회사를 염두에 두고 있다. 실제 인가를 받거나 등록을 한 업자는 모두 회사이고 그것도 거의 대부분 주식회사다. 그런데도 왜 굳이 회사가 아니라 "업자"라고 할까?

문헌에서 그 이유를 찾기는 어렵다. 추측건대 몇 가지 이유가 있을 것으로 짐작된다. 첫째는, 회사라고 하면 상법상 5가지 유형의 조직만 인정되는데 자본시장에서 활동할 수 있는 조직은 상법상 회사가 아닌 경우도 있을 것이기 때문이다. 예를 들어서, 특별법에 따라 설립된 기관에게 영업을 인정할 필요도 있을 수 있고, 국내 영업소를 설치하는 외국의 업자 중에는 우리나라와는 다른 조직의 형태나 개인도 있을 수 있다는 것이다.

둘째 이유는, 지금은 아니지만 언젠가는 개인에게 영업을 허용할 수도 있다는 전망에서 "업자"라는 보다 넓은 범위의 용어를 쓴 것이 아닌가 한다. 예를 들어 영국이나 미국 등과 같이 독립투자자자문업자(IFA)의 자격을 개인에게 인정할 수도 있다는 것이다.

셋째는, 증권거래법은 증권회사의 업무를 규제대상으로 하였기에 영업 주체를 '회사'로, 그것도 "주식회사"로 명시하였다. 그렇지만 자본시장법은 증권회사 등 특정한 종류의 회사가 아니라 은행 등도 영위하는 행위가 금융투자업에 해당하면 규제대상으로 하겠다는 취지이므로, 회사라는 영업 주체보다는 "업"이라는 영업행위 자체가 더 중요해서 주체에 대해서는 포괄적으로 "업자"라고 표현하였을 수도 있다.[37]

## 3. 기업 vs 법인 vs 회사 vs 주식회사

**질문** 기업, 법인, 회사, 주식회사는 어떻게 다른가? 다 같은 말로서 자

---

37   구 증권거래법상 관련 조문으로는 "제2조(정의) ⑨ 이 법에서 "증권회사"라 함은 이 법에 의하여 증권업을 영위하는 자를 말한다"와 "제28조(허가) ① 증권업을 영위할 수 있는 자는 영업의 종류별로 금융위원회의 허가를 받은 주식회사이어야 한다" 등이 있다.

유롭게 바꿔 써도 되는가 아니면 모두 의미와 범위가 다른 말로서 엄밀히 구분해서 써야 하는가?

**해설** 사회 일반적으로 이 말들은 뚜렷한 구분 없이 상호 호환적으로 사용되는 것으로 보인다. 그러나 이 말들의 의미와 범위는 상당히 다르고 법에서도 각각의 조직을 명확히 구분하여 규정하고 있으므로 정확한 이해가 필요하다.

먼저 기업의 의미를 보면, 국어대사전에는 "영리(營利)를 얻기 위하여 재화나 용역을 생산하고 판매하는 조직체"라고 되어 있다. 법률에서 '기업'의 정의를 명확히 규정하고 있는 경우는 찾기 어려우나 법학 분야에서는 일반적으로 사업을 영위하는 개인이나 단체를 의미하는 것으로 이해되고 있다. 따라서 기업에는 1인이 하는 개인 사업체부터 조합·익명조합·합자조합 같은 비법인 공동기업, 유한회사, 거래소에 상장되어 있는 대규모 주식회사까지 모든 사업체가 다 포함된다고 할 것이다.

법인의 경우, 자연인인 '사람'이 아니라 법적으로 법률행위를 할 능력이 인정되는 인위적인 '사람'이라는 의미이다. 법인에는 사람의 집합체인 사단과 재산의 집합체인 재단이 있다. 사단의 대표적인 조직체가 회사로서 출자자인 사원들(예를 들어 주식회사라면 주주들)이 그 조직체를 경영한다. 재단은 사원이 없기 때문에 재산을 운용할 기관으로서 이사회를 두고 그 이사회가 재단을 경영한다. 사단법인은 영리사업과 비영리사업을 모두 할 수 있지만 재단법인은 학교, 병원, 자선 등 비영리사업만 할 수 있다.

회사는 사단법인 중 상법 회사편에서 규정하는 요건에 맞는 조직을 말한다. 상법은 회사를 "상행위나 그 밖의 영리를 목적으로 하여 설립한 법인"으로 정의하고(상법 제169조), 회사의 종류로서 "회사는 합명회사, 합자회사, 유한책임회사, 주식회사와 유한회사의 5종으로 한다"(상법 제170조)고 규정하고 있다. 회사처럼 조직을 갖추고 사업을 영위하지만 법인이 아닌 것으로서 익명조합, 합자조합이 있는데 이들은 상법 회사편이 아니라 상행위편에 규정되어 있다.

주식회사는 상법상 5가지 회사 중 가장 규모가 큰 조직을 염두에 두고 설계된 회사 형태이다. 현대 주식회사의 기원이라 할 수 있는 동인도회사에서 보듯이 대량의 주식을 발행하여 사회 일반으로부터 널리 자금을 조달하여 대규모 사업을 영위하는 것이 주식회사의 본질에 가깝다. 주식회사에는 다수의 주주, 임직원, 채권자, 소비자 등 수 많은 이해관계자가 존재하는데 이들을 보호할 수 있는 장치는 주주가 출자한 자본금뿐이고 주주들이 별도의 책임을 지지 않는다(이런 회사를 물적 회사라 한다). 따라서 상법은 이해관계자 보호에 핵심적인 회사의 재산이 안전하게 유지되도록 많은 규제 사항을 두고 있다. 그런데 우리나라는 법인으로 등록된 회사 중 90% 이상이 주식회사이고 특히 창업기업이나 중소기업도 대부분 주식회사라는 점에서, 다른 유형의 회사도 많이 활동하는 외국과 차이가 있다. 정리하자면 기업의 규모는 1인 사업체 → 비법인 공동기업(조합, 익명조합, 합자조합) → 법인 공동기업(회사) → 주식회사 순으로 커지고 복잡해지는 것이 일반적이라 할 것이다.

자본시장법과 상법(상장회사 특례 조항)은 규제대상이 되는 기업의 규모에 따라 규제를 달리 적용하고 있다. 먼저 자산 2조원 이상의 대규모 상장법인의 경우 엄격한 지배구조 요건(사외이사 과반수, 감사위원회 설치 등)을 적용하며 소수주주권 행사요건을 완화하는 한편, 정기공시 및 비정기공시·수시공시의무 등을 부과하고 있다. 다음으로 일반 상장법인(코스피와 코스닥)의 경우 상법상 일반 회사보다 엄격한 지배구조 요건을 부과하고 있고(자산 1천억원 이상일 경우), 정기공시 및 비정기공시·

수시공시의무를 지우고 있다.

다음으로 증권을 공모했거나 자산 100억·주주 수 500인 이상인 '사업보고서 제출대상법인'(비상장 공개기업이라 할 수 있다)의 경우 상장법인과 동일한 공시의무(정기공시 및 비정기공시. 상장법인이 아니므로 거래소 수시공시의무는 없음)를 부담한다. 소액공모를 한 기업의 경우 부실공시에 대하여 자본시장법상 엄격한 민사책임을 적용하지 않고, 정기공시 및 비정기공시의무도 면제한다. 다만 계속적 의무로서 결산 후 재무제표만 제출토록 하고 있다.

마지막으로 증권형 크라우드펀딩만 이용한 기업에 대해서는 소액공모 기업보다 더 규제를 완화하여 최소한의 제출서류만 징구하고 있다. 한편 코넥스 상장법인은 형식적으로 거래소시장에 상장된 법인이지만 그 규모가 영세함을 감안하여 공시의무 등 규제가 대폭 면제되고 있다.

규제가 차별화되는 기업 유형을 계층화하자면, 크라우드펀딩 기업 → 소액공모기업 → 사업보고서 제출대상법인 → 일반 상장법인 → 자산 2조원 이상의 대규모 상장법인 순으로 규제가 강화되어 간다.


## 4. 상장기업 vs 상장법인 vs 상장회사

**질문** 상장기업, 상장법인, 상장회사는 어떻게 다른가?

**해설** 우리 법률에 나타나는 관련 용어들을 보면 자본시장법은 상장법인, 주권상장법인이라는 말을 쓰고 상법(회사편)은 상장회사라는 말을 쓴다. 한편 사회 일반적으로는 상장기업이라는 말도 쓴다.

정확히 구분하자면 상장기업은 법적인 용어가 아니고 사회에서 관행적으로 쓰는 말이다. 상장회사는 상법(회사편)이 다루는 조직 형태가 회사이기 때문이기도 해서 "증권시장(증권의 매매를 위하여 개설된 시장을 말한다)에 상장된 주권을 발행한 주식회사(이하 "상장회사"라 한다)"(상법 제542조의2)라고 하고 있다.

상장법인은 자본시장법상 증권시장에 증권을 상장한 법인인데, 회사라 안 하고 법인이라 한 것은 국·공채를 발행한 국가 등 회사가 아닌 특수법인도 있기 때문이다. 자본시장법은 상장법인과 관련하여 다음과 같이 네 가지 종류의 법인에 대한 정의를 두고 있다. 1. 상장법인: 증권시장에 상장된 증권(이하 "상장증권"이라 한다)을 발행한 법인; 2. 비상장법인: 상장법인을 제외한 법인; 3. 주권상장법인: 다음 각 목의 어느 하나에 해당하는 법인, 가. 증권시장에 상장된 주권을 발행한 법인, 나. 주권과 관련된 증권예탁증권이 증권시장에 상장된 경우에는 그 주권을 발행한 법인; 4. 주권비상장법인: 주권상장법인을 제외한 법인(법 제9조 제15항).

## 5. 이사 vs 임원, 사외이사 vs 상무에 종사하지 않는 이사, 사실상 이사 등

**질문** 이사와 임원은 어떻게 다른가? 사실상 이사는 또 무엇인가? 이사의 종류에는 무엇 무엇이 있는가?

**해설** 상법과 자본시장법상 임원은 이사와 감사를 말한다. 상법 제312조는 "임원의 선임"이라는 제목하에 "창립총회에서는 이사와 감사를 선임하여야 한다"고 규정하고 있고, 자본시장법 제9조 제2항은 "이 법에서 '임원'이란 이사 및 감사를 말한다"고 하고 있다. 감사는 누구를 말하는지 명확한데, 이사는 도대체 누구를 말하는가?

자본시장법에는 이사에 대한 정의가 없고 상법에 관련 규정이 있다. 상법상 이사는 주주총회에서 선임과 해임이 되며, 이사의 선임·해임은 모두 법인 등기사항이다. 따라서 이사를 흔히 등기이사 또는 등기임원이라고 한다. 등기이사와 달리 회사 내에서 흔히 부장급 직원 위에 있는 고위직들을 통칭하여 임원이나 이사라고도 부르는데 이는 그 회사의 직급 내지 호칭에 불과한 것이고 법적인 의미에서 이사가 아니다.

사실상 이사는 이사에 버금가는 지위나 권한을 가진 자들을 통칭하는데, 상법에는 "업무집행지시자"라고 정의되어 있다. 상법 제401조의 2(업무집행지시자 등의 책임)는 "1. 회사에 대한 자신의 영향력을 이용하여 이사에게 업무집행을 지시한 자, 2. 이사의 이름으로 직접 업무를 집행한 자, 3. 이사가 아니면서 명예회장·회장·사장·부사장·전무·상무·이사 기타 회사의 업무를 집행할 권한이 있는 것으로 인정될 만한 명칭을 사용하여 회사의 업무를 집행한 자"를 업무집행지시자라고 하면서 대외적으로 책임을 져야 할 상황에서는 이들을 이사로 간주하여 책임을 지도록 하고 있다. 따라서 회사 내에서 통상 임원이라고 부르는 사람들은 대부분 이 "업무집행지시자" 또는 사실상 이사에 해당된다. 대기업의 최대주주나 그 가족들이 공식적인 이사로 등기하지 않고 있으면서 회사에 실질적인 영향력을 행사하는 등 책임을 회피할 경우를 겨냥한 규정이다.

이사의 종류는 세 가지다. 1. 업무를 직접 집행하는 사내이사, 2. 이사회 구성원으로서 심의·의결에만 참여하는 사외이사, 그리고 3. 상무에 종사하지 않는 이사(상법 제317조 제2항 제8호). 2번의 사외이사와 3번의 상무에 종사하지 않는 이사는 둘 다 상무에 종사하지 않는다는 점에서는 같지만, 2번의 사외이사는 최대주주와 경영진으로부터 일정한 독립성을 갖추어야만 사외이사로 인정된다는 점이 다르다(상법 제382조 제3항). 상법은 이사회 구성이나 운영 등에 있어서 사외이사에 관한 여러 조항을 두고 있어서 사외이사가 중요하다. 3번의 상무에 종사하지 않는 이사가 존재하는 이유는 최대주주의 친인척 등이 상무는 담당하지 않으면서 이사의 자격으로 이사회에 참여하는 경우 사외이사의 독립성 요건을 충족하지 못하기 때문이다.

금융투자회사의 지배구조에 대해서는 자본시장법과 별도로 「금융회사의 지배구조에 관한 법률」(이하 '지배구조법'이라 함)이 적용된다. 그런데 지배구조법상 임원의 정의는 상법 및 자본시장법과 다르다. 지배구조법상 임원의 정의는 "이사, 감사, 집행임원(「상법」에 따른 집행임원을 둔 경우로 한정한다) 및 업무집행책임자"를 말한다(지배구조법 제2조 제2호). 집행임원은 이사처럼 등기임원이고 업무집행책임자는 상법상 업무집행지시자와 동일하다. 자본시장법에 없는 상법상 집행임원과 업무집행책임자도 임원에 포함되는 점이 지배구조법의 특징이다. 그러면 자본시장법과 지배구조법의 관계는 어떻게 되는 것인가? 구체적인 상황에서 어느 법을 적용하여 임원의 범위를 정할 것인지를 정리하자면, 금융회사의 지배구조 문제에 있어서는 지배구조법상 임원의 정의가 적용되고, 지배구조가 아닌 다른 문제와 비금융회사에 대해서는 자본시장법이 적용될 것이다.


## 6. 최대주주 vs 대주주 vs 주요주주

**질문** 최대주주, 대주주, 주요주주는 어떻게 다르며 어떤 규제를 받는가?

**해설** 자본시장법은 이들의 정의에 대해서 직접 규정하지 않고 지배구조법에 규정된 것을 준용하고 있다(자본시장법 제9조 제1항). 직접 규정하는 대신 지배구조법을 그대로 따르는 이유는 지배구조법은 자본시장법의 규제대상인 금융투자회사뿐만 아니라 거의 대부분의 금융회사의 지배구조를 규제하는 특별법이기 때문에 법률 적용의 통일성을 기하기 위해서이다.

지배구조법은 최대주주와 주요주주를 합하여 대주주라고 하면서, 최대주주의 개념은 의결권 있는 발행주식 총수를 기준으로 본인 및 그의 특수관계인이 자기계산으로 소유하는 주식을 합하여 그 수가 가장 많은 경우의 그 본인이라고 하고 있다(지배구조법 제2조 제6호). 특수관계인의 범위는 동법 시행령에서 정하는데, 본인이 개인인 경우에는 주로 가까운 친인척이고 법인인 경우에는 소속 임원 등이다. 자기계산으로 소유한다는 말은 본인 및 그 특수관계인들이 타인 명의로 가지고 있지만 실제로는 자기들 것이라는 의미이다.

그런데 이 최대주주의 개념은 명확해 보이면서도 모호한 부분이 있다. 예를 들어, 어느 회사에 A, B, C, D, E, F, G라는 주주들이 있다고 하자. A와 G가 각각 30%와 25%를 가지고 있고 나머지 주주들은 1%씩 가지고 있는 가운데, B, C, D는 A의 특수관계인이고 D, E, F는 G의 특수관계인이라고 하자. 그러면 A그룹은 33%이고 G그룹은 28%가 되어 본인과 특수관계인을 합하여 가장 많은 주식을 가진 A가 최대주주가 되는 것처럼 보인다. 그러나 A그룹에 있는 자 중에서 지분이 가장 많은 자가 최대주주라고는 안 하고 있기 때문에 A그룹의 4인은 모두 본인이자 다른 사람의 특수관계인이 된다. 따라서 최대주주에 해당하는 사람의 범위가 생각보다 훨씬 넓어지는 효과가 발생한다는 점을 유념하여야한다. 한편 지배구조법에서는 금융회사의 최대주주 적격성에 대한 주기적 심사제를 채택하고 있는데, 이때 심사대상이 되는 최대주주가 누구인가에 대해서 최대주주 그룹 중 "최다출자자"인 "개인" "1인"이라고 명확히 규정하여 이러한 혼선을 해결하고 있다.

주요주주의 개념은 두 가지 종류가 있는데, 첫째는 자기의 계산으로 의결권 있는 발행주식 총수의 10% 이상의 주식을 소유한 자이고, 둘째는 임원의 임면(任免) 등의 방법으로 금융회사의 중요한 경영사항에 대하여 사실상의 영향력을 행사하는 주주로서 1. 혼자서 또는 다른 주주와의 합의·계약 등에 따라 대표이사 또는 이사의 과반수를 선임한 주주와 2. 금융투자업자인 경우에는 영위하는 업무에 따라 임원인 자로서 1% 내지 5%의 주식을 소유한 자이다(지배구조법 시행령 제4조).

한편 대주주의 개념에서 지분율을 계산할 때 의결권 있는 주식을 기준으로 하고 있는 것은, 의결권이 있어야 임원 선임 등을 통하여 직접적 간접적으로 회사에 영향력을 행사할 수 있기 때문이고, 자본시장법은 대주주가 이 영향력으로 부당한 행위를 하는 것을 규제하고자 하기 때문이다.

자본시장법은 여러 곳에서 이들에 대한 규제사항을 정하고 있기 때문에 각 유형의 주주의 정의와 범위를 면밀히 검토하여야 한다. 주요 규제사항을 보면, 대주주의 경우 인가나 등록 시 대주주에 대해서 충분한 출자능력, 건전한 재무상태 및 사회적 신용 등에 대한 심사가 이루어지고, 회사와 대주주의 거래나 대주주가 회사에 영향력을 행사하는 경우 등을 규제하기도 한다. 주요주주의 경우도 단기매매차익 반환, 소유상황보고, 미공개정보 이용금지 등 내부자거래 규제 대상이 되며, 금융회사의 사외이사가 될 수 없는 결격사유가 되는 규제를 받는다.

## 7. 증권 vs 유가증권, 증권 vs 주식 vs 주권

**질문** 증권과 유가증권은 어떤 차이가 있는가? 증권과 주식, 채권은 어떻게 다른가? 주식과 주권은 또 어떻게 다른가?

**해설** 어떤 증서(종이문서 또는 전자문서)가 재산권을 강력하게 증명하고, 그 증서의 이전만으로 재산권이 이전되거나 그 증서로만 재산권을 행사할 수 있을 때, 이러한 증서를 '유가증권'이라고 부른다. 즉 증서가 곧 재산권 자체인 경우이다. 이러한 재산권적 성질과 기능 때문에 유가증권은 화폐가 아니면서 화폐와 비슷하게 취급되고 때로는 화폐처럼 사용되기도 한다. 우리 사회에 통용되는 유가증권의 예를 들면 수표와 어음, 주권과 채권, 선하증권, 상품권, 선불카드, 승차권 등 다양하게 존재한다. 예금통장, 항공권, 수하물 보관증, 차용증서, 계약서 등은 어떤 재산권의 존재를 증명하는 증거서류에 불과할 뿐 유가증권이 아니다. 왜냐하면 이들 증거서류를 이전한다고 해서 그 재산권이 완전 이전되는 것도 아니고, 그 증서가 있어야만 재산권을 행사할 수 있는 것도 아니기 때문이다.

자본시장에서 '증권'이라고 하면 일반 상식적으로는 주식과 채권을 말하는 경우가 대부분인데, 자본시장법은 '증권'의 정의를 두고 6가지 유형으로 열거하고 있다. 이 6가지 유형에는 주식과 채권은 물론이고 투자계약증권과 파생결합증권이라 하여 상상을 넘는 많은 종류의 증권이 있다. 자세한 것은 투자계약증권과 파생결합증권을 설명할 때 다루었다.

일반적인 '유가증권'과 자본시장법상 '증권'은 일부는 중첩되기도 하지만 근본적인 차이가 있다. 유가증권의 경우 재산권의 이전과 행사에 초점을 두고 법리가 구성되지만, '증권'의 경우 투자성에 초점이 주어져 규제된다. 예를 들어, 어음·수표는 유가증권의 대표적 유형이지만 기업어음[38]을 제외하고는 자본시장법상 증권이 아니고, 반대로 투자계약증권이나 파생결합증권은 자본시장법상 대표적인 증권이지만 유가증권은 아니다. 주권과 채권은 유가증권이면서 또한 증권이기도 하다.

일반 상식 차원에서 증권(security or securities)이라고 할 때는 주로 주식(stock) 등 지분증권(equity)과 채권(bond)을 통칭하여 말한다. 주식·지분증권과 채권은 차이가 큰 데, 주식·지분증권은 회사에 대한 출자지분을 표시한 것이고, 채권은 돈을 빌려준 지위를 표시한 것이다. 지분증권은 이자와 만기가 없는 반면 경영에 참여하고 배당을 받을 권리가 있고, 채권은 만기에 원금과 이자를 돌려받지만 경영에 참여하거나 배당을 받을 권리는 없다. 지분증권은 재무상태표(대차대조표)에서 자본의 항목에 속하고, 채권은 부채의 항목에 속한다. 주식을 보유한 자를 주주라고 하고, 채권을 보유한 자를 채권자라고 한다.

주식(株式)과 주권(株券)은 본질은 같은데 표현 형식이 다른 것이다. 주식은 출자지분이라는 재산권을 추상적으로 가리키는 말이고, 주권은 이 추상적 재산권을 증서에 표시하여(보통 '화체'된다고 한다) 양도와 권리행사를 용이하게 한 유가증권을 말한다. 채권도 마찬가지로 채권(債權)은 돈을 빌려준 자의 추상적 권리를 말하고, 채권(債券)은 이 권리를 증서에 화체하여 유가증권으로 만든 것을 말한다.

---

38  기업어음(CP: Commercial paper)은 어음의 한 종류인데, 일반 어음과 달리 거래관계 없이 기업이 자금조달을 목적으로 발행하는 약속어음(실무상 "융통어음"이라 함)이다. 기업어음도 어음이므로 기본적으로 어음법의 적용 대상인데, 상거래 결제 목적이 아니라 자금조달을 목적으로 하므로 어음법과 별도로 자본시장법도 기업어음을 규제대상으로 하고 있다. 따라서 기업어음을 발행할 때는 증권 공모규제를 준수해야 하며, 발행과 관련하여 부실표시나 사기가 있을 경우에는 자본시장법에 따라 처벌된다.

## 8. 일반투자자 vs 전문투자자 vs 기관투자자 vs 적격투자자

**질문** 자본시장법에는 일반투자자도 있고 전문투자자도 있는데, 왜 하나의 투자자로 하지 않고 굳이 구분하고 있는가? 전문투자자는 누구이고 어떤 대우를 받는가? 기관투자자와는 어떻게 다른가? 적격투자자는 또 무엇인가?

**해설** 구 증권거래법에는 투자자의 구분이 없었고 모든 투자자가 거의 동일하게 취급되었다. 달리 취급된 경우는 증권을 공모할 때 기관투자자는 공모규제의 기준인 50인의 산정 대상에서 제외된다는 정도에 불과하였다. 즉 금융기관이나 연기금 등 기관투자자를 대상으로 증권을 발행하면 50개가 넘는 기관을 대상으로 모집을 하더라도 공모가 아니라 사모로 보아 규제를 하지 않았다는 것이다. 왜냐하면 이들은 스스로를 보호할 능력이 있기 때문에 굳이 법이 보호하지 않겠다는 것이고, 또 이들을 대상으로 한 기업의 자금조달을 지원하기 위해서였다. 기관투자자의 범위는 법인세법 시행령에서 정하는 바에 따랐다.

자본시장법은 증권거래법과는 달리 처음부터 투자자를 구분하고, 특히 업무 인가나 등록 시 일반투자자를 대상으로 하는 경우에는 전문투자자만을 대상으로 하는 경우보다 자기자본 요건 등을 크게 강화하고 있다. 그리고 공모규제뿐만 아니라 투자권유 규제에서도 일반투자자 중심으로 규제 체계를 설계하고 있다. 이에 따라 전문투자자는 법의 보호 범위 밖에 있게 되는데 특히 투자권유 규제에서 이런 현상이 두드러진다. 즉 투자권유 규제의 핵심 원칙인 적합성원칙과 설명의무 등은 전문투자자에게는 적용되지 않으므로 금융투자회사가 이들을 대상으로 위험 상품을 제대로 설명하지 않고 판매해도 금융투자회사는 전문투자자의 손해에 대해서 책임을 지지 않아도 되는 것이다.

그런데 자본시장법은 왜 이렇게 전문투자자를 차별할까? 또 전문투자자는 불이익만 있는 것일까? 전문투자자를 차별하는 주된 이유는 국가의 규제역량을 일반투자자보호에 집중시키는 한편 전문투자자에게는 높은 자율성을 부여하기 위해서이다. 그리고 전문투자자는 불이익도 있지만 다른 효익도 있어서 전문투자자가 무조건 불리한 지위에 있는 것만은 아니다. 전문투자자에게 법의 보호가 적용되지 않으면 그들을 상대로 영업하는 금융투자회사로서는 그만큼 비용이 절감되기 때문에 전문투자자와 금융투자회사는 상호 협의로 수수료 인하 같은 혜택을 주고받을 수도 있을 것이다. 그 외에도 전문투자자가 되면 누릴 수 있는 효익을 보면 ① 복잡한 투자권유 절차를 생략할 수 있고, ② 장외파생상품을 자유롭게 거래할 수 있으며, ③ 투자금액과 관계없이 헤지펀드나 코넥스시장 등에 투자가 가능하고, ④ 파생상품시장 참여시 모의거래나 교육이수 요건이 필요 없는 등 규제가 완화되어 있다.[39]

그러면 전문투자자는 누구인가? 자본시장법에 따르면 전문투자자는 금융투자상품에 관한 전문성 구비 여부, 소유자산규모 등에 비추어 투자에 따른 위험감수능력이 있는 투자자로 정의되어 있다(법 제9조 제5항). 구체적인 범위는 시행령에서 정하고 있는데, 국가, 지방자치단체, 한국은행, 주권상장법인, 각종 금융기관, 예금보험공사 · 한국투자공사 · 한국거래소 · 신용보증기금 등 공공적 기관, 각종 연 · 기금, 공제법인, 집합투자기구 등이다. 그리고 금융투자상품 잔고가 100억원 이상인 일반법인 · 단체도 포함되며, 특히 법인 중 외부감사 대상법인은 금융투

---

39  금융위원회, 「금융투자업 경쟁력 강화방안」 후속조치 등 자본시장법 시행령 및 하위규정 개정사항 안내", 보도자료, 2016. 6. 22. 참조.

자상품 잔고가 50억원 이상이면 포함된다. 한편 개인은 금융투자상품 잔고 5천만원, 연소득 1억원(배우자 합산 1억5천만원) 이상, 총자산 5억원 이상의 요건을 모두 충족하면 전문투자자가 될 수 있다. 그런데 금융투자상품의 잔고가 위와 같이 일정액 이상의 법인·단체와 개인은 자동적으로 전문투자자가 되는 것이 아니라 본인들이 증명서와 함께 전문투자자 지위를 인정할 것을 금융위원회에 신청하는 경우에 전문투자자가 된다. 따라서 일반법인·단체와 개인은 신청이 없으면 원칙적으로 일반투자자로 취급되는 것이다. 구 증권거래법상 기관투자자는 자본시장법에 언급이 없는데 거의 대부분 전문투자자에 해당된다고 보면 된다.

전문투자자 중에는 본인이 원할 경우 일반투자자로 전환하여 법이 제공하는 보호 조치를 받을 수 있는 그룹도 있다. 이처럼 전환을 인정하고 있는 이유는 전문투자자라 하더라도 준법 역량이나 전문성이 천차만별인데 획일적으로 취급하는 것은 바람직하지 않기 때문이다. 전환이 허용되는 그룹은 상대적으로 전문성이 떨어지는 그룹에 대해서만 인정하고, 국가나 금융기관 등에 대해서는 전환을 허용하지 않는다. 고도의 전문성이 인정되는 기관들마저 전환을 허용하면 보험을 드는 차원에서 다 일반투자자로 전환할 수도 있고 그렇게 되면 자본시장법이 채택하고 있는 투자자별 규제의 차별화라는 대원칙이 훼손될 수 있기 때문이다.

전환이 허용되는 그룹으로는 주권상장법인, 법률에 근거한 연·기금 및 공제단체, 지방자치단체, 해외 증권시장에 상장된 주권을 발행한 국내법인, 일반법인·단체와 개인 등이다. 한편 장외파생상품 거래 시에는 이들 전환이 허용되는 그룹은 처음부터 일반투자자로 간주된다. 상대적으로 전문성이 약하다고 보기 때문인데, 다만 이들도 전문투자자와 같은 대우를 받겠다는 의사를 금융투자업자에게 서면으로 통지하는 경우에는 전문투자자로 간주된다.

적격투자자라는 것도 있는데, 이들은 사모펀드에 투자할 수 있는 특별한 지위에 있는 투자자들이다. 전문투자자 중에서 집합투자기구, 신용보증기금, 기술신용보증기금 및 법률에 따라 설립된 기금을 제외한 나머지 모두가 적격투자자이며, 개인 또는 법인으로서 3억원을 투자하는 자도 적격투자자에 해당된다(법 제249조의2). 사모펀드는 상당히 공격적인 투자를 하고 자본시장법상 펀드 규제를 받지 않기 때문에 상대적으로 위험성이 높다고 할 수 있다. 따라서 특별히 안전성이 보장되어야 할 일부 기금들과 펀드를 투자 적격자에서 배제하고 있는 것이다. 그리고 개인 또는 법인은 전문투자자 요건에 비해 현저히 낮은 금액으로 완화되어 있는데, 그 이유는 전문투자자 제도는 자본시장법 전 분야에 걸쳐서 법의 보호 범위 밖에 있기 때문에 요건을 높이 설정하는 것이고, 적격투자자 제도는 투자 위험성을 감수할 수 있는 정도가 된다면 사모펀드 같은 위험 상품에도 투자를 허용하겠다는 것이지 법의 보호를 아예 배제하겠다는 것은 아니기 때문이다.


## 9. 펀드 vs 집합투자기구 vs 집합투자재산 vs 집합투자증권, 헤지펀드 vs PEF

**질문** 자본시장법은 일반적으로 펀드라고 하는 것을 집합투자라고 하는 듯한데, 관련 명칭들이 다 비슷하여 혼란스럽다. 집합투자기구, 집합투자재산, 집합투자증권은 어떤 차이가 있는가? 그리고 헤지펀드와 PEF는 또 무엇이고 이들은 집합투자와 어떤 관계인가?

**해설** 현대 자본주의의 큰 특징 중 하나가 소위 '펀드 자본주의'이다.

펀드 자본주의란 각종 연금·기금, 공모펀드, 사모펀드(헤지펀드·PEF) 등이 일반 국민으로부터 받은 자금을 운용하여 증권시장의 가장 큰 투자 주체가 되고, 상장법인의 지분을 대량으로 취득하여 기업 경영에도 적극적으로 개입하는 반면, 일반 국민은 직접투자 대신 펀드에 자금을 맡겨 운용하는 간접투자를 하는 현상을 말한다. 4대 공적 연금(국민연금, 공무원연금, 군인연금, 사학연금)도 펀드의 일종이고, 투자신탁 등의 공모펀드와 최근 들어 급성장하고 있는 헤지펀드나 PEF 등 사모펀드도 모두 펀드에 해당한다.

그런데 펀드라는 명칭은 일반 관행적으로 쓰이는 말일뿐, 자본시장법에는 펀드라는 말 대신 집합투자(collective investment)라는 용어를 쓴다. 집합투자의 법적 정의에 대해서는 금융투자업 중 집합투자업을 설명할 때로 미루고 여기서는 헷갈리기 쉬운 관련 용어들을 쉽게 풀어서 설명하기로 한다. 구분이 필요한 비슷한 용어들은 집합투자기구, 집합투자재산, 집합투자증권이다. 아래의 표 [집합투자기구의 법적 형태]는 이 개념들을 구체적으로 잘 정리하고 있다.

### 집합투자기구의 법적 형태[16]

| 구 분 | 형 태 | 집합투자규약 | 집합투자증권 | 집합투자업자 |
|---|---|---|---|---|
| 투자신탁 | 신탁계약 | 투자신탁계약 | 수익증권 | 위탁자 |
| 투자회사 | 주식회사 | 정관 | 지분증권(주식) | 법인이사 |
| 투자유한회사 | 유한회사 | 정관 | 지분증권(출자지분) | 법인이사 |
| 투자합자회사 | 합자회사 | 정관 | 지분증권(출자지분) | 무한책임사원 |
| 투자유한책임 회사 | 유한책임회사 | 정관 | 지분증권(출자지분) | 업무집행자 |
| 투자합자조합 | 합자조합 | 조합계약 | 지분 | 업무집행조합원 |
| 투자익명조합 | 익명조합 | 익명조합계약 | 지분 | 영업자 |

---

40   금융감독원, 「자산운용법규 실무 안내」, 2018, 90면.

먼저 집합투자기구는 투자자들이 맡긴 자금을 담아둘 수 있는 그릇으로 이해할 수 있다. 집합투자기구의 종류를 보면 주식회사 등 상법상 회사의 종류가 다 들어있고 회사는 아니지만 일정한 법적 지위가 주어지는 투자신탁과 익명조합 및 합자조합도 있다. 집합투자기구는 법적으로 독립된 인격을 가지고 법률행위도 할 수 있지만 일반 회사와 같은 실체가 있는 것은 아니고 서류상 회사(paper company)에 불과하다. 그리고 이 서류상 회사를 실제로 운영하는 것은 설립 주체인 집합투자업자이다. 다시 말하면, 자산운용회사와 같은 집합투자업자가 투자자로부터 자금을 위탁받으면 그 업자는 자금을 주식회사 형태의 펀드, 유한회사 형태의 펀드 등에 넣어두거나 투자신탁계약에 의해 자금을 가지고 있는 것이다.

우리나라는 일반 회사의 형태도 주식회사가 아닌 경우는 별로 없는 것처럼 집합투자기구도 투자유한회사, 투자합자조합 등은 없다. 그리고 주식회사 형태도 부동산투자회사나 선박투자회사 등 극히 일부에 불과하며, 대부분의 펀드는 투자신탁으로 구성되어 있다. 자산운용회사는 서류상 회사인 집합투자기구의 법인이사나 무한책임사원 등이 되어 실질적인 운영을 담당하며, 투자신탁의 경우는 신탁업자와의 신탁계약에 의거 자신이 위탁자의 신분이 되어 그 펀드를 운용한다. 자산운용회사는 회사 규모나 운용 방침에 따라 수개~수백 개의 집합투자기구를 설립하여 운영하고 있는데, 평균적으로는 회사당 100개 정도로 파악된다.

집합투자재산은 집합투자기구에 들어있는 돈을 여러 수익 자산에 투자할 때 그 대가로 취득한 주식, 채권, 부동산 등을 말한다. 즉 투자자의 돈이 특정 수익 자산으로 전환될 때 그 자산을 집합투자재산이라고 부른다. 투자하고 남은 돈 또한 집합투자재산을 구성한다.

집합투자증권은 투자자가 집합투자기구에 맡긴 돈으로부터 발생하는 수익을 받을 수 있는 권리를 유가증권화한 것을 말한다. 이 증권이 발행되지 않으면 투자자는 돈을 맡겼다는 추상적인 권리만 가지고 있어서 급할 때 이를 양도하여 투자자금을 회수하거나 수익권을 행사할 때 어려움이 있을 수 있기 때문이다.

헤지펀드와 PEF는 모두 사모펀드인데 구체적으로 어떻게 다를까? 양자의 차이는 PEF가 주로 기업인수(M&A)에 특화된 펀드인 반면, 헤지펀드는 잡식성의 단기 투자를 하는 펀드라고 이해할 수 있다. 1997년 IMF 구제금융 이후 우리나라에 들어와서 은행 등을 인수했던 칼라일, 론스타, 뉴브리지캐피탈, KKR 등은 PEF이고, 조지 소로스의 퀀텀펀드, 타이거펀드, 헤르메스펀드 등은 헤지펀드다. 우리나라의 사모펀드는 2004년 PEF가 도입되었고 2011년에 한국형 헤지펀드 제도가 도입되었다. 사모펀드의 규모는 날로 커지고 있으며 그에 따라 기업과 자본시장에 미치는 영향력도 거대해지고 있다. 미국 등 금융 선진국에서는 사모펀드의 규모와 영향력이 공모펀드를 압도하는데, 우리나라도 2016년을 기점으로 사모펀드 규모가 공모펀드보다 더 커진 상태이다.[41] 투자적 관점에서나 규제적 관점에서도 사모펀드에 대한 지속적인 관심이 요구된다.

사모펀드를 정의하고 있는 자본시장법 제9조 제19항은 2019년 이후 일련의 사모펀드 사태를 맞아 2021년 4월에 대폭 개정되어 국내 사모펀드의 체계를 근본적으로 바꾸었다. 개정 전에는 헤지펀드와 PEF의 이원적 체계를 두고 헤지펀드는 다양한 투자를 인정하는 대신 의결권을 제

---

41  2016년 말 기준 공모펀드의 설정액/순자산은 219조원/212조원인 데 비해 사모펀드는 양자 모두 250조원 규모다. 금융위원회 · 금융감독원 · 금융투자협회, "'16년 펀드시장 동향 및 향후 대응과제", 보도자료, 2017. 2. 참조.

한하여 기업 인수와 경영참여를 원천적으로 차단하였고, PEF의 경우는 기업 인수·경영에만 집중하도록 하였다.

개정된 현행 법은 수행 가능한 업무상으로는 양자간 차별적 취급을 철폐하여 동일한 업무 수행이 가능하도록 하는 한편, 투자자의 성격을 기준으로 기관투자자(전문투자자 중 개인투자자 제외)만 투자 가능한 "기관전용 사모집합투자기구"와 일반투자자(최소 3억원 이상 투자하는 적격투자자)도 투자 가능한 "일반 사모집합투자기구"로 이원화하고 있다. 이에 따라 모든 사모펀드는 분산투자나 경영권 참여의무 등의 규제를 받지 않고, 순재산의 400% 이내에서 금전차입 등 레버리지 투자도 가능하게 되었으며, 기관을 대상으로 하는 대출 업무도 수행할 수 있게 되었다. 다만 사모펀드의 영속적 기업지배를 방지하기 위해 경영참여 목적 투자(다른 회사의 의결권 있는 주식 10% 이상 취득 및 사실상 지배력 행사가 가능하도록 하는 투자)에 대한 15년내 지분처분 의무가 도입됨에 따라, "사실상 지배력 행사가 가능하도록 하는 투자"의 범위를 ① 임원의 임면, 조직변경 등 주요 경영사항에 대해 권한을 행사할 수 있는 투자, ② 투자대상회사의 최대주주가 되는 투자(10% 미만 지분투자인 경우)로 구체화하였다.

한편 사모펀드 활성화를 도모하는 차원에서 투자자 수를 '49인 이하'에서 '100인 이하'로 변경하여 보다 많은 투자자 유치가 가능하도록 하였다. 다만 이 경우에도 일반투자자는 증권의 공모규제에 따라 49인 이하로 유지되어야 하므로 결국 사모펀드에 투자할 수 있는 전문투자자의 수가 그만큼 확대되는 효과가 발생한다.

제3장

# 금융투자업 규제

# 제1절 금융규제 개요

금융은 모든 산업 중에서 가장 규제가 심한 영역이라고 해도 과언이 아니다. 설립, 운영 그리고 해산과 파산에 이르기까지 모든 분야에 대해 세밀하고 엄격한 규제가 이루어지고 있다. 통신, 방송, 언론, 원자력 등 여러 특수한 분야에 대한 규제도 엄격하지만, 금융산업처럼 모든 활동 영역에 대한 규제는 짝을 찾기 어려울 정도이다. 금융산업에 대한 규제 영역은 크게 네 가지로 분류할 수 있다. 즉 진입 규제, 지배구조 규제, 건전성 규제, 영업행위 규제이다. 이 네 가지 규제 영역의 규제 목표와 주요 대상기관을 표로써 정리하면 다음과 같다.

**금융산업에 대한 규제 영역**

| 구분 | 규제 목표 | 주요 대상기관 |
|---|---|---|
| 진입 규제 | 금융회사의 무분별한 난립 방지와 자원의 효율적 배분 | 대부분의 금융회사 |
| 지배구조 규제 | 금융의 공공성에 합당한 준법경영과 투명경영 도모 | 대부분의 금융회사 |
| 건전성 규제 | 국민경제 전체로 번지는 시스템 리스크 방지 및 투자자의 재산 보호 | 은행이 제일 규제가 강하고, 증권이 상대적으로 약함 |

| 영업행위<br>규제 | 금융회사의 이해상충을 통제하고 투자자의 합리적 판단<br>도모 | 증권이 제일 규제가<br>강하고, 은행이 상대<br>적으로 약함 |
| --- | --- | --- |

첫 번째 진입 규제는 대부업 정도를 제외하면 거의 모든 금융회사에 존재한다. 상법상 일반 회사는 준칙주의에 따라 누구라도 정관을 작성하고 등기를 하면 회사를 자유롭게 설립할 수 있다. 그러나 금융회사는 공공성과 국가자원의 효율적 배분 등을 고려하여 인·허가나 등록과 같이 심사를 거쳐 진입을 허용한다. 그리고 이 심사에는 금융당국의 재량적 판단 여지가 상당히 크다. 한마디로 말하면 금융회사는 하고 싶다고 자유롭게 할 수 있는 것이 아니라는 것이다.

두 번째 지배구조 규제는 금융의 공공성을 감안하여 사기업인 금융회사의 경영 구조에 일정한 기준을 제시하는 것이다. 지배구조란 회사의 의사결정과 지배권 행사 및 이에 대한 감시 구조를 말하는데 대표이사, 이사회, 감사기구, 내부통제기구 등의 구성이라고 이해하면 된다. 상법(회사편)에서도 일반 회사의 지배구조에 대한 개입이 있고 개입 강도도 점차 강화되는 추세이지만 금융회사의 지배구조에 대한 개입은 상법보다 훨씬 강화되어 있다. 금융회사의 지배구조 규제는 현재 지배구조 통합법이라 할 수 있는 「금융회사의 지배구조에 관한 법률」에 의해서 거의 모든 금융회사에 적용된다.

세 번째 건전성 규제는 금융회사의 재무건전성을 확보하여 투자자 재산을 보호하고 나아가 국민경제에 연쇄적인 파급효과를 일으킬 수 있는 시스템리스크를 예방하고자 적용된다. 은행의 경우 BIS비율, 보험의 경우 지급여력비율, 증권(자본시장)의 경우 영업용순자본비율이 대표적인 건전성 규제 수단이다. 이 외에도 경영건전성 지도기준이라든가 회계처리기준 등 아주 전문적이고 복잡한 재무적 규제가 이루어진다. 건전성 규제는 금융업권에 따라 강도가 다른데 은행의 경우가 가장 강하고 증권이 가장 약한 편이라고 볼 수 있다. 그 이유는 은행은 수신과 여신에 있어서 본인이 계약 당사자이고, 게다가 신용창조 기능을 수행함으로써 국민경제의 핵심 인프라이기 때문이다. 은행이 멈추면 국민경제가 바로 멈추게 될 만큼 현대 사회에서 은행의 건전성은 아주 중요한 것이다. 이에 반해 증권은 직접금융 체제에서 중개인의 역할이 업의 본질이고, 더욱이 고객인 투자자가 맡긴 금전과 증권이 각각 증권금융과 예탁결제원에 별도 예탁되기 때문에 증권회사의 건전성은 은행에 비해 상대적으로 중요성이 떨어진다고 할 수 있다. 보험(특히 생명보험)은 은행과 같은 신용창조 기능을 수행하는 것은 아니지만 고객의 재산을 장기적으로 잘 보관 · 운용하여 돌려줘야 하므로 증권보다 중요성이 크다 할 것이다.

　네 번째 영업행위 규제는 금융회사와 고객과의 이해상충을 통제하고 고객의 합리적 판단을 도모하기 위해서 금융회사의 영업행위를 규제하는 것이다. 앞의 건전성 규제의 강도가 금융업권별로 상당히 달랐던 것처럼 영업행위 규제 수준도 금융업권별로 다른데 그 중요성은 건전성 규제와 거꾸로라고 볼 수 있다. 즉 증권이 가장 강하고 은행이 상대적으로 약하다는 것이다. 그 이유는 상품의 난이도 및 고객과의 관계에 있다. 현재 금융회사의 영업행위에 대해서는 2020년 3월 제정(2021년 3월 시행)된 「금융소비자 보호에 관한 법률」(약칭: 금융소비자보호법)이 기본법으로서 모든 금융회사의 판매 및 자문에 적용된다. 물론 자본시장법 등 개별 금융업법에서 정하는 사항은 특별법 우선 원칙에 따라 먼저 적용되고 개별 금융업법에 별도 규정이 없는 사항에 대해서 금융소비자보호법이 적용된다.

　증권의 경우 취급하는 상품이 매우 복잡하고 전문적이어서 고객은 증권회사 직원의 설명에 많이 의존할 수밖에 없다. 그리고 고객과의 관계도 상당히 밀접하고 지속적이다. 이런 상황에서는 증권회사가 고객을 기만하고 고객의 이익보다 자신의 이익을 앞세울 가능성이 커지게 된다. 반대로 은행의 경우에는 수신과 여신상품이 단순한 편이고 고객과의 관계도 증권투자의 경우에 비하면 상당히 느슨하고 약한 편이라고 할 수 있다. 보험의 경우는 중간 정도 된다고 할 수 있다. 보험상품도 꽤 복잡한 것들도 있고 특히 고지의무와 보험회사의 면책사유 등은 일반인이 이해하기 쉽지 않아 빈번한 분쟁의 대상이 되고 있다. 따라서 보험에 대해서는 상법(보험편)에서 보험계약에 개입하여 다수의 강행규정을 두어 보험가입자인 고객을 보호하고 있다.

이상 네 분야의 규제 영역의 특성을 살펴보았는데, 자본시장법을 공부하는 입장에서 제일 중요한 것은 영업행위 규제라는 것을 알 수 있을 것이다. 그다음으로 중요한 것을 꼽자면 지배구조 규제를 들 수 있다. 건전성 규제는 재무적인 전문 지식이 필요한 분야라서 법적인 영역이라기보다는 재무적 영역에서 다루는 것이 합리적이고, 진입 규제는 직접 금융회사를 설립하거나 인수를 하지 않는 한 경험할 일이 없을 것이다. 따라서 이 책에서는 영업행위 규제와 지배구조를 중심으로 설명하기로 한다.

# 제2절 금융투자회사의 진입 규제

## 1. 진입 규제 개요

금융투자업의 진입에 대한 규제 역시 금융규제의 엄격함을 잘 보여주고 있다. 설립의 경우 대부분의 금융회사와 마찬가지로 정부의 인가가 원칙이다. 그리고 이 인가에는 질적 심사를 통한 정부의 재량이 매우 크다. 다만 규모가 작고 영업의 위험성이 낮아 투자자보호 등의 보호법익이 작은 투자자문업과 투자일임업의 경우만 인가 대신 등록으로 대체하고 있다. 그러나 등록제 또한 정부의 심사대상이어서 본질적인 차이가 있는 것은 아니다.

인가·등록에 필요한 요건은 여러 가지가 있지만 제일 중요한 것은 자기자본[1]의 규모이다. 자본시장법은 3개의 기본 요소를 조합하여 약

---

[1] 자기자본과 자본금은 다르다. 자기자본은 자본금 외에 자본잉여금과 이익잉여금이 더해진 금액을 말한다. 회사 설립 시에는 주주가 출자한 자본금과 자기자본이 동일하지만 시간이 지나면서 잉여금들이 생겨나 차이가 나게 된다. 자본시장법은 대체로 자기자본이라는 용어를 쓰지만, 투자회사와 예탁결제원 관련 조항에서는 '자본금'을 명시하기도 한다.

100개에 이르는 영업 단위를 만들고 그 영업 단위마다 필요한 자기자본 요건을 두고 있다. 3개의 기본 요소는 '기능별 규제'를 설명할 때 언급한 바 있는데 여기서 다시 한번 설명하자면, '금융투자상품의 종류'(3종) - '영업 종류'(6종) - '영업 대상 투자자의 종류'(2종)이다. 금융투자상품(증권 · 장내파생 · 장외파생)과 투자자(일반 · 전문투자자)의 종류에 대해서는 앞에서 설명한 바 있으니 여기서는 생략하고 아래에서 영업의 종류에 대해서 자세히 설명한다.

금융투자업을 하고자 하는 자는 다양한 영업 단위 중에서 자신이 하고자 하는 영업 단위들을 레고블록 조립하듯 선택하여 자기 회사 고유의 정체성을 구축할 수 있다. 레고블록에 해당하는 영업 단위들을 추가할수록 필요한 자기자본의 규모도 누적적으로 커지게 된다. 자본시장법이 정하고 있는 영업 종류를 모두 다 하고자 하면 약 2,000억원의 자기자본이 필요하다. 이 중에서 장외파생상품에 대한 투자매매업과 투자중개업이 각각 900억원과 100억원의 자기자본을 필요로 하고, 그다음으로 증권의 투자매매업이 500억원 규모로서 이들이 대부분의 비중을 차지하고 있다. 금융투자회사의 자세한 설립 요건은 자본시장법을 공부하는 입장에서는 그리 중요한 것이 아니므로 설명을 생략한다.


## 2. 금융투자업의 종류와 각각의 개념

금융투자회사는 여러 복잡한 영업을 영위하고 있다. 자본시장법은 이러한 영업행위들을 '금융투자업'이라 총칭하고 크게 6개의 업으로 구성하고 있다(법 제6조). '업'의 기본 요건으로는 이익을 얻을 목적으로 계속적 · 반복적으로 행하는 것이 요구된다. 달리 말하면 일시적인 행위는 자본시장법의 규제 대상이 되는 금융투자업이 아니라는 것이다.

6개의 업은 ① 투자매매업, ② 투자중개업, ③ 집합투자업, ④ 투자자문업, ⑤ 투자일임업, ⑥ 신탁업이다. 자본시장법을 제대로 이해하기 위해서는 이 업들의 기본 개념을 정확히 알아야 한다.

### (1) 투자매매업

투자매매업이란 "누구의 명의로 하든지 자기의 계산으로 금융투자상품의 매도·매수, 증권의 발행·인수 또는 그 청약의 권유, 청약, 청약의 승낙을 영업으로 하는 것"을 말한다. 여기에도 자본시장법의 포괄주의 원칙에 따라 지극히 추상적, 포괄적으로 규정되어 있어서 구체적인 행위 유형을 짐작하기가 쉽지 않다. 구 증권거래법상 증권회사의 자기매매업과 인수업이 기본적으로 이 개념에 포함되며, 이 외에도 여러 영업행위가 해당될 수 있는데 핵심은 금융투자회사가 자기의 계산으로 영위하는 것이다. "자기의 계산"이란 그 행위의 결과에 따른 수익과 손실이 최종적으로 자신에게 귀속하는 것을 말한다.

그러면 투자자가 자기 돈으로 증권거래를 계속적·반복적으로 하면 "자기의 계산으로 금융투자상품의 매도·매수"를 계속적으로 하는 것이므로 투자매매업에 해당하는가? 또 상장법인이 수차례 유상증자를 통하여 반복적으로 신주를 발행하면 "증권의 발행...을 영업으로 하는 것"으로서 투자매매업에 해당하는가? 이런 행위가 투자매매업으로 분류된다면 엄격한 설립 요건을 갖추어 금융위원회의 인가를 받아야 하는데, 이것은 상식적으로 말이 안 된다고 생각할 것이다. 말이 안 되는 것이 상식이고 실제로 그럴 필요도 없는데 그 법적 근거는 어디에 있을까?

우선 상장법인이 신주를 발행하는 경우는 제7조 제1항의 "자기가 증권을 발행하는 경우에는 투자매매업으로 보지 아니한다"는 규정이 근거

가 된다. 그리고 투자자의 증권거래는 제7조 제6항 제2호의 "투자매매
업자를 상대방으로 하거나 투자중개업자를 통하여 금융투자상품을 매
매하는 경우"에 해당되는데, 투자자가 증권회사에 주문을 넣고 거래소
에서 거래하는 것은 "투자중개업자를 통하여"에 해당하고 소액채권이
나 단주를 증권회사에 매도하는 경우 "투자매매업자를 상대방으로 하거
나"에 해당되어 금융투자업에 해당되지 않게 되는 것이다.

자기매매업과 인수업도 보기보다 까다로운 개념이다. 자기매매업의
경우 많은 사람이 증권회사 등이 자신의 고유계정으로 증권시장에서 투
자자처럼 증권을 거래하는 것으로 알고 있다. 그러나 이것은 자신의 여
유자금을 운용하는 것에 불과하여 인가가 필요한 영업으로 규제할 필
요성이 거의 없고 단지 금융투자회사의 일반적 의무인 이해상충 회피
의무에 따라 자신의 거래를 위하여 위탁자의 이익을 침해하지 않으면
되는 것이다. 따라서 자기매매란 증권회사 등이 일반투자자를 대상으
로 계속적·반복적으로 증권을 거래하는 것으로 보는 것이 타당하다.
왜냐하면, 이 경우 우월적 지위에서 일반투자자에게 불리한 거래를 할
위험성이 높아서 투자자보호 필요성이 커지기 때문이다.[2] 미국에서도
증권회사의 자기매매업(dealing)은 기본적으로 고객 상대의 영업을 가
리키고 있다.

인수업은 "제삼자에게 증권을 취득시킬 목적으로" 그 증권을 취득하
거나, 그 취득을 전제로 "발행인 또는 매출인을 위하여 증권의 모집·사
모·매출을 하는 것"을 말한다. 즉 최종 소비자에게 판매할 목적으로 생

---

2    대법원 2002. 6. 11. 선고 2000도357 판결 ("법 제2조 제8항 소정의 증권업은 유가증권의
     매매, 위탁매매, 매매의 중개 또는 대리, 유가증권시장, 협회중개시장 또는 이와 유사한 외
     국에 있는 시장에서의 매매거래에 관한 위탁의 중개, 주선 또는 대리, 유가증권의 인수, 매
     출, 모집 또는 매출의 주선을 하는 영업을 말하고, … 유가증권의 매매영업에 있어서는 영
     리목적으로 불특정 일반고객을 상대로 하는 반복적인 영업행위가 그 요건이라 할 것")

산지에서 물건을 매수하는 중간 상인인 셈이다. 상장법인이 신주를 발행하는 경우에, 인수는 제3자에게 양도할 것을 전제로 그 증권을 취득하거나 제3자에게 파는 것을 도와주고 남는 물량을 자기 계산으로 취득하는 것이다. 이와 달리, 단지 투자목적에서 그 신주를 취득하여 보유하는 것은 인수가 아니라 고유자산 운용에 불과하다. 그리고 일단은 투자목적으로 취득하였다가 나중에 투자자에게 판매하는 것은 매출에 해당되어 또 다른 문제를 야기한다.

2010년 이후 국내에 많이 판매된 브라질 국채의 사례를 보면, 국내 증권회사들이 이 국채를 매입한 후 고객들에게 양도했다. 결론부터 말하면 이런 행위는 자본시장법상 합법적으로 보기 어렵다. 그 이유는, 처음부터 증권회사가 50인 이상의 고객에게 팔 목적으로 그 국채를 자기계산으로 취득한 것이면 이는 인수가 되고 브라질 정부는 발행인이 된다. 따라서 브라질 정부가 우리 금융위원회에 증권신고서를 제출하여야 한다. 증권회사가 처음에는 자신의 고유자산으로 투자목적으로 취득했다가 뒤늦게 고객의 요청에 따라 50인 이상의 투자자에게 투자권유를 하여 매각하였다면 이는 매출에 해당되고, 이때에도 발행인인 브라질 정부가 증권신고서를 제출하여야 한다. 어느 경우이건 지킬 수도 없고 실제 지켜지지도 않았다. 굳이 합법적인 거래 방법을 찾자면, 증권회사가 단순 중개를 통하여 브라질 정부와 국내 투자자를 연결해주고 투자자가 직접 브라질 정부로부터 그 국채를 취득하는 것인데 이 또한 거의 불가능한 이야기다.

### (2) 투자중개업

누구의 명의로 하든지 타인의 계산으로 금융투자상품의 매도 · 매수, 그 중개나 청약의 권유, 청약, 청약의 승낙 또는 증권의 발행 · 인수에 대한 청약의 권유, 청약, 청약의 승낙을 영업으로 하는 것"을 말한다. 투자매매업과 투자중개업의 개념 구조는 거의 같은데, 다만 투자매매업의 '자기의 계산'에 비해 투자중개업은 '타인의 계산'이고, 투자매매업에 있는 자신의 '발행·인수'가 없는 대신 '중개'가 들어간 점을 제외하면 양자의 구조는 거의 같다. 따라서 이 개념의 핵심 요소는 '타인의 계산'인데 이는 행위 결과 발생한 손익의 최종 귀속이 금융투자회사 자신이 아니라 자신에게 맡긴 고객의 것이라는 것을 말한다. 그리고 이러한 결과를 가져오는 행위에는 법문에 명시된 중개 이외에 주선과 대리 등이 포함된다.

구 증권거래법은 현재의 투자중개업에 해당하는 영업으로서 위탁매매업, 중개업, 대리업, 매매위탁의 중개·주선·대리업, 모집·매출의 주선업을 열거하고 있었다. 이들 영업은 현재에도 금융투자회사의 핵심적인 업무이고 투자중개업의 거의 대부분이기 때문에 각 행위의 정확한 개념을 알아야 한다. 이들 영업을 구성하는 행위는 4개, 즉 위탁매매, 중개, 대리, 주선으로 구분된다.

위탁매매와 주선은 자기명의·타인계산으로 이루어지는 같은 행위인데, 위탁매매는 물건과 유가증권의 거래에 대해서만 별도로 사용되는 용어이다. 증권회사가 고객의 매매거래 주문을 받아 거래소 시장에서 체결시켜주는 경우가 대표적이다. 여기서 '명의'는 행위에 따른 책임이 일차적으로 귀속되는 효과를 가져오기 때문에 위탁매매(주선)인의 책임이 가볍지 않다. 예를 들어, 고객의 주문을 위탁매매로 거래소 시장에서 집행했는데, 고객이 결제를 이행하지 않으면 위탁매매인인 금융투자회사가 우선 결제책임을 이행하고 나중에 고객에게 구상하게 된다. 만약 고객이 파산하여 구상할 수 없으면 그 손해를 자신이 전적으

로 져야 한다.[3]

중개와 대리는 모두 타인명의 · 타인계산인 점에서는 같지만, 대리의 경우 대리인이 본인을 대신해서 직접 법률행위를 수행하지만, 중개는 단순히 거래당사자를 연결해줄 뿐이고 법률행위는 당사자들이 직접 해야 하는 차이가 있다. 중개의 대표적인 사례가 부동산거래 중개이다. 중개와 대리 모두 타인명의이기 때문에 거래 상대방에 대해서는 아무런 법적 책임을 지지 않는다.

매매위탁의 중개 · 대리 · 주선은 좀 더 복잡하다. 통상 증권거래는 증권회사가 고객의 주문을 받아 거래소 시장에서 체결한다. 그런데 증권회사가 거래소시장에서 거래를 하기 위해서는 반드시 거래소의 회원이어야 하는데 증권회사 중에는 외국계 증권사와 같이 거래소의 회원이 아닌 경우도 있다. 이 비회원 증권회사가 고객으로부터 주문을 받았다고 할 때, 이 비회원 증권회사가 고객의 주문을 처리하는 행위들이 매매위탁의 중개 · 대리 · 주선에 해당한다. 매매위탁의 중개는 고객의 주문을 회원 증권회사에 단순히 소개하여 연결해주는 것이고, 매매위탁의 대리는 자신이 고객의 대리인으로서 회원 증권회사에 주문을 제출하는 것이며, 매매위탁의 주선은 자신이 고객의 위탁매매인으로서 회원 증권회사에 주문을 제출하는 것이다. 매매위탁 주선의 경우에만 비회원 증권회사가 외견상 주문 제출자가 된다.

모집 · 매출의 주선은 과거 증권거래법 시절에는 인수 · 주선업이라 하여 같이 취급되었으나 자본시장법에 따르면 인수와 분리되어 주선은

---

3    2010년 11월 11일, 소위 '11.11 옵션사태' 당시 와이즈에셋자산운용은 하나대투증권을 통하여 옵션 매도주문을 냈다가 옵션 가격이 폭락하면서 900억원 가까운 손실을 입고 파산했다. 당시 위탁매매인이었던 하나대투증권은 '자기명의 · 타인계산'의 법리에 따라 1차적으로 결제대금 760억원을 대납하고 와이즈에 구상권을 행사하였으나 와이즈의 파산에 따라 구상권 행사는 실패로 돌아간 사례가 있다.

투자중개업이 된다. 모집·매출이란 기업 등 발행인이 증권을 50인 이상에게 취득의 권유를 하는 것으로서 통칭 '공모'라 한다. 인수의 경우 증권회사가 발행인으로부터 자기계산으로 취득한 후 투자자에게 판매하는 것으로서 상황에 따라서는 판매가 부진하여 큰 손해를 볼 수도 있다. 이와 달리 모집·매출의 주선은 위탁매매와 같이 단지 자신의 명의만 사용할 뿐 투자자에게 얼마나 판매되든지 그 손익은 모두 발행인에게 귀속한다. 일반적으로 대기업들은 위험관리를 위하여 주로 인수 방식으로 증권을 발행하고, 중소기업 중에는 인수에 따른 절차와 비용 등이 부담되어 주선 방식으로 증권을 발행하는 경우도 있다고 한다.

2016년부터는 온라인소액투자중개업이 신설되어 증권형 크라우드펀딩을 중개하는 펀딩포탈도 투자중개업자가 되었는데, 규모가 영세한 점을 고려하여 일반 투자중개업자에 비해서는 진입 규제 등을 대폭 완화하여 적용하고 있다. 그러나 자본시장법이 아닌 다른 법, 예를 들어 금융실명법, 금융회사지배구조법 등에서는 여전히 투자중개업자로 분류되어 뜻하지 않게 과도한 규제 부담을 지고 있다.

### (3) 집합투자업

집합투자업은 "집합투자"를 영업으로 하는 것을 말하고, "집합투자"란 소위 '펀드'를 의미하는데 법에서는 "2인 이상의 투자자로부터 모은 금전 등을 투자자로부터 일상적인 운용지시를 받지 아니하면서 재산적 가치가 있는 투자대상자산을 취득·처분, 그 밖의 방법으로 운용하고 그 결과를 투자자에게 배분하여 귀속시키는 것"이라고 정의하고 있다.

2013년 법 개정 이전에는 "2인 이상에게 투자권유를 하여 모은 금전 등"이라 하여 형식적으로 2인 이상에게 권유하지만 실질적으로는 1인의 투자자로만 구성된 소위 '1인 사모펀드'가 허용되기도 하였으나, 현재는 명백하게 "2인 이상의 투자자로부터 모은 금전 등"이라고 하여 1인 사모펀드는 더 이상 허용되지 않는다. 그러나 국가의 기금이나 농협, 수협 등으로부터 자금관리 위탁을 받은 경우에는 이들의 성격상 고도의 안전을 추구할 필요가 있으므로 1인으로 구성된 펀드라 할지라도 자본시장법의 규제 대상으로 하고 있다(법 제6조 제6항).

우리나라에는 자본시장법에 따른 펀드 이외에도 부동산투자회사법, 선박투자회사법 등 여러 특별법에 따라 운영되는 펀드들이 있다. 이들에 대해서는 그 법률들이 지향하는 산업 진흥 취지를 감안하여 49인 이하를 대상으로 하는 사모펀드에 대해서는 자본시장법의 규제를 적용하지 않는다. 다만 이 특별법 펀드들도 50인 이상을 대상으로 공모하는 경우에는 투자자보호를 위하여 자본시장법이 적용된다는 점을 유념할 필요가 있다.

### (4) 투자자문업

투자자문업이란 "금융투자상품, 그 밖에 대통령령으로 정하는 투자대상자산(이하 "금융투자상품등"이라 한다)의 가치 또는 금융투자상품등에 대한 투자판단(종류, 종목, 취득·처분, 취득·처분의 방법·수량·가격 및 시기 등에 대한 판단을 말한다. 이하 같다)에 관한 자문에 응하는 것을 영업으로 하는 것"을 말한다.

투자자문업자는 투자자의 요청에 따라 자문만 하는 것이므로 원칙적으로 투자 결과에 대해서는 책임이 없다. 그러나 금융투자업자 모두에게 공통으로 적용되는 적합성원칙, 적정성원칙, 설명의무 등 투자권유와 관련된 의무를 제대로 이행하지 못하였을 경우에는 손해배상책임을 질 수도 있다.

정부는 우리나라 투자자문업의 활성화와 인공지능의 발달 등을 고려하여 2019년 5월에 자본시장법 시행령을 개정하여 일련의 개선 조치를 취하였다. 인공지능이 자율적으로 투자자문과 투자일임을 하는 로보어드바이저(RA)와 독립투자자문업자(IFA: Independent Financial Advisor)가 그것이다. 독립투자자문업은 판매사로부터 독립된 전문 자문업자를 통하여 보다 객관적이고 전문적인 투자자문 서비스를 제공하자는 취지이다. 그런데 금융상품 제조·판매회사로부터 일체의 이익을 수취할 수 없고 오직 투자자가 지급하는 수수료만 받도록 하고 있어서, 우리나라 투자자의 정서와는 맞지 않아 등록한 독립투자자문업자가 없는 실정이다.

금융투자업으로서의 투자자문업과 구분할 필요가 있는 것이 유사투자자문업이다. 유사투자자문업이란 "간행물·출판물·통신물 또는 방송 등을 통하여 개별성 없는 조언(개별 투자자를 상정하지 않고 다수인을 대상으로 일방적으로 이루어지는 투자에 관한 조언)을 하는 것"(법 제7조 제3항)인데 이에 대해서는 투자자문업으로 보지 않는다. 따라서 이들은 금융위원회에 신고만 하고 별도 규제 없이 자유롭게 영업을 할 수 있는데, 2020년 말 기준으로 2,000개가 넘는다. 규제의 공백으로 인하여 불법적으로 인가·등록이 필요한 영업을 하거나 불공정거래에 가담한 사례도 다수 적발되고 있다.[4] 사실 투자자보호 관점에서는 등록 투자자문업자보다 유사투자자문업자에 대한 규제가 훨씬 엄격해야 하는데 규제 설계가 거꾸로 된 느낌이다.

유사투자자문업자 문제가 최근 심각해진 배경에는 카카오톡이나 유튜브 채팅창 같은 실시간 쌍방향 메신저의 발달에 기인한 바 크다. 이들 실시간 메신저가 활성화되기 이전에는 유사투자자문업자의 활동은 유

---

4  금융위원회·금융감독원·금융투자협회, "유사투자자문업자 관리·감독 강화방안", 보도자료, 2021. 4. 참조.

료ARS나 인터넷 다운로드 등 일방향 권유에 그쳐 폐해가 크지 않았다. 그러나 실시간 쌍방향 채널이 등장하면서 이들은 '리딩방'이라는 이름으로 광범위한 호객과 투자 권유가 가능해졌고 현재 심각한 사회문제화되었다. 대법원 판례에 따르면 유사투자자문업자가 투자자들을 카카오톡방에 모아놓고 추천·권유를 하거나 간단한 질의응답을 하는 것만으로는 투자자문이라고 보기 어렵다는 입장이다.[5]

따라서 유사투자자문업자는 쌍방향 메신저 자체를 사용하지 못하게 하는 방안이 바람직한데 드디어 2024년 1월 25일 이러한 내용을 담은 자본시장법 개정안이 국회를 통과하여 2024년 7월부터 시행될 예정이다. 즉 개정 법률은 유사투자자문업자가 "온라인상에서 일정한 대가를 지급한 고객과 의견을 교환할 수 있는 경우"에는 유사투자자문업자가 아니라 투자자문업자라고 규정함으로써 투자자문업자로 등록하지 않은 유사투자자문업자는 카카오톡 등의 온라인 쌍방향 채널을 사용하지 못하도록 한 것이다(법 제7조 제3항). 그동안 유사투자자문업자의 번성에 가장 크게 기여했던 온라인 쌍방향 채널이 금지됨으로써 유사투자자문업의 폐해가 크게 줄어들 것으로 전망된다.

투자자문업 관련 특이한 사항은 자문 대상이 금융투자상품에 한하지 않고 부동산 및 지상권, 전세권 등 부동산 관련 권리 등도 포함된다는 점이다(2013년 자본시장법 시행령 개정. 시행령 제6조의2). 다만 이 경우 그동안 자본시장과는 별 관계없이 독자적인 규제체계 하에 있는 부동산

---

5    대법원 2022. 10. 27. 선고 2018도4413 판결 ("투자자문업 및 유사투자자문업의 정의, 투자자문업자의 의무 등에 관한 구 자본시장법령의 내용 등을 종합해 보면, 투자판단 제공이 그 상대방을 '특정인'으로 하여 이루어지면 투자자문업에 해당하고, 여기서 '특정'이란 투자판단을 제공받는 상대방의 범위가 한정되어 있다는 의미가 아니라, 투자판단을 제공받는 과정에서 면담·질문 등을 통해 투자판단을 제공받는 상대방의 개별성, 특히 투자목적이나 재산상황, 투자경험 등이 반영된다는 것을 말한다.")

관련 업자들에게 중복적 부담이 되는 점을 고려하여 다른 법령에 따라 부동산 관련 자문을 하는 경우 투자자문업으로 보지 아니한다고 예외를 두고 있다(자본시장법 시행령 제7조 제4항 제10호).

### (5) 투자일임업

투자일임업이란 "투자자로부터 금융투자상품등에 대한 투자판단의 전부 또는 일부를 일임받아 투자자별로 구분하여 그 투자자의 재산상태나 투자목적 등을 고려하여 금융투자상품등을 취득 · 처분, 그 밖의 방법으로 운용하는 것을 영업으로 하는 것"을 말한다. 투자자문업은 자문 행위만을 의미하는 데 반하여 투자일임업은 업자 스스로 판단하여 투자자를 위하여 금융투자상품 등을 취득 · 처분 등을 하는 의사결정을 내릴 수 있다는 점에서 차이가 있다.

투자일임은 증권분쟁의 주요 요인이 되고 있는데, 일반적으로 손실이 발생하면 투자자는 증권회사가 자신의 허락이나 동의 없이 임의로 운용하였다고 주장하고(임의매매), 증권회사는 투자자로부터 일임을 받았다고 주장하는 사례가 많다. 일임매매와 비슷한 임의매매는 완전한 불법행위이다.

투자일임업은 주로 투자자문업자가 일임업을 겸하는 경우가 많고, 증권회사도 투자중개업자의 지위에서 제한된 투자일임업을 하기도 한다. 자문업자가 일임업을 하려면 별도의 등록을 하여야 하나 투자중개업자는 법령의 예외 인정에 따라 등록 없이도 제한된 범위의 일임업을 할 수 있다. 예를 들어 투자자로부터 수량 · 가격 · 시기에 대한 투자판단만을 일임받는 경우, 투자자 부재중 미리 금융투자상품의 매도권한을 일임받는 경우 등이다(법 제7조 제4항 및 시행령 제7조 제3항). 투자중개업의 효율적 영위를 위해서는 꼭 필요한 부분이지만 중개업과 일임업의 성격이 상충되어 문제 발생 가능성도 크다.

## (6) 신탁업

신탁업의 정의는 "신탁을 영업으로 하는 것"이라고 간단하게 되어 있는데, 이는 신탁의 개념이 자본시장법이 아닌 신탁법에서 자세히 정의되고 있기 때문이다. 자본시장법은 신탁법상의 신탁을 영업으로 하는 경우에만 그 회사를 금융투자업자로 포섭하여 금융규제를 적용한다. 만약 영업으로 하지 않고 일시적으로 신탁을 인수하면 자본시장법이 적용되지 않는다. 미국 등 영미계 국가에서는 변호사, 회계사, 성직자 등 사회적 신뢰가 높은 사람들이나 회사가 신탁을 맡아 관리하는 경우도 많은데, 우리 법 체계에서는 이런 행위가 계속적 · 반복적으로 행해지면 신탁업이 되어 자본시장법의 엄격한 규제를 받아야 하기 때문에 금융회사의 신탁상품이 아닌 일반 신탁은 활성화되지 못하고 있다.

신탁은 취득 · 관리 · 처분 등 다양한 활동이 있는데, 이 중 관리형 신탁은 관리자산의 가치가 큰 변동이 없기 때문에 자본시장법은 관리형 신탁을 금융투자상품의 범위에서 제외하고 있다(법 제3조 제1항 제2호). 신탁에 대한 자세한 해설은 신탁법에 미루고 여기서는 신탁업과 비슷한 집합투자업 및 투자일임업과의 구별에 대해 설명한다.

**집합투자업, 투자일임업, 신탁업의 구분**

| 구분 | 개별계약성 | 재산의 수탁과 소유권 | 투자자의 운용지시 여부 |
|---|---|---|---|
| 집합투자업 | 집합 계약: 동일 집합투자기구에 대한 투자자의 포트폴리오 동일 | 투자자 재산에 대한 소유권이 금융투자업자로 이전 | 투자자 운용지시 없이 집합투자업자가 독자적 실행 |

| | | | |
|---|---|---|---|
| 투자일임업 | 개별 계약: 투자자별 포트폴리오 상이 | 투자자 재산은 고객명의 계좌에 잔류하고 소유권도 투자자에게 있음 | 투자자 운용지시 없이 투자일임업자가 독자적 실행 |
| 신탁업 | 개별 계약: 투자자별 포트폴리오 상이 | 투자자 재산에 대한 소유권이 금융투자업자로 이전 | 고객의 운용지시를 신탁업자가 실행 |

이 3개의 영업은 투자자의 재산을 위임받아 잘 관리하여 그 수익을 돌려준다는 공통점을 가지고 있어서 외견상 상당히 비슷해 보인다. 그러나 자본시장법은 이들을 엄격히 구분하고 각각 다른 규제를 적용하고 있다. 예를 들어, 증권회사들은 금전신탁의 경우 여러 투자자의 재산을 한 바구니에 넣고 같이 운용하는 '합동운용'을 원하고 있으나, 정부는 자본시장법의 취지에 따라 그러한 합동운용은 집합투자만 가능하므로 허용될 수 없다는 입장이다.

이 3개의 영업은 계약의 집합성 여부, 맡긴 재산의 법적 소유권 귀속, 투자자의 운용지시 여부라는 3개의 요소로 구분될 수 있다. 먼저 계약의 집합성 관련, 집합투자업의 경우 집합투자업자와 각 투자자별 계약은 개별적으로 이루어지지 않고 집합적으로 이루어진다. 따라서 투자자의 재산도 개별적으로 관리되는 것이 아니라 하나의 풀(pool)에서 같이 관리되며 투자자는 이 풀에 대한 비례적 지분을 가지는 셈이 되고 투자재산의 포트폴리오는 동일하게 된다. 이와 달리, 투자일임업과 신탁업은 투자자의 재산이 섞이지 않고 투자자별로 별도 관리되어 같은 업자가 운영하는 동일한 상품에 재산을 맡긴 투자자라 할지라도 그 포트폴리오는 각자 다르게 된다.

맡긴 재산의 소유권도 다른데, 집합투자업과 신탁업의 경우는 투자자의 재산이 이전된 후에는 그 소유권이 투자자가 아니라 업자의 것이 되며 투자자는 그 재산으로부터 발생하는 수익을 청구할 수 있는 수익권만 가질뿐이다. 그러나 투자일임업의 경우는 투자자의 재산은 자신의 계좌에 그대로 있는 것이고 다만 그 계좌에 있는 재산의 운용만 업자에게 맡기는 것이다. 투자자의 운용지시는 신탁업의 경우만 존재하고, 집합투자업과 투자일임업은 투자자의 간섭 없이 업자들이 자유롭게 운용할 수 있다.

모든 금융투자업자는 신의성실의 의무를 지는데, 타인의 재산을 관리해 주는 집합투자업자, 투자자문업자, 투자일임업자, 신탁업자에 대해서는 이에 더하여 선관의무와 충실의무도 요구되고 있다(법 제79조, 제96조, 제102조).[6]

### (7) 기타 (전담중개업과 종합금융투자사업자)

이상과 같이 인가나 등록이 필요한 6개 영업에 해당하지는 않지만 일정한 요건을 갖춘 자에게만 허용되는 별도의 영업과 별도의 업자가 있는데, "전담중개업무"와 "종합금융투자사업자"가 그것이다. 이 둘은 자본시장법 제정(2007. 8) 및 시행 이후(2009. 2) 나중에 도입된 제도로서 전담중개업무는 헤지펀드의 인프라로 작용하고, 종합금융투자사업자는 미국 등의 투자은행을 지향하여 대형화를 도모한 것이다.

전담중개업무(prime brokerage)는 헤지펀드 등에게 주문집행, 결제, 증권대여, 금전융자, 재산보관 등 개별적으로 제공되는 업무를 패키지로 묶어 일괄서비스로 제공할 수 있는 것을 말하며, 종합금융투자사업자에게만 배타적으로 허용된 업무이다.

종합금융투자사업자는 투자매매업자나 투자중개업자 중 3조원 이상

---

6  제79조(선관의무 및 충실의무) ① 집합투자업자는 투자자에 대하여 선량한 관리자의 주의로써 집합투자재산을 운용하여야 한다. ② 집합투자업자는 투자자의 이익을 보호하기 위하여 해당 업무를 충실하게 수행하여야 한다.

의 자기자본 등 일정한 자격을 갖춘 경우 지정하며, 이들만이 영위할 수 있는 특정 업무를 별도로 정하여 대형화를 유도하고 있다. 이들 특별 업무는 전담중개업무 외에도 외국환업무, 상장주식 장외 대량주문(최소 호가 규모 1억원 이상) 체결업무, 비상장주식에 대한 내부 주문집행 업무, 자기자본 100% 이내 기업여신업무 등이 있다. 그리고 자기자본 4조원이 넘는 경우 초대형업자라 하여 4조 이상인 업자에게는 단기금융업무(만기가 1년 이내인 어음의 발행·할인·매매·중개·인수·보증업무)를, 8조원 이상인 경우에는 종합투자계좌업무를 추가로 허용하여 거의 은행 수준으로 수신을 할 수 있도록 하고 있다.

---

**칼럼** **'주식 리딩방'과 유사투자자문업 규제 패러다임**

영화 '작전'은 우리 증권시장에서 벌어지는 주가조작(법적 용어는 '시세조종')의 실태를 생생하게 보여준 수작이다. 우회상장을 테마로 하고, 검은 머리 외국인을 이용하며, 통정매매와 허수주문 등 전문기법을 통한 시세조종은 실제 사례와 동일하다. 영화 속 한 장면에는 증권방송을 이용한 주가조작 수법도 나온다. 저명한 애널리스트 김승범이 방송에서 주가조작 대상인 상장법인 대산토건을 적극 추천하고 대산토건 사장 박창주를 출연시켜 인터뷰도 진행한다. 물론 김승범과 박창주는 주가조작 공범이다.

이와 같이 증권방송, SNS, 증권사이트 등을 통해 불특정 다수를 상대로 유료로 투자 조언을 하는 것을 '유사투자자문업'이라고 한다. 1997년 사설 투자자문업자 양성화 차원에서 증권거래법에 신고제로 도입된 이래 2000년 말 48개, 2005년 말 94개에 불과했으나 2010년 이후 급증해 2012년 말 573개, 2016년 말 1218개, 그리고 올해 6월 말 현재 1847개가 금융위원회에 신고돼 있다. 최근에는 '주식 리딩방'이라고 불리면서 유튜브를 통한 호객행위가 급증하고 있다. 회비나 수수료가 월 수십에서 수백만 원까지 다양하다.

이들을 굳이 '유사' 업자라 하는 이유는 자본시장법이 공식적으로 인정하고 있는 투자자문업자가 아니기 때문이다. 자본시장법은 금융투자업을 6개 종류로 구분하고 업종별로 규제를 엄격히 적용하고 있다. 6개 업종 중 하나인 공식 투자자문업은 고객의 자문 요청에 응하는 것으로 개별 계약성을 갖는데 반해, 유사투자자문업은 불특정 다수인을 대상으로 투자 조언을 일방적으로 제공하는 것으로 별도 규제 없이 신고만으로 할 수 있다.

공식 투자자문과 유사투자자문 중 어느 쪽이 법적 위험과 투자자보호 필요성이 더 클까? 당연히 유사투자자문이 훨씬 더 크다. 공식 투자자문은 대부분 전문투자자를 대상으로 엄격한 규제를 받는 업자가 소규모로 하는데 반해 유사투자자문은 자기 보호 능력이 약한 일반투자자를 대상으로 규제 밖에 있는 업자들이 대규모로 하기 때문이다. 지난 6월 23일 유사투자자문업자에 대해 금융감독원이 발령한 소비자경보를 보면 미등록 투자자문업 영위, 무인가 투자매매·중개, 허위·과장광고 등 다양한 불법행위가 이뤄지고 있다. 금감원이 지적하지 않은 위험도 있는데, 이렇게 거대해진 유사투자자문의 규모라면 실시간 대규모 조언의 특성상 이제 시장질서도 직접적으로 교란할 수 있다는 점이다.

그러나 법적 규제는 정반대로 구성돼 있다. 자본시장법상 공식 투자자문업자는 진입과 영업행위 부문에서 다양하고 엄격한 법적 규제를 받지만 유사투자자문업자는 금융위원회 신고 대상일 뿐 별다른 규제를 받지 않는다. 금융상품의 판매와 자문을 금융소비자 관점에서 규제하는 통합법으로서 지난 3월 제정된 금융소비자보호법(2021년 3월 시행) 또한 유사투자자문업자는 규제 대상에서 배제하고 있다. 수수께끼 같은 현상이 아닐 수 없다. 유사투자자문업자가 600개도 되지 않던 2012년 7월, 금융위원회는 '투자자문사의 건전한 성장을 위한 종합 정책방향 마련'이라는 보도자료에서 유사투자자문업 제도를 폐지하고 개별적 투자상담의 개연성이 있는 영역은 투자자문업으로 규제하겠다는 투자자문 일원화 방침을 밝힌 바 있었으나 실현되지 않았다.

미증유의 코로나19 사태에도 불구하고 우리 증권시장은 작년까지 각 10조원 내외였던 증권시장 하루 거래대금이나 공모주 한 종목 청약대금이 현재 30조원을 넘나들고 투자자예탁금, 개인투자자 순매수금액, 활동계좌 등 거래 관련 거의 모든 지표가 사상최대치를 갱신하고 있다. 세계적으로 비관적인 경제 전망 가운데서 타오르는 이 경험하지 못한 투자 열풍은 비현실적이고 기괴한 느낌마저 준다. 일반투자자의 '비이성적 과열'과 이를 악용하는 유사투자자문이 결합될 경우 투자자들의 큰 피해와 시장 충격이 우려되는 상황이다. 유사투자자문업자가 2000개에 육박하는 이제 투자자문에 대한 규제 패러다임의 전환이 시급하다고 보며 금융위원회의 투자자문 일원화 정책 재추진을 촉구한다.

(성희활, 아시아경제 시론, 2020. 7. 21)

# 제3절 금융투자회사의 지배구조 규제

지배구조 규제는 이사회의 구성, 대표이사의 선임, 내부통제와 준법감시인 제도 등 금융투자회사의 의사결정과 감시 구조에 대한 개입을 말한다. 이는 공적인 성격이 강한 금융투자회사의 건전하고 투명한 경영을 담보하기 위한 것이다. 금융의 본질을 설명하는 문구 중에 "수익의 사유화, 손실의 사회화"라는 것이 있다. 경영을 잘해서 수익이 나면 임직원과 주주들에게만 혜택이 돌아가지만, 손실이 크게 나서 정부가 구제금융을 하게 되면 전체 국민이 세금으로 부담하여야 하는 상황을 지적한 것이다. 일반적인 비금융회사와 달리 금융회사는 정부의 구제금융 같은 특별 조치로 부실하더라도 망하지 않고 존속하는 경우가 많으므로 금융은 공적인 성격이 강하다고 하는 것이다. 이러한 공적인 성격을 배경으로 일반 기업보다 훨씬 더 강한 지배구조 규제가 이루어진다. 일반 기업도 회사법(상법 회사편)에 의해 지배구조 규제를 받고 그 강도도 강화되는 추세이지만 본질적으로 사기업인 일반 회사에 대한 개입은 한계가 뚜렷하다. 금융회사에 대한 지배구조 규제는 상법의 규제에 더하여 추가로 이루어지는 것이다.

현재 금융투자회사에 대한 지배구조 규제는 과거와 달리 자본시장법에서 직접 규정하지 않고 금융회사의 지배구조에 대한 통합법인 「금융회사의 지배구조에 관한 법률」에서 정하고 있다. 이하 지배구조법의 주요 내용을 살펴본다.

## 1. 최대주주 적격성 주기적 심사제 도입

최대주주 적격성이란 금융회사의 최대주주가 금융회사를 실질적으로 지배해도 괜찮을 정도로 결격 요건이 없느냐는 것이고, 주기적 심사제는 이에 대한 심사를 설립 당시에만 하는 것이 아니라 설립 이후에도 주기적으로 계속하는 것을 말한다. 과거 은행 및 저축은행 등 은행권은 대주주 적격성 심사가 주기적으로 이루어졌으나 증권회사와 보험회사 등 제2금융권은 주기적 심사를 받지 않았다. 지배구조법은 이 주기적 심사제를 금융투자회사를 포함한 대부분의 금융회사로 확대하고 있다. 다만 투자자문업자와 투자일임업자 등 등록제 적용 회사는 제외된다. 심사 주기는 현재 2년으로 되어 있다.

심사대상은 지배구조법의 엄격함을 잘 보여주는 사례라고 할 수 있는데, 금융회사의 최대주주 중 개인인 최다출자자 1인이 심사대상이다. 앞에서 최대주주의 개념을 설명할 때 최대주주는 특수관계인을 포함하고 그 그룹 내에서 모두는 최대주주 본인이 될 수 있다고 한 바 있다. 이러한 문제를 감안하여 지배구조법은 심사대상을 최대주주 중 개인인 최다출자자 1인이라고 명확히 하고 있다. 만약 최대주주가 법인인 경우에는 그 법인의 최대주주 중 개인인 최다출자자 1인이고, 최대주주가 법인이면서 그 최다출자자 1인도 법인인 경우에는 최다출자자 1인이 개인이 될 때까지 계속 파고 들어가 최종적으로 개인인 최다출자자를 파악하여 심사대상으로 한다.

심사내용은 심사대상인 최대주주가 금융업법, 조세범처벌법, 독점규제 및 공정거래에 관한 법률 등을 위반하였는지를 조사한다. 그리고 위반행위로 적격성 요건을 충족하지 못하면 시정명령 및 의결권 제한 등의 조치를 취하게 된다.

## 2. 이사회 권한 강화 및 사외이사 중심 이사회 구성

이사회의 권한을 상법상 일반 회사에 비해 보다 구체적으로 명시하고 있다. 예를 들어, 최고경영자 승계계획 등 지배구조에 관한 정책 수립, 경영목표 및 평가에 관한 사항 등도 이사회의 심의·의결 대상이 된다. 그리고 이사회는 그 금융회사의 이사회 구성과 운영, 이사회 내 위원회의 설치, 임원의 전문성 요건, 임원 성과평가 및 최고경영자의 자격 등 경영승계에 관한 사항 등에 관하여 지켜야 할 구체적인 원칙과 절차("지배구조 내부규범")를 마련하여야 한다.

이사회의 심의 기능을 강화하기 위해 이사회 내에 소위원회로서 임원후보추천위원회, 감사위원회, 위험관리위원회, 보수위원회를 의무적으로 설치하도록 하고 있다. 이들 소위원회는 위원의 과반수를 사외이사로 구성하고 대표는 사외이사로 하여야 한다. 3인 이상으로 구성된 임원후보추천위원회는 CEO(대표이사나 대표집행임원), 사외이사, 감사위원을 추천하게 되는데, 금융회사는 주주총회 또는 이사회에서 임원을 선임하려는 경우 임원후보추천위원회의 추천을 받은 사람 중에서 선임하여야 한다. 후보추천위원회가 사외이사 후보를 추천하는 경우 소수주주의 주주제안권 행사에 따라 추천된 사외이사 후보도 포함해야 한다.

이사회 의장과 CEO는 원칙적으로 분리하도록 하여, 이사회 의장은 사외이사로 하는 것을 원칙으로 하되 만약 사외이사가 아닌 경우에는 이를 공시하고 대신에 선임사외이사를 별도로 선임하도록 하고 있다. 선임사외이사는 사외이사 전원으로 구성되는 사외이사회의의 소집 및 주재를 담당하는 등 대표이사에 준하는 위상을 부여하고 있다. 사외이사는 이사회 내 최소한 3인 이상이어야 하며 이사 총수의 과반수가 되어야 한다. 과반수는 1/2을 초과하는 것이므로 회의의 주도권은 사외이사가 가질 수 있게 된다. 이러한 사외이사 숫자 규제는 자산 2조원 이상의 대형 상장법인과 동일한 수준이다. 금융회사는 사외이사의 원활한 직무수행을 위하여 충분한 자료나 정보를 제공하여야 하며, 사외이사는 해당 금융회사에 대하여 그 직무를 수행할 때 필요한 자료나 정보의 제공을 요청할 수 있다.

이사회 내 위원회 중 보수위원회는 보수 관련 연차보고서를 작성하여 인터넷 홈페이지 등에 공시하여야 하고, 이때 공시하여야 하는 사항에는 보수위원회의 구성, 권한, 책임 등과 더불어 임직원의 보수총액(기본급 및 성과보수, 이연 성과보수, 이연 성과보수 중 당해 회계 연도에 지급된 금액 등)도 공시하여야 한다. 보수위원회는 감사위원회로 대체할 수 있다.


## 3. 사외이사의 자격요건 강화

사외이사는 일정한 독립성 요건을 갖추어야 한다. 독립성 요건을 갖추려면 최대주주와 그 특수관계인, 주요주주 및 그 친인척, 당해 회사나 계열사의 임직원 등의 이해관계가 없어야 한다. 그리고 사외이사 선임이 제한되는 냉각기간도 두고 있는데, 해당 회사와 그 계열사에서 퇴직한 지 3년, 중요한 거래관계나 경쟁·협력 관계에 있던 회사에서 2년 이내에 퇴직한 자는 해당 회사의 사외이사가 될 수 없다. 또한 해당 회사에서 6년, 계열사 합산하여 9년 이상을 사외이사로 복무한 자는 그 회사의 사외이사로 선임될 수 없다. 금융지주회사의 상근 임직원도 자회사의 사외이사 겸직이 금지된다.

사외이사 추천 시에는 임원후보추천위원회를 보다 강화하여 사외이사가 총 위원의 과반수가 되어야 하며, 그 대표는 반드시 사외이사로 정해야 한다. 사외이사 후보추천위원회의 위원은 자기투표를 금지하여 본인을 사외이사 후보로 추천하는 위원회 결의에 관하여는 의결권을 행사할 수 없도록 하고 있다.


## 4. 임원에 대한 책임 및 위상 강화

지배구조법은 임원의 책임과 위상을 일반 회사에 비해 강화하고 있다. 이를 위해 임원의 범위를 확대하여, 상법과 자본시장법에서 정하는 이사·감사 외에 집행임원(「상법」에 따른 집행임원을 둔 경우로 한정한다) 및 업무집행책임자도 임원의 범위에 포함하고 있다.

업무집행책임자는 상법 제401조의2의 업무집행지시자 개념을 그대로 수용하면서 명칭만 변경하였는데, 이들에 대해서는 이사와 동일한 결격요건을 적용한다. 전략기획, 재무관리, 위험관리 등의 주요 업무를 담당하는 '주요 업무집행책임자'는 이사회에서 임면하도록 하고 있다. 대표이사 또는 은행장 등이 부행장 등에 대한 인사권을 자의로 행사할 수 없도록 함으로써 주요 업무집행책임자의 독립성을 강화한 것이다. 임원의 선임 · 해임, 주요 임원의 보수총액은 외부에 공개하여야 한다.

## 5. 감사위원회 구성 및 감사위원 선임 절차

감사위원회는 감사를 대체하는 기관인데 이사회 내 소위원회로 구성된다. 감사와 감사위원회의 차이를 들자면, 원칙적으로 감사는 이사와 대립적인 지위에서 이사의 직무집행을 감시하는 것이라면, 감사위원회는 이사회의 일원으로서 대표이사 등 경영진의 직무집행을 감시하는 것이라고 이해할 수 있다. 감사와 감사위원회 역할의 정확한 구분은 우리 법체계에서 미묘하고 복잡한 부분인데, 독일법의 감사 제도와 미국법의 감사위원회 제도가 혼합되어 있는 관계로 발생하는 현상으로 보면 된다.

감사위원회는 3명 이상의 이사로 구성되어야 하는데, 1명 이상은 재무나 회계 전문가여야 하고 또한 사외이사가 2/3 이상이어야 한다. 사외이사가 아닌 감사위원(상근감사위원)에게도 사외이사의 자격요건을 적용하여 엄격하게 구성되도록 하고 있다. 감사위원이 되는 사외이사 1명 이상에 대해서는 다른 이사와 분리하여 선임하도록 하고 있는데 이렇게 되면 소액주주들의 뜻이 반영된 감사위원 선임이 쉽게 이루어질 수 있다. 왜냐하면 감사위원 선임 시에는 누구라도 의결권의 3%까지만 인정되기 때문에 대주주가 불리하고 소액주주가 유리할 수밖에 없는 것이다(지배구조법 제19조 제6항 및 상법 제409조 제2항.제3항).

상법의 경우 기존에는 일괄선출 방식만 인정되었으나, 2020년 12월 분리선출 방식으로 개정되어 이제 자산총액 2조원 이상인 상장회사는 금융회사와 마찬가지로 주주총회에서 감사위원회 위원을 선임할 때 최소한 1명은 분리선출 방식으로 뽑아야 한다.


## 6. 내부통제제도 및 준법감시인


금융회사는 법령 준수, 건전 경영, 주주 및 이해관계자 등의 보호를 위하여 금융회사의 임직원이 준수하여야 할 기준 및 절차("내부통제기준")를 마련하고, 이를 집행할 준법감시인을 1인 이상 두어야 한다. 이 것을 내부통제제도라고 한다. 국제적으로 통용되는 내부통제의 대상은 회사에서 발생할 수 있는 모든 위험(리스크)인데, 이를 구체적으로 분류하면 운영위험, 재무보고위험(회계위험), 준법위험이라는 세 가지 영역으로 나눈다. 회계·준법위험은 다소 전문적인 분야의 위험인데 반해 운영위험은 이 둘을 제외한 모든 위험을 포괄하는 위험이라고 볼 수 있다. 특히 금융회사의 운영위험에는 자산운용이나 거래에서 발생하는 위험이 중요하다.

지배구조법은 국제적으로 표준적인 내부통제 개념을 다소 수정하여 도입한 듯하다. 즉 내부통제기준과 위험관리기준으로 이원화하여 내부통제기준은 "법령을 준수하고, 경영을 건전하게 하며, 주주 및 이해관계자 등을 보호하기 위하여 금융회사의 임직원이 직무를 수행할 때 준수하여야 할 기준 및 절차"라 하고 있고(지배구조법 제24조), 위험관리기준은 "자산의 운용이나 업무의 수행, 그 밖의 각종 거래에서 발생하는 위험을 제때 인식·평가·감시·통제하는 등 위험관리를 위한 기준 및 절차"라 하고 있다(지배구조법 제27조). 내부통제기준의 '건전 경영'을 위해서는 위험관리기준의 '자산운용이나 거래에서 발생하는 위험'도 포함되는 것이 당연하지만, 법 문언의 어감은 내부통제기준은 준법위험에 집중된 느낌이고, 위험관리기준은 운영위험과 재무보고위험을 포괄하는 것처럼 보인다. 입법자의 정확한 의도를 알 수 없기에 "어감"이나 "느낌" 등 모호한 표현을 쓸 수밖에 없다.

내부통제기준을 집행하는 책임자가 준법감시인이다. 준법감시인 제도는 미국의 compliance officer를 모델로 하여 1997년 외환위기 이후 우리나라 여러 금융법에 도입된 것으로서, 2000년 이후 거의 모든 금융회사에 변호사들이 준법감시인으로 대거 진출하는 계기가 되었다.

준법감시인이 하는 역할은 내부통제기준을 구체적으로 집행하는 것이다. 국제적으로도 그렇고 지배구조법이 제정되기 이전의 자본시장법도 내부통제기준의 내용을 포괄적으로 정하고 있었기 때문에 원래 준법감시인이 다루어야 할 위험도 세 가지 영역의 모든 위험이다. 따라서 준법감시인의 자격에 변호사뿐만 아니라 회계사와 금융전문가, 한국은행과 금융감독원 등 금융공공기관의 직원도 들어가 있는 것이다.

그런데도 그동안 우리나라에서는 준법감시인의 역할에 대해 오해나 혼선이 있었다. 즉 준법감시인의 명칭에 '준법'이 들어가서인지 거의 대부분 변호사들로 임명되어 왔고, 변호사 출신인 준법감시인들은 자신의 업무를 준법위험 관리에 한정하는 경우가 많았다. 이제 지배구조법이 내부통제기준을 사실상 준법위험에 집중시킨다면 변호사 출신이 준법감시인이 되는 것은 과거보다 훨씬 자연스럽고 당연하게 된다. 참고로 상법은 자산 5천억원 이상의 상장회사에게 준법통제기준 및 준법지원인을 두도록 하고 있는데, 그 내용을 보면 지배구조법의 내부통제기준 및 준법감시인과 상당히 비슷하다(상법 제542조의13).

지배구조법은 준법감시인의 지위를 과거보다 격상시켜, 원칙적으로 사내이사 또는 업무집행책임자 중에서 이사회의 의결을 거쳐 선임하도록 하고 있다. 다만, 소규모 금융회사나 외국금융회사의 국내지점의 경우는 업무집행책임자가 아닌 직원이 할 수도 있다. 준법감시인을 면직할 경우에는 이사회 총수의 3분의 2 이상의 의결을 요구하여 준법감시인이 경영진의 눈치를 보지 않고 소신 있게 활동할 수 있도록 하고 있다.

## 7. 위험관리체계(위험관리위원회와 위험관리기준 및 위험관리책임자)

지배구조법은 이사회 내 소위원회 중 하나로서 위험관리위원회(소위 "리스크관리위원회")를 반드시 두도록 하고 있다. 위험관리위원회에서는 위험관리의 기본방침 및 전략 수립, 금융회사가 부담 가능한 위험 수준 결정, 적정투자한도 및 손실허용한도 승인, 위험관리기준의 제정 및 개정 등을 심의, 의결한다. 그리고 동 위원회는 자산의 운용이나 업무의 수행 기타 각종 거래에서 발생하는 제반 위험을 적시에 인식, 평가, 감시, 통제하는 등 위험관리를 위한 기준 및 절차("위험관리기준")를 마련하여야 한다. 한마디로 정리하면 위험관리기준은 운영위험과 회계위험을 다루는 것이라고 해도 무방할 것이다.

이러한 자산의 운용이나 업무의 수행 기타 각종 거래에서 발생하는 제반 위험을 점검하고 관리하는 위험관리책임자를 반드시 1인 이상 두어야 하는데, 준법감시인처럼 최소 2년의 임기가 보장되며 사내이사 또는 업무집행책임자 중에서 이사회 의결로 임면된다. 위험관리책임자 및 준법감시인은 선량한 관리자의 주의로 그 직무를 수행하여야 하며, 원칙적으로 자신의 고유 업무 외에 다른 업무를 수행하면 안된다.

금융회사는 위험관리책임자와 준법감시인의 겸직을 강하게 원한다. 사실상 비슷하고 중복되는 업무를 수행하는 임원급 책임자를 각각 별도로 임명하자면 부담이 만만치 않기 때문이다. 이에 대한 법령의 문언과 금융위원회의 해석은 소규모 금융회사의 경우에는 이들의 겸직이 가능하고 지위도 임원급이 아니라 직원 중에서 선임해도 된다는 것이다(지배구조법 제25조 제2항 및 제28조 제2항).[7] 소규모 금융회사의 기준은 자산총액이 5조원 미만인 금융투자업자, 보험사, 여신전문금융회사와 자산총액이 7천억원 미만인 상호저축은행이다(지배구조법 시행령 제20조 제2항). 이에 따라 웬만한 규모의 금융회사는 위험관리책임자와 준법감시인을 각각 별도로 임원 중에서 선임할 수밖에 없다.

## 8. 소수주주권

소수주주권이란 주식회사에서 일정한 지분을 가지고 있을 때 행사할 수 있는 권리를 말한다. 소수주주권이란 용어는 이중적인 해석이 가능하다. 하나는 지분을 많이 가진 소수의 주주만이 행사할 수 있는 권리라는 의미이고, 다른 하나는 소수의 지분만 가져도 중대한 권리를 행사할 수 있다는 의미이다. 주주들은 자신의 지분뿐만 아니라 다른 주주의 지분을 함께 묶어서 필요 지분율을 충족할 수도 있다.

소수주주권은 경영진과 대주주의 전횡을 견제하고 소액주주들이 자신의 권리를 지킬 수 있는 중요한 수단이다. 이를 반영하여 우리나라 관련 법은 소수주주권의 필요 지분율을 꾸준히 완화하여 왔다. 소수주주권은 상법에 일반 회사와 상장회사에 대하여 별도로 규정되어 있고, 금

---

7  금융위원회의 구체적 방침에 대해서는 금융위원회, "금융회사 지배구조법 관련 주요 문의사항에 대한 법령해석집 배포", 보도자료, 2016. 10. 14, 별첨 "지배구조법 주요내용 설명서", 88면 참조.

융회사 지배구조법에도 규정되어 있다. 자세한 지분율은 아래 표에 정리되어 있다.

회사의 종류별 소수주주권의 특징 몇 가지를 들자면, 상장회사와 금융회사는 지분율 외에 보유기간이 따로 요구된다는 점이다. 투기적 목적이나 건전하지 못한 목적으로 경영에 지장을 초래하는 것을 방지하기 위해 실질적 이해관계를 가진 자에게만 권리를 부여하고자 하는 취지이다. 그리고 일반 회사에 비해서 상장회사의 소수주주권 지분율을 대폭 완화하여 경영진 견제를 보다 쉽게 하고 있음을 알 수 있다. 그런데 그 상장회사에 비해서도 금융회사의 필요 지분율은 절반 내지 10분의 1 수준으로 완화되어 있는데, 이는 상장·비상장에 관계없이 금융회사의 높은 공공성을 감안하여 사회적 통제와 견제를 강화하겠다는 취지로 볼 수 있다.

주주가 금융회사나 상장회사의 지분은 5% 정도로 충분히 가지고 있는데, 보유기간이 6개월이 안 되어 지배구조법과 상법 특례 상의 소수주주권을 행사하지 못할 때, 이 주주는 상법상 일반 회사에 대한 규정에 근거하여 소수주주권을 행사할 수 있는가? 행사할 수 있다. 그 근거는 지배구조법 제33조 제8항에서 "제1항부터 제6항까지의 규정은 그 각 항에서 규정하는 「상법」의 해당 규정에 따른 소수주주권의 행사에 영향을 미치지 아니한다"고 규정하고 있기 때문이다.

한편 상법상 상장회사 특례의 경우에는 논란이 있었는데 특례조항을 담고 있는 제4장(주식회사) 제13절(상장회사에 대한 특례)이 주식회사편의 다른 절에 우선하여 적용된다고 하였기 때문이다.[8] 과거 증권거래법에 없었던 이 "우선 적용" 문구로 인해 자본시장법 시행 이후 하급법원에서 상장회사 특례 조항의 배타적 효력을 인정하는 판결이 나오면

---

8    상법 제542조의2(적용범위) ② 이 절은 이 장 다른 절에 우선하여 적용한다.

서 논란이 있었는데,[9] 2020년 12월 개정된 상법은 소수주주권 조항(제 542조의6)에서 위의 우선 적용 조항의 효력을 명시적으로 배제하여 논란을 해소하였다.[10]

### 회사의 종류별 소수주주권 비교

| 소수주주권 종류 | 상법상 일반 회사 | 상법상 특례대상 상장회사 (지분, 보유기간) | 금융회사 지배구조법상 금융회사 (지분, 보유기간) |
|---|---|---|---|
| 대표소송권 | 1% | 0.01%, 6개월 | 0.001%, 6개월 |
| 위법행위 유지청구권 | 1% | 0.05%(0.025%), 6개월 | 0.025(0.0125%), 6개월 |
| 회계장부열람권 | 3% | 0.1%(0.05%), 6개월 | 0.05%(0.025%), 6개월 |
| 이사 · 감사 · 청산인 해임청구권 | 3% | 0.5%(0.25%), 6개월 | 0.25%(0.125%), 6개월 |
| 주주제안권 | 3% | 1%(0.5%), 6개월 | 0.1%, 6개월 |
| 주총소집청구권 | 3% | 1.5%, 6개월 | 1.5%(0.75%), 6개월 |
| 업무 · 재산 검사청구권 | 3% | 1.5%, 6개월 | 1.5%(0.75%), 6개월 |

\* 상장회사중 (  )는 자본금 1,000억원 이상인 상장회사 (최근 사업년도말 기준)
\* 금융회사중 (  )는 다음의 중대형 금융회사 (최근 사업년도말 기준)
  1. 자산총액이 5조원 이상인 은행  2. 자본금이 1천억원 이상인 금융투자업자
  3. 자산총액이 5조원 이상으로서 자본금이 1천억원 이상인 보험회사
  4. 자산총액이 7천억원 이상인 상호저축은행  5. 자본금이 1천억원 이상인 신용카드업자
  6. 자산총액이 5조원 이상으로서 최근 사업연도 말 현재 자산총액이 2조원 이상인 자회사를 둘 이상 지배하는 금융지주회사

---

9  자본시장법 시행 이전, 즉 상장회사 특례 조항이 증권거래법에 있던 시절의 대법원 판례는 특례와 일반조항 양자에 대한 선택적 행사를 인정하고 있었다. 대법원 2004. 12. 10. 선고 2003다41715 판결 참조. 그런데 상장회사 특례가 상법으로 이관된 이후 제일모직(삼성물산) 합병 사건(서울중앙지방법원 2015. 7. 1.자 2015카합80582 결정)과 한진칼 주주총회 사건(서울고등법원 2019. 3. 21.자 2019라20280 결정) 등에서 하급법원은 특례상 소수주주권에 대해서 선택적 행사를 인정하지 않아 논란이 되었다.

10  상법 제542조의6 ⑩ 제1항부터 제7항까지는 제542조의2제2항에도 불구하고 이 장의 다른 절에 따른 소수주주권의 행사에 영향을 미치지 아니한다.

# 제4절 금융투자회사의 건전성 규제

건전성 규제란 금융투자회사의 부실을 방지하여, 투자자 재산을 보호하고 국민경제에 시스템리스크를 야기하는 것을 차단하는 것을 말한다. 건전성 규제는 충분한 재무적 지식이 있어야만 이해할 수 있으므로 자본시장법을 공부하는 이 책에서는 그 개요만 간단히 살펴보고 넘어가기로 한다.

먼저 자기자본 규제가 있다. 영업용순자본비율(NCR) 또는 순자본비율 규제라고 해서 금융투자회사가 노출된 위험에 대해 적절한 자기자본을 갖추도록 하도록 하는 것으로서 건전성 규제의 핵심적인 수단이다.

다음으로 경영건전성을 담보하기 위하여 자본, 자산, 유동성 등에 대해서 금융위원회가 일정한 기준을 정하고 준수하도록 하고 있다. 경영건전성 담보 수단 중에서는 자산의 건전성을 매 분기마다 5등급으로 분류하고 그 건전성의 등급에 따라 의무적으로 대손충당금을 쌓도록 하는 규제가 중요하다.

다음으로 경영공시가 있는데, 금융투자회사는 상장·비상장법인 가리지 않고 분기·반기·연간 보고서를 통하여 경영상황과 재무상황을 공시하여야 하고 거액의 부실채권이나 금융사고, 기타 자본시장법 제161조의 주요사항보고서의 신고 사항이 발생하면 즉시 공시하여야 한다.

그리고 대주주와의 거래를 제한하여 대주주의 영향력에 의한 금융투자회사 재산의 부당한 유출을 방지하고 공공성이 강한 금융투자회사의 경영에 사적인 목적으로 함부로 개입하지 못하도록 하고 있다. 이를 위해서 대주주나 계열회사가 발행한 증권을 소유하는데 제한을 두고 있으며, 금융투자회사가 대주주의 사금고가 되지 못하도록 대주주와 특수관계인에 대한 신용공여도 제한하고 있다. 설령 대주주와의 거래가 허용되는 경우에도 이사회의 승인을 사전에, 재적 이사 전원의 찬성으로, 개별적으로 받아야 한다. 그리고 대주주와 법상 허용된 거래를 하거나 증권을 소유한 경우에는 지체 없이 이를 금융위원회에 보고하고 인터넷 홈페이지 등을 이용하여 공시하여야 한다. 대주주가 인사나 경영 문제에 개입하거나 내부정보나 특혜를 요구하는 등 부당한 영향력의 행사도 금지된다.

건전성 규제 수준은 금융투자업의 종류에 따라 차등화되어 있는데, 고객과 직접 채권·채무관계가 있는 금융투자업(투자매매업)에 대해서는 강화된 건전성 규제를 적용하고, 고객의 자산을 수탁하는 금융투자업(투자중개업, 집합투자업, 신탁업)에 대해서는 완화된 규제를 적용한다. 이와 달리 고객의 자산을 수탁하지 않는 금융투자업(투자일임업, 투자자문업)에 대해서는 건전성 규제를 적용하지 않는다.

# 제5절 금융투자회사의 영업행위 규제

금융업은 고도의 전문성과 윤리성이 요구되는 영역이다. 전문성은 현대 금융상품과 금융시장의 복잡화·고도화에 따라 과거 보다 훨씬 더 요구되고 있다. 금융회사는 기본적으로 고객의 돈을 관리하면서 자신의 이익도 추구하는 이해상충을 피할 수 없기 때문에 윤리성은 과거나 현재나 변함없이 요구되는 제1의 덕목이다.

금융회사 중에서도 자본시장법 영역에 있는 금융투자회사의 임직원에게는 다른 어느 금융업권보다 강한 고도의 직업윤리가 법령 등에 의해서 요구되고 있다. 왜냐하면 앞에서 설명한 것처럼 금융투자회사는 고객재산의 외부 예탁으로 기본적인 건전성 규제의 목적은 달성되는 반면, 상품의 복잡성과 고객 관계의 밀접성으로 인해 이해상충 소지가 훨씬 더 크기 때문이다.

자본시장법은 영업행위 규제를 모든 금융투자업에 공통으로 적용되는 공통 행위규제와 6개 영업 별로 각각 추가로 적용되는 개별 행위규제로 구분하고 있다. 그리고 2020년 제정된 금융소비자보호법은 자본시장법의 공통 행위규제 중 핵심 조항들을 이관받아 6대 판매행위 규제에 포함하고 이를 전 금융회사에 적용하고 있다. 이하 금융소비자보호법에 의한 기본 영업행위 규제와 자본시장법에 의한 주요 공통 영업행위 규제를 살펴보고 개별 영업행위 규제에 대해서는 금융투자업의 가장 기본적 형태인 투자매매업·투자중개업에 대한 규제만 살펴본다.

## 1. 금융소비자보호법에 의한 기본 영업행위 규제

### (1) 금융소비자보호법의 제정 배경과 취지

2020년 3월, 금융소비자보호법이 국회를 통과하여 제정되었다. 이 법은 2021년 3월 25일부터 시행되었는데, 금융당국은 업계와 시장에 미칠 충격을 고려하여 6개월의 계도기간을 거쳐 같은 해 9월 25일부터 본격적으로 시행하였다. 이 법은 당초 2008년 글로벌 금융위기 후 2011년 처음으로 국회에 제출되었는데, 여러 입법안들이 '쌍봉형 감독체계'[11]나 분쟁조정 결정의 '편면적 구속력'[12] 도입 등 논란이 큰 쟁점들을 담고 있어서 별다른 진전이 없었다. 그러나 2019년 이후 고위험 금융상품인 해

---

11　쌍봉형 감독체계(Twin-peaks approach)란 금융회사의 건전성과 영업행위에 대한 규제를 분리하여 별도의 감독기관이 규제하는 것을 말한다. 예를 들어 영국의 경우 금융회사의 건전성에 대해서는 건전성감독청(PRA: Prudential Regulation Authority)이, 영업행위에 대해서는 금융행위감독청(FCA: Financial Conduct Authority)이 각각 규제를 담당한다. 우리나라는 현재 동일한 금융당국이 건전성과 영업행위 모두를 규제하는 단봉형 내지 통합형 규제체계를 취하고 있다.

12　편면적 구속력은 금융분쟁조정위원회의 분쟁조정 결정에 대해서 금융소비자는 불복하고 소송을 제기할 수 있지만 금융회사는 분쟁조정 결정에 구속되어 소송을 제기할 수 없다는 것이다. 현재는 위원회의 분쟁조정 결정의 재판상 화해 효력 밖에 없어서 분쟁조정 당사자 쌍방이 조정 결정에 동의를 해야 재판과 같이 확정적 효력이 발생하므로 보험회사 등이 조정 결정에 불복하여 소송을 제기하는 경우가 많기 때문에 금융소비자 보호를 강화하자는 취지에서 주장되는 쟁점이다. 그러나 편면적 구속력은 우리 헌법상 재판청구권을 침해하기 때문에 도입에 반대하는 주장도 많다.

외 파생결합펀드(DLF) 불완전판매 사태와 라임펀드 · 옵티머스펀드 등 사모펀드의 부실운용 및 환매중단 사태와 관련하여 금융소비자의 피해가 대규모로 발생하자 금융소비자 보호 강화에 대한 국민적 공감대가 형성되어 국회를 통과하게 되었다.

금소법은 「금융회사의 지배구조에 관한 법률」과 같이 모든 금융업에 적용되는 통합법인데, 지배구조법이 금융회사의 지배구조에 대한 규제법이라면 금소법은 금융회사의 영업행위, 특히 판매 관련 규제법이다. 날로 업권 간 경계가 파괴되고 융합되는 현실을 고려하여 금융회사의 성격에 관계없이 "동일기능-동일규제" 원칙을 구현하기 위해 개별 금융업법(은행법, 자본시장법, 보험업법 등)의 판매규제, 소비자 권리, 제재조치 등를 통합한 것이다. 사실 "동일기능-동일규제" 원칙은 자본시장법의 핵심 규제 원칙으로서 금융투자상품을 취급하는 모든 금융기관에 적용되고 있었고 따라서 영업행위 규제에 있어서는 자본시장법이 통합법의 역할을 어느 정도 하고 있었기에 금소법의 제정이 반드시 필요한 것은 아니었다. 그러나 기대 수준이 높아진 금융소비자 보호 강화에 대한 요구에 부응하기 위해서는 판매규제 외에도 금융소비자 보호를 위한 여러 조치들이 필요하여 법 제정으로 이어지게 되었다.

### (2) 금소법의 핵심 사항

금소법의 내용 중 각별히 유념할 필요가 있는 중요 사항으로는 대략 네 가지를 들 수 있는데 6대 판매규제 도입, 청약철회권 등 계약 관련 소비자 권리 강화, 분쟁조정 결정의 효력 강화, 징벌적 과징금 도입 등이다. 6대 판매규제는 기존 자본시장법의 핵심 영업행위 규제 수단이었던 적합성 · 적정성원칙과 설명의무 등을 금융투자상품뿐만 아니라 원칙적으로 모든 금융상품으로 적용 범위를 확대한 것이다. 강화된 계약

관련 권리로는 기존에는 투자자문업과 보험에 한하여 적용되던 청약철회권을 원칙적으로 모든 금융상품에 적용되도록 하는 한편 위법계약해지권을 도입하여 위법 판매 시 장래에 대하여 불이익 없이 해지할 수 있도록 하였다. 분쟁조정 결정의 효력에 있어서는 논란이 많은 편면적 구속력은 도입하지 않았고, 대신 분쟁조정 중 금융회사의 소 제기 시 법원이 재량으로 소송 중지를 결정할 수 있는 근거를 도입하였다. 그리고 소액분쟁의 경우 분쟁조정이 진행되는 동안에는 금융회사가 해당 분쟁조정 절차에서 이탈할 수 없도록 하였다. 다만 조정결정이 내려진 후 이에 불복하고 소를 제기할 수는 있다. 한편 사후 제재를 강화하여 징벌적 과징금을 도입하였는데 주요 판매원칙(설명의무 등 일부)을 위반할 경우 위반행위로 인한 수입 등의 50%까지 과징금을 부과할 수 있도록 하였다. 순수익이 아니라 매출액이 부과 기준이 되어 경우에 따라서 엄청난 크기의 과징금이 부과될 수도 있다.

이하 금소법의 주요 내용에 대해서 개괄적으로 설명한다.

### (3) 금소법의 적용 범위

금소법이 적용되는 금융상품은 그 속성에 따라 예금성, 대출성, 보장성, 투자성 상품으로 구분한다. 예금성 상품은 은행법·저축은행법상 예금 및 이와 유사한 것으로 규정하고 있으며, 은행·저축은행·신협의 예·적금 등이 이에 해당한다. 대출성 상품은 은행법·저축은행법상 대출, 여신전문금융업법상 신용카드·시설대여·연불판매·할부금융 및 이와 유사한 것으로 규정하고 있으며, 각 금융회사의 대출, 카드사·할부금융회사의 신용카드·리스·할부, 대부업자의 대부상품 등이 이에 해당한다. 보장성 상품은 보험업법상 보험상품 및 이와 유사한 것으로 규정하고 있으며, 생명보험·손해보험·신협공제 등을 말한다. 투자성 상품은 자본시장법에 따른 금융투자상품 및 이와 유사한 것으로 규정하고 있으며, 주식·펀드·파생상품·신탁계약·투자일임계약, P2P 연계투자 등이 해당한다.

금소법이 적용되어 등록이 필요한 금융업자는 금융상품의 판매업자와 자문업자로 구분할 수 있다. 금융상품판매업자 중 직접판매업자는 자신이 직접 계약의 상대방으로서 금융상품에 관한 계약의 체결을 영업으로 하는 자 또는 자본시장법 제6조 제3항에 따른 중개업을 영위하는 자를 말하며 은행, 저축은행, 카드사, 할부금융회사, 증권사, 보험회사, 신협, P2P업자, 대부업자 등 거의 모든 금융회사가 해당한다. 판매업자 중 대리·중개업자는 금융상품에 관한 계약의 체결을 대리하거나 중개하는 것을 영업으로 하는 자로서, 대출모집인, 투자권유대행인, 보험설계사·보험대리점·보험중개사, 대부중개업자 등이 해당한다.[13] 금융상품자문업자는 이익을 얻을 목적으로 계속적 또는 반복적인 방법으로 금융상품의 가치 또는 취득과 처분결정에 관한 자문에 응하는 자로서, 자본시장법상 투자자문업자, 금소법상 독립자문업자 등이 해당한다. 다만 금소법상 독립자문업자는 원칙적으로 금융상품판매업을 함께 수행할 수 없다. 자본시장법에 신고 대상자로 되어 있는 유사투자자문업자는 금소법 적용대상에서 제외된다.

금소법 적용 대상 업자라 하더라도 금소법에 따른 등록 없이 영업이

---

13  2021년 9월 금융당국은 핀테크 업체들의 금융상품 비교·추천 서비스에 대해서 금소법상 중개에 해당되므로 동법에 따른 중개업 등록 없는 영업행위를 금지한다는 입장을 밝혀 시장에 큰 충격을 준 바 있다. 문제는 "중개"라는 용어가 전형적인 불확정개념이라는 것이다. 통상 알선이나 소개 정도로 이해되는 중개는 민법과 상법은 물론이고 금융관련법에도 법적 정의가 전혀 없다. 따라서 법적 책임이 따르는 주선·위탁매매·대리는 당연하고 단순한 상담, 소개, 추천, 알선 등 광범위한 행위가 다 중개라는 개념에 포섭될 수 있어서 적절한 규제범위 설정이 어렵다.

가능한 경우가 있는데, 금융관계법률에서 금융상품판매업등에 해당하는 업무에 대하여 인허가를 받거나 등록을 하도록 규정한 경우나 금융관계법률에서 금융상품판매업등에 해당하는 업무에 대하여 해당 법률에 따른 인허가를 받거나 등록을 하지 아니하여도 업무를 영위할 수 있도록 규정한 경우이다. 그러나 기존 금융회사가 아닌 핀테크 등이 중개·대리나 자문업을 수행할 경우에는 이 법에 따른 등록이 요구된다.

금소법이 적용되어 금소법에 따른 보호를 받을 수 있는 금융소비자는 자본시장법과 같이 전문금융소비자와 일반금융소비자로 구분된다. 전문금융소비자는 금융상품에 관한 전문성 또는 소유자산 규모 등을 고려했을 때 금융상품 계약에 따른 위험을 감수할 수 있는 능력이 있는 금융소비자로서 국가, 지방자치단체, 금융회사, 주권상장법인 등이 있고 전문소비자가 아닌 자는 모두 일반금융소비자에 해당한다.

타 법률과의 관계를 보면 금융소비자 보호에 관하여 다른 법률에서 특별히 정한 경우를 제외하고는 금소법이 적용된다. 따라서 금융상품의 판매·자문 시 금융상품별로 관련 법률(은행법, 자본시장법, 보험업법 등)상 소비자보호 조항이 특별법으로서 우선 적용되고, 그렇지 않은 경우에 금소법이 일반법으로서 적용된다.

### (4) 6대 판매원칙

금소법상 6대 판매원칙이라 함은 ① 적합성원칙, ② 적정성원칙, ③ 설명의무, ④ 불공정영업행위 금지, ⑤ 부당권유 금지, ⑥ 광고 규제를 말한다. 금소법은 원칙적으로 모든 금융상품에 대해 6대 판매원칙을 적용하되, 다만 적합성·적정성 원칙의 경우 금융상품별 특성, 소비자 보호 필요성 등을 감안하여 그 적용 범위를 달리 규정하고 있다.

## 1) 적합성원칙

적합성원칙이라 함은 금융상품의 판매 · 자문이 금융소비자의 특성에 맞게 이루어져야 한다는 원칙으로서, 금융상품판매업자등은 금융상품 판매 · 자문 시 고객에게 면담 · 질문 등을 통하여 "금융상품 유형별로 거래 목적, 재산 상황, 상품 취득 · 처분 경험 또는 그 밖의 정보"를 파악하고, "금융상품 유형별 적합성 판단 기준"에 따라 해당 금융상품이 일반금융소비자에게 적합한지 여부를 판단해야 하는 의무를 진다.

적합성원칙은 자본시장법에 처음 도입되었고, 이후 보험업법으로 확대되어 변액보험에 적용된 바 있었는데 금소법 하에서는 거의 모든 금융상품에 적용되는 일반원칙이 되었다. 적합성원칙은 금융상품 중 변액보험 및 이와 유사한 보장성 상품, 모든 투자성 상품(증권형 크라우드 펀딩, P2P 연계투자 등 제외), 그리고 모든 대출성 상품에 적용된다.

금융상품 유형별 적합성 판단 기준을 보면 보장성 · 투자성 상품에 대해서는 거래목적, 계약기간, 기대이익 및 기대손실 등을 고려한 위험에 대한 태도, 금융상품에 대한 이해도, 재산상황(보유한 자산 중 금융상품의 유형별 비중), 투자성 상품 취득 · 처분 경험, 연령을 종합적으로 고려하여 일반금융 소비자의 손실 감수능력이 적정한 수준인지 판단하여야 한다. 그리고 대출성 상품의 경우는 거래목적, 원리금 변제계획, 신용, 재산상황(소득, 부채 및 자산) 및 고정지출, 연령을 종합적으로 고려하여 일반금융소비자의 상환능력이 적정한 수준인지 여부를 판단해야 한다. 이하 적합성원칙의 자세한 사항을 자본시장법 적용 대상이기도 한 투자성 상품을 기준으로 설명한다.

적합성원칙을 절차별로 보면 투자자 구분 → 고객조사(know-your-customer) → 적합한 투자권유로 세분화할 수 있다. 먼저 투자자 구분이란 투자자가 일반투자자인지 전문투자자인지를 구분하라는 것이다. 왜냐하면 스스로를 보호할 수 있는 전문투자자에게는 적합성원칙을 준수할 필요가 없고, 일반투자자에게 투자권유를 할 때야 비로소 발동되는 것이 적합성원칙이기 때문이다.

다음으로 고객조사의무는 고객인 투자자에게 적합한 상품이 어떤 것인지를 알기 위한 사전 조치이다. 적합성원칙을 준수하여 투자자에게 적합한 상품을 권유하려면 사전에 두 가지를 알아야 한다. 첫째는 투자자의 상태이고 둘째는 금융투자상품의 위험도 분류이다. 투자자 상태의 경우, 예를 들어 투자자가 재산도 별로 없고 투자 경험도 거의 없다면 이 투자자는 자기보호 능력이 매우 약한 투자자로서 보다 높은 보호가 필요할 것이다. 반대로 거액의 재산이 있고 교육 수준도 높으며 투자 경험도 풍부하다면 굳이 법이 보호를 강화할 필요가 없다. 평범한 일반 서민과 헤지펀드를 대비하면 쉽게 이해할 수 있을 것이다. 금융투자상품의 위험도에서도 이와 같은 대비되는 상황이 펼쳐진다. 예를 들어, 중앙정부가 발행하는 국채의 경우 아주 안전해서 무위험 자산이라 불릴 정도지만, 선물·옵션과 같은 파생상품은 전문투자자도 투자에 실패하는 경우가 많은 위험이 큰 상품이다.

적합성원칙을 준수한다는 것은, 이 두 가지 요소 즉 투자자의 상태와 금융투자상품의 위험도를 아래 표와 같이 매트릭스 방식으로 매칭해서 적절한 권유를 하는 것이다. 예를 들어 세로축에는 투자자의 상태를 높은 보호가 필요한 안전추구형의 투자자부터 보호가 필요 없는 위험투자형의 투자자까지 다양한 유형으로 분류하고, 가로축에는 저위험 상품부터 초고위험 상품까지 다양한 유형으로 분류하여 투자자 수준에 어울리는 상품만 투자권유를 하는 것이다. 투자자의 유형과 상품의 위험도를 분류하는 원칙은 법령이 아니라 금융투자회사의 자율에 맡겨져 있다. 아래의 적합성 판단 매트릭스도 하나의 예에 불과할 뿐이다. 그러나 구체적인 투자 손실이 발생했을 때는 최종적으로 법원에서 적합성원칙을 제대로 준수하였느냐를 판단하게 되므로, 금융투자회사는 법령의 취지와 기존 판례의 동향 등을 살펴서 자체 기준을 정하는 것이 바람직하다. 금융투자회사의 자체 기준 마련이 어려울 경우에는 금융투자협회가 제정한 「표준투자권유준칙」을 사용하는 것이 안전하고 효율적인 방법이다. 사실 대부분의 금융투자회사는 협회의 「표준투자권유준칙」을 그대로 활용하는 것으로 보인다.

**투자권유의 적합성 판단 매트릭스[12]**

| 상품 위험도 / 투자자 유형 | 초고위험 | 고위험 | 중위험 | 저위험 | 초저위험 |
|---|---|---|---|---|---|
| 안정형 | 권유불가 | 권유불가 | 권유불가 | 권유불가 | |
| 안정추구형 | 권유불가 | 권유불가 | 권유불가 | | |
| 위험중립형 | 권유불가 | 권유불가 | | | |
| 적극투자형 | 권유불가 | | | | |
| 공격투자형 | | | | | |

## 2) 적정성원칙

금융투자상품 거래 시 투자권유 유형별로 적용되는 규제를 분류하자면 다음 표와 같이 될 수 있다.

---

14  금융투자협회, 「표준투자권유준칙(제정안)」, 2009. 2, 별지 제4호. 고객의 투자성향별 투자권유 가능상품 분류기준.

## 금융투자상품 거래 시 투자권유 유형별 적용 규제

| 투자권유 여부 | 행위 유형 | 내 용 | 적용 규제 |
|---|---|---|---|
| 권유 있음 | 적극 권유 | 투자권유를 하려면 고객파악 및 적합한 상품을 권유할 의무 | 적합성원칙 |
| 권유 없음 | 단순 집행 | 권유행위가 없는 한 고객파악 등의 의무 없이 고객 주문의 단순 집행 허용 | 적합성원칙 중 온라인거래 |
| | 고객 파악 위험 고지 | 위험상품에 대해서는 권유행위가 없더라도 고객파악 및 위험고지 의무 부여. 고객 파악 불응시 거래 거부 의무 | 적정성원칙 |
| | 거래 금지 | 일정한 투자자에게는 일정 상품의 거래를 무조건 금지 | 구 증권거래법상 일반인의 장외파생상품 거래 금지 사례 |

적정성원칙이란 파생상품 등(파생상품, 파생결합증권과 이들 상품에 운용하는 집합투자증권)과 같이 투자위험이 매우 큰 금융투자상품의 거래를 중개할 경우에는 투자권유 없이 단순히 주문을 집행하더라도 고객파악 및 위험고지를 하라는 것이다. 고객이 적정성원칙에 따른 고객파악 및 위험고지를 귀찮다고 거부하는 경우에는 그 주문을 집행하지 못하고 거래를 거절해야 하는 것이 적정성원칙이 요구하는 바이다. 그런데 투자권유도 없이 단지 고객이 원하는 대로 주문을 집행만 하는 것인데도 법은 왜 이렇게 까다로운 의무를 부여하는 것일까?

예를 들어 평생 농사만 짓던 70대 노인이 뉴스에서 누가 파생상품 거래로 큰돈을 벌었다는 사례를 보고, 증권회사에 가서 나도 그 파생상품 거래를 하고 싶은 경우가 있을 수 있다. 만약 증권회사 직원이 고객이 원하는 종류의 파생상품 중에서 어느 것을 골라 그 상품에 대한 투자권유를 한다면 이는 적합성원칙이 적용되는 것이고 따라서 고객조사의무를 거쳐 적합한 상품을 고를 것이고, 거의 당연히도 그 노인에게는 그 파생상품이 적합하지 않은 것으로 나와서 거래 중개를 못 할 것이다. 그런데 노인이 직접 특정 상품을 지목해서 그 거래를 강력히 원하는 경우 직원으로서는 굳이 투자권유를 할 필요도 없이 원하는 대로 주문을 중개하면 그만일 것이다. 그러나 그 노인의 투자는 거의 실패할 것이 확실한데도 이처럼 소극적으로 대응하는 것이 과연 투자자보호라는 자본시장법의 대원칙에 맞는 것일까? 상식적인 차원에서도 직원이 회사의 이익을 위하여 눈감은 것이라는 비난이 일 것이다. 이것이 적정성원칙이 도입된 배경이다.

한편 투자자보호를 위해서는 아예 이 노인의 사례와 같은 경우에는 투자를 무조건 금지하는 방법도 있을 수 있다. 실제 구 증권거래법의 경우 일반투자자를 위해서는 장외파생상품 거래를 중개할 수 없도록 하기도 하였다. 그러나 이는 투자자를 지나치게 어린아이 취급을 하는 것으로서 개인의 기본권을 침해하는 측면도 있기에 현행 자본시장법은 적정성원칙으로 이를 완화했던 것으로 보인다.

적정성원칙을 적합성원칙과 비교하면서 요약하자면, 적합성원칙은 금융회사가 소비자에게 금융상품을 권유할 때 해당 소비자의 재산상황, 금융상품 취득·처분 경험 등에 비추어 부적합한 금융상품을 권유해서는 안 된다는 것을 의미한다. 이에 반해 적정성원칙은 계약 체결 권유 없이 소비자가 고도의 위험상품을 자발적으로 구매할지라도, 그 위험성으로부터 소비자를 보호하기 위해 그 금융상품이 해당 소비자의 재산상황, 금융상품 취득·처분 경험 등에 비추어 부적정할 경우 이를 소비자에게 충분히 알려야 한다는 것을 의미한다. 적정성원칙은 금융소비자의 의사에 따른 계약체결을 전제로 하고 있기 때문에 상대적으로 소비자 보호의 필요성이 낮아서 적합성원칙에 비해 적정성원칙의 적용대상이 되는 금융상품의 범위가 협소하다. 금소법은 적정성원칙의 적용 대상 금융상품을 변액보험 및 이와 유사한 보장성 상품, 파생상품·파생결합증권·고난도 금융투자상품 등 일부 투자성 상품, 그리고 주택·증권·지식재산권 등 담보대출 상품으로 한정하고 있다.[15]

### 3) 설명의무

금소법상 설명의무는 자본시장법의 설명의무를 모태로 만들어졌지만 금융소비자 보호 강화를 위하여 자본시장법에 없던 사항들이 추가되었다. 우선 금융상품판매업자 및 자문업자는 금융상품의 중요사항뿐만 아니라 연계·제휴서비스 내용, 청약 철회의 기한·행사방법·효과, 민원 처리 및 분쟁 조정 절차 등에 대해서도 설명해야 한다. 그리고 금소법은 금융소비자의 이해도를 제고하고 설명의무 제도의 실효성을 확보하기 위한 보완장치를 마련하였는데, 금융상품판매업자등은 설명의무 이행에 필요한 설명서를 일반금융소비자에게 제공하여야 하며, 예금성 상품을 제외한 모든 금융상품에 대해 설명서 제공 시 '핵심설명서'[16]를 함께 제공하고, 설명한 내용을 일반금융소비자가 이해하였음을 서명, 기명날인, 녹취 등을 통해 확인받도록 하였다. 이하 설명의무도

---

15  대출성 상품에 적합성·적정성 원칙을 적용하는 것은 문제가 있다. 일반 금융상품은 소비자 대중에게 동일한 조건으로 판매되므로 불특정 다수가 동일한 위험에 놓이게 되어 법적 보호 필요성이 상대적으로 큰 편이다. 그러나 대출성 상품은 구체적 대출계약을 통해 조건이 확정되므로 그 조건은 계약자마다 다를 수밖에 없는 구조이고, 또한 소비자들은 대출계약 조건을 협상하는 과정에서 그 상품에 대해 충분히 인지하게 되므로 무분별한 상품 매입으로 이어지기도 어렵기 때문에 굳이 적합성원칙이 필요한 지 의문이다. 적정성원칙 적용은 적합성원칙보다 훨씬 더 부적절하다. 적정성원칙은 고도의 위험상품으로부터 소비자를 보호하기 위한 것인데, 주택·증권·지적재산권을 담보로 하는 대출은 대출성 상품 중에서 가장 안전한 상품들로서 소비자 보호 필요성이 매우 낮은 상품들이다. 투자성 상품의 경우 파생상품과 고난도금전신탁계약 등에만 적용되는 것과 극명히 대비된다.

16  핵심설명서에 포함되어야 하는 사항은 유사한 금융상품과 구별되는 특징, 금융상품으로 인해 발생 가능한 불이익(투자성 상품은 위험등급, 보장성 상품은 해약환급금이 이미 납입한 보험료보다 적을 수 있다는 사실, 대출성 상품은 연체시 불이익 등), 민원을 제기하거나 상담 요청시 이용 가능한 연락처 등이다.

적합성원칙과 같이 자본시장법상 금융투자상품을 중심으로 설명한다.

설명의무는 적합성원칙이 이행되고 난 다음에 발생하는 의무이다. 투자자가 증권회사 지점을 방문해서 투자 자문을 구하는 상황을 생각해 보자. 이 투자자에게 좋은 투자상품을 추천하기 위해서는 먼저 앞의 적합성원칙을 준수해서 투자자에게 맞는 상품을 선정해야 할 것이다. 여기까지가 적합성원칙의 단계이고, 이제 설명의무는 투자자가 그 상품 투자에 따른 위험을 잘 파악할 수 있도록 이 선정된 상품에 대해서 최대한 설명하라는 것이다. 적합성원칙이 know-your-customer rule이라면 설명의무는 know-your-security rule이라 할 수 있다.

설명의무와 적합성원칙의 관계 내지 특성에 대해서 부연하자면, 설명의무는 어떠한 권유 시에도 균일한 수준으로 이루어져야 할 객관적 의무로서의 성격인 반면, 적합성원칙은 고객의 특성에 따른 주관적 의무의 성격을 가지고 있다. 즉, 적합성원칙은 특정 투자자의 보호 및 부적합 투자자의 원칙적 배제라는 기능을 수행하는 투자자 지향적인 주관적인 판단기준이고 개별적인 후견 기능을 수행한다. 반면에 설명의무는 모든 투자자에 대하여 금융투자상품의 특성과 위험에 대한 고지라는, 투자상품 지향적인 객관적인 기준으로서 일반 예방적인 기능을 담당한다고 할 수 있다.[17]

적합성원칙의 구체적 기준과 마찬가지로 설명의무의 구체적 내용 또한 금융투자회사들의 자율에 맡겨져 있는데, 금융투자회사들의 자율규제단체인 금융투자협회가 제정한 표준투자준칙은 설명의무의 대상이 되는 구체적 사항들을 정하고 있으며, 특히 펀드(집합투자증권)에 대해

---

17  성희활, "금융투자상품의 투자권유규제에서 적합성원칙과 설명의무", 인권과 정의, 제389
   호, 2009, 74면.

서는 일반 증권보다 더 상세한 설명 사항들을 규정하고 있다.

설명의무 위반 시 금융회사의 손해배상책임은 어떻게 될까? 일반적으로 금융소비자가 금융상품 판매업자에게 손해배상책임을 묻기 위해서는 민법 제750조의 일반 원칙을 따라 금융상품판매업자등의 고의·과실, 위법성, 손해, 위법성과 손해의 인과관계(손해액)를 입증해야 한다. 그러나 금소법상 설명의무 위반으로 인해 손해가 발생한 경우, 금융소비자는 위법성, 손해, 위법성과 손해의 인과관계(손해액)만을 입증하면 되며, 고의·과실에 관한 증명책임은 금융상품판매업자등에게로 전환된다. 따라서 소송 수행이 보다 용이해진다.

한편 자본시장법(제48조)에서는 손해액 추정을 별도로 규정하고 있으므로 투자성 상품의 경우 자본시장법이 추가로 적용된다. 자본시장법은 금융투자업자가 투자성 상품에 대한 금소법상 설명의무를 위반할 경우 금융투자상품의 취득으로 인하여 일반투자자가 지급하였거나 지급하여야 할 금전등의 총액에서 그 금융투자상품의 처분, 그 밖의 방법으로 그 일반투자자가 회수하였거나 회수할 수 있는 금전등의 총액을 뺀 금액을 투자자의 손해액으로 추정하고 있다. 따라서 투자성 상품의 경우 투자자는 금소법에 따른 고의·과실 요건 입증책임 전환 및 자본시장법에 따른 손해액 추정이라는 이중의 혜택을 누리게 되어 소송 수행이 한결 더 수월해진다.

### 4) 불공정영업행위 금지

금소법은 금융회사가 우월적 지위를 남용하여 불공정한 판매행위를 하는 것을 금지하는데 주로 금융소비자가 을의 지위에 놓이는 대출성 상품을 중심으로 규제가 설계된 점이 특징이다. 불공정한 판매행위의 예로는 대출성 상품 등 계약체결과 관련하여 금융소비자의 의사에 반하여 다른 금융상품의 계약체결을 강요하거나 부당하게 담보를 요구하거나 보증을 요구하는 행위, 대출성 상품에 있어 특정 대출 상환방식을 강요하거나 중도상환 수수료 부과 사유에 해당하지 않는 계약에 대하여 중도상환수수료를 부과하는 행위, 대출성 상품 계약을 체결하고 금전을 제공한 날 전·후 1개월 내에 보장성, 투자성, 예금성 상품의 계약을 체결하도록 하는 행위 등이 있다. 그리고 금융회사 또는 그 임직원이 업무와 관련하여 편익을 요구하거나 제공받는 행위, 연계·제휴 서비스를 부당하게 축소하거나 변경하는 행위 등도 금지된다.

### 5) 부당권유행위 금지

부당권유는 합리적이고 적절한 판매권유가 아닌 권유행위인데 금소법은 다음과 행위를 금지하고 있다. 불확실한 사항에 대하여 단정적인 판단을 제공하거나 확실하다고 오인하게 할 소지가 있는 내용을 알리는 행위, 금융상품의 내용을 사실과 다르게 알리는 행위, 금융상품 가치에 중대한 영향을 미치는 사항을 금융소비자에게 알리지 않는 행위, 금융상품 내용의 비교 대상 및 기준을 밝히지 아니하거나 객관적인 근거 없이 다른 금융상품과 비교하여 해당 금융상품이 우수하거나 유리하다고 알리는 행위, 보장성 상품 계약의 중요사항을 고지하는 것을 방해하거나 부실하게 고지하도록 유도하는 행위, 투자성 상품에 대해서 금융소비자의 요청 없이 방문·전화 등으로 계약 체결을 권유하는 불초청권유(cold calling)와 금융소비자의 거부 의사표시 이후에도 계속 계약 체결 권유를 하는 행위(재권유), 내부통제기준에 따른 직무수행 교육을 받지않은 자로 하여금 계약체결 권유와 관련된 업무를 하게 하는 행위, 그 밖에 금융소비자 보호 또는 건전한 거래질서를 해칠 우려가 있는 행위 등이다.

부당권유는 실무상 가장 빈번한 분쟁 유형 중 하나로서, "나라가 망하지 않는 한 안전" "손실은 절대 없을 것임" "확실히 수익 보장"과 같은 단정적 문구가 주로 분쟁의 대상이 되고 있다. 다만 단정적 판단에 대한 입증을 고객이 해야 하고, 고객이 명백한 증거를 제시하지 않는 한 금융회사는 위험과 손실 발생 가능성 등에 대한 설명을 들었다는 고객의 확인 · 서명이 있는 설명의무 관련 서류를 근거로 방어할 수 있어서 금융소비자가 부당권유를 이유로 배상을 받기는 쉽지 않다.

한편 투자성 상품에 대한 불초청권유와 재권유에 대한 규제는 자본시장법의 규제 체계를 그대로 이어 받아 문제점이 시정되지 않고 그대로 유지되고 있다. 불초청권유 규제와 재권유 규제는 모두 투자자의 사생활의 평온을 위하여 강압적이고 집요한 전화 등을 이용한 판촉 행위를 억제하겠다는 취지이다. 그런데 과거 자본시장법은 증권과 장내파생상품에 대해서는 이 규제를 적용하지 않고 장외파생상품의 경우에만 적용하였는데 금융소비자보호법이 자본시장법과 동일한 내용으로 규제를 설계하고 있는 것은 상당히 문제 있는 접근 방식이다.[18] 일본에서 발생한 FX마진거래 등의 사례를 보면 이해되는 측면도 있지만, 투자위험은 굳이 장외파생상품이 아니더라도 증권에서도 얼마든지 발생할 수 있다. 실제 미국에서 많이 발생했던 보일러룸 사기(boiler room operation)는 주식을 대상으로 전화를 이용한 강압적인 판촉활동이었다.[19] 대다수 일반투자자의 수준을 생각할 때, 어려운 장외파생상품보다는 비상장주

---

18 금소법 제21조는 부당권유행위 중 금융소비자 보호 및 건전한 거래질서를 해칠 우려가 없는 행위로서 대통령령으로 정하는 행위는 제외하도록 하였고, 대통령령 제16조는 증권과 장내파생상품을 대상으로 하는 불초청권유등을 제외 대상 행위로 규정하고 있다.

19 미국 영화 〈보일러룸(Boiler room)〉은 이러한 불건전 영업행위를 정면으로 다루고 있는 금융영화다.

식과 같은 증권을 이용한 판촉활동이 훨씬 더 현실적이라는 점을 고려하면 불초청권유 규제는 개선될 필요가 있다.

### 6) 광고관련 준수사항

금융상품판매업자 및 자문업자는 금융상품을 광고할 때 계약 체결 전 설명서 및 약관을 읽어볼 것을 권유하는 내용, 금융상품판매업자등의 명칭, 금융상품의 내용을 포함하여야 하며, 금융상품 유형별로 아래와 같은 내용을 추가로 포함하여야 한다. 보장성 상품은 중도해지 후 다른 보험 가입 시 손실발생 가능성, 투자성 상품은 투자위험 및 과거 운용실적이 미래 수익률을 보장하는 것이 아니라는 내용, 예금성 상품은 수익 변동형 예금성 상품의 경우 운용실적의 변동 가능성, 대출성 상품은 대출조건이다.

한편 금융상품 유형별로 다음과 같은 광고 행위는 금지된다. 보장성 상품의 경우 보장한도 등을 생략·불완전 고지하여 제한없이 보장받을 수 있는 것으로 오인하게 하는 행위, 부당하게 보장내용이 큰 것으로 오인하게 하는 행위 등, 투자성 상품은 손실보전 또는 이익보장이 되는 것으로 오인하게 하는 행위, 수익률이 좋은 기간의 수익률만 표시 하는 행위 등, 예금성 상품의 경우 이자율 등을 명확히 표시하지 아니하여 오인하게 하는 행위, 수익률이 좋은 기간의 수익률만 표시 하는 행위 등, 대출성 상품은 대출 이자율 등을 명확히 표시하지 아니하여 오인하게 하는 행위, 대출이자가 저렴한 것으로 오인하게 하는 행위 등이 금지된다.

### 7) 6대 판매원칙 위반 시 제재

금융상품판매업자·자문업자 및 소속 임직원이 6대 판매원칙을 위반하는 경우 기관 및 임직원에 대해 영업·신분상 제재 및 금전제재(과징금 및 과태료)가 부과된다. 금소법은 영업행위 준수사항 규제의 실효성을 높이기 위해 과태료 부과 대상을 확대하고 부과 한도액(최고 1억원이하)을 상향 조정하였으며, 징벌적 과징금도 도입하여 적합성 · 적정성원칙을 제외한 판매원칙 위반의 경우에는 수입의 50%까지 과징금을 부과할 수 있도록 하고 있다.[20]

### (5) 계약 관련 위법계약 해지요구권과 청약철회권

금소법은 금융상품 계약 관련 금융소비자의 권리 두 개를 도입하였는데 위법계약 해지요구권과 청약철회권이다.

먼저 위법계약 해지요구권은 금융회사가 법에서 정한 판매원칙(광고관련 준수사항 제외)을 위반한 경우 금융소비자는 그 계약의 해지를 요구할 수 있다. 해지요구권은 일반 · 전문금융소비자 모두 행사 가능하고모든 금융상품에 적용된다. 해지요구권의 시효는 소비자가 위반사항을안 날부터 1년 또는 계약체결일부터 5년 중 먼저 도래하는 날까지 가능하다. 소비자는 금융회사의 법 위반사실 및 근거자료를 첨부하여 금융회사에 계약해지요구서를 제출하고 금융회사는 계약해지요구서를 받은 날로부터 10일 이내 수락 여부를 통지하여야 한다. 금융회사가 정당한 사유 없이 해지요구를 따르지 않을 경우 일방적으로 해지할 수 있다.

해지요구권의 행사 요건으로는 대상 금융상품이 계속적 형태의 금융상품이어야 하며, 계약기간 종료 전에 해당 계약을 해지했을 때 금융소비자의 재산에 불이익이 발생할 것이 필요하다. 다만 온라인투자연계

---

20  과징금 부과대상인 수입은 금융상품별로 다른데 보장성 상품의 경우는 보험료, 대출성 상품의 경우는 대출액, 투자성 상품의 경우 투자액, 예금성 상품의 경우 예치금을 기준으로산정한다.

금융업자와 체결하는 계약, 자본시장법상 원화표시 양도성예금증서, 표지어음에 대해서는 해지 요구권 행사가 인정되지 않는다.

해지의 효과를 보면 소비자의 해지요구를 판매업자가 수용하는 경우, 해당 계약은 장래에 대해 그 효력을 상실하며 금융상품판매업자등의 원상회복의무는 없다. 소비자는 해지 관련 비용 없이 계약 해지가 가능하고, 계약해지 후 금융회사가 소비자에게 지급해야 할 금액에는 대출 이자, 위험보험료, 카드 연회비 등 서비스 제공 과정에서 발생한 비용은 포함되지 않는다.

청약철회권은 금융소비자로 하여금 금융상품(예금성 상품을 제외한 모든 금융상품) 구매 및 금융상품 자문계약 체결 후 일정기간 내에는 동 계약을 자유롭게 철회할 수 있도록 한 권리다. 철회 가능한 기간은 보험상품의 경우 보험증권 받은 날부터 15일과 청약한 날부터 30일 중 먼저도래한 날, 투자상품은 계약체결일이나 계약서류를 받은 날부터 7일, 그리고 대출상품은 계약체결일이나 계약서류를 받은 날부터 14일까지이다. 청약철회권은 일반금융소비자만 행사 가능하며 소비자는 서면, 전자우편, 휴대전화 문자메시지 등을 발송하여 금융회사에 철회의사를 표시하고, 금융회사에 지체없이 그 발송 사실을 고지하여야 한다.

청약철회권이 행사되면 금융상품판매업자 및 자문업자는 청약철회 접수 후 3영업일 이내에 금융소비자로부터 받은 금전·재화 등을 반환하여야 한다. 다만, 대출성 상품의 경우에는 소비자로부터 금전·재화 등을 반환받은 날 이후 3영업일 이내에 이미 받은 수수료를 포함한 금전·재화 등을 반환하면 된다. 그리고 청약철회를 이유로 금융소비자에

게 손해배상 또는 위약금 등 금전의 지급을 청구할 수 없다.[21]

## (6) 금융분쟁조정 결정의 효력 강화

금융분쟁조정제도는 금융소비자와 금융회사 등 이해관계인 사이에 금융업무 등과 관련하여 분쟁이 발생했을 때 금융감독원에 설치된 금융분쟁조정기구인 분쟁조정위원회가 분쟁을 조정함으로써 금융소비자의 피해를 구제하는 제도다. 분쟁당사자 쌍방이 위원회가 제시한 조정결정을 수락할 경우 그 결정은 확정판결과 동일한 '재판상 화해'의 효력을 가져서 쌍방은 더 이상 소송으로 다툴 수 없고 관할 법원에 즉시 강제집행도 신청할 수 있게 된다.[22] 분쟁조정의 또 다른 효력으로는 시효중단이 있다. 분쟁조정을 신청하면 시효중단의 효력이 있고, 분쟁조정 신청으로 중단된 시효는 조정안 수락 또는 조정절차 종료 시 새로이 진행된다. 한편 합의권고 미실시 또는 분쟁조정위원회 미회부 시에는 시효중단 효력이 없는데 이 경우에도 1개월 이내에 재판상 청구 등(재판상 청구, 파산절차참가, 압류, 가압류, 가처분)이 있으면 최초 분쟁조정신청에 따라 시효가 중단된 것으로 간주한다.

금소법 이전에 「금융위원회의 설치 등에 관한 법률」에 있던 금융분쟁조정 관련 규정을 이어받은 금소법은 과거에 비해 훨씬 더 강력한 금융

---

21  청약철회권은 손익이 투자 즉시 발생하고 수시로 변동하는 투자성 상품에는 어울리지 않는 권리다. 투자성 상품을 판매한 금융회사는 청약철회권 행사 기간이 경과할 때까지 투자금을 묶어 두거나 아니면 투자자로부터 청약철회권 포기 각서 등을 받고서야 투자를 집행할 수 밖에 없을 것이다.

22  한국소비자원의 소비자분쟁조정위원회의 조정 결정도 재판상 화해의 효력이 있다. 반면 한국거래소와 금융투자협회 등 증권자율규제기관의 분쟁조정 결정의 효력은 '민법상 화해'의 효력 밖에 없어서, 당사자 모두 수락했더라도 나중에 수락 의사를 번복하고 소송을 제기할 수 있다.

소비자 보호 조치를 도입함으로써 사실상 '분쟁조정 우선주의'를 적용하고 있다고 해도 무방하다. 이러한 조치에는 분쟁조정이 신청된 사건에 대하여 진행 중인 소송을 중지할 수 있는 소송중지제도와 금융회사의 분쟁조정 이탈 금지제도가 있다.

소송중지제도의 경우 금소법 시행 이전에는 분쟁조정절차 진행 중에 금융회사가 소송을 제기하는 경우 조정절차가 중지되었던 것에 반해, 소송중지제도가 도입됨으로써 법원은 분쟁조정이 신청된 사건에 대하여 소송이 진행 중일 경우 조정이 있을 때까지 재량으로 소송절차를 중지할 수 있게 되었다. 다만 수소법원이 소송을 계속할 경우 해당 사건의 분쟁조정절차가 중지된다.

분쟁조정 이탈 금지제도는 분쟁조정 과정에서 금융회사가 소송을 제기하여 분쟁조정을 회피하지 못하도록 일반금융소비자가 신청한 소액(권리가액 2천만원 이내) 분쟁사건의 조정절차가 개시된 경우 금융회사는 조정안을 제시받기 전까지 소송을 제기할 수 없도록 하는 것이다.

금소법은 또한 금융소비자가 분쟁조정이나 소송 등에 대응하기 위한 목적으로 금융회사 등에 자료의 열람을 요구할 수 있도록 하였고, 금융회사는 업무와 관련된 자료를 최대 10년 동안 유지·관리하도록 하였으며, 금융소비자가 분쟁조정 등 권리구제를 위하여 자료열람을 요구할 경우 이를 금융소비자가 열람할 수 있도록 하여야 한다고 규정하고 있다.

## 2. 자본시장법에 의한 주요 공통 영업행위 규제

### (1) 신의성실 원칙(제37조)

금융투자업자는 신의성실의 원칙에 따라 공정하게 금융투자업을 영위하여야 하며, 금융투자업을 영위함에 있어서 정당한 사유 없이 투자자의 이익을 해하면서 자기가 이익을 얻거나 제삼자가 이익을 얻도록 하여서는 아니 된다. 신의성실 원칙은 법령에서나 윤리적으로나 모든 의무의 기본적 내용이 되는 것으로서 우리 민법 제2조에도 민사법의 대원칙으로 규정되어 있다. 이 원칙은 일견 선언적 규정으로서 실질적인 강제력은 이를 구체화한 개별 의무들에 의해서만 담보되는 것 같지만, 경우에 따라서는 개별 규제로 적절한 조치가 이루어지지 못하는 경우 예비적인 조치 근거로 활용될 수도 있음을 유념할 필요가 있다.

신의성실과 유사한 기본적 원칙으로서 선관의무(선량한 관리자로서의 주의의무)와 충실의무도 있는데, 이는 개별 영업행위 규제로서 고객의 돈을 잘 관리해야 하는 집합투자업 · 투자자문업 · 투자일임업 · 신탁업에 적용되며, 투자매매업 · 투자중개업에는 적용 규정이 없다.

### (2) 이해상충(제44조)과 정보교류차단(제45조)

금융투자업자는 영업 과정에서 이해상충이 발생할 가능성이 있는 경우 그 사실을 해당 투자자에게 사전 고지(disclose)하고, 이해상충 발생 가능성을 내부통제기준이 정하는 방법 및 절차에 따라 투자자 보호에 문제가 없는 수준으로 낮춘 후 매매, 그 밖의 거래를 수행하여야 하며, 이해상충 발생 가능성을 낮추는 것이 곤란하다고 판단되는 경우 매매, 그 밖의 거래를 중단(abstain)하여야 한다. 선행매매와 조사분석보고서 부당 이용 금지 등 자본시장법의 많은 행위규제 조항들은 이해상충 관리의무라는 원칙의 예시적 조항이라고 볼 수도 있다. 따라서 법에 열거되지 않은 경우에도 이 원칙이 적용될 수 있다.

다양한 이해상충 관리 중에서 특히 중요한 것이 제45조에서 별도로 정하고 있는 정보교류차단장치(소위 '차이니스월')의 설치다. 정보교류차단장치 규제는 2020년 5월 법률 개정(2021년 5월 시행) 크게 개선되었는데 가장 중요한 변화는 기존의 엄격한 '규정중심규제'에서 '원칙중심규제'로 변경되었다는 것이다.

규정중심의 규제체계는 그 규정들을 엄격히 준수할 것을 요구하기에 개정 전 금융회사들은 영업부서의 물리적 분리, 임직원 겸직 금지, 전산서버 접근 차별화 등 방대하고 자세한 규제를 준수하여야 했다. 그러나 원칙중심 규제체계의 경우 법은 입법 취지 달성에 필요한 기본 원칙만 제시하고 구체적 준수 방법은 업자의 자율에 맡긴다. 따라서 법의 취지에 어긋나지 않는 한 금융회사는 각자의 사정에 따라 유연하고 탄력적인 조직 설계와 인원 배치를 할 수 있게 되었다. 그러나 유념할 것은 원칙중심규제라고 해서 규제 부담이 면제되거나 줄어드는 것은 아니라는 점이다. 동기야 어떻든 결과적으로 위법·위규행위가 발생하면 규제 준수를 소홀히 한 것으로 간주되어 책임을 면하기 어려울 수 있다. 어떤 의미에서는 기존 규정중심규제보다 규제 준수 부담이 훨씬 더 커졌다고 볼 수도 있다. 향후 영업행위의 자율성을 요구하는 일선 부서와 규제 준수를 책임지는 컴플라이언스 부서 사이에 상당한 갈등이 예상된다.

### (3) 직무관련 정보의 이용 금지(제54조)

금융투자업자의 직무관련 정보의 이용 규제는 2단계로 구성되어 있다. 첫째, 금융투자업자는 직무상 알게 된 정보로서 외부에 공개되지 아니한 정보를 정당한 사유 없이 자기 또는 제삼자의 이익을 위하여 이용하여서는 아니 된다(제1항). 자본시장법 제정시부터 있었던 이 조항은 위반시 3년 이하의 징역에 처해지는데, 선행매매 등 시장정보가 규제 대상에서 제외되어 있는 현행 내부자거래 규제의 공백을 보완하는 측면이 있다.

둘째, 금융투자업자 및 그 임직원은 정보교류 차단의 대상이 되는 정보를 정당한 사유 없이 본인이 이용하거나 제삼자에게 이용하게 하여서는 아니 된다(제2항). 2020년 5월 개정으로 신설된 이 조항을 위반하면 훨씬 엄중한 5년 이하의 징역에 처해진다. 제1항과 제2항 모두 중요한 미공개 정보의 부당한 이용을 금지한다는 점에서는 같지만 제2항의 특이한 점은 제1항과 달리 행위 주체가 "금융투자업자 및 그 임직원"으로 되어 있다는 점이다. 자본시장법상 영업행위 규제에서 행위 주체가 임직원을 포함하고 있는 조항은 제55조의 손실보전 금지뿐이고 대부분 "금융투자업자"로만 되어 있는 점과 다른데, 이 의미는 무엇일까? 정확한 입법 의도는 알 수 없지만 아마도 양벌규정의 역적용과 관련이 있다고 생각한다. 앞에서 행위주체가 법인일 경우에는 양벌규정이 역방향으로 적용되어 그 행위를 수행한 임직원에게도 적용된다고 했는데, 이 경우 그 임직원이 회사를 위해서 행위하였을 것과 이익이 회사에 귀속되어야 하는 요건들이 필요하다. 그런데 금융회사의 임직원이 개인의 이익을 위해서 위법행위를 하였다면 이러한 요건이 충족되지 않아 양벌규정을 역적용하여 처벌하기 어렵게 된다. 따라서 차이니스월 규제를 원칙중심으로 완화하면서 그 부작용을 우려하여 책임 문제를 보다 명확히 한 게 아닐까 추측된다. 어쨌든 이 조항으로 인해 행위 주체가 "금융투자업자"로만 되어 있는 다른 규정들의 문제점이 부각되는데 향후 입법적으로 행위 주체를 확대하는 것이 바람직하다.

### (4) 손실보전 금지(제55조)

자본시장법 제55조는 금융투자회사 및 그 임직원이 회삿돈이든 개인 돈이든 관계없이 고객에게 손실을 보전하거나 이익을 보장하는 것을 원칙적으로 금지하고 있다. 대부분의 영업행위 규제가 투자자를 보호하기 위해서 금융투자회사에 부담을 지우는 것인데 비해, 이 규제는 오히려 고객에게 부담을 지우고 피해를 가져올 수도 있다. 법은 왜 투자자보호 원칙에 맞지 않는 이러한 규제를 하고 있는 것일까?

이에 대한 논리적 근거는, 자본시장의 본질은 위험관리에 의하여 경제활동을 촉진하는 것인데 손실보전이나 수익보장은 이러한 증권시장의 본질을 훼손하고 안이한 투자판단을 초래하여 가격형성의 공정을 왜곡하는 행위로서, 증권투자에 있어서의 자기책임원칙에 반한다는 것이다.[23] 투자자보호 원칙보다 더 상위에 있는 원칙은 공정하고 효율적인 자본시장을 만들어 국민경제 발전에 이바지하는 것이다. 자본시장법은 이를 위해 금융투자회사에게는 엄격한 영업행위 규제를 가하여 공정하고 투명한 거래 중개를 도모하는 한편, 금융투자회사가 이를 준수하면 이제 투자자에게도 그에 상응하는 자기책임의 원칙을 물음으로써 금융투자회사와 투자자간 균형과 조화를 꾀하고 있다. 제55조의 손실보전 금지 조항은 이러한 경제적 논리를 배경으로 도입된 규제이다. 손실보전 행위에 자기책임을 적용하는 대법원의 입장은 매우 엄격해서 설령 지점장이 포괄적인 권한을 갖고 자발적으로 이를 약속하더라도 특별한

---

23 대법원 2002. 12. 26. 선고 2000다56952 판결 손해배상(기). ("증권회사 등이 고객에 대하여 증권거래와 관련하여 발생한 손실을 보전하여 주기로 하는 약속이나 그 손실보전행위는 위험관리에 의하여 경제활동을 촉진하는 증권시장의 본질을 훼손하고 안이한 투자판단을 초래하여 가격형성의 공정을 왜곡하는 행위로서, 증권투자에 있어서의 자기책임원칙에 반하는 것이라고 할 것이므로, 정당한 사유 없는 손실보전의 약속 또는 그 실행행위역시 사회질서에 위반되어 무효라고 할 것이다.")

정당 사유가 없는 한 이는 반사회질서로서 무효라고 판시한다는 점을
꼭 기억할 필요가 있다.

## 3. 투자매매업자 및 투자중개업자의 개별 영업행위 규제

앞에서 설명한 공통 영업행위 규제 이외에도 자본시장법은 각 금융
투자업별로 적용되는 개별 행위규제를 가지고 있다. 여기서는 제일 중
요한 투자매매업자 및 투자중개업자의 개별 행위규제를 살펴보기로 한
다. 우리나라의 거의 대부분의 증권회사는 투자매매업과 투자중개업을
겸하고 있는데, 이 경우 추구하는 이익이 다른 자기매매와 위탁매매 간
이해상충의 소지가 커진다. 따라서 자본시장법은 투자매매업자 및 투자
중개업자에 대해서 여러 가지 영업행위 규제를 두고 있다.

### (1) 자기계약 금지

투자매매업자 또는 투자중개업자는 금융투자상품에 관한 같은 매매
에 있어 자신이 본인이 됨과 동시에 상대방의 투자중개업자가 되어서
는 아니 된다(법 제67조). 이 조항은 민법의 자기계약 금지와 같은 맥락
인데,[24] 금융투자회사가 고객의 거래를 중개·대리·주선하는데 그 상
대방이 바로 자기 자신인 경우 자신의 이익을 앞세워 고객에게 손해를
끼칠 수 있다는 당연한 논리를 배경으로 하고 있다. 다만 민법과 달리
쌍방대리에 대한 금지 규정은 없다.

---

24  제124조(자기계약, 쌍방대리) 대리인은 본인의 허락이 없으면 본인을 위하여 자기와 법률
    행위를 하거나 동일한 법률행위에 관하여 당사자 쌍방을 대리하지 못한다. 그러나 채무의
    이행은 할 수 있다.

상법에 보면 개입권이라 하여 자기계약이 허용되는 경우가 있다. 상법 제107조(위탁매매인의 개입권) 제1항은 "위탁매매인이 거래소의 시세가 있는 물건 또는 유가증권의 매매를 위탁받은 경우에는 직접 그 매도인이나 매수인이 될 수 있다. 이 경우의 매매 대가는 위탁매매인이 매매의 통지를 발송할 때의 거래소의 시세에 따른다"고 한다. 이 경우 거래소의 시세가 기준이 되기 때문에 위탁매매인이 위탁자의 이익을 희생하여 자신의 이익을 도모하는 이해상충의 가능성이 없기 때문이다. 투자중개업자인 증권회사는 대표적인 위탁매매인이고 상법의 이 규정은 유가증권에도 적용되기 때문에 자본시장법에서 금지되는 자기계약이 상법에 따르면 허용되는 것으로 보일 수 있다. 그러나 법 적용의 순위와 관련하여 특별법 우선의 원칙에 따라 상법의 이 규정은 상법의 특별법인 자본시장법상 자기계약 금지로 무력화된다는 점을 유념해야 한다. 즉 증권회사는 상법상 개입권을 행사할 수 없다는 것이다.

한편 자본시장법의 자기계약 금지는 투자매매업자·투자중개업자가 증권·파생상품 시장을 통하여 거래하는 경우 등에는 적용되지 않는다. 시장을 통한 거래에서는 거래소가 정하는 매매거래 규칙에 따라 상대방이 우연하게 결정되므로 투자매매업자나 투자중개업자가 상대방이 된다고 하더라도 투자자의 이익을 침해할 가능성이 없기 때문이다. 이 외에도 투자매매업자 또는 투자중개업자가 자기가 판매하는 집합투자증권을 매수하는 경우와 투자매매업자 또는 투자중개업자가 다자간매매체결회사가 개설한 금융투자상품 시장을 통하여 매매가 이루어지도록 한 경우 등에도 이해상충의 소지가 없어서 자기계약이 허용된다.

## (2) 최선집행의무(Best execution rule)

최선집행의무는 복수 시장 체제에서 발생하는 의무이다. 우리 자본시장은 최근까지 한국거래소라는 단일 거래소 체제를 유지해 오다가 2013년 자본시장법 개정으로 복수 거래소 체제로 전환하였다. 이제는 거래소 설립 요건을 충족하여 정부의 허가를 받으면 여러 개의 거래소가 존재할 수 있는 것이다. 더욱이 정규 거래소 외에 '다자간매매체결회사'라는 대체거래소(ATS: Alternative Trading System)까지 함께 도입되어 거래소 간 경쟁이 시작될 전망이다. 이에 따라 단일 거래소 체제에서 증권회사에게 요구되었던 투자자 주문의 거래소 집중 의무가 삭제되고, 대신 최선집행의무가 도입되었다(법 제68조).

최선집행의무란 투자자의 주문을 받은 투자중개업자인 증권회사가 여러 개의 거래소 중 어느 거래소로 그 주문을 보낼 것인지를 선택할 때 투자자에게 최선이 되는 거래소로 보내라는 것이다. 투자자의 명시적 지시가 있으면 당연히 그 지시에 따르면 되는데, 별도 지시가 없을 때는 가격, 수수료 및 그 밖의 비용, 청약 또는 주문의 규모, 매매체결의 가능성 등을 고려하여야 한다. 투자중개업자는 이에 관한 자체 처리 기준인 "최선집행기준"을 마련하고 투자자에게 이를 공표하여야 한다. 그리고 3개월마다 최선집행기준의 내용을 점검하여야 하고, 최선집행기준의 내용이 청약 또는 주문을 집행하기에 적합하지 아니한 것으로 인정되는 때에는 이를 변경하고, 그 변경 사실을 공표하여야 한다.

투자자의 주문이 있을 때마다 실시간으로 최선의 거래조건을 탐색하여 중개하는 것도 이론적으로는 가능하겠지만, 현실적으로는 여러 요소를 고려하여서 한 거래소를 선택하고 일정 기간 기계적으로 그 거래소로 주문을 보내 처리하는 것이 비용 대비 효율적일 것이다. 투자자는 각 증권회사의 최선집행기준을 비교하여 자신에게 적합한 기준을 가진 증권회사를 선택함으로써 증권회사 간 경쟁과 특성화를 촉진시킬 수 있을 것이다.

## (3) 임의매매 금지

임의매매란 투자매매업자나 투자중개업자 또는 그 임·직원이 투자자(또는 그 대리인)로부터 매매의 청약 또는 주문을 받지 않고(즉 투자자의 위탁이 없이) 임의로 투자자로부터 예탁받은 재산으로 금융투자상품을 매매하는 것으로서 무단매매라고도 한다. 최소한의 위탁도 없다는 점에서 일임매매와 구분되지만, 실제 분쟁 시에는 명확히 구분이 어려운 경우가 많다. 증권회사 임직원과 투자자간 증권분쟁 사건에서 큰 비중을 차지하고 있다. 빈번한 거래를 통하여 매매거래 수수료를 많이 취득하고자 하는 증권회사 임직원의 동기가 주요 요인이기는 하지만, 고객도 실질적으로는 일임매매를 요청 내지 허용한 후 손실이 발생하면 임의매매라고 민원을 제기하는 경우도 있다.

임의매매가 불법이라 하더라도 그 거래의 사법상 효력은 유효하기 때문에 거래 자체가 무효가 되지는 않는다. 그러나 고객의 추인(사후 동의)이 없는 한 고객에게 손실을 귀속시킬 수는 없으므로 손실은 증권회사가 떠안아야 한다. 그런데 고객 입장에서 주의할 점은 묵시적이라도 임의매매가 발생한 사실을 알고 추인하면 그 이후의 거래는 임의매매가 아니라는 점이다. 예를 들어 오랫동안 방치해 둔 증권계좌를 우연히 확인해 보니 증권회사 임직원이 임의매매를 하였다는 사실을 발견하고 전화로 담당자와 그 사실을 확인도 하였다. 그런데 당시 수익이 발생한 상황이어서 별다른 이의를 제기하지 않고 묵인하였다면 이제부터는 추인을 받은 것으로 되어 임의매매가 아니라는 것이다.

임의매매 관련 소송에서 손해액 산정은 "임의매매 이전의 고객의 주식 및 예탁금 등의 잔고에서 그 이후 고객의 지시에 반하여 임의매매를 해 버린 상태, 즉 고객이 그 임의매매 사실을 알고 문제를 제기할 당시에 가지게 된 주식 및 예탁금의 잔고와의 차액"을 재산상 손해액으로 간주한다.[25] 주가가 크게 상승한 경우에는 손해배상을 구하는 대신에 주식의 반환을 청구할 수도 있다.

## (4) 불건전 영업행위 금지

자본시장법 제71조 및 동법 시행령 제68조에서 정하고 있는 불건전 영업행위는 수십 개의 항목으로 구성된, 그물망 같은 방대한 행위규제이다. 법에서 6개, 시행령에서 15개를 직접 규정하고 있고 시행령의 위임을 받아 금융위원회가 제정한 금융투자업규정에서 추가로 14개를 규정하고 있다(금융투자업규정 제4-20조). 여기서 이 방대한 내용을 일일이 설명할 수는 없으니 주요 항목 중심으로 간략히 살펴본다.

### 1) 선행매매 금지

먼저 선행매매(front running) 규제라 하여, 투자자로부터 금융투자상품의 가격에 중대한 영향을 미칠 수 있는 매수·매도의 청약이나 주문을 받거나 받게 될 가능성이 큰 경우 이를 체결시키기 전에 그 금융투자상품을 자기의 계산으로 매수 또는 매도하거나 제삼자에게 매수 또는 매도를 권유하는 행위를 금지한다. 예를 들어 국민연금으로부터 대량의 매수주문을 받은 증권회사의 담당자가 자신의 계좌로 먼저 매수하는 행위이다. 다만 투자자의 매매주문에 관한 정보를 이용하지 아니하였음을 증명하는 경우나, 증권시장과 파생상품시장 간의 가격 차이를 이용한 차익거래, 그 밖에 이에 준하는 거래로서 투자자의 정보를 의도적으로 이용하지 아니하였다는 사실이 객관적으로 명백한 경우는 예외가 인정된다.

---

25  대법원 2007. 6. 14. 선고 2004다45530 판결 손해배상(기).

선행매매는 일종의 미공개정보를 이용하는 불공정거래인데도 오랫동안 그 위법성에 상응하는 제재가 규정되어 있지 않았다. 구 증권거래법에서는 형사처벌 조항이 아예 없었고, 자본시장법에서도 법정형이 "5년 이하의 징역 또는 2억원 이하의 벌금"으로서 최대 무기징역까지 처벌될 수 있는 상장법인 임직원의 내부자거래에 비해 훨씬 낮다. 그러나 금융회사 임직원에게 요구되는 윤리적 수준을 생각하면 상장법인 임직원에 비해 오히려 더 무겁게 규제되는 것이 타당할 것이다. 한편 상장법인의 업무와 관련 없이 상장증권의 가격에 영향을 미치는 정보를 '시장정보'라 하는데, 주문정보도 시장정보에 해당한다. 2015년 개정된 자본시장법은 이러한 정보를 이용하는 행위를 "시장질서 교란행위"라고 규정하고 과징금을 부과할 수 있게 하였다. 그러나 일반적인 내부자거래는 여전히 아니다.

### 2) 조사분석보고서 이용 금지

이 규제는 특정 금융투자상품의 가치에 대한 주장이나 예측을 담고 있는 조사분석자료(애널리스트 보고서)를 투자자에게 공표함에 있어서 그 조사분석자료의 내용이 사실상 확정된 때부터 공표 후 24시간이 경과하기 전까지 그 조사분석자료의 대상이 된 금융투자상품을 자기의 계산으로 매매하는 행위를 금지한다. 이러한 행위를 통상 "스캘핑(scalping)"이라고도 하는데, 초단타매매를 스캘핑이라 하기도 하니 주의해서 봐야 한다.

애널리스트의 조사분석보고서는 증권 가격에 큰 영향을 미치는 경우가 많고 특히 그 애널리스트가 유명인이거나 소속 회사가 외국계 증권회사인 경우는 더욱 그러하다. 따라서 이 보고서의 정보 가치가 매우 크므로 이를 이용하고자 하는 욕구는 자연스럽고, 과거에 증권회사는 이 조사보고서를 기관투자자 유치에 활용하기도 하였다. 그러나 정보 평등을 지향하는 자본시장법의 기본 원칙에서 보면 있을 수 없는 불공정거래이다. 이 행위도 선행매매와 같은 법정형에 처해지고 시장질서 교란행위로서 과징금 처분 대상이 된다. 다만 선행매매는 제3자에게 누설하거나 권유하는 것도 처벌되는데, 조사분석보고서는 자신의 거래만 처벌되는 차이가 있다.

예외적으로 조사분석자료의 내용이 직접 또는 간접으로 특정 금융투자상품의 매매를 유도하는 것이 아닌 경우나, 조사분석자료의 공표로 인한 매매 유발이나 가격 변동을 의도적으로 이용하였다고 볼 수 없는 경우, 공표된 조사분석자료의 내용을 이용하여 매매하지 아니하였음을 증명하는 경우, 해당 조사분석자료가 이미 공표한 조사분석자료와 비교하여 새로운 내용을 담고 있지 아니한 경우 등은 이용이 허용될 수 있다.

미공개 조사보고서를 이용하는 불공정거래는 아니지만 조사분석자료 관련 또 다른 규제로는, 조사분석자료 작성을 담당하는 자에 대하여 인수나 M&A 중개 등 기업금융업무와 연동된 성과보수를 지급하거나, 주권(주식관련사채 포함)의 모집·매출과 관련한 계약을 체결한 날부터 그 주권이 증권시장에 최초로 상장된 후 40일 이내에 그 주권에 대한 조사분석자료를 공표하거나 특정인에게 제공하는 행위 등이 금지된다. 인수 계약 등을 수주하기 위하여 기업의 요구에 맞추어 조사보고서를 왜곡할 수 있는 개연성이 크기 때문이다.

### 3) 인수·주선업무와 관련 규제

증권의 인수업무 또는 모집·사모·매출의 주선업무와 관련하여, 증권의 발행인·매출인 또는 그 특수관계인에게 증권의 인수를 대가로 모집·사모·매출 후 그 증권을 매수할 것을 사전에 요구하거나 약속하는 행위가 금지되며, 인수하는 증권의 배정을 대가로 그 증권을 배정받은 자로부터 그 증권의 투자로 인하여 발생하는 재산상의 이익을 직접 또는 간접으로 분배받거나 그 자에게 그 증권의 추가적인 매수를 요구하거나 인수하는 증권의 청약자에게 증권을 정당한 사유 없이 차별하여 배정하는 행위 등도 금지된다. 기업과 투자자의 이해관계가 매우 큰 증권 공모와 관련하여 기업이나 투자자에게 갑질을 하거나 투자자를 부당하게 차별하는 것을 방지하고자 함이다.

### 4) 수탁거부 금지 의무

불건전 영업행위 중에 흥미로운 규제 중 하나가 수탁거부 의무이다. 증권회사가 투자자로부터 불공정거래 금지조항을 위반하여 매매, 그 밖의 거래를 하려는 것을 안다면 그 매매, 그 밖의 거래를 위탁받아서는 안 된다는 규정이다. 자본시장법 시행령 제68조 제5항 제6호의 정확한 조문 문구는 "투자자가 법 제174조·제176조 및 제178조를 위반하여 매매, 그 밖의 거래를 하려는 것을 알고 그 매매, 그 밖의 거래를 위탁받는 행위"이다. 여기서 제174조는 내부자거래를, 제176조는 시세조종을, 제178조는 부정거래를 금지하는 조항들로서 자본시장법상 3대 불공정거래 규제라 할 수 있다.

유념할 부분은 투자자가 불공정거래를 할 목적으로 제출하는 주문이라는 것을 "알고" 그 주문을 접수하거나 집행을 하면 안 된다는 것인데, 사실 투자자가 주문을 제출하면서 자신이 지금 불공정거래 중이라고 말할 리는 전혀 없을 것이다. 따라서 이 조문은 문자적으로 해석하면 곤란하고, "알 수 있을 경우"로 유연하게 해석해야 하고 현재 증권회사 실무와 감독당국의 규제도 "알 수 있을 경우"를 상정하고 이루어지고 있다.

예를 들어서 내부자거래의 경우, 평소 고객 관계가 있던 상장회사 임원이 어느 날 갑자기 보유 물량을 급하게 처분하려고 연락이 왔다고 하자. 이때 그 회사와 관련하여 시장 소문이나 뉴스 등을 볼 때 의심스럽다고 판단되면 주문을 받지 않는 것이 법령의 취지에 맞는 행위이다.[26] 시세조종의 경우는 한국거래소에서 '모니터링시스템'이라는 간이 불공정거래 적발 시스템을 증권회사 준법감시 파트에 배포하였으므로 그 시스템에 따라 이상거래로 적발되면 수탁을 거부하는 것이 마땅할 것이다.

### 5) 과당매매와 일임매매 규제

과당매매에 대한 법적 정의는 "일반투자자의 투자목적, 재산상황 및 투자경험 등을 고려하지 아니하고 일반투자자에게 지나치게 자주 투자권유를 하는 행위"로 되어 있다(시행령 제68조 제5항 제2호). 그러나 실제 분쟁이나 소송 사례를 보면 투자권유가 아니라 증권회사 직원이 투자자로부터 포괄적 일임을 받아 직접 매매거래를 한 경우가 거의 대부분이다. 판례에서도 "증권회사가 고객과 포괄적 일임매매 약정을 하였음을 기화로, 그 직원이 충실의무를 위반하여 고객의 이익을 등한시하고 무리하게 빈번한 회전매매를 함으로써 고객에게 손해를 입힌 경우에는 과당매매행위"로서 손해배상책임이 따르는 불법행위라고 한다.[27] 임의매매와 더불어 분쟁이 빈발하는 불건전 영업행위의 대표적 행위이다.

과당매매의 판단은 여러 요소들을 고려하여 이루어지는데, 법원이 제시한 판단 요소는 "고객 계좌에 대한 증권회사의 지배 여부, 주식매매의

---

26 2001년 미국에서 유명한 마사 스튜어트(Martha Stewart) 사건에서 임클론이라는 상장회사의 CEO인 사무엘 왁살이 급하게 보유 물량을 처분하려고 하자 담당 증권회사 직원이 임클론 관련 시장 소문 등을 들어 내부자거래 가능성이 있다며 주문 수탁을 거부한 사례가 유명하다. 동 사건에 대한 1심 판결은 United States v. Stewart, 305 F.Supp.2d 368 (S.D.N.Y. 2004) 참조.

27 대법원 2012. 6. 14. 선고 2011다65303 판결 손해배상(기).

동기 및 경위, 거래기간과 매매횟수 및 양자의 비율, 매입주식의 평균적 보유기간, 매매주식 중 단기매매가 차지하는 비율, 동일 주식의 매입.매도를 반복한 것인지, 수수료 등 비용을 공제한 후의 이익, 운용액 및 운용 기간에 비추어 본 수수료액의 과다 여부, 손해액에서 수수료가 차지하는 비율, 단기매매가 많이 이루어져야 할 특별한 사정이 있는지 등의 여러 사정을 참작하여 주식매매의 반복이 전문가로서의 합리적인 선택이라고 볼 수 있는지 아닌지를 기준으로 판단"한다.[28]

실제 사례를 보면, 증권회사 직원이 투자자로부터 위탁받아 주식거래를 시작한 2006. 3. 21.부터 2008. 11. 21.까지 약 32개월 동안의 주식거래는 총 629회에 이르고, 이와 같은 주식거래를 통하여 발생한 수수료 및 제세금의 합계가 41,913,772원으로 고객의 총 투자원금의 약 12.85%에 달했던 사건에서 2심은 과당매매가 아니라고 보았지만 대법원은 과당매매라고 판단한 바 있다.[29]

이 과당매매와 통상 같이 연결되어 있는 행위가 일임매매 위반이다. 즉 과당매매는 거의 대부분 증권회사 직원이 투자자로부터 알아서 해달라는 포괄적 일임을 받아 수행하는 과정에서 발생하는데 사실 이러한 포괄적 일임약정은 자본시장법이 금하는 불건전 영업행위인 것이다. 자본시장법 제71조 제6호는 "투자자로부터 금융투자상품에 대한 투자판단의 전부 또는 일부를 일임받아 투자자별로 구분하여 금융투자상품을 취득·처분, 그 밖의 방법으로 운용하는 행위"를 금지하며, 다만 투자일임업으로 등록한 일임업자가 하는 경우와 투자중개업자가 투자자의 매매주문을 받아 이를 처리하는 과정에서 금융투자상품

---

28    대법원 2007. 4. 12. 선고 2004다4980 판결 등 참조.

29    대법원 2012. 6. 14. 선고 2011다65303 판결 손해배상(기).

에 대한 투자판단의 전부 또는 일부를 일임받을 필요가 있는 경우(법 제7조 제4항)에만 이를 허용하고 있을 뿐이다. 따라서 증권회사 직원이 고객으로부터 포괄적 투자일임을 받는 행위는 그 자체로 이미 불건전 영업행위인 것이다.

---

**칼럼** 대출규제 단상… 삼년고개와 적합성 · 적정성 원칙

어느 노인이 삼년고개에서 넘어지자 이제 삼년 밖에 못 살 거라며 근심하다가 시름시름 앓게 되었는데, 삼년고개의 저주를 역적용하는 꾀를 얻어 삼년고개에서 계속 굴러 넘어짐으로써 삼천갑자 동방삭처럼 오래 살게 되었다. 어릴 때 무릎을 치며 들었던 이 유명한 설화가 최근 대출규제에 소환되어 역적용되는 적합성 · 적정성 원칙에 오버랩되어 떠올랐다. 그런데 삼년고개 설화는 원래의 저주를 역적용하여 축복이 되었으니 환영할 일이나, 금융소비자의 방패가 되어야 할 것을 은행의 창으로 만들어 줄 수 있는 적합성 · 적정성 원칙의 역적용은 환영받지 못할 것이다.

금융당국은 지난 10월 26일 발표한 「가계부채 관리 강화방안」에서 내년 1월부터 가계대출 취급 시 금융소비자보호법(이하 '금소법')상 적합성 · 적정성 원칙의 준수 여부를 점검하고 위반 시 과태료 부과 등 조치를 하겠다는 방침을 밝혔다. 또한 은행연합회 중심으로 가계대출 취급 시 관련서류 및 심사절차 전반에 대한 점검 후 개선필요사항을 정비할 것을 요구하였다. 이에 따라 은행권은 대출 적합성 · 적정성 모범규준 개정을 위한 태스크포스를 꾸려 증빙서류 확대 등을 검토할 것이라고 한다.

금소법상 적합성원칙이라 함은 위험감수능력이 부족한 금융소비자를 보호하기 위하여 상환능력에 걸맞는 안전 상품에 대해서만 판매 권유를 하라는 것이다. 고객이 굳이 판매 권유를 원하지 않으면 적용되지 않는다. 적정성원칙은 파생상

---

품과 같이 위험한 상품에 대해서는 판매 권유를 하지 않는 경우에도 고객의 상품 구매 요구를 그대로 들어주면 안 되고 사전에 고객파악과 위험고지를 하라는 것이다. 고객보호를 위한 이중의 안전장치다. 자본시장법 제정 시 처음 도입되었는데 이후 보험업법을 거쳐 현행 금소법에 이르러서는 모든 금융회사에 적용되는 일반원칙이 되었다.

국내총생산(GDP)을 넘는 1800조원 대의 가계부채 규모와 가파른 증가속도 등을 고려할 때 당국의 대응이 불가피하다는 점을 수긍하면서도 대출규제에 적합성·적정성 원칙까지 동원하는 것은 몇 가지 점에서 동의하기 어렵다.

첫째, 대출성 상품에 적합성원칙을 적용하는 것은 이론적으로 타당하지 않다는 점이다. 일반 금융상품은 소비자 대중에게 동일한 조건으로 판매되므로 불특정 다수가 동일한 위험에 놓이게 되어 법적 보호 필요성이 상대적으로 크다고 할 것이다. 그러나 대출성 상품은 구체적 대출계약을 통해 조건이 확정되므로 그 조건은 계약자마다 다를 수밖에 없는 구조이고, 또한 소비자들은 대출계약 조건을 협상하는 과정에서 그 상품에 대해 충분히 인지하게 되므로 무분별한 상품 매입으로 이어지기도 어렵다. 대출과 예금이 주 업무인 은행을 규율하는 은행 법령에 적합성원칙과 같은 영업행위규제가 없었던 것은 이러한 이유에서였다.

둘째, 적정성원칙 적용은 적합성원칙보다 훨씬 더 부적절하다는 점이다. 위에서 설명한 바와 같이 적정성원칙은 고도의 위험상품으로부터 소비자를 보호하기 위한 것인데, 금소법상 적정성원칙이 적용되는 상품을 보면 주택·증권·지적재산권을 담보로 하는 대출로서 대출성 상품 중에서 가장 안전한 상품들이라고 할 수 있다. 투자성 상품의 경우 파생상품과 고난도금전신탁계약 등에만 적용되는 것과 극명히 대비된다.

셋째, 고객파악의 수단으로써 기존의 대출서류에 더하여 추가로 증빙서류 제출을 요구하는 것이 가져올 문제가 크다는 점이다. 적합성·적정성 원칙 적용시 제일 중요한 고객조사는 법령에 따라 지금까지 면담·질문 등 고객이 제공하는 구두 정보로 이루어졌다. 이제 여러가지 증빙서류를 요구하게 되면 소비자에게 큰 불편을 초래할 뿐만 아니라 과도한 사생활 침해 및 기본적인 경제활동을 제약하게 된다. 은행으로부터 고객을 보호하고자 하는 법의 취지와 반대로 은행이 대출을 안 해주기 위한 수단으로 악용될 수 있는 것이다.

이와 같은 이유에서 대출규제 목적으로 적합성·적정성 원칙을 동원하는 것은 자제되어야 하며 증빙서류 확대 같은 과도한 규제는 배제되는 것이 바람직하다.

(성희활, 아시아경제 시론, 2021. 11. 15)

# 제4장

# 증권 발행에 대한 규제

## (공모규제)

이 장에서는 증권 발행에 대한 규제, 일명 '공모규제'를 살펴본다. 증권의 공모(公募)란 '모집'과 '매출'을 말하는데, '모집'은 기업이 증권을 발행하여 투자자 일반에게 널리 매각함으로써 자금을 조달하는 것을 말하고, '매출'은 이미 발행된 증권을 보유하고 있는 자가 그 증권을 투자자 일반에게 널리 매각하는 것을 말한다.

기업이나 증권 보유자가 증권을 팔아서 사업 등에 필요한 자금을 조달하는 것은 영업 자유의 범위에 해당될 텐데 자본시장법이 이 행위를 굳이 규제하는 이유는 무엇일까? 그것은 자기보호 능력이 약한 일반투자자에게 부실한 증권을 파는 등 사기적 방법으로 투자자를 해칠 수 있기 때문이다. 기본적으로 다수의 일반투자자를 보호하기 위해서 규제하는 것이므로, 소수의 투자자나 전문투자자에게 매각하는 '사모'(私募)는 거의 규제하지 않는다. 소수의 투자자는 투자자보호의 실익이 크지 않아서, 그리고 전문투자자는 스스로를 보호할 능력이 있기 때문이다.

한편 규제 대상이 증권이기는 하지만 실질적으로는 그 증권을 발행한 기업에 대한 규제가 이루어진다. 그러면 기업을 규제하는 기본법인 상법(회사편)과는 어떤 관계인가? 상법은 기업의 설립, 조직 구조, 회사의 운영, 신주나 채권의 발행, 기업 재편 등 기업의 일생에 걸친 모든 분야에 대한 기본법이다. 이와 달리 자본시장법은 기업이 투자자 일반을 대상으로 증권을 발행하여 자금을 조달하는 경우 제한적으로 적용되는 특별법이다. 물론 상장법인 특례라 하여 상법이 다루어야 할 사항들을 일부 담고는 있으나 자본시장법의 본질과는 별로 관련이 없는 부분이다.

자본시장법은 증권을 발행하는 기업을 "발행인"이라 하고 있으므로, 이 발행인을 기업의 대표자로 오인해서는 안 된다. 발행인에 주식회사 등 기업이 포함되는 것은 당연한데, 개인도 발행인이 될 수 있는가? 외국에서는 연예인 등이 개인 자격으로 채권을 발행한 사례도 있지만, 우리 자본시장법에서 개인 자격으로 증권을 발행할 수 있는지는 미지수다.[1] 해석상 개인의 증권 발행을 금지하는 규정은 없지만 여러 규정이 회사를 염두에 두고 만들어져 있기 때문에 쉽지 않아 보인다.

---

1   1997년 영국의 록 가수 데이비드 보위가 자신의 미래 저작권료 수입을 기초자산으로 한 15년 만기의 '보위채권(Bowie bond)'을 발행해서 5,500만 달러에 팔았다.

# 제1절 공모규제에 대한 철학

## 1. 규제주의와 공시주의

증권의 공모에 대한 규제를 어떤 방식으로 할 것인가에 대해서 현대 자본시장 규제의 원조라 할 수 있는 미국에서는 규제주의 방식을 거쳐 공시주의 방식으로 확립되었다. 규제주의란 내용에 대한 규제(Merit regulation)로서, 규제당국이 기업과 증권에 관한 실질적 가치를 심사하여 다수인에게 매각시키는 것이 부적합하다고 판단되면 그 발행 등을 금지하는 방식이다. 자본시장이 발달하지 않은 국가에서는 현재도 규제주의 방식을 취하는 사례가 있다. 이와 반대로 공시주의는 공시에 대한 규제(Disclosure regulation)로서, 기업과 증권의 실질적 가치에 대한 심사 없이 기업 스스로 발행 증권에 관한 진실한 내용을 공시하게 하고 투자여부는 투자자의 자유로운 판단과 책임하에 투자를 결정하도록 하는 방식이다.

이러한 규제주의와 공시주의 철학을 미국 증권법의 역사를 통해 더 자세히 설명한다. 미국 증권법은 우리 자본시장법의 모델이 된 법으로서, 우리 자본시장법을 이해하는데 아주 중요하기 때문에 기본적인 사항들은 알아 두는 것이 좋다.


## 2. 미국 증권법의 역사[2]

19세기 후반에 이르러 미국에서는 대규모 주식회사들이 출현하기 시작했다. 영국에서 시작된 산업혁명이 미국에서 활짝 꽃 피고 열매를 맺기 시작했다. 1900~1928년 기간 미국의 주식투자인구는 약 4백여만 명에서 1천 8백만 명으로 급증하였다. 이에 따라 투자자보호 이슈가 중요해졌고, 주 정부들은 1911년 캔자스주를 시작으로 그동안 각 증권거래소의 자율규제에 맡겨져 있던 증권규제를 시작하였다. 주 정부의 증권규제는 통상 청공법(Blue Sky laws)으로 불리었는데, 사기 금지와 인가제(licensing)를 핵심 수단으로 하였다. 즉 규제주의 방식(substantive regulation)을 채택한 것이다. 인가제에서 증권의 발행은 주 정부에 발행신청서를 제출하고 인가를 받아야만 가능하게 되었다. 주정부 당국은 발행인이 제출한 제반 서류를 바탕으로 재무상태의 과거와 현재를 심사하고 당해 증권 발행의 건전성을 판단하였다. 때로는 수익이 없는 경우에도 "이것은 투기적 증권임"을 명시하고 발행하는 것이 허용되기도 하였다.

뉴욕증권거래소 상장법인은 이러한 발행규제가 면제되었는데 이는 거래소의 상장규제가 주정부의 발행규제보다 엄격하였기 때문이다. 그

---

2    이 부분은 Elisabeth Keller, "Introductory Comment: A Historical Introduction to the Securities Act of 1933 and the Securities Exchange Act of 1934", 49 Ohio State Law Journal 329, 1988를 요약하고 일부 보완한 것이다.

러나 상장법인 면제 특권이 상대적으로 느슨한 다른 거래소로도 확대되자 이를 악용하여 지방의 소형거래소에 상장한 후 상장법인 자격으로 다른 주에서 규제 없이 증권 발행을 하는 악용 사례도 있었다. 1922년, 주별 증권규제의 상이함으로 인한 규제차익을 제거하고자 통일주법안이 작성되었으나 1930년까지 통일주법을 채택한 주는 하나도 없었다. 의회 보고서에 따르면 제1차 세계대전 후 약 10년간 대략 500억 달러 규모의 증권 발행이 있었으나 이중 절반은 가치 없는 부실한 증권이었다고 한다. 증권에 대한 수요가 폭발적으로 증가하는 상황에서 기업과 인수인들은 쓰레기 증권들을 마구 발행하였다는 것이다.

1929년 증시 대폭락 이후 1932년 대통령에 당선된 프랭클린 루스벨트는 나중에 연방대법관을 역임한 루이스 브랜다이스 변호사의 공시주의 철학이 반영된 연방 증권법안을 제시하였다.[3] 동 법안의 기본 원칙은 "고전적인 '매수자 주의 원칙'(caveat emptor)에 '매도자 주의 원칙'(let the seller beware)을 추가하는 것"이었다. 주로 영국 회사법(1908년과 1929년)을 참고하여 입안하였는데, 영국 회사법은 공시주의 방식(disclosure regulation)을 택하고 있었다. 즉 발행인에 의한 충분한 공시의무와 부실공시에 대한 엄격한 책임을 부과하는 체계였다. 1933년 5월, 마침내 공시주의 규제를 원칙으로 하는 연방 증권법(Securities Act of 1933)이 제정되었다. 그런데 이 연방 증권법에 대해서 증권거래위원회(SEC) 위원장과 연방대법관을 역임한 윌리엄 더글러스는 공시주의 원칙으로 투자자들이 실질적인 보호를 받을 수 있겠느냐며 비판을 하였고, 이듬해에

---

3  변호사로 활동할 당시 "인민의 변호사(People's Lawyer)"라 일컬어졌던 루이스 D. 브랜다이스 연방대법관은 그의 책 '타인의 돈'(Other People's Money And How the Bankers Use It, 1914)에서 ""제반 정보의 공시야말로 사회적, 경제적 부패를 방지할 수 있는 최선의 수단이다. 즉 햇볕은 최상의 해독제이며 전등은 가장 효과적인 경찰이다"라고 한 바 있다.

증권법을 보완하는 연방 증권거래소법(Securities Exchange Act of 1934)
이 제정되었다.

1933년 증권법은 전적으로 발행규제를 다룬 반면, 1934년 증권거래
소법은 거래소, 증권회사, 기업의 계속공시의무, 증권감독 등 제반 사항
들을 모두 다룬 법이다. 1934년 증권거래소법에 의해 설립된 연방 증권
감독기관이 증권거래위원회(SEC: Securities and Exchange Commission)로
서 우리나라의 금융위원회와 금융감독원의 증권 분야를 통합한 기관에
해당한다. 증권거래위원회는 행정부로부터 독립성을 갖춘 독립 행정위
원회 조직의 연방 정부 기관으로서 약 3,500명의 전문가로 구성된 세계
최대 규모의 증권감독기구이며, 증권법의 제·개정과 해석 및 제재 등
에서 주요국의 롤 모델이 되고 있다.


## 3. 우리나라의 공모규제 철학

우리나라는 공모규제의 기본 철학으로 증권거래법 제정 당시부터 공
시주의를 표방하여 왔다. 1962년 제정법을 보면 유가증권의 모집·매
출 시 재무부장관에게 신고하도록 하고(제4조), "재무부장관은 신고서
류에 형식상의 불비가 있거나 그 서류에 기재할 중요한 사항의 기재가
불충분하다고 인정할 경우에는 그 이유를 제시하고 정정신청서의 제출
을 명할 수 있다"고 하였다(제6조). 다만 국가 주도의 경제개발 초기에는
유가증권 발행자의 자격, 증권의 가격, 물량 등에 있어 정책적인 지도·
감독·조정 역할을 정부에서 수행하여 실질적으로는 규제주의적 측면
이 강하였다. 그러나 1990년대에 들어서 정부의 개입을 점차 축소하여
실질적인 공시주의가 자리 잡게 되었다.

그런데 자본시장법은 법 조문의 문언상으로는 오히려 과거 증권거래법보다 규제주의적 요소가 강화된 측면도 있다. 구 증권거래법의 경우 유가증권신고서(자본시장법상 증권신고서에 해당)를 심사할 때 그 신고서에 "형식상의 불비가 있거나 그 신고서에 기재할 중요한 사항의 기재가 불충분하다고 인정하는 때"에 정정명령을 내릴 수 있도록 하였는데(구 증권거래법 제11조), 이는 형식적 심사만 가능하다는 점을 말하고 있다. 왜냐하면 형식상의 불비나 중요사항의 기재 불충분은 내용과 관계없이 그 서류만으로도 한눈에 알 수 있기 때문이다.

　이와 달리, 자본시장법은 "증권신고서의 형식을 제대로 갖추지 아니한 경우 또는 그 증권신고서 중 중요사항에 관하여 거짓의 기재 또는 표시가 있거나 중요사항이 기재 또는 표시되지 아니한 경우" 등에는 수리를 거부하거나 정정요구를 할 수 있도록 하고 있다(법 제120조 및 제122조). 그런데 "거짓의 기재 또는 표시"가 있다고 판단하려면 내용에 대한 심사 없이는 사실상 불가능하다. 따라서 자본시장법의 법문에 따르면 규제주의적 입장에서의 내용심사가 법적으로 허용된다고 할 것이다. 더욱이 증권거래법에 없던 '수리 거부권'도 명시적으로 규정하여 감독당국의 적극적인 개입을 보장하고 있다는 점도 규제주의적 요소가 강화된 것으로 볼 수 있다. 결론적으로 우리 자본시장법의 공모규제 철학은 '규제적 공시주의'라고 정의해도 무리는 아니다.[4]

---

4　성희활, "가상화폐의 공모(ICO)와 상장에 대한 적정 규제방안", 상사법연구, 제37권 제1호, 2018, 87면 참조.

# 제2절 증권 발행의 방법

## 1. 공모 발행과 사모 발행

증권을 발행(매각)하는 방법에는 공모 발행(public offering)과 사모 발행(private placement)의 두 가지가 존재한다. 양자의 차이는 '청약의 권유'을 받는 사람의 수에 따라 구분되는데, 자본시장법은 6개월 통산하여 50인 이상에게 증권의 취득을 권유하는 경우 이를 공모 발행으로 보고 일반투자자보호를 위해 증권신고서 등의 공모규제를 적용한다.

공모 발행은 '모집'과 '매출'로 구분되는데, '모집'이란 유상증자 등으로 신규로 발행되는 증권의 취득을 권유하는 것을 말하고(법 제9조 제7항), '매출'이란 이미 발행되어 있는 증권의 보유자가 해당 증권을 매각할 때 취득의 권유를 하는 것을 말한다(법 제9조 제9항). '기업공개'(IPO: Initial Public Offering)란 지분 보유자가 얼마 안 되고 폐쇄적으로 운영되던 회사의 주식이 널리 투자자 일반에게 매각되어 공개회사(public company)가 되는 것을 말하는데, 기업공개의 방법으로는 일반적으로 모집이 사용되지만 때로는 매출 방식으로 이루어지는 경우도 있다. 2010

년에 기업공개와 상장을 한 삼성생명은 매출로만 기업공개가 이루어진 드문 사례인데, 당시 삼성자동차의 채권은행단이 담보로 보유하고 있던 물량과 삼성의 친족 그룹(CJ, 신세계)이 보유하고 있던 대규모 물량이 투자자 일반에 매각되었다.

주의할 점은 매출의 경우 증권을 일반에게 매각하는 매출인은 별도로 있는데도(삼성생명의 경우 채권은행단과 CJ, 신세계 등), 공모규제는 그 증권을 발행한 회사에 적용되어 그 회사가 증권신고서 등을 제출하여야 한다는 것이다. 즉 매출로 취득한 금전 등은 발행 회사가 아니라 매출인에게 가고, 회사는 얻는 것도 없이 규제 준수 비용만 부담한다는 점이다. 일반적으로 매출을 할 만큼 많은 주식을 보유한 자는 그 주식을 발행한 회사의 최대주주로서 사실상 회사의 의사결정권을 가지고 있으니 이런 상반된 관계가 그다지 문제 되지 않는다. 그러나 최대주주와 이사회가 대립적인 관계에 있다면 이 상반된 관계 때문에 매출을 누가 결정할지, 비용을 누가 부담할지 등을 놓고 분쟁이 발생할 수도 있다.

사모 발행은 새로 발행되는 증권 취득의 청약을 권유하는 것으로서 모집에 해당하지 않은 것을 말하는데(법 제9조 제8항), 50인 미만의 자를 대상으로 유상증자 참여를 권유하는 경우가 대표적이다. 사모는 투자자 보호 실익이 적어 증권신고서 등 공모규제가 적용되지 않는다.

## 2. 공모(모집 · 매출)의 요소

※ 다음의 사례들에서 자본시장법 문제는 없을지 생각해 보자.[5]

(사례 연구 1) 모 상장법인이 제3자배정 유상증자 결정 후 최초 주요사항보고서

제출시 25인의 배정자 명단을 공시하였으나, 이후 배정자 명단을 49인으로 변경하여 정정공시하였다. 정정공시에 따르면 최초 공시되었던 25인 중 13인이 제외되고, 신규로 37인이 추가되었다. 한편, 이 회사는 배정자 수가 49인이 되자 추가로 투자의사를 밝힌 투자자 12명의 증자 참여를 위해 배정자 명단에 있던 2인의 명의로 차명 배정한 후 증권신고서 제출 없이 발행을 완료하였다.

(사례 연구 2) 어느 헤지펀드 운용 회사가 인터넷 홈페이지를 통해 동사의 신규 헤지펀드 가입자를 모집하는 안내문을 게시하였다. 안내문에 가입자의 자격에 대한 언급은 없었지만, 일반투자자의 가입 문의는 다 거절하고 전문투자자만 49인을 모아 헤지펀드를 출범시켰다. 50인 미만이기 때문에 증권신고서는 제출하지 않았다.

(사례 연구 3) 모 상장법인이 신규 투자금 유치를 하고자 유상증자를 하는데 유명 연예인 2인에게만 제3자배정으로 신주를 발행하였다. 50인 미만을 대상으로 증권을 발행한 것이므로 증권신고서를 제출하지 않았다.

(사례 연구 4) 모 증권회사가 자신이 취득한 해외 대출채권의 유동화를 위해 다수의 유동화회사(SPC)를 설립하여 유동화사채(ABS)를 발행하기로 결정하고 일반투자자를 상대로 사전 예약을 받은 후, 동 예약 결과에 따라 총 15개의 SPC를 설립하고, 증권신고서 제출 없이 각 SPC별로 49매 이하의 ABS(모든 조건 동일)를 동시 발행하여 예약자 538인에게 최종 판매하였다.

증권신고서 등 엄격한 규제가 적용되는 것은 공모에 한해서이고, 공모란 50인 이상의 투자자에게 매각하는 것을 말한다고 간단히 이해하지만, 여기에는 상당히 까다로운 판단 요소들이 있어서 생각보다 복잡한 것이 공모규제이다. 자본시장법이 규정하고 있는 공모 개념에 있어서 중요한 요소로는, ① '청약의 권유'의 유무, ② 50인의 산정기준, ③

---

5    사례 연구 및 해설 (1)과 (4)는 금융감독원, "발행시장 공시위반 사례 및 유의사항", 보도
      자료, 2017. 9. 28. 참조.

모집의 경우 전매제한 등이다.

## (1) 청약의 권유

50인의 투자자라고 할 때 그 투자자는 청약한 투자자 수가 아니라 취득을 위한 청약을 하라고 권유를 '받는' 투자자의 수로 판단한다. 권유 방법은 신문 · 방송 · 잡지 등을 통한 광고, 안내문 · 홍보전단 등 인쇄물의 배포, 투자설명회의 개최, 전자통신방법 등으로 증권의 발행 또는 매도한다는 사실을 알리거나 취득의 절차를 안내하는 활동을 의미한다(시행령 제2조). 즉 문서로 하건, 구두로 하건, 인터넷으로 하건 모든 권유 행위가 '청약의 권유'에 해당한다는 의미이다. 유념해야 할 사항은 실제 권유를 받았는지가 아니라 투자자의 인지 '가능성'만 있어도 권유에 해당한다는 점이다. 따라서 방송을 이용하거나 인터넷 홈페이지 등에 게시하는 것은 한 사람도 보지 않았더라도 무조건 공모가 된다.

이렇게 '청약의 권유'의 범위를 무한 확장하여 놓고는 이어서 청약의 권유를 할 수 있는 절차와 방법을 엄격히 제한해 놓고 있다. 증권신고서 수리 후 효력발생 대기기간 중에는 예비투자설명서와 간이투자설명서만 허용되고, 증권신고서 효력발생 후에는 투자설명서로 청약의 권유를 해야만 하는 것이다. 이것이 왜 문제이고 큰 부담이 될까?

예를 들어, 어느 벤처기업이 주식을 발행하여 투자자들로부터 자금을 조달하고자 하는데 공모규제는 부담이 커서 49인까지만 모아 사모로 진행한다고 하자. 이때 사모가 되려면 50인 이상에게 권유가 있으면 안 되고 방송이나 인터넷으로 접근해서도 안 된다. 그리고 방문이나 전화로 일대일로 접근하더라도 50인 이상을 접촉해서도 안 된다. 즉 49인까지만 접촉할 수 있고 그것도 개별적인 접촉만 허용되는 것이다. 게다가 접촉 횟수는 과거 6개월을 통산하여 계산해야 한다.

만약 서류에 49인의 투자자를 유치한 것으로 기록하고 이들과 모두 주식매도 계약을 체결하고는 사모라고 생각하여 증권신고서를 제출하지 않으면 어떻게 되는가? 이것은 49인의 투자자를 접촉했더니 단 한 사람의 예외도 없이 투자를 승낙하였다는 말로서 설득력이 없다. 만약 조사가 이루어져 49인을 넘는 투자자를 접촉한 사실이 발견되면 바로 자본시장법상 공모규제를 위반한 것이 되어 대표자는 5년 이하의 징역에 처해질 수도 있다.

청약 권유의 절차와 방법도 문제가 있다. 자본시장법은 신고서 수리 후 효력발생 이전에는 예비·간이 투자설명서만 허용하고 효력발생 후에는 투자설명서를 사용하도록 하고 있는데, 신고서 수리 전에는 아무 언급이 없다. 그러면 수리 전에는 마음대로 권유를 할 수 있는 것인가? 전혀 그렇지 않고 수리 전에는 아예 권유행위 일체가 금지된다는 의미이다. 수리 전 일정 기간[6] 권유를 아예 못하게 하는 것은 증권신고서 및 투자설명서와 같은 공신력 있는 문서가 나오기 전에는 투자자에게 어떠한 형태로도 그 발행 증권에 대한 장밋빛 전망과 낙관적 설명을 못 하게 함으로써 투자자의 냉철한 판단을 유도하겠다는 취지이다. 증권신고서와 투자설명서는 법적 책임이 엄격하므로 지극히 보수적으로 작성된다.

다만, 여기에는 일정한 예외가 있는데, 발행인의 명칭과 증권의 발행 종류, 금액, 일반조건, 일정 등 투자자보호에 크게 문제가 없는 사항을 광고 등으로 단순히 안내하는 것은 청약의 권유 개념에서 제외하여 수리 전에도 가능하도록 하고 있다(시행령 제2조 제2호). 그런데 여기서도 주의할 것은 이러한 예외에 따라 신고서 수리 전에 일정한 안내를 하는

---

6    소위 '침묵기간'(quiet period)으로서 미국의 경우 IPO를 하기로 결정한 이후 신고서가 수리될 때까지를 말한다.

것은 공모를 진행하는 경우에만 가능하다는 것이고, 사모로 진행하면서 이런 사항을 광고 등으로 널리 알리는 것은 시행령이 허용하는 예외에 해당되지 않는다는 점이다. 사모로 진행할 경우는 앞에서 설명한 대로 일반투자자는 49인까지만 개별적으로 접촉하여 안내할 수 있을 뿐이다. 헤지펀드나 코너스톤제도(초석 투자자 제도)[7] 등에서 전문투자자를 모집할 때 각별히 주의할 점이다.

### (2) 50인의 산정기준

공모와 사모를 가르는 50인의 산정기준도 좀 복잡하다. 여기에는 합산 대상과 제외 대상이 있는데, 청약 권유의 대상자 수는 이번에 청약의 권유를 받은 자에 합산 대상을 더하고 제외 대상을 빼서 계산한다. 합산 대상은 증권의 청약을 권유하는 날로부터 당해 증권과 '같은 종류의 증권'에 대하여 과거 6개월 이내에 공모 방식이 아닌 사모 방식으로 청약의 권유를 받은 자를 말한다(시행령 제11조 제1항). 6개월 이내에 공모 방식으로 권유를 받은 자는 이미 공모규제가 적용되었기 때문에 문제없다. 합산 규제는 공모규제를 적용받지 않기 위해 여러 번의 사모 형식을 취하여, 사실상 분할 공모를 하는 것을 방지하기 위한 것이다.

'같은 종류의 증권'은 공모규제에 지속적으로 등장하는 중요한 개념이다. 무엇이 같은 종류이고 무엇이 다른 종류인지는 법령에 규정이 없으므로, 일단 실무를 담당하는 금융감독원의 실무 지침을 따르는 것이

---

7    코너스톤 제도는 아직 우리 자본시장에 도입되지는 않고 논의 중인 사안인데, IPO를 할 때 증권신고서 제출 전에 미리 기관투자자 등에게 물량을 배정하는 것을 말한다. 신뢰성 있는 기관들이 참여함으로써 그 IPO의 성공을 촉진할 수 있다. 그런데 코너스톤 제도는 증권신고서 제도를 중심으로 하는 현행 자본시장법의 공모규제와 충돌되는 부분이 많아 도입에 진통이 예상된다. 예를 들어, 증권신고서의 수리 전 청약의 권유 금지와 증권신고서의 효력발생 전 청약의 승락 금지 등이다.

좋을 것이다. 금융감독원의 실무 지침을 보면, 자본시장법에 열거되어 있는 증권의 종류 6개의 범주별로 다시 예시적으로 열거되어 있는 개별 증권들을 '같은 종류의 증권'으로 보고 있다.[8] 예를 들면 6개 중 '채무증권'의 범주에는 국채증권, 지방채증권, 특수채증권, 사채권(파생결합사채 포함), 기업어음증권 등이 열거되어 있으므로, 열거된 개별증권 별로 같은 종류의 증권으로 간주한다는 것이다. 파생결합증권의 경우 '주식워런트증권'(ELW), '주가연계증권'(ELS) 및 '기타 파생결합증권(DLS)'은 각각 그 구조·기초자산·특성 등이 다르므로 다른 종류의 증권으로 취급한다. 다만 주식의 경우는 상법에 따라 보통주와 우선주를 다른 종류로 보고 있다. 그러나 금융감독원의 실무 지침도 그리 명확하지는 않으며, 또 증권의 종류가 워낙 많고 새로운 유형도 계속 출현하다 보니 애매한 경우에는 금융당국에 법령해석이나 비조치의견서를 통해 확인하는 것이 바람직하다.

50인 산정에서 빠지는 제외 대상은 당해 증권의 정보에 대해서 충분히 접근할 수 있거나 스스로를 보호할 수 있는 투자자를 전문가와 연고자로 구분하여 열거하고 있다(시행령 제11조 제1호 및 제2호). 전문가에는 자본시장법이 말하는 전문투자자와 회계사 등 전문 직업인이다. 연고자는 발행 기업과 관련된 자들인데, 최대주주 및 5% 이상의 주주, 임원, 발행인의 계열회사 및 그 임원, 비상장법인의 주주 및 우리사주조합원, 설립 중인 회사의 발기인 등이 포함된다. 비상장법인의 경우 직원이라고 안 하고 우리사주조합원이라고 적시하고 있으므로 비상장법인이 직원에 한정하여 신주를 발행하더라도 50인 이상에게 안내가 나간다면 이는 공모가 된다는 점을 주의하여야 한다. 일반적으로 비상장법인은 회사의

---

8    금융감독원의 실무 지침은 「기업공시 실무안내」, 2016. 12, 185~186면 및 283면 참조.

규모가 작아서 직원들도 회사의 사정을 잘 알 수 있겠지만, 우리사주조합이 결성되어 있지 않은 상태에서는 그 직원들도 자기보호 능력이 약하다고 보기 때문인 듯하다. 제외 대상인 자들을 상대로 하는 청약의 권유는 아무리 많은 숫자라도 사모로 간주되어 공모규제를 적용받지 않는다. 주의할 점은 권유 수단은 개별 접촉에 한정된다는 점인데, 인터넷 등을 이용하면 일반투자자에게도 전달될 가능성이 있어서 공모가 된다.

### (3) 전매가능성 규제 (소위 '간주모집')

마지막 요소는 전매가능성 여부인데, 모집을 할 때 권유 대상자의 수가 50인 미만이라도 발행 후 1년 이내에 50인 이상의 자에게 양도될 수 있는 경우로서 금융위가 정하는 전매기준에 해당하는 때에는 모집으로 간주된다. 소위 '간주모집'또는 '간주공모'라 부르는데, 외형은 사모이지만 실질을 봐서 공모로 규제하겠다는 취지이다(시행령 제11조 제3항).

전매기준에 해당하는 대표적인 예는 공모한 적이 있거나 상장된 회사가 발행하는 증권이다(금융위원회「증권의 발행 및 공시 등에 관한 규정」제2-2조 제1항). 이에 따르면 상장회사가 단 2명을 대상으로 제3자배정 증자를 하더라도 사모가 아니라 공모로 간주되어 증권신고서를 제출하여야 한다. 이 규제는 왜 필요할까? 그 이유는, 만약 이 간주공모를 규제하지 않는다면 누구나 증권신고서 없이 사모로 증권을 발행한 후 이 취득자가 증권시장에서 다수인에게 전매(resale)를 하면 공모규제의 부담 없이 대규모 자금을 조달할 수 있게 되기 때문이다.

특이한 점은 매출의 경우는 이런 간주공모 규제가 없다는 점이다. 그 이유를 생각해 보면, 만약 발행 회사가 공모를 한 적이 있는 법인이라면 주주가 가지고 있는 증권은 이미 증권신고서를 거친 증권으로서 규제가 필요 없을 것이다. 만약 공모를 한 적이 없는 법인이라면 주주가

50인 이상에게 공모(매출)를 하는 경우 매출신고서가 필요할 것이고, 50인 미만에게 매각한다면 이는 사모에 해당되고 취득자가 재차 전매하는 경우에도 간주공모의 경우처럼 공개시장이 없어서 위험성이 크지 않다는 취지로 해석된다.

간주모집 규제에는 중대한 예외가 있는데, 증권을 발행한 후 지체 없이 예탁결제원에 예탁(공사채등록법에 의한 등록 포함)하고 그 예탁일로부터 1년간 당해 증권을 인출하거나 매각하지 않기로 하는 내용의 예탁계약(이를 '보호예수계약'이라 한다)을 예탁결제원과 체결한 후 그 예탁계약을 이행하는 경우와, 「금융산업의 구조개선에 관한 법률」 제12조 제1항의 규정에 의하여 정부 또는 예금보험공사가 부실금융기관에 출자하여 취득하는 주식에 대하여 취득일로부터 1년 이내에 50인 이상의 자에게 전매되지 않도록 필요한 조치를 하는 경우 등이다(금융위원회 「증권의 발행 및 공시 등에 관한 규정」 제2-2조 제2항). 그 취지는 아마도 1년간 묶여 있는 사이에 그 증권에 대한 충분한 공시가 이루어져 위험성이 제거되었다는 것일 터이다. 그런데 이 논리가 충분히 납득이 되는가?

이 논리는 증권과 발행회사가 별개로 존재하고, 증권은 정보 공시가 충분히 된 우량증권과 충분한 공시가 없는 위험증권으로 분류될 수 있다는 것을 전제로 하고 있다. 즉 어느 회사의 주식 중 증권시장에 상장되어 거래되고 있는 주식은 우량증권인데, 이 회사가 유상증자로 신규 발행한 주식은 위험증권이라는 논리다. 사실 매우 이상한 이야기다. 회사가 우량하면 어떤 증권이든 어떻게 발행되든 다 우량한 증권일 것이고, 회사가 부실해지면 그 회사가 발행한 모든 증권, 상장증권이든 비상장증권이든 다 부실하고 위험한 증권이 될 것이기 때문이다. 회사는 동일한데 발행 시기에 따라, 발행 방식에 따라 그 발행 증권이 우량증권과 위험증권으로 나뉜다는 생각에는 동의하기 어렵다. 아마도 현대 공모규제의 모태가 된 미국의 1933년 증권법이 채택한 규제 체계의 시대적 한계 때문이 아닌가 생각되며, 향후 자본시장 개선을 위해서 깊이 연구할 필요가 있는 문제라고 할 수 있다.

(사례 연구 1번 해설) 공모 판단 요소에서 50인은 증권의 취득자가 아니라 "청약의 권유를 받은 자"를 말하므로, 제3자배정시 이사회 결의를 통해 증권의 발행금액 및 발행가액이 확정된 후 공시된 배정자는 청약의 권유를 받은 자에 해당하며, 피권유자 합산은 자금의 주체로서 실제 투자자를 기준으로 한다. 따라서 최초 공시 당시 25인+정정공시 당시 추가된 37인+차명 배정받은 12인을 합하여 총 74명이 청약의 권유를 받은 것이므로 공모에 해당되어 증권신고서 제출의무가 있다.

(사례 연구 2번 해설) 인터넷이나 방송, 신문 등으로 투자 안내를 하는 것은 실제 한 사람도 그 안내를 접하지 않았다 하더라도 접할 가능성은 있었기 때문에 청약의 권유에 해당하며, 그것도 불특정 다수에 대한 청약의 권유가 있었다고 판단한다. 따라서 전문투자자만을 유치한 이러한 경우도 증권신고서 없이 공모를 한 것으로 되어 자본시장법 위반이 된다. 이런 문제 때문에 헤지펀드나 PEF가 사모로 투자자를 유치하려면 일일이 개별적으로만 접촉해야 하기 때문에 활발한 투자유치 활동이 어려운 것이 현실이다.

(사례 연구 3번 해설) 2인에게만 제3자배정을 하면 표면적으로는 50인 미만에 해당되어 사모로 보일 수 있다. 그러나 신주를 발행한 회사가 이미 상장법인이기 때문에 이 신주는 즉시 시장에서 거래될 수 있어서 전매가능성이 있는 것이 되고, 따라서 이 경우에도 증권신고서를 제출하여야 하는 공모가 된다. 증권신고서가 필요 없는 사모로 만들려면 이 신주를 예탁결제원에 1년간 보호예수를 해야 한다.

(사례 연구 4번 해설) 자본시장법은 "같은 종류의 증권"에 대하여 청약의 권유를 받은 자를 합산하여 50인 이상인 경우 공모로 규정하고 있는데, 사안에서 각 SPC가 발행 ABS는 발행목적, 수익구조, 발행시기, 판매방법 등이 모두 동일하여 같은 종류의 증권으로 보아야 한다. 따라서 각 SPC가 발행한 ABS에 대한 청약의 권유를 받은 자는 합산하면 50인 이상이 되기 때문에 이는 공모가 된다.

이 사건은 2016년에 발생한 것인데, 이 증권회사는 자본시장법 위반으로 과징금 20억원 등의 제재조치를 받았다. 그러나 법령에 이러한 '쪼개 팔기'를 방지할 명확한 규정이 없어서 재발 우려가 있기에 2018년 자본시장법과 동법 시행령이 개정·신설되었다. 2018년 개정 법령은 둘 이상 증권의 발행·매도가 다음 사항들을 종합적으로 고려하여 사실상 동일한 발행·매도로 인정되는 경우, 하나의 발행·매도로 판단할 수 있도록 하였다. 고려 사항들은 1)(계획) 동일한 자금조달 계획에 따른 것인지 여부, 2)(시기) 발행·매도의 시기가 6개월 이내로 서로 근접한지 여부, 3)(종류) 발행·매도되는 증권이 같은 종류의 증권인지 여부, 4)(대가) 발행인·매도인이 수취하는 대가가 같은 종류인지 여부이다(법 제119조 제8항 및 시행령 제129조의2).

그런데 이러한 기준하에서도 새로운 탈법행위가 발생하였다. 예를 들어 2020년 라임·옵티머스 등 국내 헤지펀드에 의한 사기적 부실펀드 판매 사태 당시 내용이 유사한 시리즈펀드 내에서 일부 자산을 교차 투자하거나 비중을 달리하는 방식으로 '동일한 증권' 규제를 교묘히 피해 갔다. 이에 따라 2021년 2월 다시 한번 시행령을 개정하여 기준을 보다 구체적으로 다듬었다. 즉 시행령 제129조의2 제1호의 '동일한 자금조달 계획'의 판단기준으로서 증권의 기초자산 또는 운용대상자산이 별도로 있는 경우에는 해당 증권의 기초자산 또는 운용대상자산, 투자위험 및 손익의 구조 등의 유사성 여부를 추가하였다. 그리고 제5호를 신설하여 둘 이상의 증권의 발행인이 다르더라도 모집 또는 매출하는 자의 동일성 여부도 판단기준으로 추가하였다.

# 제3절 발행제도와 규제

## 1. 발행 절차

증권 발행인은 다음 그림에서 보는 바와 같은 절차에 따라 공모를 진행한다. 만약 상장을 한다면 거래소에서 시작해서 거래소에서 종결될 것이고, 상장은 하지 않고 증권을 공모한다면 금융위원회에서 종결될 것이다. 최초로 공모를 하여 기업을 공개하고 이어서 상장을 하는 것을 일반적으로 IPO(Initial Public Offering)라고 하는데, 엄밀히 구분하자면 IPO는 공모 또는 기업공개로서 상장과는 별 관계없다. 기업공개에 대한 규제는 금융위원회(위탁에 의해서 금융감독원이 수행)가 담당하고, 상장 업무는 거래소가 담당한다.

기업공개와 상장은 어떻게 다른가? 기업공개(going public)는 지금까지 개인이나 가족 등 소수주주에 의해 폐쇄적으로 경영되던 기업의 지분을, 공모(모집·매출)를 통하여 널리 다수의 투자자에게 매각하여 자금을 조달하고 그 결과로 지분이 분산되게 되는 현상을 말한다.[9] 상장(listing)은 이 주식을 거래소 시장에서 자유롭게 거래가 되도록 하는 것이다. 상장은 주식뿐만 아니라 채권, 집합투자증권, 파생결합증권, 증권 예탁증권 등도 가능하다.

　주식을 상장한 법인을 특별히 '주권상장법인'이라 하고 가장 엄격한 규제를 하고 있다. 사회 일반적으로 '상장법인'이라고 할 때는 이 주권 상장법인을 의미하지만, 자본시장법은 곳곳에서 '주권상장법인'과 '상 장법인'을 구분하여 규정하고 있으니 유념해서 봐야 한다. 기업공개가 일어나는 시장을 발행시장이라 하고 증권이 거래되는 시장을 유통시장 이라 한다. 조직화된 유통시장이 거래소시장이다.

　앞에서 설명할 때 우리나라에서는 상장을 하기 위해 기업공개를 한 다고 하였는데, 그 이유는 거래소에 상장하려면 지분의 분산, 소액주주 의 수 등에서 일정 기준을 통과하여야 하고 이는 기업공개를 통하여 널 리 지분을 분산해야만 가능하기 때문이기도 하다.

　이하 기업공개와 상장이 결합된 일반적인 IPO의 경우를 상정하고 설명한다. 발행인은 우선 거래소의 예비 상장심사를 받을 필요가 있는 데, 이는 먼저 기업공개를 했다가 상장이 거부되면 곤란해지기 때문이 다. 예비 상장심사를 통과하면 기업공개 절차에 들어가 금융위원회(금 융감독원)에 증권신고서를 제출한다. 만약 예비 상장심사에서 탈락하면 어떻게 되는가? 기업공개와 상장은 별개이기 때문에 이론적으로는 예 비 상장심사를 통과하지 못하더라도 증권신고서에 그 실패 사실을 공 시하는 한 공모 절차에 들어가도 문제없다. 그러나 우리나라에서는 기

---

9　금융투자협회의 증권인수업무 등에 관한 규정 제2조 3호는 "'기업공개'란 법 제9조제15항 제4호에 따른 주권비상장법인이 법 제8조의2제4항제1호에 따른 증권시장에 주권을 신규 로 상장하기 위하여 행하는 공모 및 법 제9조제15항제3호에 따른 주권상장법인이 유가증 권시장, 코스닥시장, 코넥스시장 중 해당 법인이 상장되지 않은 다른 시장에 신규로 상장 하기 위하여 행하는 공모를 말한다."라고 하여 기업공개의 개념을 상장을 전제로 정의하 고 있다.

업공개를 하는 목적이 상장을 하기 위한 경우가 대부분이고 투자자 입장에서도 투자자금 회수가 어려운 그 주식을 매수할 리가 없기 때문에 실제 그런 일은 없다.

금융감독원은 금융위원회의 위탁에 따라 공모규제의 실무를 담당하여 이 신고서를 심사하고 수리 여부를 결정한다. 증권신고서 제출은 단지 서류만 접수시키면 되는 '자기완결적 신고'가 아니고 수리를 요하는 '행정요건적 신고'로서, 금융감독원은 신고서 수리를 거부할 수 있다.

수리가 되면 신고서가 효력이 발생할 때까지(이 기간을 '대기기간'이라 한다) 기본적인 공모 행위, 즉 청약의 권유를 적극적으로 할 수 있다. 기업설명회, 해외 로드쇼 등 다양한 경로로 권유를 하는데, 이때 권유 수단은 예비 · 간이 투자설명서만 가능하며 다른 문서는 사용할 수 없다. 왜냐하면 법적 책임이 없는 문서로 과장광고가 이루어질 수 있기 때문이다. 예비 투자설명서는 정식 투자설명서와 거의 같은 내용인데 발행가격 같은 세부 사항 일부가 미정인 상태의 문서이다. 청약의 권유 및 청약의 접수는 가능하지만 승낙을 하여 계약을 완결시키는 것은 대기기간에 허용되지 않는다.

신고서는 증권의 종류별로 일정 기간이 지나면 효력이 발생한다. 제일 긴 것은 기업공개의 경우로 15일이다. 효력발생의 의미는 청약에 대하여 승낙을 함으로써 매수매도 계약을 완결하여 각자 대금납입과 증권인도를 할 수 있다는 것을 말한다. 이후 법인등기를 거쳐 거래소에 본상장심사를 청구하고 거래소는 예비 상장심사 이후의 변경 상황을 검토한 후 최종적으로 상장 승인을 하면 모든 절차가 완료된다.

**증권 공모와 상장 절차**

## 2. 증권신고서

증권신고서 제도는 매각되는 증권의 발행인과 그 증권에 대해서 투자자보호를 위해 충분하고도 완전한 정보의 공시를 요구하는 규제로서 발행시장 규제에서 가장 핵심적인 부분이다. 증권신고서는 방대한 양의 문서로서 발행 증권과 그 증권의 발행 회사에 대하여 과거, 현재, 미래를 남김없이 밝힐 것을 요구한다. 허위표시는 물론이고 중요사항의 누락에 대해서도 형사처벌, 행정제재, 민사 손해배상책임 등 엄격한 제재가 가해지는 것이 증권신고서이다.

증권신고서는 지난 1년을 합산하여 공모 금액이 10억원 이상인 경우에 제출의무가 있다. 이번 공모 금액과 지난 1년간 신고서 없이 한 공모 금액을 합하여 10억원 미만인 경우는 소액공모라 하여 증권신고서 없이 약식으로 공모 절차를 진행할 수 있다. 소액공모에 대해서는 뒤에서 자세히 설명한다. 발행금액 산정시 소액출자자가 금융투자협회를 통한 장외거래 방법에 따라 증권을 매출하는 경우에는 해당 매출가액은 제외한다. 여기서 소액출자자란 발행 지분증권의 1%와 3억원 중 적은 금액 미만의 지분증권을 소유한 자를 말하며, 그 증권의 발행인과 인수인은 제외된다.

신고서를 제출할 의무가 있는 자는 그 증권의 발행인이고, 앞에서 설명한 것처럼 매출의 경우라 하더라도 매출을 하는 자가 아니라 발행 회사가 의무를 진다.

증권신고서의 제출의무가 면제되는 경우가 있는데, 면제되는 증권이 있고 면제되는 거래도 있다. 면제증권으로서는 국채, 지방채, 특별법에 따라 직접 설립된 법인이 발행한 채권, 국가 또는 지자체가 원리금의 지급을 보증한 채권 등 신뢰성이 높은 증권들이 해당된다. 은행채는 신뢰성이 매우 높지만 2008년 7월 이후 신고서 면제가 폐지되어 여기에 포함되지 않는다.

면제거래에는 소액공모와 소액주주의 장외시장 매출이 명시되어 있고 해석상 사모와 청약의 '권유'가 없는 주식 발행의 경우가 있다. 권유가 없는 주식 발행은, 신주발행 중 '권유행위가 없는 '무상증자', '주식배당', '전환사채와 신주인수권부 사채의 전환', '회사의 합병', '주식의 합병 · 분할 기타 주금의 납입이 수반되지 않는 경우' 등에 발생한다.

신고서의 기재사항은 크게 두 부분으로 나뉘는데, 첫 번째는 공모 관련 사항으로서, 모집 또는 매출의 '요령'(요지 또는 골자라는 의미이다), 투자위험요소, 자금사용용도, 인수기관의 의견서, 모집 · 매출되는 증권의 상장 여부 등으로 구성되어 있다. 두 번째는 발행인 사항으로서, 회사의 개황, 사업내용, 재무내용을 담게 된다. 신고서 중 발행인 사항은 정기공시서류인 사업보고서의 내용과 비슷하다. 그리고 앞부분에 대표이사 및 신고담당이사의 서명이 있다. 서명의 법적인 의미는 자필로 이름을 기재한다는 것이다. 통상 서류에 사용되는 기명날인이 아니라 굳이 자필 서명을 요구하는 이유는 증권신고서의 실효성 보장 장치 부분에서 설명한다.

신고서에서 제일 중요한 부분은 단연 '투자위험요소'이다. 투자위험요소란 이 증권과 발행 회사와 관련하여 현재 상태에서 알 수 있는 발생 가능한 모든 위험을 다 적시하라는 것이다. 신고서의 다른 부분은 대체로 객관적인 사실들로서 진실과 허위 판단이 쉬우나, 이 투자위험요소는 상당히 주관적인 부분이어서 분쟁의 소지가 크다. 미국에서는 상장 후 주가가 상당히 하락하면 증권신고서의 투자위험요소가 부실하게 기재되었다며 소송을 제기하는 경우가 빈번할 정도이다. 따라서 신고서의 다른 부분도 그렇지만 특히 투자위험요소는 아주 보수적으로 작성되는 것이 바람직하다. 투자의욕을 상실시킬 정도로 투자위험요소를 상술한 신고서가 사실은 가장 잘 된 신고서라고 볼 수도 있는 것이다. 이렇게 비관적으로 기술해도 문제가 없는 것은, 어차피 일반투자자는 신고서를 거의 안 보고 전문가들은 신고서의 특성을 감안해서 판단하기 때문이다. 신고서와 함께 제출하여야 할 첨부서류로는 정관, 이사회 및 주총 의사록, 인허가 문서, 인수계약서, 상장예비심사 결과 서류, 투자설명서 등이다.

신고서는 정정도 되는데, 발행인이 자발적으로 정정하는 경우와 금융당국의 요구에 의해서 정정이 이루어지는 경우가 있다. 자발적 정정의 경우 정정이 필요한 부분이 있으면 발행인이 자발적으로 청약일 개시 전에 정정신고서를 낼 수 있는데, 이 경우에는 그 정정신고서가 수리된 날에 그 증권신고서가 수리된 것으로 본다. 요구에 의한 정정은 금융당국이 신고서에 형식상의 불비가 있거나 중요사항의 기재가 불충분하다고 인정하는 경우 정정신고서 제출을 요구할 수 있으며, 이 경우 요구를 한 날로부터 그 신고서는 수리되지 않은 것으로 간주되고 정정신고서가 수리된 날에 그 증권신고서가 수리된 것으로 본다. 요구에 의한 정정의 경우 발행인이 요구를 받은 후 3개월 내에 정정신고서를 제출하지 아니하는 경우에는 해당 증권신고서를 철회한 것으로 본다. 3개월내 정정신고서 미제출시 철회로 간주한다는 것이 별 의미가 없어 보일 수 있으나, 그 사이에 규제사항의 변경이 있을 경우 미철회 신고서는 변경 이전의 규제가 적용된다는 점에서 의미가 있다.[10]

자본시장법은 증권신고서 심사와 관련하여 정부 책임의 면책을 규정하고 있다. 즉 신고서가 수리되어 효력이 발생한 것은 신고서의 기재사항이 진실 또는 정확하다는 것을 인정하거나, 정부가 그 증권의 가치를 보증 또는 승인하는 효력을 갖는 것이 아니라는 것이다(법 제120조 제3항). 이에 따라 신고서의 부실 기재로 피해를 보더라도 정부를 상대로 소송을 제기하는 것은 어렵다. 그런데 형식적 심사만 한다면 이 면책 조항이 타당하지만, 현행 자본시장법처럼 규제적 공시주의 입장에서 신고서에 대한 내용심사까지 허용하면서 그 책임을 면제하는 것은 어딘가 균형이 맞지 않아 보인다.


## 3. 투자설명서

투자설명서는 증권의 공모를 위해 발행인이 일반투자자에게 제공하는 투자권유 문서이다. 증권신고서는 감독당국의 심사용으로 제출되는

---

10  2021년 8월에 상장한 크래프톤은 공모가 산정 관련 금융감독원의 정정요구에 따라 정정 신고서를 제출하였다. 이 과정에서 6월 20일부터 공모주 중복청약 금지 조치가 도입되었는데, 크래프톤은 최초 증권신고서를 6월 15일자로 제출하였기 때문에 중복청약이 인정되었다.

것인데 반해, 투자설명서는 투자자에게 배포되는 문서이다. 인터넷이 도래하기 전에는 양자가 엄격히 구분되어 투자자에게 투자설명서가 매우 중요하였는데, 현재는 증권신고서와 투자설명서 모두 당국의 전자공시시스템에 공시되어 투자자가 열람할 수 있기 때문에 그 의의가 퇴색하였다. 이제 투자설명서의 의의는, 투자자에게 정보를 제공한다는 측면이 아니라 청약의 권유를 할 때는 반드시 투자설명서로 하라는 행위규제적인 성격이 더 커 보인다. 투자설명서는 그 명칭에 관계없이 투자권유를 목적으로 하는 서류라면 다 포함된다. 예를 들어 모집안내서, 매출안내서, 증자설명서 등이 모두 투자설명서로 분류되는 것이다.

투자설명서에는 세 가지가 있는데, (본) 투자설명서, 예비투자설명서, 간이투자설명서다(법 제124조 제2항). 예비투자설명서는 신고서 수리 후 신고의 효력이 발생하지 않은 사실을 부기하고 기재사항이 일부 변경될 수 있다는 뜻이 기재된 투자설명서이다. 간이투자설명서는 신고서 수리 후 신문 · 방송 · 잡지 등을 이용한 광고, 안내문, 홍보전단 또는 전자매체를 통하여 투자설명서 중 중요한 사항만 발췌하여 표시 · 기재한 설명서로서, 투자설명서의 방대한 분량을 고려하여 활용에 편하게 약식으로 만든 것이다. 간이투자설명서 사용시 발행인에게 불리한 정보를 생략하거나 유리한 정보만 발췌하는 것은 당연히 금지된다.

자본시장법은 증권 공모시 청약의 권유를 하는 경우에는 이상 3종의 투자설명서로 하도록 하는데, 그 의미는 이 투자설명서가 아닌 다른 문서나 구두로 권유를 하면 안 된다는 의미가 내포되어 있다. 기업설명회(IR) 등에서 투자설명서가 아닌 화려한 홍보 문건으로 청약의 권유를 하면 안 된다는 것인데, 그 이유는 투자자의 투자 판단이 최대한 신중하고 보수적으로 이루어지도록 유도하기 위함이다. 왜냐하면 투자설명서는 신고서와 같이 법적 책임이 따르는 문서이기 때문에 신고서와 동일한 내용으로 되어 있어서, 장밋빛 전망과 과장이 많은 일반 홍보 문건과는 질적으로 다르기 때문이다.

투자설명서는 용도가 투자자에 대한 권유용이기 때문에 신고서보다는 좀 더 유연하게 작성되어도 좋을 것이나, 자본시장법은 "증권신고서에 기재된 내용과 다른 내용을 표시하거나 그 기재사항을 누락하여서는 아니 된다"고 규정하여 실제로는 표지 제목만 다를 뿐 신고서와 완전 동일하게 작성되는 것이 관행이다.

투자설명서는 증권을 취득하는 자에게 의무적으로 교부되어야 하는데, 다만 전문투자자와 전문가 및 연고자, 투자설명서를 받기를 거부한다는 의사를 서면·전화·전신·모사전송·전자우편 및 이와 비슷한 전자통신 등으로 표시한 자, 이미 취득한 것과 같은 집합투자증권을 계속하여 추가로 취득하려는 자 등 에게는 교부하지 않을 수 있다(법 제124 및 시행령 제132조).


## 4. 일괄신고서

일괄신고서 제도는 발행인이 일정기간 동안의 공모 예정물량을 일괄하여 사전에 신고하게 하고, 실제 발행시에는 발행금액과 가격 등 필요한 '일괄신고 추가서류'만을 제출하고서 즉시 공모를 할 수 있도록 한 것이다. 원래 증권신고서 제도는 증권 발행 시마다 건별로 제출하는 것이 원칙이나, 일정 기간에 여러 번 증권을 발행하는 경우 증권 발행절차를 간소화하고 발행인의 편의를 도모하고자 도입한 것이다. 일괄신고서를 이용하면 발행 기업은 시장 상황에 신속하게 대응하여 적시에 효율적으로 자금을 조달할 수 있다. 앞에서 간주공모에 대해 설명을 하면서, 현행 공모규제가 기업과 증권을 별개로 보고 우량증권·불량증권으로 구분하는 것에 대해 문제를 제기한 바 있는데, 기업과 증권이 하나라는 인식을 바탕으로 보면 일괄신고서의 취지에 충분히 공감할 수 있을 것이다.

일괄신고서는 증권신고서와 형식과 절차가 다르기는 하지만 증권신고서의 한 종류이기 때문에 증권신고서에 관한 대부분의 규제, 예를 들어 효력발생시기, 거래의 제한, 정정신고서, 투자설명서, 발행실적보고서, 허위기재에 대한 배상책임, 금융위원회의 처분권 등이 동일하게 적용된다.

일괄신고서는 법인의 성격에 따라 발행 가능 증권과 절차가 차별화되어 있다. 먼저 우량 대기업에 해당하는 "잘 알려진 기업"(WKSI: Well-Known Seasoned Issuers)은 주식과 채권을 모두 일괄신고서로 발행할 수 있고, 그렇지 않은 일반 기업은 채권만 가능하다. "잘 알려진 기업"의 요건은 주권상장법인으로서 주권이 상장된 지 5년 경과, 최근 사업연도의 최종 매매거래일 현재 시가총액이 5천억원 이상, 최근 3년간 사업보고서, 반기보고서 및 분기보고서를 기한 내에 제출하였을 것, 최근 3년간 공시위반으로 금융위원회 또는 거래소로부터 금융위원회가 정하여 고시하는 제재를 받은 사실이 없을 것, 최근 사업연도의 재무제표에 대한 회계감사인의 감사의견이 적정일 것, 최근 3년간 법에 따라 벌금형 이상의 형을 선고받거나 「주식회사의 외부감사에 관한 법률」 제13조에 따른 회계처리기준의 위반과 관련하여 같은 법에 따라 벌금형 이상의 형을 선고받은 사실이 없을 것이다. 이들은 발행예정기간이 2년 이내로서 일반 기업의 1년 이내와 차별화되어 있고, 일반 기업에게 적용되는 발행예정기간 내 3회 이상 발행 요건도 적용받지 않아 훨씬 더 융통성 있게 자금을 조달할 수 있다.

일괄신고서를 사용할 수 있는 일반 기업의 요건은 최근 1년간 모집 또는 매출 실적이 있으면서 최근 1년간 사업보고서와 반기보고서를 제출한 자 또는 최근 1년간 업무보고서를 제출한 금융투자업자일 것, 최근 사업연도의 재무제표에 대한 회계감사인의 감사의견이 적정 또는 한정일 것, 최근 1년 이내에 금융위원회로부터 증권의 발행을 제한하는 조치를 받은 사실이 없을 것이다. 이들 기업은 일괄신고서의 효력발생일로부터 2개월 이상 1년 이내, 발행예정기간 중 3회 이상 증권을 발행해야 한다.


## 5. 소액공모 제도 또는 간이신고 제도

자본시장법 제130조는 시행령으로 하여금 증권신고서를 제출하지 아니하고 공모를 할 수 있는 예외를 정하도록 포괄적으로 위임하고 있다. 이 예외에 따라 이루어지는 공모를 일반적으로 '소액공모'라 한다. 그 의미는 50인 이상을 대상으로 청약의 권유가 이루어지는 공모이기는 하지만, 조달금액이 소액일 경우 굳이 비용이 많이 드는 증권신고서를 요구하지 않겠다는 것이다. 이에 따라 소액공모는 영세한 중소기업에게 상당히 유용한 자금조달 수단이 되고 있는데, 때로는 한계 상황에 처한 상장법인이 남용하여 투자자에게 큰 피해를 끼치기도 한다. 증권신고서는 제출하지 않지만 투자자보호는 여전히 필요하므로 법령이 정하는 사항을 기재한 '소액공모 공시서류'를 제출하여야 한다.

소액공모로 조달할 수 있는 자금 규모는 10억원 이하이다. 그런데 이 10억원의 산정이 아주 까다롭다. 10억원을 산정할 때, 사모일 경우는 과거 6개월간 사모로 조달한 자금 합계가 10억원 미만이어야 하고, 공모일 경우에는 과거 1년간 소액공모로 조달한 자금의 합계가 10억원 미만

이어야 한다(시행령 제120조). 사모와 공모는 합산하지 않고, 증권의 종류는 구분하지 않고 합산하여 계산한다. 사모일 경우에는 50인 기준도 충족되어야 소액공모의 문제가 생긴다.

위에 기술한 것을 좀 더 쉽게 풀어서 설명하면, 이번에 소액공모를 하는 경우에는 과거 1년간의 모든 소액공모를 다 합하여 10억원 미만일 경우에만 소액공모로 진행할 수 있고 합산 금액이 10억원 이상이면 신고서가 요구되는 일반 공모가 된다는 것이다. 그리고 이번에 사모를 진행하는데, 알고 보니 과거 6개월간 사모로 조달한 금액이 10억원 이상이고 투자자 수도 합산 결과 50인 이상이라면 이번 사모는 사모가 아니라 신고서가 필요한 일반 공모가 된다. 그런데 이번 사모와 지난 6개월간 사모를 합산한 결과 투자자 수는 50인 이상이지만 6개월간 조달금액은 10억원 미만이라면 이번 사모는 소액공모가 되어 '소액공모 공시서류'를 제출해야 한다. 만약 이번 사모를 포함하여 지난 6개월을 합산한 결과 투자자 수가 50인 미만이라면 조달금액에 관계없이 이번 조달은 여전히 사모가 된다.

이 소액공모 산정기준에는 중대한 허점이 있는데, 그것은 소액공모와 사모를 섞어 쓰면 규제 회피가 가능하다는 점이다. 예를 들어 '7개월 전 사모(50억원, 49명)' + '이번 소액공모(9억원, 51명)'를 하는 경우, 이는 자금조달 금액 및 투자자 수를 감안할 때 규제 필요성이 있는데도 현행 산정기준으로는 포섭이 안 되는 것이다.

'소액공모 공시서류'는 증권신고서와 비슷하게 감사인의 회계감사를 받은 재무상태 및 영업실적을 기재한 서류이다. 신고서와의 차이점은 대표이사 등의 서명과 인수인 사항이 없다는 점과 수리와 효력발생기간 등의 규제가 없다는 점이다. 그에 더하여 제일 중요한 차이는 신고서에 있는 엄중한 형사책임과 민사책임 규정이 없는 것이다. 이 서류는 공모

3일 전에 금융위원회에 제출될 것이 요구된다.


## 6. 증권(투자)형 크라우드펀딩

자본시장법은 2016년부터 소위 '증권형 크라우드펀딩'을 도입, 시행하고 있다. 법 제9조 제27항은 "온라인소액투자중개업자"에 대한 정의를, 창업기업 등이 채무증권, 지분증권, 투자계약증권의 모집이나 사모를 하는 것을 중개하는 자로 하고 있다. 따라서 증권형 크라우드펀딩은 법적으로는 '온라인소액투자'가 된다. 증권형 크라우드펀딩에 대한 규제를 살펴보기 전에 크라우드펀딩 일반에 대한 이해가 먼저 필요하다. 크라우드펀딩은 앞으로 금융뿐만 아니라 사회, 예술 등 다양한 영역에서 활용이 급증할 것으로 전망되는 금융의 신기술이다.

크라우드펀딩(crowd funding)이란 제도권 금융에 접근하기 어려운 창업초기기업이나 영세 중소기업, 예술가, 사회운동가 등이 특정 사업의 수행을 위하여 소비자, 후원자, 투자자 등 불특정 대중(crowd)으로부터 소액의 자금을 십시일반으로 웹사이트 등 인터넷을 통하여 모집하는 행위를 말한다. 여기에는 크게 네 가지 유형이 있는데 각각의 유형에 고유한 법적 문제가 있다.[11]

첫 번째는 기부 내지 후원형이다. 이는 사회운동, 종교활동, 예술 등의 영역에서 대가를 거의 받지 않고 자금을 제공하는 것이다. 이러한 자금조달도 금융 활동이지만 법적으로 증여에 해당되어 큰 문제는 없다. 다

---

11  성희활, "지분투자형 크라우드펀딩(Crowdfunding)의 규제체계 수립에 대한 연구", 증권법
    연구, 제14권 제2호, 2013, 393면 및 395~397면 참조.

만 모집 금액이 1천만원 이상이 되는 경우 「기부금품의 모집 및 사용에 관한 법률」에 저촉될 여지가 있고, 이 경우 사전 등록의무(동법 제4조), 사후 감사보고(동법 제14조) 및 검사(동법 제9조) 대상이 된다.

두 번째는 물품 선구매형인데, 제작자가 물품 제작계획이나 제품의 샘플을 인터넷에 올리고 나중에 완성되면 구매하기를 원하는 사람으로부터 미리 선금을 받는 것이다. 이 또한 금융 현상이지만 '투자'가 아니라 '소비'목적으로 선금을 지불하는 것이기에 금융법적 규제는 해당 없고, 다만 전자상거래업에 해당되어 「전자상거래 등에서의 소비자보호에 관한 법률」의 규제 대상이 될 뿐이다.

세 번째는 대출형인데 P2P 방식으로 이루어져 P2P 대출형 크라우드펀딩이라고도 한다. 이 유형은 전형적인 금융 활동으로서 자금조달과 투자가 다 금융규제의 대상이 될 수 있다. 다만 현재로서는 전혀 새로운 금융 행위이다 보니 적용 법령이 모호해서 규제의 사각지대에 있다고 할 수 있다. 대출형 크라우드펀딩이 자금의 수요자와 공급자 간 1:1의 금전소비대차 방식일 경우에는 민법상 지명채권에 대한 법리로 분쟁이나 문제 해결이 가능할 것이므로 법적으로 별문제 없다. 그러나 수요자가 이를 '업'으로서 계속적·반복적으로 하는 경우 유사수신행위에 해당될 수 있고, 또한 공급자가 계속적·반복적으로 자금을 대여하는 경우 대부업에 해당될 수 있다. 유사수신행위는 사기의 일종으로 취급되어 「유사수신행위의 규제에 관한 법률」의 엄격한 규제 대상이 되고, 대부업에 해당되면 대부업법에 따라 대부업자 등록 등 규제를 받고 이를 중개하는 중개업자 또한 대부중개업의 등록 대상이 된다. 더욱 심각한 문제는 대출형 크라우드펀딩에서 가장 보편적으로 사용되는 '원리금 수취권'형 대출 방식은 자본시장법상의 투자계약증권에 해당되어 공모규제 대상이 되고, 펀드 형식의 대출 방식은 자본시장법상의 집합투자나 신탁업에 해당될 수도 있다는 점이다. 2019년 10월 국회는 P2P 대출에 대한 특별법 제정안을 통과시켰다. 2020년 8월부터 시행된 이 '온라인 투자연계금융업 및 이용자 보호에 관한 법률'(약칭: 온라인투자연계금융업법)은 P2P 대출에 대하여 은행법, 자본시장법, 대부업법 등 여러 법률의 적용을 배제하고 있다.

네 번째는 증권투자형으로서 주식이나 채권을 이용하여 자금을 조달하는 것이다. 이 유형은 주식과 채권의 장점(투자의 최소단위화, 자유로운 양도 등)을 살려 대량의 자금을 모집할 수 있다. 증권을 50인 이상의 투자자 대중에 발행(판매)하는 것이므로 당연히 자본시장법의 공모규제의 대상이 된다.

증권형 크라우드펀딩은 자본시장법에 특례로 도입되어 있는데, 왜 일반 공모규제와 소액공모규제가 적용되지 않고 특례가 필요하게 되었을까? 그 이유는 발행인, 중개업자, 투자자 모두에 걸쳐 있다. 먼저 발행인 입장에서 보면, 발행 기업이 창업 초기기업 등 영세한 중소기업이라는 점이다. 이들에게 자본시장법의 공모규제는 너무 큰 부담이다. 중개업자 측면에서 보면, 업체 규모는 일반 증권회사와는 비교할 수 없이 영세한데도 자본시장법상 투자중개업에 해당되기 때문에 이 규제 부담도 너무 크다고 할 수 있다. 투자자 입장에서 보면, 자기보호 능력이 약한 일반투자자가 투자권유에 직접 노출되는데, 증권형 크라우드펀딩은 다른 어떤 증권보다 더 위험하기 때문에 특별한 보호 장치가 필요하게 되는 것이다.

그렇더라도 소액공모를 이용하면 되지 왜 별도의 크라우드펀딩 특례가 꼭 필요했을까? 소액공모는 영세한 중소기업에게 분명 유용한 제도이다. 그런데 자본시장법의 소액공모도 기본적으로는 투자자보호의 철학 위에서 설계되었기 때문에 일반 공모에 비해서 부담을 좀 경감해 준

것이지 거의 부담이 없을 정도는 아니다. 예를 들어 감사보고서를 제출해야 하고, 증권신고서는 면제되지만 그에 준하는 '소액공모 공시서류'의 작성이 필요하며, 공모 후에는 매 결산 후 90일 이내에 재무서류(재무상태표, 손익계산서, 이익잉여금처분계산서, 감사보고서)를 제출해야 하는 계속공시의무를 부담해야 한다. 게다가 소액공모를 중개(모집주선)하는 업체는 인가받은 투자중개업자여야 하는 부담도 있는 것이다. 이런 사정을 두루 감안하여 자본시장법에 제2편 제5장을 신설하여 특례로 증권형 크라우드펀딩이 2015년에 도입되었고 2016년부터 시행되었다.

자본시장법의 크라우드펀딩 특례는 다음과 같다. 특기할 점은 증권을 발행하는 기업이 아니라 중개 사이트인 "온라인소액투자중개업자"를 중심으로 규제가 설계되어 있다는 점이다. 이는 발행 기업이 워낙 영세한 창업 초기 기업이다 보니 최소한의 규제비용도 감당하기 어려운 점을 고려한 조치로 보인다. 온라인소액투자중개업자에게는 인가제가 아니라 등록제가 적용되고 자기자본도 5억원 수준으로 크게 완화하고 있다. 그리고 고객재산을 관리하지 않는 등 온라인상 단순 중개업무를 수행하는 점을 감안하여 준법감시인 선임, 일반 금융투자업자의 경영건전성, 재무건전성 유지의무 등 일부 영업행위 규제를 면제하고 있다.

발행 기업은 중소기업으로 제한하며, 주권상장법인과 일부 업종(금융·보험업, 부동산업 등)은 크라우드펀딩을 활용할 수 없다. 발행 기업은 1년간 30억원(다만 채무증권은 15억원)까지만 크라우드펀딩을 통해 자금조달을 할 수 있다. 기존 15억원에서 크게 확대되었는데, 소액공모의 한도가 10억원인 점을 감안하면 균형이 맞지 않다. 다만 정부는 소액공모의 한도도 크게 확대할 예정이다. 참고로 미국의 경우 2012년 'JOBS ACT'로 소액공모의 한도를 기존 5백만 달러에서 5천만 달러로 확대하였고 유럽연합(EU)도 2017년 기존 500만 유로에서 800만 유로로 확대하였다. 증권신고서는 당연히 면제되며 제출서류도 소액공모보다 훨씬 줄여서 증권의 발행조건, 재무상황, 사업계획서 등으로 충분하다. 그리고 크라우드펀딩의 집단지성적 특성을 고려하여 발행인이 중개 사이트에서 자유롭게 정보를 제공하고 투자자와 쌍방향으로 의견교환을 할 수 있도록 허용하고 있다.

크라우드펀딩 제도의 가장 큰 특징을 들자면 투자한도라는 강력한 투자자보호 장치이다. 일반투자자의 경우 1년에 동일 기업에 대해서는 500만원, 모든 기업을 합한 총투자한도는 1천만원까지만 투자가 가능하다. 그리고 이런 한도 관리는 예탁결제원에서 종합 관리한다. 경마, 경정 등 각종 사행성 게임에도 없는 총투자한도는 투자자의 피해를 원천적으로 차단하는 긍정적 기능도 있지만, 국가의 과도한 후견적 역할로 국민의 재산권 행사의 자유를 침해하는 부정적 측면도 크다. 일정 자격을 갖춘 투자자에게는 한도 규제가 완화되어 적용되는데, 전문투자자는 아예 한도 규제가 없고, 금융소득 종합과세대상자 등 소득요건을 구비한 투자자는 연간 동일 기업에 1천만원, 합산하여 2천만원까지 투자를 할 수 있다.

기타 규제 사항들로는 발행인·대주주의 지분매각 및 투자자 간 전매를 6개월간 제한하고, 청약금액이 모집예정금액의 일정비율(예: 80%) 이하이면 증권 발행을 취소시키며, 중개업자의 고객재산 보관·예탁 금지 및 청약증거금 별도예치를 요구하고, 중개업자의 중개 증권 취득 및 투자자문 등을 금지한다. 광고의 경우 원칙적으로 중개업자의 홈페이지를 통해서만 광고할 수 있도록 광고방법을 제한하는데, 다만 네이버 등 포털 사이트에서 중개업자, 증권 발행인의 명칭, 발행인의 업종 및 증권의 청약기간 등을 광고하는 것은 허용된다.

# 제4절 증권신고서의 진실성 보장 장치

증권 공모규제에서는 증권신고서가 거의 모든 것이라고 할 수 있는데, 공시주의를 기반으로 하는 이상 발행인이 작성하는 증권신고서의 허위 내지 부실 기재는 근본적으로 방지하기 어렵다. 현대 기업의 거대함과 금융 제도의 복잡함으로 인해 제한적이나마 내용 심사를 하는 감독당국의 역할도 한계가 분명하다. 한마디로 작심하고 사기칠 의도로 뻥튀기와 허위사실로 투자자를 유인하려는 발행인들로부터 어떻게 증권신고서의 진실성을 확보하여 일반투자자를 보호할 것인가가 현대 자본시장 공시주의 시스템의 존속 근거인 것이다.

자본시장법은 이 증권신고서의 진실성을 확보하기 위하여 책임의 세 영역, 즉 형사처벌, 행정제재, 민사 손해배상책임을 규정하고 있고, 이외에도 대표이사와 신고담당이사의 개인적 서명, 외부감사인의 감사증명 등도 요구하여 신고서의 진실성을 확보하려고 한다.

# 1. 형사처벌

증권신고서를 제출하지 않고 공모를 한 자와 신고서가 효력발생 되기 전에 청약을 승낙함으로써 계약을 성립시키는 행위에 대해서는 5년 이하의 징역 또는 2억 원 이하의 벌금이 부과된다. 증권신고서, 정정신고서, 투자설명서의 허위기재나 주요사항을 누락한 자 및 이 사실을 알고도 진실 또는 정확하다고 증명한 공인회계사, 감정인, 신용평가전문가, 대표이사와 신고업무 담당이사는 5년 이하의 징역 또는 2억원 이하의 벌금에 처해진다. 징역과 벌금이 "또는"이라고 되어 있다고 해서 양자가 수평적으로 대등한 가치를 갖고 선택적으로 적용될 수 있다는 의미는 아니다. 법원의 양형기준에 따라 중대한 위법행위에는 징역이 선고되고 경미한 위법행위에는 벌금이 선고되는 수직적 체계로 보면 된다.


# 2. 행정제재 (법 제429조 등)

행정적인 제재는 금융위원회가 담당하는데, 금융위원회는 과징금과 여러 가지 명령권, 증권발행제한 등의 처분을 할 수 있다. 먼저 비금전적 제재를 보면 증권신고서·발행실적보고서를 제출하지 않거나, 동 신고서·보고서상에 허위기재나 중요사항 누락, 정당한 투자설명서(예비·간이 포함)를 사용하지 아니한 때, 신고서 미제출, 공모시 재무서류 미공시 등의 경우에 공모 기타 거래를 정지 또는 금지할 수 있다. 그리고 임원해임권고, 일정 기간 증권발행제한, 법 위반으로 조치받은 사실의 공표, 각서 징구, 고발 또는 수사의뢰, 경고, 주의 등 조치가 가능하다.

그런데 곰곰이 살펴보면 임원해임권고는 권고를 받은 발행회사가 주주총회를 개최하여 직접 해임을 해야만 효과가 발생하고, 위반사실의 공표나 각서 징구, 경고나 주의 등의 조치는 제재의 효력이 약하며, 고발 또는 수사의뢰는 그 자체로 효력이 발생하는 제재라 보기 어렵다. 이처럼 비금전적 제재의 실효성이 약한 점을 보완한 것이 과징금을 부과하는 금전적 제재이다. 과징금은 공모규제뿐만 아니라 각종 공시의무위반, 시장질서 교란행위, 금융투자업 규제 위반 등 자본시장법의 많은 영역에 도입되어 있는 제재 수단으로서 현대 행정처분의 중심을 이루고 있는 제도 중 하나이다.

과징금은 증권신고서와 투자설명서의 부실기재에 대해 부과되는데 부과 대상은 발행회사 뿐만 아니라 대표이사 등 개인도 대상이 된다. 부과 금액은 최고 20억원 이내에서 공모가액의 3% 이내로 부과되는데, 부과시에는 공모 예정총액, 거래금액, 반복성, 부당이익규모, 투자자피해정도, 내부자거래나 시세조종행위 등과 연계성 등을 종합적으로 고려하여 책정한다. 법에 정해진 최고 금액은 20억원이지만, 이는 1회의 행위에 대한 것이므로 여러 번의 공모가 있을 경우에는 누적하여 20억원을 넘는 과징금이 부과될 수도 있다.

과징금 부과를 위한 세부기준은 시행령 제379조에 자세히 규정되어 있다. 과징금은 형사처벌로서의 벌금과 성격이 비슷하고 국민의 재산권을 직접적으로 침해하는 행정처분이므로 법 제430조 이하에 자세한 절차가 규정되어 금융당국으로 하여금 최대한 신중하게 처분을 하도록 요구하고 있다.

행정제재를 보완하거나 사전 조치로서는 증권신고서상의 허위기재나 주요사항의 누락 여부 등을 명확히 하기 위하여 행사하는 정정명령권이 있고, 발행인과 인수인 기타 관계인에 대하여 참고서류의 제출을 명령하는 한편 금융감독원장으로 하여금 장부·서류 등을 조사하게 할 수도 있다.


## 3. 민사 손해배상책임 (법 제125조)

형사처벌과 행정제재가 있다 해도 막대한 금전적 이득을 얻을 수 있는 자본시장에서의 위법행위를 근본적으로 억제하기는 어렵다. 특히 벌금과 과징금 모두 최대로 부과할 수 있는 상한선이 있고 그 최대부과금액은 자본시장에서 발생하는 천문학적인 부당이득에 비해 약소한 수준이다. 무엇보다 위법행위로 피해를 본 투자자들에 대한 직접적인 보상이 아니라는 점에서 별도의 제재 수단이자 피해 회복 장치가 필요한데 그것이 바로 강력한 민사책임이다. 이 민사책임은 증권관련집단소송법에 의해 집단소송으로 추궁할 수 있다. 참고로 증권소송은 우리나라에서 집단소송으로 진행될 수 있는 유일한 분야이다.

증권의 발행인 등이 증권신고서와 투자설명서(예비·간이 포함)에 중요한 사항의 허위기재 또는 표시를 하거나 중요한 사항을 기재 또는 표시하지 않음으로써, 증권의 취득자가 손해를 입은 때에는 취득자는 그 손해에 대한 손해배상을 청구할 수 있다. 다만 책임질 자가 상당한 주의를 하였음에도 이를 알 수 없었음을 증명하거나 취득자가 청약시 이를 안 때는 책임을 지지 않을 수 있다. 여기서 유의할 점은 우리 판례가 공모 과정에서 직접 취득한 투자자에게만 청구권을 인정하고, 시장에서 매수한 투자자(전득자라 함)에게는 청구권을 인정하지 않는다는 점

이다.[12]

배상책임을 지는 자는 다음과 같이 여러 부류가 있는데, 이들은 명문의 규정은 없지만 연대책임을 지는 것으로 해석되고 있다. 상호 간 계약관계 없이 연대책임을 지는 것을 부진정 연대채무라 한다. 진정 연대책임이든 부진정 연대책임이든 연대책임에서는 청구인은 누구든지 한 사람에게 모든 손해를 청구할 수 있으므로 권리 구제에 효과적이고 반대로 책임을 질 자는 본인의 행위에 비해서 과도한 책임을 지게 된다. 부진정 연대채무자 사이에는 진정 연대채무자와 달리 구상권이 당연히 발생하지는 않지만, 우리 대법원은 부진정 연대채무자 사이에도 구상권을 인정하는 경우가 다수 있다.

배상 책임자로는 우선 증권신고서의 신고인과 그 당시 발행인의 이사(발기인)가 있다. 여기서 신고인이란 증권을 발행한 회사로서 발행인을 말한다.

다음으로 상법 제401조의2 제1항 각호의 어느 하나에 해당하는 자로서 증권신고서의 작성을 지시하거나 집행한 자인데, 상법상 이들을 '업무집행지시자'라 한다. 여기에는 이사에게 지시한 자, 이사 이름으로 집행한 자, 회장 등 명칭을 사용하면서 업무를 집행한 자 등 실질적인 지

---

12 대법원은 구 증권거래법 시절부터 현재까지 일관되게 유통시장에서 취득한 자의 청구권을 부인하였는데 그 논리는 다음과 같다. "우리 증권거래법이 유가증권의 발행시장에서의 공시책임과 유통시장에서의 공시책임을 엄격하게 구분하고, 그 책임요건을 따로 정하고 있는 점, 증권거래법 제14조의 손해배상 책임 규정은 법이 특별히 책임의 요건과 손해의 범위를 정하고, 책임의 추궁을 위한 입증책임도 전환시켜 유가증권 발행시장에 참여하는 투자자를 보호하기 위하여 규정한 조항인 점에 비추어, 유가증권의 유통시장에서 해당 유가증권을 인수한 자는 위와 같은 유가증권 발행신고서 등의 허위 기재시 해당 관여자에게 민법상 불법행위 책임을 물을 수 있는 경우가 있을 수 있음은 별론으로 하고, 구 증권거래법(1997. 12. 13. 법률 제5423호로 개정되기 전의 것) 제14조 소정의 손해배상 청구권자인 유가증권 취득자의 범위에는 포함되지 않는다고 봄이 타당하다."(대법원 2002. 5. 14. 선고 99다48979 판결 등).

배력을 행사한 자들이 모두 포함된다.

다음으로 동 신고서류가 진실 또는 정확하다고 증명하거나 서명한 공인회계사와 감정인, 신용평가를 전문으로 하는 자와 변호사, 변리사, 세무사 등 공인된 자격을 가진 자(소속단체 포함)이다(시행령 제135조). 이들 전문 자격자와는 별도로 해당 신고서의 기재사항, 첨부서류에 자기의 평가, 분석, 확인의견이 기재되는 것에 동의하고 확인한 자도 책임을 진다.

인수인 또는 주선인도 배상 책임자가 되는데, 이 부분은 법령 개정이 잦아서 주의를 기울일 필요가 있다. IPO에는 많은 인수인이 관여하는데, 보통 주관회사 또는 대표주관회사가 IPO와 관련하여 신고서 작성 등 중요한 일을 담당하고 다른 인수인들은 물량을 배정받아 분매하는 단순한 역할에 그치는 경우가 많은데도 다 같이 인수인으로서 무거운 책임에 노출된다. 이를 감안하여 현행법으로 개정되기 이전에는 복수의 인수인이 있을 경우에는 인수인 대표라 할 수 있는 주관회사만 책임을 지도록 한 바 있었으나, 현재는 모든 인수인을 책임 주체로 하고 있다.

한편 매출의 경우, 증권을 매도하는 자는 발행 회사가 아니라 매출인이지만 신고서는 발행 회사가 제출한다고 하였는데, 그렇다고 매출인을 책임에서 완전히 배제하는 것도 사리에 맞지 않으므로 매출인도 책임 주체로 포함하고 있다.

마지막으로 투자설명서를 작성한 자와 교부한 자도 책임 주체로 하고 있는데, 이로 인해 발행인으로부터 자기계산으로 증권을 취득한 후 투자자에게 분매하는 인수인뿐만 아니라, 단지 청약사무만 취급하는 인수인 아닌 증권회사의 경우에도 무거운 책임을 지게 된다. 왜냐하면 증권 취득자에게 투자설명서를 배포해야 하는 것은 법적인 의무이기 때문이다. 청약사무라는 단순한 업무에 대해서 과도한 책임이라 아니 할 수 없다.

　배상액에 대해서는 민법을 근거로 하는 불법행위소송에 비해 특례를
인정하고 있는데, 바로 배상액의 추정이다. 즉 민법 제750조를 근거로
제기하는 불법행위 소송에서는 원고인 투자자가 배상액을 증명해야 하
는데 자본시장의 복잡성을 감안하면 이는 매우 어려운 작업이 된다. 따
라서 자본시장법은 제126조에서 손해를 입은 자는 그가 실제로 지급한
금액과 변론종결시 시장가격(보유하고 있는 경우) 또는 처분가격(처분한
경우)과의 차액을 배상액으로 추정한다고 하고 있다. 이는 법률상 추정
이므로 배상액 입증책임은 이제 피고에게 돌아가고, 피고는 손해금액
중 자신의 허위기재나 누락 등에 기인한 손해가 아님을 입증하여 책임
을 면제받을 수 있다.

　손해배상 청구기간은 청구권자가 당해 사실을 안 날로부터 1년 이내
또는 당해 증권신고서의 효력이 발생한 날로부터 3년 이내로서 민법상 불
법행위소송(안 날로부터 3년, 행위시로부터 10년)에 비해 단기간의 소멸시
효를 규정하고 있다. 그 취지는 빠른 속도로 이루어지는 자본시장에서
의 재산권 변동상황을 고려하여 가급적 빠른 시간내에 분쟁을 해결하
여 시장의 안정을 기하고자 함이다.

　신고서 허위기재 이후 3년이 경과하여 자본시장법상 청구권이 소멸
되면 어떻게 하는가? 민법 제750조의 불법행위에 해당한다고 소송을
제기할 수 있는가? 우리 대법원은 투자자보호를 중시하여, 이를 청구권
경합이라 보고 불법행위소송을 허용한다. 따라서 투자자는 10년의 소
멸시효 내에서 민법 제750조를 근거로 여전히 손해배상 소송을 제기할
수 있는 것이다. 다만 논리적으로는 민법을 근거로 한 소송에서는 자본
시장의 특수성이 반영되지 않고 일반 불법행위 법리에 따라 진행되는
것이 맞고 미국에서는 그렇게 진행되지만, 우리 법원은 굳이 양자를 엄

격히 구분하지 않는 듯이 보인다. 따라서 시장사기이론[13]과 같이 자본시장에서만 성립할 수 있는 법리가 민법 불법행위소송에서도 그대로 통용되고 있어서 투자자에게 유리한 상황이다.[14]


## 4. 대표이사, 신고업무 담당이사의 확인 · 서명 의무

증권신고서(일괄신고서 포함) 제출 당시 대표이사(대표집행임원), 신고업무 담당이사(사실상 이사, 업무집행자 포함)는 회사나 증권에 관한 기재사항 중 투자판단이나 증권가치에 영향을 미칠 수 있는 중요기재의 누락이나 허위표시가 있지 아니하다는 사실 등을 확인 · 검토하고 이에 각각 개인적으로 서명하여야 하며 이상 서명 사실을 증권신고서에 기재하여야 한다는 것이다(법 제119조 제5항 및 시행령 제124조). 구체적으로 확인, 검토해야 할 사항들은 1) 신고서의 기재사항 중 중요사항에 관하여 거짓의 기재 또는 표시가 없고, 중요사항의 기재 또는 표시가 빠져 있지 아니하다는 사실, 2) 신고서의 기재 또는 표시 사항을 이용하는 자로 하여금 중대한 오해를 일으키는 내용이 기재 또는 표시되어 있지 아니하다는 사실, 3) 신고서의 기재사항에 대하여 상당한 주의를 다

---

13  시장사기이론(fraud-on-the-market theory)이란 민사 배상청구의 요건인 거래인과관계를 군이 요구하지 않는다는 것이다. 즉 원래는 허위표시를 믿고 거래하였다는 요건이 필요한데, 증권시장에서는 주가에 그 허위표시가 반영되므로 직접 재무제표상의 허위표시를 보지 않고 주가만 믿고 거래하더라도 거래인과관계 요건을 충족하므로 원고가 이를 증명할 필요가 없다는 의미이다.

14  대법원 1997. 9. 12. 선고 96다41991 판결 (한국강관 사건). 이 사건은 원고가 피고의 불법행위를 안 날로부터 1년이 경과하여 제기되었던 사건으로서 구 증권거래법을 근거로 제기한 배상 청구는 기각되고, 민법 제750조를 근거로 제기한 배상 청구가 받아들여졌다. 그런데 법원은 민법을 근거로 한 이 소송에서 시장사기이론에 따라 피고의 책임을 인정한 바 있다.

하여 직접 확인 · 검토하였다는 사실, 4) 외부감사대상 법인인 경우에는 주식회사 등의 외부감사법 제8조에 따라 내부회계관리제도가 운영되고 있다는 사실이다.

일반적으로 회사의 대외 문서에는 대표이사 등의 직인을 찍는 것이 보통인데, 인장 대신 자필 서명을 요구하고 있는 이유는 대표이사 등의 개인적 책임을 명확히 하기 위해서이다. 인장을 찍는 경우에는, 자기는 잘 모르고 부하 직원이 알아서 찍었다고 책임을 회피할 여지가 있는데, 이처럼 대표이사 등이 개인적으로 직접 확인하고 검토하였다는 문구에 자필 서명을 하는 경우에는 책임 회피가 불가능하기 때문이다.


## 5. 외부감사인의 감사증명과 손해배상책임

일괄신고서와 소액공모 공시서류를 제출하는 경우에는 주식회사 등의 외부감사법에 따라 외부감사인의 감사증명를 받아야 한다. 그리고 상장법인이 공모를 하는 경우에도 외부감사인의 감사보고서를 제출해야 한다. 외부감사법은 감사보고서의 부실기재에 대해서 감사인의 배상책임을 엄격히 규정하고 있다. 따라서 외부감사인의 책임도 증권신고서 등의 진실성을 확보하는 장치로 기능한다.

# 제5장

# 공개·상장법인의
# 계속공시의무

# 제1절 계속공시의무 개요

증권을 한 번이라도 공모하면 공개법인(public company)이 되고, 그 증권을 거래소에 상장하면 상장법인이 된다. 특별히 주식을 상장한 법인을 주권상장법인이라고 한다. 상장법인은 법에 규정된 명칭이지만, 공개법인은 편의상 부르는 명칭일 뿐이다. 자본시장법상 공개법인의 정확한 명칭은 "사업보고서 제출대상법인"이라는 다소 복잡한 이름이다.

사업보고서 제출대상법인은 계속공시의무를 지는데 그 내용은 정기공시와 비정기공시를 필요할 때마다 계속해야 한다는 의미이다. 정기공시는 최소한 분기에 한 번, 비정기공시는 법령에 규정된 수십 가지 중요사항의 발생이나 결정시 즉시 이행해야 한다. 어떤 면에서는 증권 공모로 자금을 조달한 대가로서는 상당히 부담을 떠안게 되는 제도이다.

공시(disclosure)라고 해서 당해 법인이 일반에게 직접 공개하는 것은 아니다. 정확하게는 법인이 금융위원회와 거래소에 신고하고, 금융위원회와 거래소가 이 신고된 서류를 일반에 공개하는 '신고 & 공개'가 공시의 정확한 의미다. 그러나 일반적으로 이 '신고 & 공개'를 공시라고 하고 있고, 이 책에서도 공시라고 할 때는 이 '신고 & 공개'로 이해하면 된다(법 제163조). 법은 서류의 비치 및 인터넷 홈페이지 등을 통한 공개를 요구하고 있는데 금융감독원과 거래소는 각자의 전자공시시스템을 통해서 공개하고 있다. 이론적으로 제출 이후 전자공시시스템에 공개되기까지 일정 시간이 소요될 수 있는데, 정보의 중요성과 민감성을 감안하여 양 기관은 최대한 신속하고 투명하게 처리하고 있다. 금융감독원의 전자공시시스템은 DART(dart.fss.or.kr)이고, 거래소의 전자공시시스템은 KIND(kind.krx.co.kr)이다. 우리나라가 세계에 자랑할 만한 방대하고 효율적인 전자공시시스템들이다.

이 장에서는 어떤 법인이 계속공시의무를 부담하는지, 계속공시의무의 구체적 내용은 무엇인지를 살펴본다.

# 제2절 사업보고서 제출대상법인

계속공시의무를 부담하는 자를 '사업보고서 제출대상법인'이라고 한다. 법 제159조 및 시행령 제167조는 사업보고서 제출대상법인으로서, 주권상장법인, 주권 아닌 증권(지분증권, 채무증권, 파생결합증권 등)을 증권시장에 상장한 법인, 앞의 증권 중 어느 하나라도 공모를 한 발행인(상장폐지된 경우에도 포함됨), 주식회사 등의 외부감사법에 따른 외부감사 대상법인으로서 앞의 증권 중 어느 하나라도 그 소유자 수가 500인 이상인 법인을 열거하고 있다.[1]

이 규정의 특징은, 주식 아닌 채권 등을 상장한 경우도 사업보고서 제출대상법인에 포함되고, 한 번이라도 공모를 한 적이 있다면 그 증권이 상장되었다가 폐지가 되어도 계속 포함되며, 외부감사 대상법인처럼 어느 정도 규모가 있는 회사가 발행한 증권을 소유한 투자자가 500인 이

---

[1]  외부감사 대상법인은 주권상장법인과 직전 사업연도 자산 또는 매출액이 500억원 이상인 주식회사와 유한회사가 있다. 그리고 다음 사항 중 3개 이상에 해당하지 않는 주식회사와 유한회사도 포함되는데, 그 사항들은 1) 직전 사업연도 말의 자산총액이 120억원 미만, 2) 직전 사업연도 말의 부채총액이 70억원 미만, 3) 직전 사업연도의 매출액이 100억원 미만, 4) 직전 사업연도 말의 종업원이 100명 미만일 것이다(외부감사법 시행령 제5조).

상이면 설령 그 법인이 그 증권을 상장이나 공모를 한 적이 없더라도 계속공시의무를 지는 법인에 포함된다는 점이다. 즉 기업 규모나 이해관계자 수가 국민경제적 차원에서 특별한 규제 및 보호가 필요한 수준이면 의무를 부과하고 있는 것이다.

사업보고서 제출대상법인 중 사업보고서 등의 제출의무가 면제되는 경우도 있는데, 1) 파산, 2) 해산, 3) 상장법인으로서 상장폐지요건에 해당하는 발행인으로서 해당 법인에게 책임이 없는 사유로 사업보고서의 제출이 불가능하다고 금융위원회의 확인을 받은 경우, 4) 공모가 이루어진 증권으로서 각각의 증권마다 소유자 수가 모두 25인 미만인 경우로서 금융위원회가 인정한 경우, 5)외부감사 대상법인이 발행한 증권으로서 각각의 증권마다 소유자의 수가 모두 300인 미만인 경우이다(시행령 제167조).

코넥스시장 상장법인의 경우에는 반기 · 분기보고서 제출이 면제된다(시행령 제176조 제9항). 그리고 외국의 정부 · 지방자치단체 · 공공기관과 국제금융기구는 정기공시와 비정기공시 모두 면제되어 계속공시의무를 부담하지 않는다(시행령 제176조 제1항). 유념할 것은 이들 기관이 발행한 증권을 국내에서 판매할 경우에는 경우에 따라 증권신고서 제출의무는 발생할 수도 있다는 점이다. 다만 증권신고서를 제출했다 하더라도 사업보고서 등 계속공시의무는 면제되는 것은 물론이다.

사업보고서 제출대상법인의 수는 얼마나 될까? 우리나라에 주식회사로 법인 등록이 된 회사는 약 70만~80만개 정도이다. 이 중에서 주권상장법인은 약 2500개에 불과하다. 사업보고서 제출대상법인은 주권상장법인 외에도 증권 공모를 한 법인, 외부감사 대상법인도 포함되기 때문에 주권상장법인보다는 훨씬 많을 것이다. 정확한 숫자는 파악이 안 되지만 약 2만여개 정도로 추정된다.

# 제3절 정기공시의 내용
## (사업보고서 · 반기보고서 · 분기보고서)

정기공시서류에는 연간 보고서인 사업보고서, 사업연도 6개월 경과 후 작성하는 반기보고서, 사업연도 3개월 경과 후 작성하는 1분기보고서 및 9개월 경과후 작성하는 3분기보고서가 있다. 순서대로 열거해 보면, 사업연도 개시 후 3개월간에 대한 1분기보고서, 6개월간에 대한 반기보고서, 9개월간에 대한 3분기보고서, 그리고 1년 총결산을 위한 사업보고서를 제출하게 되어 있다.

정기공시의 내용은 증권을 발행한 회사에 대한 기재로서 증권신고서에서 증권의 공모에 관한 부분이 없는 것과 비슷하다. 법 제159조 제2항은 구체적인 공시사항을 예시로 몇 가지 열거하고 시행령에 위임하고 있다.

법에 열거된 공시사항 중 최근 중요해 진 사항이 임원 보수에 관한 것이다. 기업의 지배구조에 대한 규제 강화의 흐름 속에서 최근 몇 년간 꾸준히 강화되어 왔는데 현재 공시가 요구되는 사항으로는, 전 임원에게 지급된 보수총액, 임원 개인별 보수와 그 구체적인 산정기준 및 방법(개인별 보수가 5억원 이상일 경우에만 요구됨), 보수총액 기준 상위 5명의 개인별 보수와 그 구체적인 산정기준 및 방법(개인별 보수가 5억원 이상일 경우에만 요구됨)이 있다(법 제159조 제2항 및 시행령 제168조 제1항, 제2항). 등기 임원이 아니더라도 보수가 상위 5명 이내이면 공시하도록 요구한 것은 실질적인 지배주주 등이 임원으로 등기하지 않고 많은 보수를 받아가는 것을 견제하고자 함이다. 개인별 보수 현황은 사업보고서 외에 반기보고서에도 공시되어야 하며, 다만 분기보고서에는 공시되지 않아도 된다.

기타 정기공시 사항은 이사회 등 기관 및 계열회사 현황, 주주와 임직원에 관한 사항, 대주주 등 이해관계자와 거래내용, 이사의 경영진단 및 분석의견, 기타 투자자보호에 필요하다고 금융위원회가 고시한 사항 등이다. 이 중에서 이사의 '경영진단 및 분석 의견'(MD&A)은 증권신고서의 투자위험 부분과 성격이 비슷한데, 경영을 책임지는 이사의 관점에서 현재를 진단하고 미래를 전망하는 부분으로서 점차 중요성이 더해가고 있다.

그리고 사업보고서에는 회계감사인의 감사보고서, 감사의 감사보고서(상법 제447조의4에 따른 감사보고서), 법인의 내부감시장치[이사회의 이사직무집행의 감독권과 감사(감사위원회가 설치된 경우에는 감사위원회를 말한다)의 권한, 그 밖에 법인의 내부감시장치를 말한다]의 가동현황에 대한 감사의 평가의견서, 정관 등이 부속서류로서 제출될 것이 요구된다.

# 제4절 비정기공시의 내용
## (주요사항보고서와 거래소의 수시공시)

## 1. 비정기공시 개요

비정기공시는 중요한 사항이 발생하거나 결정되면 그때 그때 즉시 공시하는 것이다. 현대 자본시장에서 정보의 유통 속도는 과거에 비할 바없이 빨라졌고 정보의 신속한 공개에 대한 투자자의 요구도 크다. 따라서 비정기공시는 자본시장 공시제도의 핵심이라고 볼 수 있다. 예를 들어 기업 실적과 같이 중요사항의 경우 먼저 비정기공시로 시장에 공시된 후 나중에 정기공시서류에 기재되어 제출되는 것이 관행처럼 되어있다. 비정기공시를 적시공시(timely disclosure)라고도 하는데 신속하게이루어진다는 의미다. 비정기공시는 중요정보를 최대한 신속하게 시장에 제공함으로써 정보 열위에 있는 일반투자자를 보호하고, 기업의 내부자거래를 방지하며, 기업가치와 주가를 최대한 빨리 일치시켜 시장의효율성을 제고함으로써 국가의 경제적 자원분배의 최적화를 달성할 수있게 하는 아주 중요한 제도이다.

비정기공시에는 금융위원회가 주관하는 주요사항보고서와 거래소가 관리하는 수시공시가 있다. 양자의 관계는 무엇이고 어떠한 차이가 있을까? 먼저 정보의 범위로 보자면 거래소의 수시공시가 훨씬 공시사항의 범위가 넓다. 주요사항보고서는 수시공시 사항 중 특별히 더 중요하여 공적규제(형사처벌과 행정제재)로 관리할 필요성이 있는 사항들이라고 보면 된다. 그러면 거래소의 수시공시는 왜 공적규제가 안 되어서 중복적인 주요사항보고서 제도를 또 두게 된 것인가?

상장법인이 거래소의 규정에 따라 수시공시를 하는 것은 근본적으로 거래소와 상장법인간 상장계약에 근거한 계약상의 의무이다. 거래소는 공공성이 높은 기관이지만 법적으로는 민간 법인인데, 민간 법인이 규정하고 집행하는 계약상 의무를 위반하였다고 국가가 형사처벌과 행정제재로 다스리기는 어렵다. 그래서 주요사항보고서 제도를 두고, 이를 위반하면 형사처벌과 행정제재로 규제하고자 하는 것이다. 이것이 비정기공시가 중복적인 두 개의 제도로 성립되어 있는 이유이다.

주요사항보고서와 수시공시는 공적규제와 계약상의 의무라는 차이점 외에도 공시의 초점과 제출 시한에서도 차이가 있다. 주요사항보고서는 엄중한 공적규제 대상인 만큼 보다 신중하고 정확하게 작성될 것이 요구되고 따라서 제출 시한도 공시사항의 발생과 결정이 있는 날의 다음 날까지이다. 이와 반대로 수시공시는 신속성에 초점이 주어져 웬만큼 중요한 사항들은 대부분 발생과 결정이 있는 날 당일에 공시가 되어야 한다.

금융위원회와 거래소는 비정기공시의 중복성으로 인한 부담을 감안하여 법인이 공시서류를 어느 한 기관에만 제출하면 그것을 상대 기관에 통보하여 그 기관에도 제출된 것으로 하고 있다. 이를 위해서 중복되는 공시사항의 서류 양식 등을 가급적 통일시키고 있고 원칙적으로 양기관 공통 사항의 경우에는 금융감독원 전자공시시스템(DART)을 통하여 금융위에 제출하도록 하고 있다. 그런데 거래소 수시공시의 시한이 빠르기 때문에, 공시를 하는 법인의 입장에서는 거래소에 하는 것이 효율적일 것이다. 다만 공시서류의 양식이 크게 다르거나 부속 문서가 별도로 있는 경우에는 주요사항보고서도 제출하여야 할 것이다.

이와 관련하여 종종 주요사항보고서 규제 위반으로 적발되는 사항 중의 하나가 자산양도이다. 일정 금액 이상의 자산양도 시에는 양도의 공정성과 투명성을 위해서 외부평가기관의 평가가 필요한데, 이 평가서류를 거래소의 수시공시는 요구하지 않고 주요사항보고서만 요구하고 있다. 그런데 법인들이 평소대로 거래소 수시공시만 하고 주요사항보고서를 제출하지 않아 제재를 받는 경우가 종종 발생한다.


## 2. 주요사항보고서

주요사항보고서의 대상이 되는 정보들은 법과 시행령에만 규정되어 있고 시행령의 위임을 받은 금융위원회 규정에서는 별도의 주요사항보고서 대상 정보를 정하지 않고 있다. 그 배경은 자본시장법 제정 당시 비정기공시는 원칙적으로 거래소의 수시공시에 맡기되, 특별히 중요해서 공적규제가 꼭 필요한 최소한의 사항만 주요사항보고서로 보완하자는 입법 취지 때문으로 보인다. 수시공시와 중복되는 주요사항보고서를 금융감독당국이 자유롭게 확대한다면 결국에는 수시공시와 비슷한 제도가 될 수 있기 때문에, 현행과 같은 체계가 바람직하다고 판단된다. 주요사항보고서 대상 정보는 다음과 같다.

## 주요사항보고서 대상 정보

| 구분 | 제출사유 |
|---|---|
| 경영환경 변화에 관한 사항 | • 어음 · 수표의 부도, 은행 당좌거래의 정지 또는 금지<br>• 영업활동의 전부 또는 중요한 일부의 정지 (그 정지에 관한 이사회 등의 결정 포함)<br>• 회생절차개시의 신청<br>• 해산사유 발생<br>• 주채권은행으로부터의 조치 |
| 주권의 해외상장에 관한 사항 | • 해외증권시장의 상장, 상장폐지, 매매거래정지 등의 조치 |
| 자본증가 또는 감소에 관한 사항 | • 자본증가 또는 자본감소에 관한 이사회 등의 결의<br>• 증권에 관한 중대한 소송 제기 |
| 합병등 결정에 관한 사항 | • 합병, 주식교환 · 이전, 분할, 분할합병 등의 결정<br>• 중요한 영업 또는 자산의 양수도 등의 결정 |
| 자기주식 취득 · 처분 결의에 관한 사항 | • 자기주식 취득(신탁계약 체결) 또는 처분(신탁계약 해지)의 결의 |
| 외국법인에 관한 사항 | • 외국 법령 등의 변경<br>• 외국에서 공개매수 또는 안정조작 · 시장조성<br>• 해외법규 등 위반으로 인한 조치<br>• 외국거래소의 매매거래 정지 · 해제, 상장폐지 |

주요사항보고서에 허위기재를 하거나 중요사항을 누락하는 경우 5년 이하의 징역 또는 2억원 이하 벌금이 부과되고, 제출의무가 있는 자가 제출하지 않았을 경우 1년 이하의 징역 또는 3천만원 이하의 벌금이 부과된다. 또한 금융위원회는 주요사항보고서의 허위기재나 누락 및 미제출에 대해서 직전 사업연도 중에 증권시장의 일일평균거래금액의 100분의 10(20억원을 초과하거나 그 법인이 발행한 주식이 증권시장에서 거래되지 아니한 경우에는 20억원)을 초과하지 아니하는 범위에서 과징금을 부과한다.


## 3. 거래소 수시공시

거래소 수시공시제도는 거래소 공시규정에 규정되어 있다. 공시규정의 법적 성격은 상장계약에 따라 거래소가 정하고 상장법인이 이를 준수하는 약관에 해당된다. 자본시장법에서 거래소의 업무로 공시업무를 열거하고 거래소의 공시규정에 정할 사항을 규정함으로써(법 제391조), 수시공시제도가 고도의 공공성이 있다 하더라도 본질적인 법적 성격이 변하는 것은 아니다. 이하 공시규정이라고 할 때는 원칙적으로 유가증권시장(소위 KOSPI 시장)의 공시규정을 말한다.

수시공시는 몇 가지 유형으로 나뉘는데, 주요경영사항 공시, 자율공시, 공정공시, 조회공시로 분류된다. 수시공시의무가 있는 법인으로는, 주권뿐만 아니라 사채권, 파생결합증권, 증권예탁증권을 상장한 법인이 다 포함되는데(법 제391조), 주권상장법인의 공시사항에 비해 채권상장법인 등의 공시사항은 특별히 중요한 몇 가지로 제한되어 있다.

### (1) 주요경영사항 공시

주요경영사항은 상장법인의 경영활동과 관련된 사항으로서 투자자의 투자 판단에 중대한 영향을 미치는 사실이다. 주권상장법인은 이러한 사실이 발생하거나 결정하였을 경우에는 거의 대부분 당일 중으로 거래소에 신고·공시를 하여야 한다. 여기에 해당되는 사항으로는 증자·감자 등 증권의 발행으로 재무구조에 중대한 변경을 초래하는 사항, 부도·회생절차 등 기업경영환경에 중대한 변경을 초래하는 사항, 폐업·영업정지 등 재산에 대규모 변동을 초래하는 사항 등 수십 가지에 달한다.

주요경영사항 공시제도에는 최근 큰 변화가 있었다. 바로 '포괄주의' 공시 원칙의 도입이다. 기존에는 공시 원칙이 열거주의 체제여서 상장법인의 공시사항은 거래소 공시규정에 열거된 사항으로 제한되었다. 그런데 기업 경영 과정에서 발생하거나 결정하는 사항은 나날이 발전하고 변화하는데 열거주의로는 상황 변화에 신속하고 유연하게 대처하기 어렵다. 투자자에게 필요한 중요정보를 제공한다는 공시제도의 대원칙에 비추어 봐도 타당성을 인정받기 어려웠다.

이에 따라 포괄주의가 도입되었고, 이제 공시규정에 열거되어 있는 공시사항은 예시적인 성격이 되었다. 물론 굳이 열거하고 있다는 사실은 이 정보들의 중요성을 확실히 증명하는 것이므로 상장법인은 열거되어 있는 사항들은 반드시 공시해야 할 것이다. 그런데 포괄주의 공시 원칙의 의미는 공시규정에 열거되어 있지 않더라도 투자자의 투자 판단에 중대한 영향을 미칠 수 있는 사항이면 그 또한 공시되어야 한다는 것이다. 이로 인해 공시담당자 업무의 질도 변하게 된다. 기존에는 다소 기계적으로 수행되던 업무에서, 이제는 회사 내의 주요 정보에 대해서 그때마다 중요성 판단을 해야 하는 고도의 분석·판단 업무로 된 것이다.

포괄주의 공시의 근거는 공시규정 제7조 제1항 제4호 및 제3항으로서 제3항은 "제1항 제4호의 주가 또는 투자자의 투자판단에 중대한 영향을 미치는지에 대한 구체적인 기준은 세칙으로 정한다"고 하고 있고, 이 위임에 따라 공시규정 시행세칙은 제4조의5(공시대상 중요정보의 판단기준)에서 "규정 제7조 제3항에 따른 기준은 다음 각호의 어느 하나에 따른다"고 하면서 구체적인 기준을 제시하고 있다. 이 기준은 수시공시의무 비율 적용이 가능한 사항과 곤란한 사항으로 구분되는데, 의무 비율이 적용가능한 경우는 영업 및 생산활동 등에 관한 사항(매출액의 5%, 대기업은 2.5%), 발행증권, 채권·채무, 손익, 결산 등에 관한 사항(자기자본의 5%, 대기업은 2.5%), 투자활동 등에 관한 사항(자기자본이나 자산총액의 5%, 대기업은 2.5%)이다. 그리고 의무 비율 적용이 곤란한 경우는 해당 법인의 경영(지배구조, 구조개편, 존립, 상장폐지, 소송 등을 포함한다) 또는 재산상태 등에 상당한 영향을 가져오거나 가져올 것으로 예상되는 사항들이다.

포괄주의 공시 원칙의 도입에 따라 기업의 경영 비밀이 누설될 우려
도 그만큼 커지기에 공시유보사항을 신설하여, 해당 법인이 경영상 비
밀유지의 필요성과 구체적인 유보범위를 명시하여 신청한 사항은 공시
유보를 인정한다(공시규정 제43조의2).

### (2) 자율공시

자율공시제도는 의무공시사항인 주요경영사항 외의 사항에 관하여
상장법인의 자율적인 판단에 따라 기업에 관한 주요 경영상의 정보 또는
장래계획 등을 공시할 수 있도록 하는 제도이다. 통상 불리한 정보는 감
추고 유리한 정보는 널리 알리고자 하는 기업의 속성을 고려하여, 의무
공시사항인 주요경영사항은 주로 불리한 정보들로 구성되어 있는 반면
에 자율공시사항은 주로 기업에 유리한 정보들로 구성되어 있다. 자율공
시는 포괄주의 공시 원칙과 더불어 미국식 공시제도에 가깝다.

자율공시의 공시시한은 주요경영사항과 달리 다음날까지로 완화되
어 있다. 다만 기존에 한 자율공시에 대해서 정정공시를 할 때는 당일
중으로 공시해야 한다는 점을 유념해야 한다.[2] 자율공시 사항도 일단 공
시하면 그에 따른 법적 효과는 의무공시사항인 주요경영사항 공시와
동일하게 취급되므로 홍보 효과만 노리고 무작정 공시를 하는 것이 좋
은 것만은 아니다.

---

2   2016년 OO약품은 기존에 자율공시한 대규모 수출계약 건에 대해서 계약파기를 내용으로
    하는 정정공시를 하였는데, 당시 공시규정은 자율공시 사항은 불리하게 정정되더라도 다
    음 날까지 공시하면 되도록 하고 있었다. 이에 따라 OO약품은 전날(9.29) 발생한 계약파기
    사실을 9월 30일 장중에 정정공시 함으로써 시장에 큰 혼란을 초래하였고, 이에 따라 거
    래소는 공시규정을 현행과 같이 개정하였다.

## (3) 공정공시

공정공시는 2000년 미국에서 처음 시행된 Regulation FD(Fair Disclosure)를 우리 사정에 맞게 수정·보완하여 2002년 세계에서 두 번째로 도입된 수시공시제도이다. 이 제도는 '선택적 공시'(selective disclosure) 또는 '선별적 공개'에 대한 규제인데, 선택적 공시란 상장법인이 애널리스트나 펀드매니저 등 특정인을 대상으로 기업설명회와 같은 IR 활동을 하면서 공개되지 않은 정보를 제공하는 것을 말한다. 미공개정보를 제공하는 것이므로 내부자거래 규제 대상이 될 수도 있지만 내부자거래 규제의 요건이 까다로운 관계로 규제가 제대로 되지 않는 문제점이 있어서 그러한 상황 자체를 통제하고자 하는 취지에서 만들어졌다.

공정공시의 기본 요지는, 상장법인이 일정한 정보를 특정인에게 선별적으로 공개하는 경우 의도적으로 공개할 때는 선별적 공개와 동시에, 우발적으로 공개한 경우에는 당일 중 지체없이 투자자 일반에 동 정보를 공시하라는 것이다. 제도의 주요내용은 다음 표에 정리된 바와 같다.

예를 들어, 모 회사가 기관투자자만을 대상으로 기업설명회를 한다고 하자. 그러면 이 설명회는 의도적으로 특정인에게만 정보를 공개하는 것이므로, 공정공시를 준수하려면 기업설명회에서 자료 배포나 설명이 시작되기 전에 거래소 전자공시시스템에 올려 투자자 일반이 이용할 수 있도록 하여야 한다. 즉 설명회 개시 전에 전자공시시스템에 공정공시를 하는 것이 더 선행되어야 한다는 것이다.[3] 설명회 도중 기관투자자의 질문에 답변하다가 지금까지 공시되지 않는 사항에 대해서 언급을 했다고 하자. 그러면 이 공개는 비의도적으로 공개한 것이므로 공

---

3    거래소의 '공정공시운영기준'은 제7조(신고시한등) 제1항에서 "기업설명회 등을 통하여 공정공시 대상정보를 제공하고자 하는 경우에는 기업설명회 등의 개시시점 이전에 이를 신고하여야 한다"고 규정하고 있다.

정공시 제도에 따르면 당일 중 이 사항을 투자자 일반에게 공정공시로 공개하여야 한다.

우리나라 공정공시 제도에서 특징적인 사항 중 하나가 언론 기자들의 취재에 응하여 미공개정보를 공개한 경우에는 즉시 투자자 일반에 공개하여 할 의무가 없다(공시규정 제18조 제1호). 언론의 자유로운 취재 활동을 보장하기 위한 고려이다. 또 다른 특징 중 하나는 공정공시 대상정보는 중요성 여부를 따지지 않고 일단 공시하도록 요구하고 있다는 점이다. 내부자거래에서의 내부정보나 수시공시사항이 모두 중요성 요건을 필요로 하는데 공정공시 대상정보는 그러한 요건이 없다. 따라서 공정공시 대상정보에는 중요한 정보와 중요하지 않은 정보가 모두 해당된다.

공정공시 제도의 세부 사항은 거래소가 제정하는 '공정공시운영기준'에 규정되어 있다.

## 공정공시제도의 주요 내용[4]

| 구 분 | 내 용 |
|---|---|
| 공정공시<br>준수의무자 | – 상장법인 및 그 대리인<br>– 당해 법인의 임원 및 동 정보에 접근 가능한 직원 |
| 공정공시<br>대상정보 | – 장래 사업 및 경영계획<br>– 매출액, 손익 등에 대한 전망 · 예측<br>– 정기보고서 제출전의 영업실적<br>– 수시공시의무사항과 관련된 미확정 정보 |
| 정보제공<br>대상자 | – 금융투자업자 등과 기관투자자<br>– 언론사 및 그 임직원 (보도목적의 취재는 예외)<br>– 외국의 언론사 및 그 임직원<br>– 정보통신망을 이용하는 증권정보사이트 등 운영자<br>– 당해 유가증권 소유자 |

---

[4] 증권거래소 · 증권업협회 · 코스닥증권시장, 공정공시제도 도입 방안에 관한 공청회 자료, 2002. 7. 5.

| | |
|---|---|
| 선별공시가<br>허용되는 자 | – 변호사, CPA 등과 같이 비밀유지의무가 있는 자<br>– 비밀을 유지하기로 명시적으로 동의한 자<br>– 신용평가기관<br>– 기타 거래소가 인정하는 자 |
| 정보제공의<br>유형 및<br>신고시한 | – 의도적으로 제공<br> • 정보 제공전<br>– 비의도적으로 제공<br> • 임원이 제공사실을 안 때 또는 알 수 있었던 때가 속하는 당일 |
| 공정공시의 방법 | – 거래소 전자공시시스템을 이용 |
| 의무 위반의<br>유형 및 제재 | – 유형: 공시불이행, 공시번복, 공시변경<br>– 제재: 매매거래정지, 관리종목 지정, 상장폐지 |

## (4) 내부정보와 수시공시 및 공정공시의 관계

### 공시 관련 정보의 영역과 범위[5]

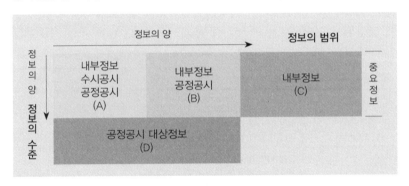

위 그림은 내부정보와 수시공시 대상정보 및 공정공시 대상정보의 영
역과 범위를 도식화한 것이다. A 영역은 내부정보이면서 수시공시사항
과 '중요한' 공정공시 대상정보이기도 한 핵심적인 정보가 해당된다. 예

---

5    성희활, "공정공시제도의 발전적 개편방안에 대한 연구", 증권법연구, 제5권 제2호, 2004,
     105면.

를 들어 이사회 안건으로 무상증자 100% 실시 방안이 상정되었다고 하면 이 정보는 위 세 가지에 모두 해당된다. 이 정보를 이용하여 몰래 거래하면 내부자거래가 되고, 이사회 결의로 안건이 통과되었다면 즉시 수시공시를 해야 하며, 이사회 결의 전에 이 사실을 특정인에게 알리려면 공정공시 의무를 준수해야 한다.

B 영역은 수시공시 대상정보는 아니지만, 내부정보와 '중요한 공정공시 대상정보'가 속하는 영역이다. 예를 들어, 중요한 계약 건을 진행 중인데 아직 체결 전이라고 하자. 이 정보는 계약체결 사실이 발생하기 전이므로 수시공시 의무는 없으나, 현재 시점에서 투자자의 투자 판단에 중대한 영향을 미칠 수 있다면 내부정보이고, 또 공시규정에 열거된 공정공시 대상정보이기도 한 것이다.

C 영역은 수시공시 의무도 없고 공정공시의 대상도 아니지만, 내부자거래 대상 정보인 내부정보에는 여전히 해당될 여지가 있다. 왜냐하면 내부정보는 공시규정에 열거되어 있는 지 여부에 관계없이 투자자의 투자판단에 중대한 영향을 미칠 수 있으면 성립하기 때문이다. 그런 점에서 정보의 범위가 가장 넓은 것이 내부정보라고 볼 수 있다.

D 영역은 공정공시 대상정보의 전속적 영역이라고 할 수 있다. 즉 정보의 중요성이 없어서 수시공시사항이나 내부정보는 아니지만, 공정공시 대상정보로 열거되어 있는 정보이다. 예를 들어 그리 중요하지 않은 실적 예측 정보 등이 해당될 수 있다. 공정공시 대상정보의 전속적 영역이 존재하는 이유는 우리 공정공시 제도가 중요하지 않은 사항도 대상정보로 하고 있기 때문이다.

### (5) 조회공시

조회공시는 어느 주식에 대하여 풍문 · 보도가 있거나 시황이 급변하는 경우에, 거래소가 상장법인에게 풍문 · 보도 관련 내용이 존재하는지 및 사실인지 여부를 상장법인으로 하여금 공시하게 하는 것이다. 확인되지 않은 풍문이나 보도로 인한 시장의 혼란을 조기에 진정시키고, 또 작전 세력에 의한 시황 급변의 경우에는 그러한 사실을 조기에 시장에 알려 투자자의 주의를 촉구하고자 있는 제도이다. 부도설과 같이 중대한 사항에 대한 풍문 · 보도 등의 경우에는 회사의 조회공시가 있을 때까지 일정 시간 매매거래를 정지하는 경우도 있다.

그런데 수시공시 제도에서 조회공시는 상당히 이질적인 제도이다. 수시공시는 중요 사실의 발생이나 결정이 이루어짐으로써 그 사실은 이미 역사적 정보가 되었기에, 이 정보를 회사 내에서 비공개 상태로 계속 유지하는 것은 바람직하지 못하다는 판단에서 공시를 요구하는 것이다. 그런데 조회공시는 어떤 사항이 진행 중일 때, 특히 아주 초기 단계에서라도 풍문이나 보도가 있으면 그 사실을 즉시 공시하라고 요구함으로써 비밀리에 추진되어야 할 회사 내의 업무처리가 상당히 곤란해지는 경우가 많다. 따라서 조회공시 제도는 투자자의 알 권리와 상장법인의 업무 추진의 자유 간 조화와 균형을 도모할 필요가 크다.

### (6) 거래소 수시공시 제도 실효성 확보

수시공시의 실효성 확보를 위해서 법에 규정된 것은, 은행이 어음 · 수표의 부도나 거래정지를 거래소에 통보하도록 하는 것과, 부도, 은행 관리, 법정관리, 주요 소송, 해산진행, 조업중단 등의 주요 공시사항에 대해서 거래소가 동 정보와 관련된 기관(행정기관, 관할 법원, 주거래은행, 금융결제원 등)에 정보제공 또는 교환을 요청할 수 있고 요청받은 기관은 특별한 사유가 없는 한 이에 협조해야 한다고 하는 것이다(법 제392조).

수시공시 위반에 대한 제재조치는 거래소 규정으로 정하고 있는데,

여기에는 매매거래정지, 불성실공시 사실 공표, 개선계획서 제출요구, 관리종목 지정, 상장폐지 등이 있다. 그런데 자세히 보면 매매거래정지나 불성실공시 사실 공표, 개선계획서 등은 위반행위로 인한 시장의 혼란과 투자자의 손실에 비하면 지나치게 경미한 조치로 보인다. 반대로 관리종목 지정과 상장폐지 조치는, 업무 미숙이나 실수로 발생할 수도 있는 복잡한 수시공시의 위반에 대한 제재로는 너무 무거운 조치로 보인다. 따라서 자본시장법 제정과 함께 거래소는 고의 또는 중과실, 상습적 공시위반 법인 등에 대해서는 금전적 제재인 공시위반제재금을 부여하는 제도를 운영하고 있다(거래소 유가증권시장 공시규정 제35조의2 등). 제재금 한도는 유가증권시장 상장법인(코스피 상장법인)은 10억원이고 코스닥 상장법인은 5억원이다.

그러면 거래소 공시위반제재금의 법적 성격은 무엇일까? 상장법인은 제재금이 부당하니 무효라거나 과도하니 깎아 달라고 소송을 제기할 수 있을까? 공시위반제재금의 법적 성격을 따지려면 먼저 공시규정의 성격이 규명되어야 하는데 이는 앞에서 설명한 바와 같이 상장계약의 내용 중 하나로서 약관(계약)이다. 그리고 사인 간의 계약 위반(채무불이행)에 대하여 금전적 불이익을 주는 것을 사전에 정해 놓는 수단에 위약금이 있다.[6]

민법상 위약금은 대체로 손해배상액의 예정으로서의 위약금이지만 때로는 위약벌로서의 위약금도 있다. 위약벌로서의 위약금은 손해배상

---

6   민법 제398조(배상액의 예정)
    ① 당사자는 채무불이행에 관한 손해배상액을 예정할 수 있다.
    ② 손해배상의 예정액이 부당히 과다한 경우에는 법원은 적당히 감액할 수 있다.
    ③ 손해배상액의 예정은 이행의 청구나 계약의 해제에 영향을 미치지 아니한다.
    ④ 위약금의 약정은 손해배상액의 예정으로 추정한다.
    ⑤ 당사자가 금전이 아닌 것으로써 손해의 배상에 충당할 것을 예정한 경우에도 전 4항의 규정을 준용한다.

액의 합리적 산정이 어렵거나 손해배상만으로는 피해를 회복하기 어려울 때, 또는 계약 위반한 사람을 제재하고 계약의 이행을 간접적으로 강제하기 위하여 인정된다.

거래소의 수시공시의무를 불이행하여 시장질서를 어지럽히고 투자자에게 큰 손해를 끼치는 것은 전형적인 위약벌의 사유에 해당한다. 따라서 거래소 공시위반제재금의 법적 성격은 위약벌이라고 할 수 있다. 위약벌에 대해서는 원칙적으로 감액이 인정되지 않으며, 다만 극히 부당할 경우에 이를 전부 무효로 할 수는 있으나 우리 대법원은 무효나 감액에 대해서 상당히 소극적이다.[7] 약관규제법을 근거로 공시규정상의 제재금 조항의 효력을 다툴 수도 있겠으나, 최대 10억원의 제재금이 동 조항을 무효로 할 만큼 부당해 보이지는 않는다. 결론적으로 상장법인은 거래소의 공시위반제재금 부과에 대해서 무효라거나 깎아달라고 하기 어렵다고 본다.

수시공시 위반에 대해서 자본시장법은 형사처벌, 과징금 부과, 민사손해배상책임을 별도로 두고 있지 않아서 상장법인의 수시공시 위반은 거의 전적으로 거래소의 제재에 맡겨져 있다. 다만 민사책임의 경우 수시공시 위반이 민법상 불법행위 요건을 충족한다면 민법 제750조를 근거로 손해배상을 청구할 수는 있을 것이다.

---

7 대법원 2016. 1. 28. 선고 2015다239324 판결 ("위약벌의 약정은 채무의 이행을 확보하기 위하여 정하는 것으로서 손해배상의 예정과 다르므로 손해배상의 예정에 관한 민법 제398조 제2항을 유추 적용하여 그 액을 감액할 수 없고, 다만 의무의 강제로 얻는 채권자의 이익에 비하여 약정된 벌이 과도하게 무거울 때에는 일부 또는 전부가 공서양속에 반하여 무효로 된다. 그런데 당사자가 약정한 위약벌의 액수가 과다하다는 이유로 법원이 계약의 구체적 내용에 개입하여 약정의 전부 또는 일부를 무효로 하는 것은, 사적 자치의 원칙에 대한 중대한 제약이 될 수 있고, 스스로가 한 약정을 이행하지 않겠다며 계약의 구속력에서 이탈하고자 하는 당사자를 보호하는 결과가 될 수 있으므로, 가급적 자제하여야 한다.")

**칼럼** 올빼미 공시와 장중 공시, 무엇이 더 바람직할까

공자에게 제자가 평생의 가르침으로 삼을 한 마디를 요청하자 그는 뜻밖에도 '인(仁)'이 아닌 용서할 '서(恕)'를 들었다. 성철 스님은 팔만대장경을 한 글자로 표현하면 '심(心)'이라 했고, 인류 멸망 시 후대에 알려줄 단 하나의 과학지식으로 리처드 파인만이 꼽은 것은 원자론이었다. 현자들의 평생 공력이 실린 현기 어린 한 마디는 전체적인 맥락을 꿰뚫어 볼 수 있는 일이관지(一以貫之)의 통찰력을 준다.

대런 아로노프스키 감독의 영화 '마더!'를 아무런 사전지식 없이 끌려가서 봤을 때 일이다. 약 20분이 지나도록 도대체 뭘 말하고자 하는 지 알 수 없는 혼란하고 괴기스런 전개에 더 이상 못 참고 나가자고 했을 때 아내가 던진 한 마디, "창세기." 전기 충격과도 같은 깨달음이 왔고, 이제는 어떻게 이걸 모를 수가 있었을까 머리를 쥐어박으면서 내내 흥미롭게 볼 수 있었다. 맥락의 중요성과 통찰력의 힘을 실감한 순간이었다.

천라지망(天羅地網)과도 같은 방대한 규제를 담고 있는 자본시장법의 전체적인 맥락을 꿰뚫는 핵심적 보호 가치는 무엇일까? 투자자 보호, 공정하고 효율적인 시장, 정보평등을 위한 공시제도와 불공정거래 금지 등 여러 가치가 있겠지만 모두를 아우르는 기본이념은 '가격의 공정성'이라고 생각한다. 공정한 가격이란 기업의 본질가치에 맞는 주가를 말한다. 개별 주식의 가격은 주가지수로 모아지고, 주가지수는 대표적인 경제지표가 돼 모든 경제주체들의 전략적 경제활동의 기초자료가 된다. 이에 따라 증권시장은 국민경제에서 자원배분 기능을 효율적으로 수행하게 된다. 보호받아야 할 투자자의 신뢰라는 것도 지금 거래 가격이 공정하리라는 가정에 주어진다. 그러므로 개별 주식의 가격이 기업의 본질가치에 맞게 형성되는 것은 모든 가치에 선행하는 근본적 보호 가치라 할 것이다.

그런데 천변만화(千變萬化)하는 증권시장의 특성상 본질가치에 부합하는 주가라는 것은 그 어떤 천재나 가격결정 모델로도 제대로 산정할 수 없다. 그래서 모든 증권시장은 집단지성에 의한 가격결정을 택한다. 투자자들의 고심 어린 투자

판단이 담긴 주문들이 충돌하면서 하나로 수렴되는 가격 이상으로 공정한 가격은 찾을 수 없기 때문이다. 이를 위해 집단지성의 전제가 되는 투자자의 투자판단이 정확히 이뤄지도록 모든 중요 정보의 적시 공시를 강제한다. 또한 투자판단이 가격에 반영되는 과정이 불순한 개입으로 왜곡되지 않도록 불공정거래를 금지한다. 증권 규제의 양대 기둥인 강제공시제도와 불공정거래 규제도 가격의 공정성 확보를 위한 장치인 것이다.

상장법인이 공시의무가 있는 중요정보를 장중에 공시하지 않고 장 종료 후에 하거나 주말 또는 연휴 기간에 공시하는 것을 소위 '올빼미 공시'라 한다. 2001년부터 이에 대한 비판적 기사가 많아졌는데 현재는 공매도와 더불어 증권시장의 주요 문제로 다뤄지고 있다. 장중 공시와 올빼미 공시 중 무엇이 더 바람직한 지를 '가격의 공정성'을 위한 공시제도의 취지에 비춰 살펴본다.

중요정보는 언제 공시되는 것이 바람직할까? 장중 공시의 장점으로는 언론의 집중적인 보도로 정보가 가격에 보다 신속하게 반영될 수 있는 점과 모든 투자자에게 주의를 환기시킬 수 있어 투자자 보호에 더 도움이 될 수 있다는 점, 그리고 공시사항이 발생한 즉시 공시되게 해 내부자 거래의 여지를 차단할 수 있는 점을 꼽을 수 있다. 하지만 장중 공시는 부정적인 면도 많다. 첫째, 갑작스런 공시는 주가의 급변을 가져와 시장의 안정성을 해친다. 둘째, 주가조작 차원에서 장중에 허위나 과장 공시를 하면 투자자의 손해가 즉각적으로 발생해 회복하기 어려운 피해를 입는다. 셋째, 정보가 주가에 정확히 반영되기도 어렵다. 복잡한 내용의 공시일 경우 전문가도 그 가치를 즉시 판단하기가 쉽지 않기 때문이다. 넷째, 정보에 대한 평등한 접근을 저해할 수 있다. 생업이 있는 일반투자자들이 시장을 1초도 안 놓치고 지켜볼 수는 없는 노릇이다.

결론적으로 장중 공시는 장점은 유익하나 단점은 치명적이라 굳이 평가하자면 공삼과칠(功三過七)이다. 따라서 시장의 안정성과 허위공시로 인한 피해 방지, 정확한 가격 형성 및 정보 접근의 평등성을 담보할 수 있는 올빼미 공시가 '가격의 공정성'이라는 자본시장법의 기본 이념에 보다 더 부합한다고 생각한다.

(성희활, 아시아경제 시론, 2020. 6. 9)

# 제6장

# 기업의 인수·합병(M&A) 규제

기업의 인수 · 합병(M&A)이란 기업의 인수(Acqusition)와 기업 간 합병 (Merger)을 말한다. 기업 인수는 대상 기업에 대한 지배권을 취득하는 것으로서 여기에는 자산인수, 영업양수, 지분인수 등의 유형이 있다. 합 병은 두 기업이 서로 합의하여 하나의 기업으로 통합하는 것을 말한다. 합병은 합의가 필요하기 때문에 언제나 우호적으로 일어나지만, 인수는 합의가 되지 않아도 가능한 것이 있으므로(예를 들어 지분 취득) 적대적 관계에서도 일어날 수 있다. 일반적으로는 취득 회사가 대상 회사의 지 분을 그 주주들로부터 인수한 후, 대상 회사의 주주총회를 열어 자신에 게 우호적인 이사회를 구성하고, 그 이사회로 하여금 취득 회사와 합병 계약을 체결하도록 하는 것이 M&A의 전형적인 유형이다.

　M&A는 기업 관련 가장 큰 사건이라 할 수 있어서, 경영적인 측면 외 에 법적으로도 수많은 쟁점과 다툼이 있고 관련되는 법률도 다양하다. 현재 M&A에 대한 단일의 규제법은 없고, 민법(계약법), 상법(회사편), 공정거래법, 자본시장법 등이 일차적으로 적용된다. 그리고 금융, 방송, 통신 등 특별한 산업의 경우 특별법상의 규제도 적용된다. 계약에 의한

자산이나 지분 인수는 기본적으로는 민법에 따라 이루어지지만, 합병이나 계약이 없는 인수의 경우 상법(회사편) 및 자본시장법상의 강행 규정이나 공정거래법상의 대규모 기업집단 규제가 적용되는 경우도 많다.

자본시장법은 네 가지 수단으로 M&A 규제를 적용하고 있는데, 공개매수 규제, 대량취득·처분 규제, 위임장권유 규제 및 상장법인 특례이다. 이 중에서 앞의 세 가지는 다수 투자자가 관여되기 때문에 투자자보호와 시장질서 확보 차원에서 도입된 것이고, 상장법인 특례는 상장법인이 관여되는 합병이 투명하게 진행되도록 하기 위한 것이다.

그러면 상법과 자본시장법의 M&A 규제는 서로 어떻게 다르며 양자의 관계는 어떻게 될까? 우선 상법과 자본시장법이 M&A 규제에 접근하는 방식은 상당히 다르다. 자본시장법은 다수 투자자보호 차원에서 도입된 규제들이고, 아주 상세한 규제를 규정하고 있으며, 분쟁 해결이 법원보다는 금융당국 차원에서 조기 종결되는 경우도 많다는 점이다. 이와 달리 상법은 투자자보호와 관계없이 회사의 조직변경에 대한 기본법으로서, 인수 및 합병과 관련하여 조직변경에 대한 기본적인 정의와 합병에 대한 일반적인 절차만 규정하고 있을 뿐이며, M&A 관련 분쟁은 모두 법원에 소송을 제기하여 해결된다.

양자의 관계는 사안에 따라 선택적 관계도 있고 배타적 관계도 존재한다. 예를 들어 상장법인이 관여되는 합병의 경우 자본시장법에 따라 합병비율이 강제된다.

이 장에서는 M&A의 유형 및 자본시장법의 M&A 규제를 개괄적으로 살펴본다.

# 제1절 M&A의 유형

## 1. 인수(Acquisition)

인수는 기업의 일부나 전부를 취득하는 것으로서 인수 대상에는 자산, 영업, 지분 등이 있다. 먼저 자산양수도는 회사의 부동산 등 중요자산을 거래하는 것으로서 M&A 유형 중 가장 단순한 형태라 할 수 있다. 자산양수도는 자산의 소유자인 회사와 취득자 간 개별적인 양수도계약에 따라 이루어진다. 자산양수도는 특별승계라 하여 포괄승계인 합병이나 영업양수도와 달리 원칙적으로 고용의 승계가 일어나지 않는다.

이와 달리 영업양수도는 유기적 일체로 기능하는 회사의 자산·부채·인력 등이 포괄적으로 승계되며, 특히 고용의 포괄적 승계가 인정된다. 따라서 영업양수를 하면서 그 영업에 속한 직원 중 일부만 선별적으로 받아들일 수 없다. 왜냐하면 영업양수도가 일어난 이상 이전되어 오는 직원은 이미 인수회사 자신의 직원이기 때문이고, 직원의 해고는 정리해고나 징계면직 등 정당한 사유가 있어야 하기 때문이다.

영업과 영업양도의 개념에 대해서 우리 대법원은 "영업의 양도라 함은 일정한 영업목적에 의하여 조직화된 업체, 즉 인적·물적 조직을 그 동일성은 유지하면서 일체로서 이전하는 것"이라고 하면서, 영업양도의 판단기준에 대해서는 "영업의 양도로 인정되느냐 안 되느냐는 단지 어떠한 영업재산이 어느 정도로 이전되어 있는가에 의하여 결정되어져야 하는 것이 아니고 거기에 종래의 영업조직이 유지되어 그 조직이 전부 또는 중요한 일부로서 기능할 수 있는가에 의하여 결정되어져야 하는 것"이라고 하여 실질적 기준을 제시하고 있다.[1] 이에 따르면 자산양도와 영업양도는 계약 당사자들이 임의로 이름을 붙인다고 해서 그대로 효력이 발생하는 것이 아님을 알 수 있다.

한편 영업양수도처럼 보이는데도 영업양수도가 아니라 자산양수도로 분류되어 고용승계가 인정되지 않는 경우가 금융기관 간의 "계약이전"이다. 계약이전은 「금융산업의 구조개선에 관한 법률」에 근거하여 금융위원회의 명령(행정처분)에 따라 이루어지는 M&A의 일종인데, 우리 대법원은 계약이전을 부실금융기관의 정리 목적으로 우량자산만 이전되는 자산양수도로 보고 있다.[2]

주식인수도는 가장 대표적인 M&A 유형으로서, 대상 회사의 영업이 아니라 대상 회사의 주식을 취득하는 것이다. 여기에는 경영권을 행사할 수 있는 대주주로부터 그 소유 지분을 취득하는 경우도 있고, 장외시장에서 대량의 지분을 취득하는 공개매수도 있으며, 장내·외시장에서

---

1    대법원 2001. 7. 27. 선고 99두2680 판결. 부당해고구제재심판정취소.

2    대법원 2003. 5. 30. 선고 2002다23826 판결. 해고무효확인및직원지위확인등. ("금융감독위원회가 구 금융산업의 구조개선에 관한 법률(1998. 9. 14. 법률 제5549호로 개정되기 전의 것) 제14조 제2항에 의하여 내린 계약이전결정은 금융감독위원회의 일방적인 결정에 의하여 금융거래상의 계약상의 지위가 이전되는 사법상의 법률효과를 가져오는 행정처분으로서 부실금융기관의 자산 및 부채 중 일부만을 선택적으로 제3자인 인수금융기관에게 양도 및 인수하게 함으로써 부실금융기관을 정리하는 방법이다.")

5% 이상의 지분을 취득·처분하는 대량취득·처분도 있다. 대주주와의 계약으로 취득하는 경우에는 민법(계약법)에 따라 규율되겠지만, 공개매수와 대량취득·처분은 자본시장법의 규제를 준수하여야 한다. 그리고 계약에 의한 취득은 우호적으로 이루어지지만, 공개매수와 대량취득·처분은 적대적 관계에서도 이루어질 수 있다.

인수의 유형 중에 복잡한 거래 형태가 주식교환이다. 주식교환은 두 가지로 구분할 수 있는데, 소위 '주식스왑'이라는 유형이 있고 '포괄적 주식교환·주식이전' 유형이 있다. 주식스왑은 대상 회사 주주의 주식을 인수하면서 그 대가를 지급하고, 이어서 그 매도 주주에게 자기 회사의 신주를 배정하여 매도하고 대가를 받는 것이다. 즉 대가를 주고받고 나면 현금은 변화가 없고 주식만 서로 바뀐 결과가 된다. 만약 현금에 의한 대가를 주고받는 과정 없이 대상 회사의 주식을 주주로부터 받고 대신 자기 회사 주식을 교부하면 대상 회사의 주주가 현물출자를 한 것이 되어 검사인의 검사와 법원의 인가가 필요하게 된다. 이런 번거로움을 피하고자 주식스왑을 사용하여 현물출자 규제를 회피하는 것이다.

'포괄적 주식교환·주식이전'은 다른 회사 주주의 주식 100%를 인수하면서 자기 회사 주식을 발행·교부하는 것으로서, 교환은 인수인이 기존 법인이지만, 이전은 신설 법인이 100% 주식 인수의 주체가 된다. 이 제도는 지주회사 전환 편의를 위하여 주식스왑에 대한 특례로 인정되어 현물출자임에도 법원 인가와 같은 규제가 면제된다.


## 2. 합병(Merger)

합병은 두 회사가 합병계약을 체결하고 그에 따라 법적으로 하나의 회사가 되는 것을 말한다. 합병은 계약에 의해 이루어지므로 언제나 우호적 관계에서 발생한다. 합병은 인수에 비해 법률관계가 상대적으로 단순하고, 상법에 기본적인 내용과 절차가 규정되어 있다. 상법에서는 회사 규모가 현격히 차이가 나는 두 회사 간의 합병은 소규모합병과 간이합병 제도를 통하여 주주총회 결의 없이 이사회 결의만으로도 가능하게 하고 있다. 소규모합병은 합병에 따라 발행하는 신주가 존속회사 발행주식 총수의 10% 미만인 경우 인정되며, 이 경우 존속회사의 주주총회 승인 대신 이사회 승인으로 대체할 수 있도록 허용한다. 간이합병은 존속회사가 소멸회사의 주식 90% 이상을 소유한 경우 인정되며, 소멸회사의 주주총회 승인 대신 이사회 승인으로 대체할 수 있도록 하고 있다. 분할합병도 있는데, 회사분할과 합병이 동시에 발생하는 경우이다. 인적분할 후 합병하는 경우에는 분할 전 회사의 주주가 합병신주를 교부 받고, 물적분할 후 합병하는 경우에는 분할 전 회사가 합병신주를 교부 받는다. 이 외에도 삼각합병과 역삼각합병도 있는데 상당히 복잡하므로 여기서는 설명을 생략하기로 한다.


## 3. 우회상장과 SPAC

M&A와 관련하여 알아둘 필요가 있는 중요한 제도가 우회상장과 기업인수목적회사(SPAC)이다. M&A 규제가 다 어렵지만 우회상장은 그 중에서도 좀 더 어려운 분야이다. 처음 공부하면서 이 부분이 이해된다면, 자신의 탁월한 지적 능력에 자부심을 가져도 좋을 것이다.

우회상장이란 비상장법인이 한국거래소의 통상적인 상장절차를 거치지 아니하고 이미 상장된 법인과 합병이나 포괄적 주식교환 등 M&A

를 통하여 실질적으로 상장되는 것과 같은 효과를 거두는 것으로서, '뒷문상장'(backdoor listing)이라고도 한다. 우회상장이 일어나는 이유는 정규 상장절차가 시간도 오래 걸리고, 비용도 많이 들고, 요건과 심사도 까다롭기 때문이다.

우회상장 유형에는 다섯 가지가 있는데, 주권상장법인과 주권비상장법인 간의 관계에서 ① 합병, ② 중요한 영업의 양수, ③ 주식의 포괄적 교환이 있고, 주권상장법인과 주권비상장법인의 주요출자자 간의 관계에서 ④ 주식스왑(자산양수도), ⑤ 현물출자가 있다.

합병은 두 회사가 하나의 회사로 되는 것이므로 우회상장 문제가 쉽게 이해되는데, 합병 아닌 다른 유형들은 인수한 회사(비상장법인)와 인수된 회사(상장법인)가 기존의 상태 그대로 존재하고 있어서 왜 문제가 되는지 쉽게 납득되지 않을 수 있다. 그렇지만 이러한 유형에서도 비상장법인의 최대주주가 상장법인을 사실상 지배하게 되기 때문에, 두 회사는 실질적으로 하나의 회사나 마찬가지라고 보아 규제하고 있는 것이다. 이 설명이 잘 이해되지 않겠지만, 뒤에서 그림으로 보여주는 M&A와 우회상장 유형을 잘 보면 이해할 수 있을 것이다.

우회상장이 일어난 초기에는 합병의 형태만 존재하였으나, 그에 대한 규제를 시작하자 나머지 유형으로 다양화되어 와서 현재의 유형들이 존재하고, 앞으로 전혀 새로운 유형들도 등장할 수 있다. 우회상장 규제의 근거는 법령과 거래소 상장규정에 있다. 우선 자본시장법 시행령 제176조의5는 "주권상장법인이 주권비상장법인과 합병하여 주권상장법인이 되는 경우"에 준수할 사항을 정하고 있는데 이 중 비상장법인이 자산총액·자본금·매출액 중 두 가지 이상에서 상장법인보다 더 클 경우 거래소 상장규정이 정하는 요건을 충족하도록 요구하고 있다. 한편 거래소 상장규정은 시행령이 정하는 경우를 포함하여 위와 같은 다양한 우회상장의 유형과 엄격한 준수사항을 정하고 있다.

한국거래소는 위와 같은 M&A 방식으로 상장법인의 지배권이 변동되어 비상장법인이 사실상 상장되는 효과가 있을 경우, 해당 비상장법인에 대해 신규상장심사와 유사한 심사를 통해 상장적격성을 검토한다. 검토 결과 상장적격성이 없다고 판단되면 M&A 상대방인 상장법인을 상장폐지한다. 그러면 상장법인의 지위를 노리고 M&A를 하고자 하는 비상장법인은 굳이 상장법인을 M&A할 이유가 없어지므로 아예 이 M&A 자체를 포기하게 된다. 이로 인하여 한국거래소가 기업 간 M&A를 간접적으로나마 규제하는 듯한 결과가 초래된다.

기업인수목적회사(SPAC: Special Purpose Acquisition Company)는 우회상장 규제에 대한 하나의 대안으로 등장하였다. '스팩'이라고 부르는 기업인수목적회사는 이름 그대로, M&A 전문가나 금융회사 등이 다른 기업에 대한 M&A를 목적으로 설립한 명목상 주식회사(paper company)이다. 사업 실체도 없는 이 명목상 회사(SPAC)를 먼저 기업공개를 하고 거래소에 상장하여 둔다. 이 스팩은 투자자들의 출자금만 가지고 있을 뿐, 어떤 부채도 없고 노후화 될 자산도 없기 때문에 가장 안전하고 우량한 회사라 할 수 있다. 그 후 일정 기간 내(3년) 다른 기업(비상장법인 등)과 합병하면 그 기업은 자연스럽게 상장법인이 되고 합병 신주를 발행하여 스팩 보유자에게 교부한다. 그 기업은 스팩이 가지고 있던 현금성 자산을 활용하여 기업가치를 높이고, 그 기업의 가치가 올라가면 기존 스팩 보유자가 가지고 있는 합병 신주의 가격이 올라가 투자자는 큰 이득을 볼 수 있게 된다. 3년 내에 다른 회사와 합병하지 못하면 청산하고 출자금을 돌려준다.

기업인수목적회사는 공모 방식으로 주권을 발행하여 주주를 모집하므로 집합투자의 성격이 있다. 그러나 공모자금의 실질적인 운용 없이 다른 기업과의 합병에만 사용하고, 합병 후에는 사업 실질을 갖춘 새로운 회사로 전환된다는 점에서, 집합투자규제의 적용을 배제하고 상법상 일반 주식회사로 인정하고 있다. 다만 투자자보호 차원에서 공모자금의 별도예치(증권금융에 예치) 및 인출·담보제공 제한(합병 완료 시까지), 금융투자업자의 참여를 통한 자율적인 내부통제 유도 등의 투자자보호 요건 등을 규정하고 이를 충족할 경우에만 집합투자에서 배제하도록 하고 있다.

## 4. M&A와 우회상장의 유형

여기서는 그림으로 우회상장과 관련된 M&A 유형을 소개한다. 우회상장뿐만 아니라 앞에서 설명한 여러 M&A 유형 자체를 이해하는 데도 도움이 될 것이다. 구조 파악이 쉽지 않아도 이미지를 머리에 넣어두면 관련 제도나 규제를 이해하는데 상당히 유용할 것으로 생각한다.[3]

그림에서 셸(shell)은 인수대상이 되는 상장법인의 본질가치가 크지 않고 단지 상장법인의 지위만이 남아 있는 상태를 빗대어 표현하는 용어이다. 그리고 펄(pearl)은 본질가치가 우월하여 상장법인을 인수할 수 있는 비상장법인을 지칭하고 있다. 그림에서 주목할 부분은 최종적으로 누가 상장법인의 지배권을 행사하게 되었는가이다. 당연히 펄 회사의 지배주주가 상장법인의 지배권을 행사하게 된다.

---

3  여기서 소개하는 그림은 필자가 자본시장연구원과 함께 수행한 연구용역 결과에서 인용한 것이다. 자본시장연구원(김갑래·김준석·이석훈·성희활), "우회상장 관리제도 선진화 방안", 한국거래소 학술연구용역 보고서, 2010. 9, 10-19면 참조.

## (1) 합병을 통한 우회상장

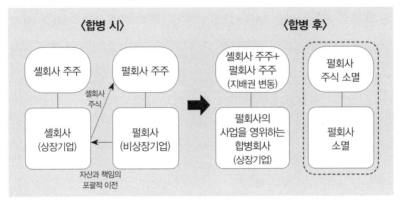

## (2) 포괄적 주식교환을 통한 우회상장

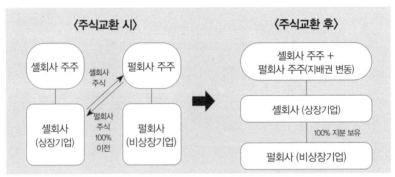

## (3) 주식스왑을 통한 우회상장

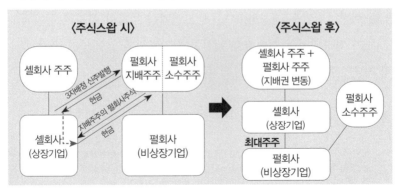

## (4) 영업양수도를 통한 우회상장

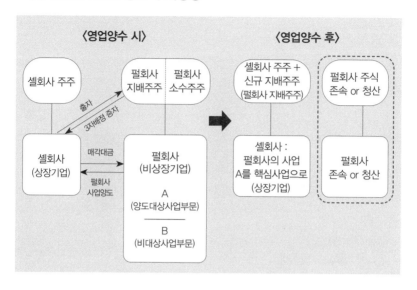

## (5) 현물출자를 통한 우회상장

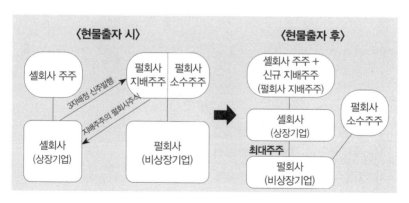

# 제2절 자본시장법의 M&A 규제

## 1. 공개매수 규제

(사례 연구) 2006년 신한금융지주는 LG카드를 인수하려고 하는데, 당시 LG카드의 지분 중 약 80%를 산업은행 등 14개 채권은행단이 보유하고 있었다. 따라서 신한금융지주는 채권은행단으로부터 보유지분 모두를 일괄적으로 인수하고자 하였고 우선협상대상자로 선정되었다. 인수가격이 합의되면 주식양수도 계약을 체결할 예정이다. 신한금융지주는 LG카드를 순조롭게 인수할 수 있을까?

### (1) 공개매수의 개념과 적용범위

공개매수는 불특정 다수인에게 "주식등"의 매도 권유를 하고 이를 매수하는 행위로서 적대적 M&A의 대표적인 방법이다. 그런데 꼭 M&A에만 활용되지 않고 지주회사 전환, 자발적 상장폐지 등의 경우에도 사용된다. 우리 자본시장법은 공개매수를 "불특정 다수인"을 상대로 의결권 있는 "주식등"(주식 관련 사채와 파생결합증권 등 포함)을 "증권시장(외국 증권시장 포함) 및 다자간매매체결회사 밖에서" 매수의 청약을 하거나 매도의 청약을 권유하여 매수하는 행위로 정의하고 있다(법 제133조 제1항).

그런데 동조 제3항에서는 "주식등"을 6개월 내, 10명 이상으로부터, 증권시장 밖에서, 5% 이상을 취득하려는 경우에는 반드시 공개매수 방법으로만 해야 한다고 공개매수를 의무화하고 있다. 이를 의무공개매수라고 하며 일반적으로 공개매수라고 말할 때는 이 의무공개매수를 지칭하는 경우가 대부분이다. 그러면 공개매수의 개념을 정의하는 제1항과의 관계는 어떻게 되는 것일까? 사실 자본시장에서 공개매수는 거의 대부분 제3항에 따라 발생하고 규제되기 때문에 제1항이 꼭 필요한 것은 아닐 수도 있다. 그러나 5%가 안 되는 지분을 불특정 다수로부터 취득하고자 하는 경우에도 투자자보호 등 일정한 규율은 필요하므로 제1항이 전혀 의미 없지는 않다.

의무공개매수의 정의에서 '증권시장 밖'의 개념은 주의할 필요가 있다. 자본시장법 제133조 제4항은 "증권시장에서의 경쟁매매 외의 방법에 의한 주식등의 매수로서 대통령령으로 정하는 매수의 경우에는 증권시장 밖에서 행하여진 것으로 본다"고 규정하고 있기 때문이다. 시행령은 경쟁매매가 아닌 방법으로 "매도와 매수 쌍방당사자 간의 계약, 그 밖의 합의에 따라 종목, 가격과 수량 등을 결정하고, 그 매매의 체결과 결제를 증권시장을 통하는 방법으로 하는 주식등의 매수"를 들고 있다(시행령 제144조). 즉 물리적 장소로서 증권시장 안이냐 밖이냐가 중요한 것이 아니라 경쟁매매 방식이냐 아니냐가 핵심이라는 것이다. 예를 들어, 거래소시장에는 경쟁매매의 특례 제도가 있는데 이 중에는 거래 당사자 간 합의된 내용으로 거래소가 체결만 시켜주는 것도 있다(시간외대량매매, 장중대량매매 등). 이것이 바로 경쟁매매가 아닌 방법으로서 시행령이 규정하고 있는 것이다.

경쟁매매와 그렇지 않은 방식의 매매 간 이런 차별을 하는 이유는 무엇일까? 경쟁매매에 의한 거래는 거래소가 정한 규칙에 따라 체결되므로, 매수·매도 양 당사자가 아무리 합의하여 동시(0.00001초 차이도 안 난다고 하자)에 주문을 내더라도 그 주문들끼리 체결이 되는 것이 아니다. 따라서 거래소시장에서 거래가 이루어지더라도 당사자간 합의대로 체결되는 매매거래 방식과 차별을 두는 것이다.

의무공개매수 규제는 상당히 복잡하고 위반 시 제재 수위도 높은 편이다. 그런데 대규모로 주식을 취득하는 경우 중에는 투자자보호나 시장질서 유지와 관련이 없는 경우도 많다. 따라서 이러한 경우 과잉규제가 되지 않도록 자본시장법은 여러 가지 경우에 의무공개매수를 면제하고 있다. 면제 사유를 소개하면, 소각목적의 매수, 주식매수청구권 행사에 의한 매수, 특수관계인으로부터의 매수, 신주인수권·전환청구권·교환청구권 행사에 의한 매수 등을 들고 있다(시행령 제143조). 또 법령의 위임에 따라 금융위원회「증권의 발행 및 공시에 관한 규정」에서도 기업의 경영합리화, 정부의 인허가, 지도, 권고 등에 따르는 경우, 법원의 인허가에 따른 화의, 정리절차 중인 회사의 주식 등의 매수, 채권금융기관·은행이 기업구조조정촉진법에 따라 처분하는 주식 등의 매수 등 14개의 예외를 인정하고 있다(증권의 발행 및 공시에 관한 규정 제3-1조).

### (2) 공개매수 공고 및 신고제도

공개매수는 일반적으로 다음과 같은 절차로 진행된다. 공개매수 공고 및 공개매수신고서 제출(금융위원회·거래소) → 공개매수신고서 사본의 송부(발행회사) → 공개매수설명서 작성·비치 → 공개매수 개시 → 청약접수(공개매수 기간 중) → 안분비례 배정(초과 청약시) → 매수 → 공개매수통지서 송부(응모자) → 공개매수결과보고서 제출

(금융위)의 순서이다.

이하 공개매수 신고제도를 살펴본다.

### 1) 공개매수 신고제도 적용대상

공개매수 신고제도란 본인과 특별관계자의 보유 지분 및 사실상 보유분을 합산하여 5% 이상 매수 등을 하고자 하는 자는 그 사실을 신문에 공고하고 금융위원회에 공개매수신고서를 제출하도록 하는 것이다. 공개매수 신고제도가 적용되는 대상은 공개매수 대상 증권을 발행한 주권상장법인과 그 증권을 공개매수하려는 공개매수자이다.

### 2) 신고자

신고의무를 지는 자는 공개매수를 하는 자인데, 본인뿐만 아니라 "특별관계자"를 포함하여 신고의무 대상자인지 여부를 판단한다. 여기서 "특별관계자"라는 개념은 공개매수뿐만 아니라 대량취득·처분과 위임장권유 등 자본시장법상 M&A 규제에 공통으로 적용되는 중요한 용어이므로 정확히 알아둘 필요가 있다. 그리고 뒤에서 설명하는 사실상 보유, 적용대상 증권의 범위 등도 M&A 규제에 공통으로 적용되는 개념들이다.

특별관계자는 특수관계자와 공동보유자를 합한 개념이다. 따라서 먼저 특수관계자와 공동보유자가 누구인지를 알아야 한다. 특수관계자는 대체로 가까운 친인척이나 법인의 임원 등 가까운 사람이 해당된다. 예를 들어, 공개매수자 본인이 개인인 경우에는 배우자, 6촌 이내 부계혈족, 3촌 이내 모계혈족 등, 30% 이상 출자법인(30% 출자 자회사 포함)과 그 임원이다. 본인이 법인이나 기타 단체인 경우에는 그 임원, 계열회사 및 그 임원, 본인에게 30% 이상 출자 또는 사실상 지배하고 있는 단체 및 그 임원, 본인이 30% 이상 출자 또는 사실상 영향력을 행사하는 단체 및 그 임원 등이다. 여기서 중대한 예외가 하나 있는데, 특수관계인이라 해도 소유주식 등의 수가 1,000주 미만이거나 공동목적 보유자가 아님을 소명하는 경우에는 특수관계인으로 보지 않는다는 것이다. 따라서 이들은 신고제도가 적용되지 않아 신고의무 등이 없다. 우리나라 재벌 그룹은 혼맥으로 얽혀 친인척 관계가 많아서 본의 아니게 특수관계인으로 묶여 자본시장법상 규제를 받을 수 있는데, 이때 공동목적보유가 아니라고 소명하여 규제를 피할 수 있다(시행령 제141조 제3항).

공동보유자는 대략 세 가지 그룹으로 구분할 수 있는데, 본인과 합의 · 계약 등에 의하여 주식 등을 공동으로 취득 · 처분하거나, 주식을 공동 또는 단독으로 취득 후 그 취득 주식을 상호 양도 · 양수하거나, 의결권(지시권 포함)을 공동으로 행사하는 자이다. 단순하게 의결권 행사 방향이 동일한 것만으로는 의결권의 공동행사가 아니다.

그리고 이들 본인과 특별관계자는 자신이 소유하고 있는 것뿐만 아니라 "보유"하고 있는 것도 같이 계산하여야 한다. "보유"는 "소유, 그 밖에 이에 준하는 경우로서 대통령령으로 정하는 경우를 포함"한다(법 제133조 제3항). 이러한 보유분을 통상 '사실상 소유분'이라고 부른다. 그래서 다른 사람의 명의로 되어 있지만 실질적으로는 자신이 돈을 대어 취득하거나 법률상 지배력을 확보하고 있는 주식도 5% 계산 시 포함된다. 시행령에 열거되어 있는 사실상 소유분은 누구의 명의로든지 자기의 계산으로 한 소유분, 매매계약 등에 의한 인도청구권 보유분, 법률의 규정 · 신탁계약 · 담보계약 등에 의한 취득권과 의결권 보유분, 주식 등의 매매예약을 하고 해당 매매완결권을 취득하는 경우로서 그 권리행사에 의해 매수인으로서의 지위를 갖는 경우, 주식등을 기초자산으로 하는 옵션의 경우로 그 권리의 행사에 의하여 매수인으로서의 지위를 갖는 경우(콜옵션 매수, 풋옵션 매도 포지션 등), 주식매수선택권을 부여받아 그 권리의 행사에 의하여 매수인으로서의 지위를 가지는 경우 등이다.

### 3) 적용대상 증권 (시행령 제139조)

적용대상 증권의 범위는 기본적으로 의결권을 중심으로 정해진다. 주권상장법인이 발행한 의결권 있는 주식과 이에 관계되는 신주인수권증서, 전환사채, 신주인수권부사채, 이상의 증권을 기초자산으로 하는 파생결합증권(권리행사로 그 기초자산을 취득할 수 있는 것에 제한) 등이 적용대상이다. 그리고 그 주권상장법인 이외의 자가 발행한 증권 중에서 그 주권상장법인의 의결권을 취득할 수 있는 증권들도 포함되는데, 여기에는 예탁결제원이 발행하는 증권예탁증서(DR), 교환사채 및 이들을 기초자산으로 하는 파생결합증권(권리행사로 그 기초자산을 취득할 수 있는 것에 제한)이 있다.

적용대상 증권의 지분율은, 발행주식 등의 총수에서 본인의 주식 등 보유분과 특별관계자의 주식 등 보유분이 차지하는 비율로 산정한다. 발행주식 등 총수에는 의결권 있는 보통주는 물론이고 우선적 배당을 받지 못하여 의결권이 부활된 우선주도 포함된다.

### 4) 공개매수의 공고 (제134조 제1항)

공개매수를 하고자 하는 자는 공개매수자(특별관계자 포함), 대상회사, 목적, 공개매수할 주식등의 종류와 수, 기간과 가격 및 결제일 등 공개매수 조건, 매수자금내역, 공개매수 사무취급자, 공개매수 방법, 공개매수 대상회사의 임원 또는 최대주주와 사전협의내용, 공개매수 종료 후 장래계획, 공개매수신고서 및 사업설명서 열람장소 등을 전국을 보급지역으로 하는 2 이상의 일간신문 또는 경제신문에 공고하여야 한다.

### 5) 공개매수신고서 제출

공개매수자(공고를 한 자)는 공개매수신고서를 공고일(공휴일 등은 다음날)에 금융위원회와 거래소에 제출하여야 한다. 공개매수신고서는 증권신고서와 비슷한 개념인데, 공개매수자와 대상 증권을 발행한 상장법인 등에 대한 정보를 자세히 제공하여 투자자들이 자신이 보유하고 있는 증권을 매도할 것인지 여부를 판단할 때 참고하라는 취지이다. 신고서 기재내용을 보면, 공개매수자와 그 특별관계자 현황, 대상회사, 매수목적, 매수대상 증권의 종류 및 수량, 매수 조건(기간, 가격, 결제일 등), 공고일 이후 공개매수에 의하지 아니한 주식 매수계약이 있는 경우 계약내용, 매수자금 내역(조성내역, 차입 금융기관명), 공개매수 사무취급자, 공개매수 방법, 공개매수자 및 그 특별관계자가 1년간 대상 회사 주식 등 보유 및 거래상황, 임원 · 최대 주주와 사전협의내용, 공개매수 종료 후 장래계획, 공개매수 중개인 · 주선인 내용 공개매수신고서 및 설명서 열람 장소 등이다.

공개매수자와 공개매수 사무취급자는 신고서와 별도로 공개매수설명서를 작성하여 공개매수 공고일에 금융위원회와 거래소에 제출하고 비치공시를 하여야 한다. 설명서의 기재사항은 신고서의 기재사항과 동일하여야 하고 공개매수자는 공개매수할 주식 등을 매도하고자 하는 자에게 공개매수설명서를 미리 교부하여야 한다. 신고서와 설명서의 이원화, 설명서의 의무 교부는 증권신고서 제도의 취지와 같은 맥락이다.

### 6) 신고서의 통보 및 의견제시

공개매수자는 신고서 제출 즉시 대상회사(교환사채의 경우 교환대상회사)에 사본을 제출해야 한다. 대상회사는 공개매수 시도에 대하여 광고, 서신(전자우편 포함) 기타 문서에 의해 공개매수에 관한 의견을 표명할 수 있다. 의견을 표명할 때는 공개매수에 대한 발행인의 찬성·반대 또는 중립의 의견에 관한 입장 및 그 이유가 포함되어야 하며, 의견표명 이후 그 의견에 중대한 변경이 있는 경우에는 지체없이 그 사실을 알려야 한다. 그리고 의견표명의 내용을 담은 문서를 지체없이 금융위원회와 거래소에 제출해야 한다. 공개매수자는 공개매수의 공고 및 신고서 제출 후부터 즉시 공개매수가 가능하다. 증권신고서와 같은 대기기간이 따로 없다.

### 7) 공개매수 정정명령제도 및 정정신고서제도

공개매수신고서에 허위사실을 기재하거나 주요사항을 누락하였음이 발견되면 금융위원회는 정정명령을 발할 수 있다. 그리고 공개매수자 스스로 자진해서 매수조건 등을 정정하는 것도 가능하다. 그러나 매수가격 인하, 매수 주식 수 축소, 매수기간 단축, 결제대상물 변경 등 투자자에게 불리한 방향으로 변경하는 것은 허용되지 않는다. 정정신고 시 공개매수 기간의 종료일이 변동될 수 있는데, 정정신고서 제출일이 공개매수기간 종료일 전 10일 이내에 해당하는 경우에는 그 정정신고서를 제출한 날부터 10일이 경과한 날에 종료한다. 그렇지 않으면 원래의 종료기간에 변화가 없다.

### 8) 공개매수자의 철회제도 및 청약자의 철회제도

공개매수 개시일 이후에는 원칙적으로 철회할 수 없다. 다만, 예외적으로 불가피한 사유가 있으면 철회할 수 있는데, 그러한 사유에는 대항공개매수, 공개매수자의 사망, 해산, 파산, 부도, 중대한 재해 등이 있다. 철회신고서도 금융위원회와 거래소에 제출하고 공고하여야 한다.

공개매수자가 아니라 대상회사에 중대한 사정 변경이 있을 때도 철회가 가능한데, 대상회사가 합병, 주요 영업 또는 자산의 양수도, 해산, 파산, 부도 등 공고 당시에 예측하지 못했던 중대한 사유가 발생할 경우에는 공개매수를 철회할 수 있다는 조건을 공고하고 신고서에 기재한 경우에 철회할 수 있다. 한편 공개매수에 응하여 청약한 투자자는 언제라도 불이익 없이 철회할 수 있다.

### (3) 공개매수 절차 및 방법에 대한 규제

#### 1) 별도매수 금지

공개매수 기간 중에는 공개매수자 및 그 특별관계자와 공개매수 사무취급자는 매수대상과 동일한 주식 등을 공개매수 방식으로만 취득해야 한다. 즉 공개매수를 진행하면서 따로 시장이나 장외에서 매수할 수 없다는 것이다. 공개매수 규제의 엄격함을 잘 보여주는 사례다. 다만, 공개매수 신고전에 체결된 계약의 이행(신고서에 공시되어야 함), 공개매수 사무취급자가 타인의 위탁으로 매수하는 경우 등에는 별도매수가 허용된다.

#### 2) 공개매수기간

공개매수 기간은 최소한 20일 이상 진행되어야 하며 최장 60일까지 진행할 수 있다. 다만 대항공개매수가 발생하면 그 기간까지 연장이 가능하고, 정정신고의 경우에는 공개매수기간이 새로 시작되지 않고 당초 종료일보다 최대 10일간만 연장된다. 공개매수에 있어서 최소한 20일의 기간을 요구하고 있는 이유는, 단기간으로 할 경우 투자자들을 토끼몰이하여 충분한 공시를 바탕으로 한 합리적 판단을 방해할 수 있기 때문이다.

### 3) 공개매수 조건 · 방법의 일반원칙

공개매수시 매수가격은 균일해야 한다. 즉 공개매수 첫날 청약한 사람이건 마지막 날에 청약한 사람이건 동일한 가격을 보장받는다. 그 취지도 공개매수기간에 대한 규제와 마찬가지로 투자자들의 성급한 판단을 자제시키기 위해서이다. 예를 들어 첫날 청약한 투자자의 주식은 비싸게 사 주고, 늦게 청약한 투자자의 주식은 싸게 산다면 투자자들은 청약을 서두를 수밖에 없고 이는 합리적 판단을 방해할 수 있기 때문이다.

매수 수량은 원칙적으로 청약 수량 전부를 매수하여야 한다. 다만, 공고와 신고서에 미리 전부매수를 하지 않을 수 있는 경우를 기재하였다면 청약 총수가 매수예정 총수에 미달할 경우 하나도 매수하지 않을 수도 있고, 청약 총수가 매수예정 총수를 초과 시 안분비례하여 예정 수량만큼만 매수하고 초과분은 매수하지 않을 수도 있다.

### 4) M&A 공격과 방어 수단의 강화: 반복 공개매수와 대상회사의 유상증자 등

과거 동일인이 공고일부터 6개월 내에 또 공개매수를 할 수 없었고, 다만 대항 공개매수가 있는 경우는 예외로 한 적도 있었으나, 현재는 이런 규제를 폐지하여 원하는 수량을 확보할 때까지 반복적으로 공개매수를 할 수 있다. 공개매수자의 공격 수단을 강화한 셈이다.

공개매수 대상회사의 입장에서도 공개매수자의 공격 수단 강화와 균형을 맞추어 방어 수단이 강화된 측면이 있다. 과거 공개매수 기간 동안 회사가 중립적인 처지에 있도록 하기 위하여 의결권 있는 증권(주식 · CB · BW)의 발행이 금지된 적도 있었으나, 현재는 공개매수 기간중 유상증자 등 증권 발행이 허용된다. 따라서 유상증자로 발행된 신주를 주주배정이 아니라 제3자배정으로 특정인에게만 교부하면 공개매수자의 지분율이 떨어지게 되어 효과적인 방어가 된다.

그러나 이 수단을 사용할 때는 중대한 제약이 있는데, 상법 제418조에 따라 제3자배정의 경우 신기술의 도입, 재무구조의 개선 등 회사의 경영상 목적을 달성하기 위한 경우에만 가능하다는 것이다. 그러므로 실질적으로는 공개매수를 통한 M&A에 대한 방어 목적으로 제3자배정 유상증자를 하면서도, 형식적으로 재무구조 개선 등을 목적으로 신주발행을 한다는 것이 납득될 수 있어야 한다. 우리 법원은 그런 정당한 사유가 없이 순수하게 방어 목적으로만 제3자배정을 하는 것을 상법 위반으로 판단하여 효력을 부인하고 있다.[4]

## (4) 공개매수 규제 위반시 제재

자본시장법상 M&A 규제의 특징 중 하나는 위법행위에 대해서 금융위원회의 제재조치가 매우 강력하다는 것이다. 그리고 법원에서 최종 판가름 나기 훨씬 전에 금융당국이 조기에 신속히 개입함으로써 M&A 분쟁이 빠르고 쉽게 종결될 수도 있다. 이 제재조치에는 자본시장법을 준수하지 않고 취득한 공개매수 주식의 의결권을 제한하고 나아가 처분할 것을 명령하는 조치도 있다. 자본시장법 위반 행위의 종류는, 신고

---

4    대법원 2009. 1. 30. 선고 2008다50776 판결 ("상법 제418조 제1항, 제2항의 규정은 주식회사가 신주를 발행하면서 주주 아닌 제3자에게 신주를 배정할 경우 기존 주주에게 보유 주식의 가치 하락이나 회사에 대한 지배권 상실 등 불이익을 끼칠 우려가 있다는 점을 감안하여, 신주를 발행할 경우 원칙적으로 기존 주주에게 이를 배정하고 제3자에 대한 신주배정은 정관이 정한 바에 따라서만 가능하도록 하면서, 그 사유도 신기술의 도입이나 재무구조 개선 등 기업 경영의 필요상 부득이한 예외적인 경우로 제한함으로써 기존 주주의 신주인수권에 대한 보호를 강화하고자 하는 데 그 취지가 있다. 따라서 주식회사가 신주를 발행함에 있어 신기술의 도입, 재무구조의 개선 등 회사의 경영상 목적을 달성하기 위하여 필요한 범위 안에서 정관이 정한 사유가 없는데도, 회사의 경영권 분쟁이 현실화된 상황에서 경영진의 경영권이나 지배권 방어라는 목적을 달성하기 위하여 제3자에게 신주를 배정하는 것은 상법 제418조 제2항을 위반하여 주주의 신주인수권을 침해하는 것이다.")

하지 않고 공개매수를 하는 행위, 공고 및 신고서 제출의무 위반, 신고서 등에 허위사실 기재 등이 있다.

의결권 제한 기간은 매수일로부터 처분하여 의결권을 행사할 수 없게 되는 날의 전날까지 계속된다. 위법하게 취득한 주식등을 처분하라는 처분명령의 경우, 기간과 장소, 방법까지 구체적으로 명시하여 명령할 수 있기 때문에 상당히 가혹한 조치가 될 수도 있다. 예를 들어, 단기간 내에 거래소시장에서 경쟁매매 방법으로 처분하라고 하면, 주가가 급락할 수밖에 없어서 금전적으로 큰 손해가 불가피하다. 반대로 재량에 맡긴다면 시간을 갖고 장외에서 주식양수도계약을 통해 보다 유리하게 처분할 수 있을 것이다.[5]

공개매수신고서와 설명서의 허위기재 또는 주요사항 누락에 대해서는 최고 20억원의 과징금도 부과될 수 있다. 그리고 금융위원회는 공개매수신고서 관련 자료제출 명령권, 조사권, 허위사실·주요 누락사실이 있을 경우 공개매수를 중지할 것을 명령할 수도 있다.

공개매수신고서의 허위기재 등에 대해서는 증권신고서 제도와 같이 엄중한 손해배상책임이 따른다. 배상책임자는 신고서의 신고인(특별관계자 포함, 신고인이 법인이면 그 이사 포함)과 그 대리인, 공개매수설명서 작성자와 그 대리인 등이다. 배상금액은 법에서 추정금액을 제시하고 있는데, 변론종결시의 시장가격(또는 추정처분가격)에서 응모의 대가로 실제

---

5 2003년 벌어진 소위 '현대그룹 경영권 분쟁 사태'에서 대량보유상황 보고의무(5% 룰)를 위반한 금강고려화학(KCC) 회장 등은 2004년 증권선물위원회의 제재조치를 받았다. 이 때 위원회는 위법하게 취득한 물량을 처분하도록 명령하면서 그 기간과 방법을 제한하였다. 기간은 3개월로 하고 처분방법은 증권거래소 시장에서 전부 처분하도록 하면서 신고대량매매·시간외매매·통정매매 등 특정인과 약속에 의하여 매매하는 방법은 제외하여 오직 경쟁매매 방법으로만 하도록 한 사례가 있다. 금융감독원, "(주)금강고려화학등의 대량보유(변동)보고 위반등에 대한 조치 주요 내용", 보도자료, 2004. 2. 11. 참조. 5% 룰 위반에 대한 처분명령은 공개매수 위반의 경우에도 동일하게 적용된다.

로 받은 금액을 뺀 금액이다. 다만, 배상의 책임을 질 자가 상당한 주의를 하였음에도 불구하고 이를 알 수 없었음을 증명하거나, 응모주주가 응모를 할 때 그 사실을 안 경우에는 배상책임을 지지 않을 수 있다. 손해배상 청구기간은 당해 사실을 안 날로부터 1년, 공고일로부터 3년이다.

형사처벌도 있는데, 공고·신고서·설명서중 중요사항의 허위표시 또는 누락, 미제출의 경우에는 5년 이하의 징역 또는 2억원 이하의 벌금이고, 공개매수 강제규정 위반과 별도매수 금지를 위반하였을 때는 3년 이하 징역 또는 1억원 이하의 벌금이며, 위반주식 처분명령을 준수하지 않으면 1년 이하 징역 또는 3천만원 이하의 벌금이다.

(사례 연구 해설) 의무공개매수 요건을 생각해 보자. **최근 6개월**간, **10명 이상**으로부터, 5% 이상의 의결권 있는 지분을, **장외**에서 **사려고하면** 반드시 공개매수의 방법으로만 해야 한다. 이 요건과 2006년의 상황을 맞추어 보면, 계약에 따라 일괄 인수하므로 6개월 내 요건을 충족하고, 14개 은행이므로 10명 이상을 충족하며, 약 80%이므로 5% 요건도 충족하고, 시장에서 매수하는 것이 아니라 계약에 따라 장외에서 일괄 인수하므로 장외 요건도 충족한다.

따라서 신한금융지주는 이 지분인수를 계약 방식으로 하지 못하고 공개매수의 방법으로만 해야 한다. 그러면 공개매수는 계약에 의한 일괄 인수에 비해서 어떤 차이가 있고 어떤 불리함이 있을까? 계약에 따라 인수하면 채권은행단의 지분만 사면 되고, 시간도 소요되지 않는다. 그런데 공개매수로 하게 되면 채권은행단의 지분 외에도 팔기를 원하는 모든 주주의 주식도 매입하여야 하므로 돈이 더 들게 된다. 필요한 만큼만 살 수도 있으나 이때에는 공평하게 안분비례를 해야 하므로 채권은행단의 지분을 다 못 살 수도 있다. 그리고 공개매수로 하면 최소한 20일 이상의 기간이 소요되고 공개매수신고서 등 여러 규제를 준수해야 한다. 반면에 소액주주들은 경영권 프리미엄이 포함된 가격에 처분할 수 있으므로 유리하다.

공개매수의 단점을 감안하여 당시 채권은행단은 자기들 내에서 지분을 사고팔아 매도자를 14개에서 9개로 줄이는 방안도 고려하였다. 그렇게 되면 '10명 이상'이라는 요건에 미달하여 의무공개매수를 할 필요가 없게 된다. 그러나 소액채권단의 동의를 구하기 어려운 점 등의 이유를 들어 최종적으로 경쟁입찰과 공개매수를 병행하는 방식으로 매각하기로 결정하였다. 이에 따라 신한금융지주는 2007년 LG카드를 공개매수를 통하여 인수하였고 이어 신한카드와 합병시켜 오늘의 업계 1위인 신한카드를 만들었다.

## 2. 주식등의 대량보유상황 보고의무 (일명 '5% 룰')

다음 사례들은 법적으로 문제가 없을까?

**(사례 연구 1)** A는 2004.7.9일 OO제약 주식을 5% 보고서상 '단순투자' 목적으로 17% 매입한 후 불과 며칠 후 전량 매도하여 약 30억 원의 이득을 취한 바 있다. 그런데 A는 이 당시 언론사 기자와의 통화에서는 보고서상의 투자목적과는 상반되는 경영권 취득 의사를 밝혀 M&A 기대감을 조성하기도 하였다.

**(사례 연구 2)** 슈퍼개미 박OO은 코스닥 상장법인 OO공업 주식을 36만 5천주 (5.75%)를 주당 1053원에 샀다가 그날 곧바로 주당 1134원에 매도하였는데, 5% 보고서상 취득 목적을 '경영참여'라고 해놓고는 곧바로 매도하면서 그 사유를 "한국경제 불안감, 중소기업 경영 불확실성"이라고 하였다.

주식등의 대량보유상황 보고의무는 주권상장법인의 의결권 있는 주식 등을 5% 이상 보유하게 된 자(특별관계자 소유분 및 사실상 소유분 합산)가 그 보유 상황 및 1% 이상 지분변동 시 그 변동상황을 5일 이내에 금융위원회와 거래소에 보고해야 하는 의무이다. 공개매수와 마찬가지로 M&A 규제 차원에서 도입된 제도이다. 적대적 M&A 시 상대방에게 신속히 알려 방어기회를 부여하는 한편 투자자에게 중요사항이 공시되도록 하여, 정보 비대칭을 해소하고자 하는 것이 제도의 취지이다. 통상 '5% 룰' 또는 '5% 보고의무'라고 하기도 한다.

일반적으로 적대적 M&A는 의결권 있는 주식등을 5% 가까이 은밀히 취득하다가 5%가 넘는 순간 자본시장법에 따른 이 대량보유상황을 보고하면서 공개적으로 공격을 시작한다. 따라서 대량보유상황보고서(5% 보고서)가 신고 · 공시되면 일단 시장의 큰 주목을 끌게 되고, 특히 경영 참여 목적이라면 주가에도 큰 영향을 미치는 경우가 많다.

5% 룰의 원래 취지는 다른 M&A 규제 장치와 마찬가지로 이왕 M&A를 하려면 공정하고 투명하게 하여 투자자를 보호하고 시장질서를 유지하는 차원에서 진행하라는 것이다. 따라서 5% 정도의 적지 않은 지분을 가지게 된 자는 그 취득 증권의 발행회사에게 통보하여 그 회사경영진으로 하여금 만약의 M&A 공격을 대비할 수 있게 하고, 투자자에게는 뭔가 중요한 일이 진행될 수도 있으니 주의하라는 경고 메세지를 공표하는 것이다.

그런데 이 대량취득 사실은 시장에 큰 영향을 미쳐 주가를 변동시킬 수 있으므로 미공개중요정보가 될 수도 있다. 이를 고려하여 자본시장법은 공개되지 않은 대량취득 · 처분 사실을 이용하여 거래하는 것을 내부자거래로 규제하고 있다. 자세한 내용은 내부자거래 규제 파트에서 설명한다.

이 제도는 언뜻 보면 별로 많지 않아 보이는 5% 정도의 지분을 다루고 있고, 의무의 내용도 단순히 보고서를 제출하는 것에 불과해 보여 가볍게 생각하기 쉽다. 그러나 제도의 내용이 상당히 복잡하고 가볍게 보이는 위반행위에 대한 제재는 생각보다 많이 무겁다. 따라서 각별한 주의를 가지고 규제 내용을 숙지할 필요가 있다.

### (1) 보고 대상 증권과 보고의무자

대량보유상황 보고의무의 대상이 되는 증권은 앞에서 설명한 공개매수 규제의 대상 증권과 동일하므로 여기서는 설명을 생략한다. 보고의 무자는 본인과 특별관계자 소유분 및 사실상 소유분을 합산하여 발행 주식 등의 총수의 5% 이상을 자기의 계산으로 보유하게 된 자, 1% 이상 지분변동하게 된 자, 그리고 보유목적 등이 변경된 자이다. 즉 보고의 종류로 보면 취득보고, 변동보고, 변경보고 세 가지가 있는 것이다. 특별관계자와 사실상 소유분의 개념 또한 공개매수와 동일하므로 설명을 생략한다.

5% 보고 제도에는 공개매수 규제에는 없는 사항이 하나 있는데, 바로 연명보고에 관한 것이다. 5% 룰에 따르면 본인과 특별관계자를 합산하여 지분율을 계산하고 5%가 넘으면 보고서를 제출하라는 것인데, 최대주주의 개념에서 설명한 바와 같이 본인과 특별관계자의 관계는 모두가 모두에게 본인이자 특별관계자가 되어 그중에서 누가 보고의무를 지는 본인인지가 명확하지 않으므로, 원칙적으로는 이들 모두 자신을 본인으로 하여 5% 보고서를 각각 제출하여야 한다. 그러나 자본시장법은 연명보고 제도를 통하여 그 그룹 중에서 최다보유자를 대표자로 하고 나머지 사람을 연명하여 보고하도록 편의를 봐 주고 있는 것이다(시행령 제153조 제4항). 공개매수에 이러한 연명보고가 없는 이유는 공개매수를 실행하는 자가 본인이라는 것이 명확하기 때문이다.

### (2) 보고의 종류와 내용

보고의 종류는 세 가지로서 신규취득보고, 변동보고 및 변경보고이다. 신규보고는 처음으로 대상 증권을 5% 이상 보유하게 된 경우, 보유상황, 보유목적(경영권 영향 목적 투자, 일반투자, 단순투자), 보유자 및 그 특별관계자, 보유 주식등의 발행회사에 관한 사항, 취득 또는 처분 일자ㆍ가격 및 방법 등을 보고한다. 제일 유념하여야 할 부분은 보유목적인데 목적에 따라 보고서의 내용과 양식이 다르다. 보유목적이 '경영권 영향 목적'인 경우에는 앞의 사항에 더하여 구체적 보유목적, 보유주식 등에 관한 주요계약내용(신탁, 담보, 대차계약 등), 보유형태, 취득자금 조성내역 등도 보고하여야 한다.

그러면 보유목적에서 경영권 영향 목적과 그렇지 않은 일반 및 단순 투자 목적은 어떻게 구분되는가? 자본시장법 시행령(제154조)은 경영권 영향 목적의 내용에 대해서 다음과 같은 사항을 위하여 회사나 임원에 대하여 사실상 영향력을 행사하거나 의결권 대리행사를 권유하는 것이라고 하고 있다. 즉 임원의 선임·해임 또는 직무의 정지, 이사회 등 회사의 기관과 관련된 정관의 변경, 회사의 자본금 변경, 회사의 배당 결정, 회사의 합병, 분할과 분할합병, 주식의 포괄적 교환과 이전, 영업 전부나 중요한 일부의 양수도, 자산의 전부나 중요한 일부의 처분, 영업 전부의 임대 또는 경영위임, 타인과 영업의 손익 전부를 같이하는 계약, 그 밖에 이에 준하는 계약의 체결, 변경 또는 해약, 회사의 해산 등이다. 다만 이러한 사항과 관련하여 단순히 의견을 전달하거나 대외적으로 의사를 표시하는 것은 경영권 영향 목적에서 제외된다(동조 제1항 단서. 2020년 2월 개정).

2020년 2월 정부는 이 시행령 제154조를 대폭 개정하여 기관투자자가 스튜어드십 코드에 따라 주주활동을 적극적으로 할 수 있도록 경영권 영향 목적의 범위를 크게 축소하였다. 개정된 시행령에 따라 ① 주주의 기본 권리인 '배당'과 관련된 주주활동, ② 공적연기금 등이 사전에 공개한 원칙에 따라, 기업지배구조 개선을 위한 정관 변경을 추진하는 활동, ③ 회사 임원의 위법행위에 대한 상법상 권한(해임청구권 등) 행사 등이 '경영권에 영향을 주기 위한 목적'의 활동 범위에서 제외되었다. 이에 따라 이제 국민연금 등 기관투자자들은 배당이나 지배구조 개선 등을 위한 적극적 주주활동을 별 부담 없이 할 수 있게 되었다.

경영권 영향 목적이 아닌 경우는 일반투자와 단순투자 목적으로 이원화하여 '단순투자'의 경우는 의결권 등 지분율과 무관하게 보장되는 권리만을 행사하는 경우로 한정하여 최소한의 공시 의무만 부여하고, '일반투자'의 경우는 경영권 영향 목적은 없으나 주주활동을 적극적으로 하는 경우로 분류하여 '단순투자'보다 강한 공시의무를 부여하였다. 이러한 일반투자에는 개정된 시행령에서 경영권 영향 목적으로 보지 않는 위의 ①, ②, ③의 활동도 포함된다.

변동보고는 5% 이상을 보유하고 있는 자가 1% 이상 보유비율의 변동이 있는 경우 보고하는 것이다. 변경보고는 보유목적, 보유주식 등에 관한 주요계약, 보유형태(보유↔소유)의 변경이 있는 경우 보고를 하는 것인데, 다만 발행주식 등 총수의 1% 이상에 해당하는 보유 주식 등에 대한 변경사항이 있는 경우에만 보고의무가 있다. 그리고 보유주식 등에 관한 주요계약을 체결·변경한 경우와 보유형태의 변경은 경영권 영향 목적인 경우에만 적용된다.

5% 보고 제도는 사유 발생 이후 5일 이내에 공시하면 되는데, 계속적으로 추가 매입하면서 이 보고를 발생 건 별로 순차적으로 공시하면 정확한 현황 파악이 어렵게 된다. 따라서 최초 5% 이상 매수 후 공시의무기간(5일 내) 사이에 추가매수한 경우에는 추가 취득상황을 최초 보고 기간에 합산하여 공시하여야 한다(법 제147조 제3항). 예를 들어 설명하면, 7월 1일부터 7월 5일 사이에 1일에는 5%를 그 후에는 매일 1%씩 매수를 한다고 하자. 기계적으로 법을 지키자면 7월 1일 취득분은 7월 6일에 보고하고 7월 5일 취득분은 7월 10일에 보고하면 될 것이다. 그러나 자본시장법이 합산공시를 요구하고 있으므로 7월 6일 보고할 때 그 5일간의 취득분 모두를 함께 보고하여야 하는 것이다. 그런데 경

영권 영향 목적의 경우에는 자본시장법이 냉각기간을 두고 있기 때문에 추가 취득이 금지되어 합산공시를 할 여지가 없다. 냉각기간이란 경영권 영향 목적으로 취득한 자가 보고사유 발생일부터 보고 후 5일까지 추가로 취득하거나 의결권을 행사하는 것이 금지되는 기간을 말한다(법 제150조 제2항).

보고 기준일도 시행령에 상세히 규정되어 있기 때문에 보고의무를 제대로 이행하려면 이 또한 주의해서 산정해야 한다(시행령 제153조 제3항). 중요한 사항들만 보면, 장내·외 매매나 차입의 경우 모두 결제일이 아니라 계약체결일이고, 장외에서 처분하는 경우에는 대금을 받는 날과 주식 등을 인도하는 날 중 먼저 도래하는 날이며, 유상증자로 배정되는 신주를 취득하는 경우에는 주금납입일의 다음날 등이다. 가급적 일찍 보고의무가 발생하는 것으로 이해하면 편하다. 민법상 '초일 불산입' 원칙에 따라 취득한 날은 계산하지 않고 다음 날부터 계산한다.

### (3) 변동보고의무 면제자

변동보고 시 본인의 의사에 관계없이 보고의무 대상이 되는 불합리한 경우는 보고의무를 면제하고 있다. 면제되는 경우로는 보유주식수의 증감이 없이 비율만 변동하는 경우, 타인의 CB·BW 전환, 실권, 불균등감자 등에 의한 비율 변동, 유무상 증자, 주식배당 등 구주의 권리행사에 의해 취득한 주식 수가 변동되는 경우, BW·CB·EB의 권리행사로 인한 발행가격 조정만으로 주식 수가 증가하는 경우, 신주인수권증서를 취득하는 것만으로 주식 등 수가 증가하는 경우, 자기주식의 취득·처분으로 보유주식비율이 변동되는 경우가 있다.

### (4) 보고서 공시 및 발행인 통지

보고의무자는 금융위원회와 거래소에 보고서를 제출하고, 이들 기관은 이 보고서를 투자자 일반에게 공시한다. 그리고 M&A 규제의 취지가 공격자와 방어자 간 공정한 경쟁을 도모하자는 것이므로 취득 증권을 발행한 회사에도 지체 없이 보고서 사본을 송부하도록 하고 있다.


### (5) 보고의무 특례

5% 보고의무는 기본적으로 5% 이상 취득시 또는 1% 이상 변동시 5일 이내에 신고하도록 되어 있다. 그런데 이런 기본적 의무는 보유목적이 '경영권 영향 목적'인 경우에만 적용되며 그렇지 않은 경우에는 보고의무 특례가 적용되어 훨씬 나중에 신고해도 무방하다.

우선 단순투자 목적인 경우에는 보유 또는 변동이 있었던 달의 다음 달 10일까지 보고해도 된다. 다만 신규보고의 경우에는 이런 특례가 없으며 무조건 5일 이내에 해야 한다. 사유 발생일이 속한 달의 다음 달 10일이 아니라 사유가 발생한 분기의 다음 달 10일까지 보고해도 되는 특별한 특례자도 있다. 국가, 지자체, 금융공기업, 국민연금과 같은 공적 연기금 등이 여기에 해당된다. 예를 들어, 이들이 만약 4월 1일에 5% 이상 취득하거나 1% 이상 지분 변동이 있다고 하면 7월 10일까지 보고해도 되는 것이다.

2020년 개정된 시행령에 따라 새로 도입된 '일반투자 목적'의 경우에는 일반투자자는 10일이내 보고해야 하며(신규취득의 경우는 5일), 국가, 지자체, 금융공기업, 공적 연기금 등은 다음달 10일까지 보고해야 한다.


### (6) 제재

보고의무 위반의 경우 의결권행사 제한 및 금융위원회의 처분명령을 받는다. 의결권행사 제한 기간의 경우 고의로 위반한 경우에는 취득한 날부터 시정보고 후 6개월까지이고, 착오에 의한 지연보고 등의 경우는 취득한 날부터 시정보고일까지이다. 그리고 처분명령의 내용은 공개매수 규제와 동일하게 구체적으로 지정할 수 있다.

형사처벌의 경우, 보고서에 허위 내지 부실기재시에는 5년 이하의 징역 또는 2억원 이하의 벌금이고, 보고의무 위반시에는 3년 이하 징역 또는 1억원 이하 벌금이며, 처분명령 등 금융위원회의 처분 위반시 1년 이하 징역 또는 3천만원 이하 벌금이다. 그리고 금융위원회 독자적으로 5억원 이하의 과징금도 부과할 수 있다.

(사례 연구 1번 해설) 단순투자로 취득목적을 신고한 후 경영참여를 위한 표시행위를 하였다면 5% 보고서의 취득목적이 허위로 기재되었다는 것이므로 5% 룰 위반에 해당될 수 있다. 물론 구체적인 경영 관여 활동의 수준에 따라 법적 판단은 달라지겠지만, 5% 룰 위반이 문제될 것은 분명하다. 그러면 나아가 시세조종이나 부정거래에도 해당될 수 있을까?

단순투자로 신고 후 경영 관여 활동을 하여 주가에 영향을 미치는 행위는 경영참여로 신고하여 주가 상승을 야기한 후 즉각 매도하여 이득을 취하는 행위에 비해서는 비난가능성이 상대적으로 작을 수 있다. 왜냐하면, 단순투자로 신고한 경우 투자자들은 신고자의 경영참여와 관련된 표시행위가 있더라도 언제나 그 신고자의 매도가 있을 수 있다는 것을 안다고 보아야 하기 때문이다. 따라서 단순투자 신고 후 약간의 경영 관여 활동을 할 경우 5% 보고서의 허위기재에 따른 문제는 있겠으나, 주가 상승 후 매도하여 이득을 취했다고 할지라도 시세조종이나 부정거래로 포섭하기는 쉽지 않다고 판단된다. 물론 경영참여를 위한 표시행위가 조직적으로, 지속적으로 이루어지고 그 목적도 투자자를 유인할 목적으로 허위로 이루어졌다는 것이 입증된다면 시세조종이나 부정거래

---

6    이상 사례연구 1)과 2)에 대한 설명은 성희활, "사기적 부정거래에서 '위계'의 적용 문제", 증권법연구, 제8권 제1호, 2007, 59면에서 인용

에 해당될 것이다.

(사례 연구 2번 해설) 경영참여로 취득목적을 신고하면 투자자 일반의 기대는 당분간 지속적으로 경영 관여 활동을 할 것이라고 생각하지, 바로 매도하리라고는 생각하지 않을 것이다. 따라서 경영참여 목적 신고로 주가를 끌어올려 놓고는 그다음 날 바로 매도하는 것은 당연히 5% 룰 위반이다.

뿐만 아니라 일반투자자의 기대감을 잔뜩 올려놓은 후 홀연히 매도하는 행위는 주가나 투자판단에 미치는 영향이 매우 크다고 볼 것이므로 단순히 5% 보고서의 허위기재에 따른 책임을 넘어 허위표시에 의한 시세조종이나 위계, 나아가 부정거래에 해당될 여지도 많을 것이다. 위 사건에 대해서 당시 증권선물위원회는 사실상 경영에 참여할 뜻이 없었음에도 매매거래를 유인할 목적으로 보유목적을 허위로 기재하여 공시했다는 혐의로 이러한 행위에 대하여 처음으로 검찰에 고발 조치를 취한 바 있다.

2003년 5% 보고서 제출 이후 SK주식회사에 대해서 경영권 쟁탈전을 벌인 소버린펀드는 보유 지분을 매각할 즈음에 보유목적부터 변경한 후 매도함으로써 위와 같은 논란을 피한 바 있다. 소버린은 2005. 6. 21일 보유목적을 경영참가에서 단순투자로 변경하는 변경보고서를 제출하고, 이어 상당한 기간이 경과한 7. 18일 전량을 장내 매도하여 아무런 법적 논란 없이 매매 차익 약 1조원을 거두면서 깔끔하게 철수하였다.[6]


## 3. 의결권 대리행사 권유 규제 (위임장권유 규제)

자본시장법은 제152조 이하에서 의결권 대리행사 권유 규제를 두고 있다. 의결권 대리행사 권유란, 주주총회에서 의결권이 필요한 사람이 의결권을 가진 주주에게 당신이 가지고 있는 의결권을 내가 대리하여 행사할 수 있도록 위임을 해 달라고 요청하는 것을 말한다. 구체적인 위임장을 주고받기 때문에 '위임장권유'라고도 한다.

누군가에게 어떤 법률행위를 자신을 대신하여서 할 수 있도록 하는 것을 '대리' 제도라고 하며 이는 기본적으로 민법에 따라서 규율된다. 경제·사회 생활에는 수많은 대리 행위가 있고, 주식의 의결권행사도 당연히 대리가 가능하다. 대리 제도를 통하여 주주는 의결권을 직접 행사하는 불편을 덜 수 있는데 자본시장법은 M&A 규제 차원에서 이 의결권대리에 대해서 규제를 하고 있다. 정확히는 주주가 자발적으로 다른 사람에게 대리하도록 하는 것은 주주의 고유한 권리로서 침해할 수 없으므로, 다른 사람이 주주에게 자신을 대리인으로 해 달라고 하는 권유 행위를 규제한다. 어쨌든 다른 영역에서 보기 어려운 대리 관련 규제가 자본시장법에는 왜 있는 것일까?

의결권 대리를 권유하고자 하는 이해관계자는 다양하다. 회사 자신도 있고, M&A 공격자도 있으며, 기타 제3자도 있다. 회사 측면에서 보면 상장법인은 주주 수가 매우 많고 소액주주는 주주라기보다는 단순한 투자자의 성격으로 전락하고 있으며, 소액주주 스스로도 주주의 역할을 포기하는 경향이 늘어나는 것이 현대 자본시장과 회사의 경향이다. 이에 따라 의결권을 자기도 행사하지 않고 타인에게 위임도 하지 않는 사표가 늘어 주주권 행사가 제대로 되지 않고 있다. 회사로서는 주주에게 의결권행사를 직접 하지 않으려면 회사에 위임이라도 해 달라고 권유하여 주주총회를 원하는 대로 진행할 수 있을 것이다. 의결권 대리행사 권유 사례의 대부분을 차지하는 것이 바로 이 유형이다.

과거 예탁결제원의 그림자투표(shadow voting)로 상장회사 경영진은 주주총회를 쉽게 자신들의 의도대로 끌고 갈 수 있었다. 상장회사의 주식은 거의 대부분(90% 이상)이 한국예탁결제원에 보관되어 있고, 이에 따라 예탁결제원은 상장회사의 주주명부에 명목상 주주로 올라 있다. 섀도우보팅이란 주주총회에서 표결을 할 때 예탁결제원의 지분을 뺀 나머지 주주들의 지분만으로 찬·반 비율을 계산한 후, 예탁결제원 명의의 지분을 찬·반 비율대로 배분하여 의결정족수를 채우는 것을 말한다. 보통 대주주는 주주총회에 적극 참석하나 소액주주는 불참하기 때문에, 섀도우보팅이 인정되면 대주주의 의사가 쉽게 관철될 수 있다. 그러나 그림자투표는 2017년 말에 폐지되어 더 이상 활용할 수 없기 때문에 앞으로 회사에 의한 의결권 대리행사 권유가 매우 중요해진 상황이 되었다.

한편 M&A를 시도하는 공격자로서는 의결권을 위임받을 수만 있다면 막대한 주식 취득 비용 없이도 용이하게 경영권을 장악할 수 있다. 그리고 M&A 까지는 의도하지 않고 단지 특정 회사의 기업지배구조를 개선하고자 하는 제3자도 의결권을 위임받을 수 있다면 유용하게 활용할 수 있을 것이다. M&A 목적 등으로 공격과 방어 측이 경쟁적으로 주주에게 의결권 대리행사 권유를 하는 것을 '위임장경쟁'이라고 한다. 최근 행동주의펀드들이 상장법인의 경영에 관여하는 활동을 늘리면서 위임장경쟁 사례가 점차 증가하는 추세이다.

그런데 이러한 다양한 수요를 감안하여 의결권 대리행사 권유를 방임한다면 주주에게 자신의 정확한 정체나 의도, 회사에 미치는 영향 등에 대한 제대로 된 정보를 제공하지 않고 그럴듯한 감언이설로 자신에게 위임해 달라고 강권할 것이다. 주주가 이에 현혹되어 생각 없이 의결권을 위임하면 결과적으로 회사에 악영향을 주고 자신의 주식 가치 하락으로 재산적 손실도 초래할 수 있다. 따라서 의결권을 둘러싼 여러 유형의 수요를 존중하여 의결권의 위임을 권유하는 것은 인정하되, 주주가 올바른 위임을 할 수 있도록 필요하고 정확한 정보를 제공하라는 것이 위임장권유 규제의 본질이다.

이하 의결권 대리행사 권유 규제의 내용을 살펴본다.

## (1) 의결권 대리행사 권유의 개념과 범위

의결권 대리행사의 권유라 함은, 누구든지 10명 이상에게 상장주권의 의결권행사를 자기 또는 타인에게 대리하게 할 것을 권유하는 것을 말한다. 자본시장법은 이를 보다 구체적인 유형으로 세분하고 있다.

첫째는 자기 또는 제3자에게 의결권의 행사를 대리시키도록 권유하는 것이고, 둘째는 의결권의 행사 또는 불행사를 요구하거나 의결권 위임의 철회를 요구하는 것이며, 셋째는 의결권의 확보 또는 그 취소 등을 목적으로 주주에게 위임장 용지를 보내거나 그 밖의 방법으로 의견을 제시하는 행위이다. 첫째는 전형적인 대리행사 권유 행위로서 쉽게 이해될 수 있는데 둘째와 셋째 유형은 일반적인 생각보다 대리행사 권유의 범위가 넓어질 수 있다는 것을 보여주고 있다. 예를 들어, 대기업의 경영권 쟁탈전이 벌어질 때 소액주주측이나 소비자단체 등에서 의결권행사 관련 활동을 하는 경우도 여기에 해당될 수 있는 것이다. 간단히 말하면 의결권과 관련하여 의견을 표시하는 많은 행위가 자본시장법의 규제 대상인 대리행사 권유에 포함될 수 있다는 것이다.

한편, 국가 경제적으로 중요한 공공적 법인의 경우에는 그 공공적 법인만 대리행사 권유가 가능하다. 공공적 법인은 공공기관과는 다른 것으로서, 국민경제적 중요성이 큰 법인 중 금융위원회가 관계부처 장관과의 협의와 국무회의에의 보고를 거쳐 지정한다(시행령 제162조). 현재 이런 절차를 거쳐 공공적 법인으로 지정된 법인은 한국전력이 유일하다. 공공적 법인에 대해서는 배당 특례와 주식 소유 제한 규정도 있다(법 제165조의14, 제167조).

예외적으로 의결권 대리행사의 권유로 보지 않는 경우도 있는데, ① 해당 상장주권의 발행인(그 특별관계자를 포함한다)과 그 임원(그 특별관계자를 포함한다) 외의 자가 10인 미만의 의결권 대리행사 피권유자에게 권유를 하는 경우, ② 신탁이나 기타 법률관계에 의하여 타인의 명의로 주식을 소유하는 자가 그 타인에게 해당 주식의 의결권 대리행사의 권유를 하는 경우, ③ 신문·방송·잡지 등 불특정 다수인에 대한 광고를 통하여 권유하는 경우로서 그 광고내용에 해당 상장주권 발행인의 명칭, 광고의 이유, 주주총회의 목적사항과 위임장 용지, 참고서류를 제공하는 장소만을 표시하는 경우이다(시행령 제161조). ①의 경우는 이해관계자의 수가 미미하여 예외를 인정하고, ②의 경우는 실제 소유자가 자기 권리를 행사하는 것이므로 당연하며, ③의 경우는 의결권행사와 관련하여 직접적인 의견을 표명하는 것이 아니라 의견을 접할 수 있는 장소만을 안내하는 것이므로 예외를 인정하고 있다.

### (2) 의결권 대리행사 권유 규제의 내용

의결권 대리행사 권유 규제의 핵심은 앞에서 설명한 의결권 대리행사 권유를 하려면 자본시장법령에서 정하는 방법과 절차에 따라 하라는 것으로서 그 방법과 절차는 다음과 같다.

권유자는 피권유자에게 주주총회 목적사항별로 찬·부 표시를 할 수 있게 되어 있는 위임장용지에 의해 권유해야 하며, 금융위원회가 정하는 참고서류를 제공해야 한다. 권유방법은 대면교부, 우편, 팩스, 이메일 및 전자적 교부(인터넷 홈페이지) 등이 가능하다. 위임장용지와 참고서류 사본을 피권유자에게 제공하는 날 2일(영업일 기준) 전까지 금융위원회와 거래소에 제출하고 일정 장소(금융위원회, 명의개서회사 등)에 비치하여야 한다. 권유자는 위임장용지에 나타난 피권유자의 의사에 반하여 의결권을 행사할 수 없다.

위임장에는 다음과 같은 사항들이 기재되어야 한다. 즉 의결권을 대리행사 하도록 위임한다는 내용, 권유자 등 의결권을 위임받는 자, 피권유자가 소유하고 있는 의결권 있는 주식 수, 위임할 주식 수, 주주총회의 각 목적사항과 목적사항별 찬반 여부, 주주총회 회의 시 새로 상정된 안건이나 변경 또는 수정안건에 대한 의결권행사 위임 여부와 위임 내용, 위임일자와 위임시간, 위임인의 성명과 주민등록번호(법인인 경우에는 명칭과 사업자등록번호) 등이다.

위임일자와 대리인은 공란으로 두어 상황 변화에 신속하게 대처할 수 있도록 하는 백지위임장도 가능하다. 위임은 철회할 수 있으므로, 위임장 쟁탈전이 치열하게 전개될 경우 이미 다른 사람에게 위임한 주주에게 가서 새로운 위임장을 받으면 이전 위임장보다 나중 위임장이 우선하기 때문에, 아예 위임일자를 백지로 하여 표결 직전에 기재하는 경우도 있다. 대리인의 경우도 대리인의 자격 시비 등이 있을 수 있기 때문에 나중에 기재하면 훨씬 더 편할 것이다.

위임장용지와 함께 참고서류도 제공해야 하는데, 참고서류의 기재사항은 다음과 같다. 의결권 대리행사 권유자의 성명이나 명칭, 권유자가 소유하고 있는 주식의 종류 및 수와 그 특별관계자가 소유하고 있는 주식의 종류 및 수, 권유자의 대리인이 있으면 그 성명과 그 대리인이 소유하고 있는 주식의 종류 및 수, 권유자 및 그 대리인과 해당 주권상장법인과의 관계, 주주총회의 목적사항, 의결권 대리행사의 권유를 하는 취지.

해당 회사가 권유하는 경우에는 자기 회사의 주주가 누구인지를 알 수 있으나 제3자가 권유를 하고자 하는 경우에는 주주가 누구인지를 알기 어려워 권유를 제대로 할 수 없다. 따라서 이들에게도 공평한 기회를 부여하고자 자본시장법은 그 주권의 발행회사에게 다음 중 어느 하나를 해달라고 요구할 수 있는 권리를 제3자에게 부여하고 있다. ① 주주명부의 열람·등사를 허용할 것, ② 그 권유자의 비용으로 위임장용지 및 참고서류를 주주에게 송부할 것이다. 회사는 위의 요구가 있는 경우 요구받은 날부터 2일 이내에 이에 응하여야 한다(법 제152조의2).

의결권 대리행사의 권유 대상이 되는 상장주권의 발행회사는 의결권 대리행사의 권유에 대하여 의견을 표명할 수 있는데, 의견을 표명한 경우에는 그 내용을 기재한 서면을 지체 없이 금융위원회와 거래소에 제출하여야 한다.

대리행사 권유자가 의결권을 행사할 때는 1인의 권유자가 다수 피권유자의 의결권을 대리행사 하므로 의결권의 불통일 행사가 가능하다. 상법은 의결권의 불통일 행사를 인정하되 주주총회 3일 전까지 회사에 서면이나 전자문서로 그 뜻과 이유를 통지하도록 하고 있다(상법 제368조의2). 그리고 권유자는 취득한 위임장에 있는 찬·부의 표시에 따라서 그대로 의결권을 행사하여야 하며 자기 마음대로 할 수 없다.

상장법인은 주주총회 의결 정족수 확보를 위하여 주주총회 소집 통보 시에 위임장도 같이 송부하고 있는데 이 경우에도 자본시장법의 이 의결권 대리행사 권유 규제가 동일하게 적용된다.

대리행사 권유 규제를 위반하는 행위에 대해서는 권유행위의 정지·금지, 1년 이내의 대리행사 권유 제한, 임원해임 권고, 고발 또는 수사기관 통보, 경고 또는 주의 등 금융위의 제재조치가 내려질 수 있으며, 또한 3년 이하의 징역 또는 1억원 이하의 벌금에 처해진다.


## 4. M&A 관련 상장법인 특례

상장법인은 수많은 기업 중에서 국가대표 격인 기업으로서 국민경제에 중추적인 역할을 한다. 우리나라는 국가 주도의 경제발전 과정에서 이들 상장법인을 견인차로 삼아 고도성장을 이루었다. 이 과정에서 때로는 일반법인보다 특별 대우를 하기도 하였고, 때로는 거대 기업의 부당한 영향력을 제한하기 위해서 특별한 규제를 하기도 하였다. 이러한 특별 취급은 과거 증권거래법에서 상장법인특례 조항으로 규정되었다.

2007년 자본시장법이 제정될 때, 증권거래법상 상장법인특례 조항은 두 부분으로 나뉘어 기업지배구조에 관한 부분은 상법에 편입되었고, 재무구조에 관한 부분은 자본시장법에 들어왔다. M&A에 관련된 상장법인 특례는 자본시장법에 있는데 몇 가지를 들자면, 자기주식취득 및 처분에 관한 특례, 합병, 분할, 영업양수도, 포괄적 교환 · 이전 등에 관한 특례, 그리고 주식매수청구권 특례가 있다.

### (1) 자기주식취득 · 처분 특례

자기주식은 자사주라고도 하는데 회사가 이미 발행되어 유통되는 자신의 주식을 사들여 소각하지 않고 보유하고 있는 것을 말한다. 자기주식은 여러 가지 목적에서 활용될 수 있는데, 특히 M&A와 관련하여 그 중요성이 매우 크다. 왜냐하면, 우리나라는 외국에 존재하는 강력한 경영권방어 수단들(차등의결권, 포이즌필, 초다수의결제 등)이 없어서 자기주식에 의존도가 높기 때문이다. 자기주식을 경영권방어에 활용하는 방법은 공격에 대응하여 자기주식을 우호적인 제3자에게 처분함으로써 백기사로 동원하거나, 의결권이 없는 자기주식을 처분하여 의결권을 부활시킴으로써 공격자의 의결권 비율을 그만큼 낮추는 것이다. 자기주식은 의결권이 없지만, 타인에게 처분하면 의결권이 다시 살아난다.

원래 주식회사는 물적 회사라 하여 주주들이 출자한 자본금만으로 이해관계자에게 책임을 진다. 그런데 회사가 자신의 주식을 사들이면 그만큼 실질적인 재산인 현금이 빠져나가고 형식적인 재산인 주식만 있게 되어 대외적으로 책임을 제대로 질 수 없게 된다. 이런 현상을 자본의 공동화라 하여 주식회사에는 최대의 금기 사항 중 하나였고 우리 상법도 엄격하게 규제하고 있었다. 그러나 그동안 상장법인에게는 특별한 대우 차원에서 자기주식을 취득하는 것을 허용하여 왔다.

2012년에 대폭 개정된 상법은 자본시장법의 특례를 일반화하여 일반법인에게도 자사주 취득을 자유롭게 허용함으로써, 이제는 상장법인과 일반법인 간 취득한도와 취득방법 등에서 별 차이가 없게 되어 있다. 그러나 상법은 일반적인 원칙만 정할 뿐 자세한 규정이 없는데, 자본시장법상 상장법인은 금융위원회에 자사주 취득 및 처분 보고서를 법령에서 정하는 방식에 따라 제출하여야 하고, 취득이나 처분의 방법에서 일반 회사보다 훨씬 까다로운 규제를 준수해야 한다는 점에서 여전히 상법과 자본시장법의 규제는 차이가 있다.

자기주식취득 · 처분 규제의 자세한 내용은 법과 시행령에도 있지만 보다 자세한 내용은 금융위원회의 「증권의 발행 및 공시 등에 관한 규정」에 있으므로 법령과 규정 모두 잘 살펴봐야 한다. 그리고 자기주식을 이용한 불공정거래를 방지하기 위하여 거래소 업무규정은 자기주식의 주문(호가) 제출 방법도 규제하고 있으니 이 또한 알아둘 필요가 있다. 여기서는 주요 내용에 대해서 설명한다.

### 1) 자기주식취득 · 처분 결의의 사전 공시 및 결과보고 제도

자기주식의 취득 · 처분에 관한 사항은 주요사항보고서 제출 대상이다. 이를 위한 이사회 결의가 있으면 다음 날까지 주요사항보고서를 금융위원회에 제출하여야 하고, 취득 · 처분(신탁계약체결 또는 해지 포함)이 완료되면 자기주식 취득 · 처분결과보고서 또한 금융위원회에 제출하여야 한다.

취득 · 처분을 위한 이사회 결의는 취득 · 처분의 목적과 금액, 기간,

방법, 종류, 수량, 자금원천, 가격, 위탁업자 등을 구체적으로 정하여야 한다. 취득기간은 이사회 결의 사실이 거래소에 공시된 날의 다음 날부터 3개월 이내에 취득하여야 한다.

취득금액의 한도는 상법상 이익배당한도까지 허용되는데, 참고로 이익배당한도는 [순 재산액 − (자본금 + 자본준비금 + 이익준비금 + 당해연도에 적립해야 할 이익준비금)] 으로 산정된다. 금전신탁을 통하여 취득한 경우도 취득재원 한도에 포함된다.

### 2) 매수방법

매수방법은 「상법」 제341조 제1항에 따른 방법과 자사주신탁계약의 해지·종료 시 반환받는 방법을 제시하고 있다. 상법에서 규정하고 있는 방법은 ① 거래소에서 시세(時勢)가 있는 주식의 경우에는 거래소에서 취득하는 방법, ② 회사가 모든 주주에게 자기주식 취득의 통지 또는 공고를 하여 주식을 취득하는 방법, ③ 자본시장법의 공개매수의 방법이다. ②도 개념상 공개매수에 해당한다고 볼 수 있는데 ③과의 관계를 감안하여 해석하면 ③은 의무공개매수를 말하고 ②는 취득하려고 하는 지분이 5%가 안 되어 의무공개매수로 할 필요가 없는 경우를 말하는 듯하다.

①의 방법으로 거래소에서 취득할 때는 상장법인 마음대로 취득할 수 없고 거래소가 정하는 일정한 방법에 따라야 한다. 참고로 거래소 업무 규정에서 정하는 방법을 보면 일단 종가 결정 시에는 호가를 낼 수 없고, 시가 결정 시에는 매수의 경우 전일 종가 및 5% 높은 가격 이내의 가격이고 매도의 경우 전일 종가보다 2호가 낮은 범위까지만 가능하다. 장중에는 직전 가격의 상하 5% 범위에서 호가 제출이 허용된다(유가증권시장 업무규정 제39조).

거래소가 이러한 가격 통제를 하는 이유는 자기주식을 이용하여 주가를 인위적으로 올리거나 내리는 시세조종을 방지하기 위한 것이다. 이론적으로는 직전가보다 높은 매수호가와 직전가보다 낮은 매도호가를 아예 금지하여 인위적 조작 여지를 없애 버리는 것도 가능하다. 그러나 그렇게 되면 자기주식의 취득·처분이 어려워질 수 있기 때문에 일정한 범위 내의 상승과 하락을 용인함으로써 취득·처분의 편의를 제공하고 있는 것이다. 명심해야 할 사실은, 이처럼 가격 변동이 어느 정도 용인된다고 하여도 처음부터 시세조종의 의도와 목적으로 가격을 손대면 그것은 시세조종이 된다는 것이다. 즉 자본시장법과 거래소 규정 등에서 인정되는 자기주식 제도가 시세조종에 대한 면책 조항은 될 수 없다는 것이다. 왜냐하면 불공정거래 규제는 자본시장 규제의 다른 원칙에 우선하는 근본 원칙이기 때문이다.

### 3) 취득·처분의 제한

자기주식의 취득·처분에는 일정한 기간 제한이 있는데, 원칙적으로 처분(신탁계약해지 포함) 후 3개월간 취득이 제한되고, 취득(신탁계약체결 포함) 후 6개월간 처분이 제한된다. 그리고 기타 큰 주가변동이 있을 수 있는 경우에도 미공개정보 이용과 인위적 시세조종을 방지하기 위하여 취득·처분이 제한되는데, 이런 경우로는 합병이사회 결의 전 1개월간, 유상증자 기준일(공모증자 시 청약일) 1개월 전부터 청약일까지 기간, 무상증자 이사회결의일부터 신주배정기준일까지의 기간, 시장조성 예정기간, 기업경영상 중요 미공개정보가 있는 경우 동 정보가 공개될 때까지 등이다.

다만, 미공개정보 이용이나 시세조종의 염려가 별로 없거나 정책적 차원에서 필요한 경우에는 기간 제한 없이 취득과 처분이 가능하다. 이런 사유로는, 임직원에게 상여금이나 퇴직금·공로금 등으로 자기주식을 교부·지급하는 경우, 스톡 옵션 행사로 자기주식을 교부하는 경우, 근로자복지기본법에 의한 우리사주조합에 자기주식을 처분하는 경우, 자사주 한도를 초과하여 취득한 주식을 처분하는 경우, 법령에 따르거나 채무이행으로 인한 처분 등의 상황이 있다.

### (2) 합병, 분할, 영업양수도, 포괄적 교환·이전 등에 관한 특례

합병 등의 경우에 상장법인은 원칙적으로 별도의 보고서 없이 주요사항보고서만 제출해도 된다. 과거에는 합병신고서 등 개별 보고서가 따로 존재한 적도 있었으나 현재는 폐지되고 주요사항보고서로 일원화되어 있다. 다만 합병 등으로 증권이 신규 발행되는 경우에는 투자자보호 차원에서 증권의 공모(모집·매출)로 보아 증권신고서도 제출하도록 하고 있다. 여기서는 제일 중요한 합병에 대해서만 설명한다.

자본시장법이 합병에 대해서 규제하고 있는 핵심 사항은 합병가액의 공정성이다. 합병가액의 산정에 인위적인 개입을 차단하기 위하여 법은 특례에서 정하는 합병가액 산정방식을 강제하고 있다. 따라서 당사자는 물론 법원도 원칙적으로 이 부분에 대해서는 타당성 판단을 할 수 없게 되어 있다.

자본시장법에서 정하는 합병가액 산정방식은 이원화되어 있는데, 주권상장법인 간 합병과 주권비상장법인이 관련되는 합병의 경우가 다르다. 주권상장법인 간 합병의 경우, 합병이사회 결의일과 합병계약 체결일 중 앞선 날의 전일을 기산일로 하여 과거 1개월간 평균 종가/1주일 평균종가/최근일 종가를 산술평균한 가격을 기준으로 30%(계열회사 간 합병의 경우에는 10%) 범위내에서 할인 또는 할증한 가액으로 한다고 규정하고 있다.

주권상장법인(코넥스 상장법인은 제외)과 주권비상장법인이 합병하는 경우에는, 상장법인은 위의 산정가격을 원칙으로 하되 다만 자산가치가 큰 경우에는 자산가치를 사용할 수 있고, 비상장법인은 자산가치와 수익가치의 가중산술평균가격(본질가치)을 사용한다. 이때 비슷한 회사와 비교한 상대가치를 공시하도록 하여 투자자의 투자판단에 도움이 되도록 하고 있다.

### (3) 주식매수청구권 특례

주식매수청구권이란 회사의 근본적 조직변경(합병 등)과 관련하여 주주총회를 할 때, 반대하는 소액주주가 나는 그러한 변경에 반대하므로 이제 조직을 떠날 테니 회사에서 내 주식을 사달라고 할 수 있는 권리를 말한다. 이 제도는 회사의 합병, 분할합병, 영업 양수도, 주식의 포괄적 교환·이전 등 회사의 존립에 관한 기본사항의 변경에 대하여 다수의 의사로 회사를 이끌어 나가는 것은 인정하되, 반대하는 군소주주에 대해서도 금전상의 불이익이 없도록 회사가 공정한 가격으로 이들의 보유주식을 매수하도록 의무화한 것이다. 이 권리는 소액주주의 보호장치로서 법률에 의하여 인정된 권리이므로 회사의 동의나 승낙 없이 행사할 수 있다.

주식회사의 물적 회사로서의 속성상, 사실상 주식의 반환 내지 환급의 성격을 갖는 이러한 매수청구권은 주식회사의 자본을 약화시키므로 원칙적으로 허용되기 어려우나, 소액주주에 대한 특별한 보호 차원에서 예외적으로 인정되고 있다. 대주주의 경우에도 적용되는지에 대해서 금지 규정은 없으나, 대주주는 자신의 의결권을 적극적으로 행사하면 그 조직변경을 위한 특별결의가 무산될 것이므로 이러한 보호장치가 의미 없을 것이다.

주주는 증권시장에서 언제라도 보유 주식을 팔 수 있는데, 굳이 주식 매수청구권을 인정할 필요가 있느냐는 입장도 있다. 실제 미국의 경우 50개 주 중에서 약 절반이 증권시장에 상장된 주권상장법인의 경우에는 매수청구권을 인정하지 않는다. 주권상장법인에게 매수청구권이 인정되는 결과, 때로는 이 제도가 투기적 수단(자본시장법에 따른 산정가격과 시장가격 간 차이를 이용하는 차익거래 방식)으로 활용되기도 한다. 즉 차익거래 결과, 감당하기 어려울 만큼 매수청구권 행사가 많이 이루어져 상장법인에게 필요한 조직변경이 무산되는 경우도 종종 발생하곤 한다.

자본시장법상 매수청구권 행사 절차를 보면, 반대주주는 주주총회 특별결의 전에 서면으로 당해 법인에게 그 결의에 반대하는 의견을 꼭 통지해야 권리가 인정된다. 그리고 주주총회 후 자기가 소유하고 있는 주식을 해당 법인에게 총회결의일(분할로 소멸한 회사는 공고 후 2주 후)부터 20일 이내에 서면으로 매수를 청구하여야 한다. 두 번의 통지·청구 행위가 필요한 것이다.

매수가격 산정은 원칙적으로 주주와 당해 법인 간의 협의에 따라 정해진다. 그리고 합의가 안 되면 최종적으로는 법원이 결정한다. 이 부분이 합병가액 산정방식을 강제적으로 적용하고 있는 것과 큰 차이점이다. 당사자 합의와 법원 결정의 중간 과정으로서 시행령이 정하는 가격도 있다. 즉 이사회 결의 전 2개월간 증권시장에서 거래된 가중산출평균 종가, 1개월간 가중 산술평균종가, 1주간 가중산술평균종가를 산술평균한 가격이다. 만약 시장에서 거래가 형성되지 아니한 주식이 있다면 그때는 자산가치와 수익가치를 가중산술평균한 가액과 상대가치의 가액을 산술평균한 가액으로 하고 있다. 그러나 이 가격 산정방식은 권고적 성격에 불과하여 어느 일방이 동의하지 않으면 법원에 합리적인 매수가격을 정해 달라고 청구할 수 있다.

회사는 매수청구기간 종료 후 1개월 이내에 주주의 주식을 매수하여
야 한다. 물론 가격에 동의하지 않는 주주의 주식은 법원에서 가격이 결
정된 이후에 매수하게 된다. 회사는 주식매수청구권 행사로 취득한 주
식을 5년 이내에 처분하여야 한다.

# 제7장

# 불공정거래 규제

# 제1절 불공정거래 규제 개요

자본시장법은 제4편을 "불공정거래의 규제"라 이름하고 제172조에서 180조의3까지 여러 유형의 불공정거래를 규정하고 있다. 조문 수는 많지 않지만 자본시장 규제의 근간이라 할 수 있는 핵심적인 규제이다. 흔히 증권시장 규제의 양대 축으로 강제공시제도와 불공정거래 규제를 든다. 투자자가 증권투자에 필요로 하는 정보를 기업으로 하여금 의무적으로 공시하게 하는 것이 강제공시제도이다. 특히 기업에 불리한 악재성 정보의 경우 공시의무가 더욱 엄격하다. 그런데 불공정거래 규제는 기업의 공시의무가 있는 증권시장은 물론 기업을 전제로 하지 않는 파생상품시장에서도 아주 중요하다. 따라서 자본시장법에서 가장 중요한 규제를 꼽는다면 불공정거래 규제가 첫째를 다툴 것이다.

불공정거래 규제에 대한 개요는 다음 표와 같다. 순서는 조문 순서이자 대체로 중요도 순서이기도 하다.

## 불공정거래의 유형과 규제 목적

| 주요 유형 | | | 규제 목적 |
|---|---|---|---|
| 내부자 거래 | 직접적 규제 | 미공개정보 이용행위 | 시장참여자가 균등한 조건하에 공정하게 거래에 참여할 수 있도록 정보 접근이 용이한 내부자의 중요한 미공개정보 이용행위를 금지 |
| | 간접적, 예방적 규제 | 단기매매차익취득 | 임직원 및 주요주주 등 미공개정보 이용 가능성이 큰 회사 내부자에 대해 회사정보 이용을 사전 예방 (정보 이용 여부와 상관없이 규제) |
| | | 특정증권등 소유상황보고의무 위반 | 임원, 주요주주의 미공개정보 이용 가능성 감시 |
| | | 내부자거래 미공시 매매 | 임원, 주요주주의 미공개정보이용 가능성 감시 및 이들의 대량매도에 대한 매출 규제 |
| | | 대량보유보고의무 위반 | M&A의 공정성 확보 및 중요정보 공시 |
| 시세조종행위 | | | 자유로운 수급 결정과 합리적 가격 결정 등 공정거래질서 확립 |
| 부정거래행위 | | | 포괄적 사기규제 |
| 시장질서 교란행위 | | | ○ 현행 내부자거래의 2차 이상 정보수령자 제재<br>○ 시장정보와 정책정보 이용자에 대한 제재<br>○ 시세조종의 목적 없이 행위의 양태에 대한 제재 |
| 공매도 | | | 결제불이행 방지 및 시세조종과 내부자거래 예방 |

내부자거래 규제(법 제172조~제174조)는 주로 상장법인 임직원 등의 미공개정보 이용을 금지하는 것으로서, 이 규제에 깔린 기본적인 규제 철학은 "정보의 평등"이다. 즉 증권시장에 참여하는 모든 사람은 투자판단에 중대한 영향을 미치는 정보에 대해서 평등한 접근과 이용이 보장되어야 한다는 것이다. 이를 위해서 정보 접근이 용이한 내부자들의 사전 이용을 금지한다. 만약 이러한 정보 평등이 보장되지 않는다면 시장의 공정성과 그에 대한 투자자의 신뢰는 크게 훼손되어 장기적으로는

모두가 손해를 보는 불행한 결과를 초래할 것이다.

　내부자거래는 매우 은밀하게 이루어져 적발이 어렵다. 따라서 여러 가지 예방 수단을 두고 있는데, 6개월내 단기매매로 이익을 취득하는 것을 금지하고, 주식 등에 대한 소유상황에 대한 보고의무도 부과한다.

　시세조종(법 제176조)은 시장의 투명성과 공정성 및 효율성을 크게 훼손하는 행위로서, 어떤 면에서는 내부자거래 보다 훨씬 더 해악이 크다고 할 수 있다. 비유를 들어 내부자거래와 비교하자면, 내부자거래의 경우 밤중에 우물 물 한 바가지를 아무도 몰래 살짝 퍼 가는 것이라고 한다면, 시세조종은 몇 탱크에 이르는 많은 물을 얻기 위해 흙탕물을 일으키면서까지 퍼 가는 것과 같다. 내부자거래가 있다고 해서 많은 투자자가 피해를 보는 것은 아니나, 시세조종이 있으면 수 많은 투자자가 피해를 입고 시장의 정상적인 기능도 크게 훼손된다. 무엇보다도 시장의 가장 핵심 요소인 가격의 합리성과 공정성이 파괴된다는 점에서 그 폐해는 심각하다고 할 수 있다. 현대 자본시장은 파생상품의 발달로 증권과 파생상품이 여러 유형으로 연계되면서 시세조종의 수법도 아주 전문적이고 복잡하게 진화하여 적발이 더욱 어려워지고 있다.

　부정거래 규제(법 제178조)는 미국 증권법의 만사형통 규정이라 할 수 있는 Rule 10b-5를 모델로 자본시장법 제정시 도입한 규제이다.[1] 이 규

---

1　Rule 10b-5는 1934년 연방 증권거래소법(Securities Exchange Act of 1934) Section 10(b)의 포괄적 위임에 따라 동 법의 집행기관인 증권거래위원회(SEC: Securities and Exhange Commission)가 제정한 규칙의 한 조항이다. (미국 정부의 규칙은 우리나라의 시행령과 시행규칙을 합한 개념으로 볼 수 있다.) 미국에서 증권사건의 절대 다수가 이 조항을 근거로 처리되어 왔는데, 법규의 조항이 추상적이고 포괄적이어서 법원이 합리적 해석으로 정교한 법리를 구축하여 왔다. 이를 두고 일찌기 윌리엄 렌퀴스트 연방대법원장은 Rule 10b-5를 일컬어 "a judicial oak which has grown from little more than a legislative acorn"(보잘 것 없는 입법의 도토리에서 자라난 사법적 상수리나무)라 표현할 정도였다. 우리말로 읽을 때는 '룰 십비오'가 아니라 '룰 텐비-파이브'로 발음하는게 더 자연스러워 보인다.

제의 특징은 부정거래라는 개념이 아주 포괄적이고 모호하다는 점이다. 최고 무기징역까지 처해질 수 있는 중대 범죄인데, 구성요건은 단지 "부정한 수단, 계획 또는 기교"의 사용으로도 충족된다. 죄형법정주의가 대원칙인 형사법에서는 지극히 이례적이라 할 만하다.

구 증권거래법에 불공정거래 규제 관련 가장 포괄적인 위반행위는 "위계"의 사용이었다.[2] '부정한 수단'이나 '위계'나 별 차이 없어 보이지만, 위계 조항의 경우 '부당한 이득 획득'이라는 목적성 요건이 있고, 위계 행위의 범위도 사기적 행위로 제한될 수 있어서 규제기관은 보다 열린 개념을 오랫동안 요청해 왔다. 이를 반영하여 자본시장법은 기존의 위계 문구도 존속시키면서 전혀 새로운 '부정한 수단, 계획 또는 기교' 조항을 도입한 것이다. 도입의 취지는 자본시장이 고도로 발전하면서 불공정거래도 그에 비례하여 복잡하고 전문화되고 있고 그 발전 속도도 매우 빠르기 때문에, 신속하고 효율적인 단속을 위해서는 구성요건이 단순하고 포괄적일수록 좋겠다는 것이다.

이하 각 불공정거래 규제를 보다 자세히 설명한다.

---

2   구 증권거래법 제188조의4 (시세조종등 불공정거래의 금지)
    ④ 누구든지 유가증권의 매매 기타 거래와 관련하여 다음 각호의 1에 해당하는 행위를 하지 못한다.
       1. 부당한 이득을 얻기 위하여 고의로 허위의 시세 또는 허위의 사실 기타 풍설을 유포하거나 위계를 쓰는 행위
       2. 중요한 사항에 관하여 허위의 표시를 하거나 필요한 사실의 표시가 누락된 문서를 이용하여 타인에게 오해를 유발하게 함으로써 금전 기타 재산상의 이익을 얻고자 하는 행위

# 제2절 내부자거래 규제

자본시장법상 내부자거래 규제는 미공개정보 이용행위 금지를 중심으로, 예방적 수단인 단기매매차익 반환 제도, 특정증권등 소유상황 보고 의무 및 내부자거래 사전공시제도로 이루어져 있다. 일반적으로 언론 등에서 내부자거래라고 할 때는 미공개정보 이용행위를 말한다. 조문 순서대로 예방적 조치를 먼저 설명하고 미공개정보 이용 규제를 설명한다.

## 1. 단기매매차익 반환제도

**(사례 연구 1)** 어느 상장회사 연구개발부 직원이 2018. 3. 2. 그 회사 주식을 1만원에 100주를 사서 석달 후 2만원에 50주를 팔았다. 반환해야할 차익은 얼마일까? (난이도 하)

**(사례 연구 2)** 어느 상장회사의 임원이 2018. 3. 2. 그 회사 보통주를 1만원에 1천주를 매수한 후, 2018. 8. 31. 그 보통주를 기초자산으로 하는 콜옵션 1천개(행사가격 14,600원 및 행사비율 개당 0.5주. 만기는 2018. 9. 17.)를 개당 프리미엄

### (1) 단기매매차익 반환제도의 개념과 특징

단기매매차익거래란 주권상장법인의 임직원이 자기 회사의 주식 등 "특정증권등"을 6개월내 사고 팔거나 팔고 사서 차익을 얻는 것을 말하고(약칭으로 "단차"라 하기도 한다), 단기매매차익 반환 규제는 이 차익을 정보이용 여부에 관계 없이 무조건 회사에 반환하도록 요구하는 것이다.

'단차' 규제의 몇 가지 특징을 들자면 첫째, 일반적인 내부자거래에 비해 적용 대상이 훨씬 적어서 상장법인의 임원 및 주요주주와 주요 직원 등으로 제한된다는 것이다. 둘째, 차익은 미공개정보 이용 여부에 관계없이 원칙적으로 무조건 반환해야 한다는 것이다. 이러한 무조건적인 반환의무가 헌법상 재산권 행사에 대한 침해는 아닌지 논란이 있었으나, 우리 헌법재판소는 이 제도의 합헌성을 인정하였다.[3] 셋째, 무조건적 반환의무는 있지만 예외로 인정되는 사유가 상당히 많고, 차익 계산 방식도 복잡하다는 점이다. 이로 인해 실제 소송에서는 고도로 전문적인 법리 논쟁이 전개되기도 한다. 넷째, 형사처벌이나 행정 제재가 없고 민사책임만 진다는 점이다. 민사적으로 반환청구권은 1차적으로는 소속 회사가 가지고 회사가 청구권을 행사하지 않을 경우에는 주주

---

3   헌법재판소 2002. 12. 18. 99헌바105 결정 ("미공개내부정보의 이용 유무를 적용의 적극 또는 소극 요건으로 할 경우 그 입증 및 인정이 실제상 극히 곤란하기 때문에 단기매매차익청구권의 신속하고 확실한 행사를 방해하고 결국 입법목적을 잃게 되는 결과를 가져온다는 점 및 일반투자자들의 증권시장에 대한 신뢰의 제고라는 입법목적을 고려한 불가피한 입법적 선택이라 할 것이다.")

가 회사를 대신하여 청구권을 행사한다. 주주의 청구권 행사 보장을 위하여 회사는 정부(금융위원회 산하 증권선물위원회)로 부터 통보받은 소속 임직원의 단차 관련 위반사항을 자사 홈페이지에 공시하여야 한다.

## (2) 단기매매차익 반환제도의 주요 요건

몇 가지 세부 요건을 살펴본다. 규제 대상자 중 임원의 범위에는 등기임원 뿐만 아니라 일반적으로 회사 내에서 임원으로 호칭되는 사람들(상법상 '업무집행지시자', '사실상 이사'라고도 함)이 모두 포함되고, 직원의 경우는 '주요 직원'이라 하여 재무 · 회계 · 기획 · 연구개발 관련 업무에 종사하고 있는 직원과 주요사항보고서상 공시 사항 관련 업무 종사자만 해당된다. 주요사항보고서의 공시 사항의 범위가 꽤 넓은 편이기 때문에 생각보다 많은 직원들이 주요 직원으로 분류될 수 있다.

특이하게 모집 · 매출시 인수를 담당한 금융투자업자(투자매매업자)도 대상인데, 본래의 인수업무를 하는 경우[4]는 적용되지 않고 별도로 차익을 취하는 경우에만 반환의무를 진다. 주요주주의 경우에는 매도 · 매수한 시기 중 어느 한 시기에 있어서 주요주주가 아닌 경우에는 규제가 적용되지 않는 예외가 있다(법 제172조 제6항). 주요주주는 임직원 보다는 회사 업무와의 거리가 멀다고 보아 규제를 완화하고 있는 듯하다. 이 예외 조항의 반대해석으로, 임직원은 어느 한 시기에 임직원의 신분이 없더라도 규제가 적용된다고 본다.

규제대상이 되는 증권은 주식이 대표적이지만 주식이 아니더라도 회사의 미공개정보를 이용하여 거래할 때 이익을 얻을 수 있는 개연성이

---

4    자본시장법 시행령 제198조의 적용예외 사유에 해당하는 경우임. ("4. 모집 · 사모 · 매출
     하는 특정증권등의 인수에 따라 취득하거나 인수한 특정증권등을 처분하는 경우").

있으면 "특정증권등"에 포함된다. 여기에는 자기 회사의 주식과 주식 관련 사채(전환사채, 신주인수권부사채), 신주인수권, 이익참가부사채 등이 있고, 주식예탁증서(DR)과 교환사채와 같이 타 법인이 당해 법인의 주식을 대상으로 발행하는 경우도 포함되며, 거래소 시장에서 거래되는 주식옵션이나 주식선물의 경우도 상장법인의 증권을 기초자산으로 하는 파생상품이므로 포함된다. 가격 변동성이 크지 않아 일반적으로 내부자거래 규제에서 제외되는 채권이나 수익증권은 규제 대상이 아니다. 이 '특정증권등'의 개념은 단차 규제뿐만 아니라 소유상황보고의무, 미공개정보 이용금지 등 내부자거래 규제 전체에 공통적으로 적용된다.

### (3) 단기매매차익 산정 방식

단차 규제에서 제일 복잡한 사항이 거래 차익의 계산이다. 6개월내에 매수·매도 매칭 거래가 한 번만 있으면 계산이 용이하겠지만, 여러 번의 거래를 한 경우에는 간단치 않고 더욱이 거래한 "특정증권등"이 주식, 신주인수권, 파생상품 등을 넘나드는 경우에는 복잡한 수학 문제 수준의 계산이 이루어져야 한다.

법령(시행령 제195조)에서 정하고 있는 산식에 따르면, 1회의 매매만 있을 경우 [매매일치수량 ×(매도단가 - 매수단가) - 수수료, 세액 등]으로 계산한다. 여러 번의 거래가 있으면 선입선출법이 적용되어 먼저 발생한 매수분과 먼저 발생한 매도분을 수량이 일치되는 범위에서 차익을 계산하고 잔여 수량은 그 다음 발생한 거래분과 매칭해 가면서 계산한다. 이 때 특이한 점은 계산상 마이너스가 나면 그 부분만큼을 차익에서 공제하는 것이 아니라 손실을 0으로 처리하여 실제 보다 계산상 이익이 많게 나온다는 점이다. 이는 법 위반 행위에 대한 일종의 징벌적 조치로 볼 수 있다.

거래 증권의 종류나 종목이 다른 경우도 규정되어 있는데, 다만 종류나 종목의 개념이나 범위는 규정이 없어서 감독당국의 해석에 따를 수밖에 없다. 감독당국은 주식의 경우 보통주와 우선주는 같은 종류이나 다른 종목으로 보고 있고 주식과 전환사채 등은 다른 종류로 보고 있다. 증권 공모 규제에서 보통주와 우선주를 '다른 종류'의 증권으로 보는 것과는 차이가 있다. 같은 전환사채이지만 발행 회차가 다른 경우에는 같은 종류이나 다른 종목이 된다.

종류는 같으나 종목이 다른 경우의 산식은 매수 후 매도하여 이익을 얻은 경우에는 매도한 날의 매수 특정증권등의 최종가격을 매도 특정증권등의 매도가격으로 하고, 매도 후 매수하여 이익을 얻은 경우에는 매수한 날의 매도 특정증권등의 최종가격을 매수 특정증권등의 매수가격으로 한다. 주식과 파생상품처럼 아예 종류가 다른 경우에는 지분증권(주식)을 기준으로 하여 가격은 그 파생상품 매매일의 권리행사의 대상이 되는 지분증권의 종가로 계산하고, 수량은 그 파생상품의 매매일에 그 권리행사가 이루어진다면 취득할 수 있는 것으로 환산되는 지분증권의 수량으로 계산하여 매칭한 후 차익을 계산한다. 보다 자세한 사항은 금융위원회가 제정한 「단기매매차익 반환 및 불공정거래 조사·신고 등에 관한 규정」에 규정되어 있다.

## (4) 단기매매차익 반환제도의 적용제외 사유

단차 규제의 적용이 배제되는 예외 사유들이 있는데, 예를 들어 법령에 의한 매매나 정부의 지도·권고 등에 따른 매매이다. 이런 예외적 매매가 있으면 해당 매수나 매도 거래를 계산 과정에서 없는 것으로 보고 차익을 산정한다. 만약 1회의 매수와 매도가 있는데 어느 하나가 예외사유에 해당하면 이 거래는 매칭이 안되어 차익 산정을 할 수 없고 따라서 반환의무도 없게 된다. 적용예외 사유는 시행령 제198조에 12개가 있고, 이 시행령의 위임에 따라 제정된 금융위원회의 '단기매매차익 반환 및 불공정거래 조사·신고 등에 관한 규정'에 6개가 열거되어 있다. 그리고 각 적용제외 사유 내에서도 복수의 사유가 규정되어 있기에 생각보다 많은 예외가 존재하니 단차 규제 문제를 다룰 때에는 적용제외 사유부터 면밀하게 살펴볼 필요가 있다.

3대 공적 연금(국민연금, 공무원연금, 사학연금)의 경우는 막대한 자금의 원활하고 안정적인 운용을 위하여 단차 규제의 적용이 배제된다. 다만 이 적용제외 특례는 이들이 5% 보고서상 단순투자 목적일 경우에만 인정되고 경영참여 목적인 경우에는 인정되지 않는다. 적극적인 경영 관여의 경우 미공개정보 접근 가능성이 높은데, 단기매매가 자유롭게 행해지면 이해상충의 소지가 커질 수 있기 때문이다.

(사례 연구 1번 해설) 매매일치 수량은 50주이고, 가격 차이는 1만원이므로 반환해야할 단기매매차익은 50만원이다.

(사례 연구 2번 해설) 먼저 매매일치 수량을 구한다. 보통주 1천주 매수와 매칭이 되는 거래는 콜옵션 1천개 매도이다. 그런데 콜옵션을 하나 행사하면 주식을 0.5주를 받으므로 콜옵션 1천개에 해당하는 주식 수량은 500주이다. 따라서 계산에 필요한 매매일치 수량은 500주이다.
다음으로 매수가격과 매도가격의 차이를 구한다. 그런데 콜옵션은 주식이 아니므로 지분증권인 주식의 가격을 기준으로 그 가격을 산정한다. 콜옵션을 매도한 8.31일 보통주의 가격은 15,000원 이므로 주식 매수가격 10,000원과 매도가격 15,000원의 차이는 5천원이다.
이제 매매일치 수량에 가격 차이를 곱하여 차액을 계산하면, 500주×5,000원=2,500,000원이 된다. 그러나 이게 끝이 아니다. 왜냐하면 콜옵션 매도 대가로 옵션 프리미엄을 받았기 때문이다. 따라서 옵션 프리미엄 500원×콜옵션 1,000개=500,000원을 가산해야 한다. 결론적으로 이 프리미엄을 합한 총 단기매매차익 3,000,000원을 반환해야 한다.

## 2. 임원 · 주요주주의 특정증권등의 소유상황보고제도

### (1) 소유상황보고제도의 개요 및 취지

주권상장법인의 임원 · 주요주주는 임원 · 주요주주가 된 날로부터 5
일 이내에 누구의 명의로 하든지 자기의 계산으로 소유하고 있는 특정
증권등의 소유상황을, 그 소유상황에 변동이 있는 경우에는 그 내용을
5일 이내에 증권선물위원회(증선위)와 한국거래소에 보고하여야 한다.
증선위와 거래소는 이와 같은 내부자의 특정증권등 소유 · 변동현황을
담은 보고서를 비치하고 일반인이 공람할 수 있도록 하여야 한다.

이 규제의 기본 취지는 회사 내부자가 자기주식 거래내역을 감독기
관에게 보고하고 나아가 일반에게 공시하도록 요구함으로써 내부자의
자기주식 거래내역이 노출되도록 하여 미공개정보의 이용을 억제하고
자 하는 것이다. 한편 일반투자자들은 내부 사정에 밝은 내부자들의 매
매 동향을 살펴봄으로써 유용한 투자 판단자료로 활용할 수 있다. 일부
증권사이트에 '내부자거래 동향'으로 게시되어 있는 것은 이 공시 보고
서를 정리해 놓은 것이다.

### (2) 소유상황보고제도의 특례

과거에는 단 1주라도 변동이 있으면 보고하도록 하였으나, 2013년 개
정된 현행 자본시장법은 '경미한 소유상황'은 보고의무를 면제하고 있
다. 경미하다는 기준은 '특정증권등'의 변동 수량이 1천주 미만이고, 그
취득 · 처분금액이 1천만원 미만인 경우이다. 그리고 '부득이한 사유'가
있으면 보고의무를 완화하고 있는데, 주식배당, 준비금의 자본전입, 주
식의 분할 또는 병합, 자본의 감소 등으로 소유상황에 변동이 있을 경우
에는 그 변동이 있었던 달의 다음 달 10일까지 보고를 늦출 수 있다. 이

렇게 되면 보고 시한이 최장 40일 정도로 길어질 수도 있다.

한편 우리 자본시장의 가장 큰 손인 국민연금의 경우 보유 포트폴리오가 바로 노출되면 투자 운용에 지장을 초래할 수 있는 점을 고려하여 분기별 보고를 허용하고 있다. 즉 특정증권등의 소유상황에 변동이 있었던 분기의 다음 달 10일까지 그 내용을 보고하는 것이다. 이러한 분기보고 특례가 허용되는 기관에는 국민연금 외에도 한국은행, 예금보험공사, 연기금, 지자체 등 여러 공적 기관들이 있다. 다만 분기보고의 특례를 누리기 위해서는 어느 회사의 특정증권등을 보유하는 목적이 그 회사의 경영권에 영향을 주기 위한 것이 아니어야 한다. 따라서 5% 룰에 따라 경영권 영향 목적으로 주식 등을 대량취득하면 소유상황보고의무의 분기보고 특례는 인정되지 않아 원칙적으로 5일 이내에 보고해야 한다. 다만 배당이나 지배구조 개선을 위한 주주활동은 경영권 영향 목적이 아니기 때문에 5일 이내에 보고할 필요는 없지만 분기보고 특례 또한 인정되지 않아서 다음달 10일까지 보고해야 한다.

### (3) 소유상황보고제도와 대량보유상황보고제도의 비교

소유상황보고제도와 비슷하면서도 성격과 내용이 다른 보고제도가 앞에서 설명한 '주식등의 대량보유상황보고제도'이다. 일명 '5% 룰'로 불리는 대량보유상황보고제도는 자본시장법상 인수·합병(M&A) 관련 규제중 하나이다. 그런데 현대 자본시장에서는 상장법인의 5% 이상의 지분 취득과 1% 이상의 변동, 기타 투자목적의 변경 등이 대상 증권의 가격에 상당한 영향을 미치고 있다. 따라서 대량보유상황에 대한 정보는 내부자거래의 규제 대상이 되기도 한다. 대량보유상황보고제도는 M&A 관련 규제에서 상세한 설명을 하였으니, 여기서는 소유상황보고제도에 대한 이해도를 높이고자 두 제도의 차이점을 표로써 제시한다.

## 임원, 주요주주의 특정증권등 소유상황보고제도와 주식등 대량보유상황보고제도 비교

| 구 분 | 임원, 주요주주 등의 특정증권등 소유상황보고 | 주식등의 대량보유상황보고 (5% Rule) |
|---|---|---|
| 근거법규 | 법 제173조 | 법 제147조 |
| 보고목적 | 내부자거래 방지 | 경영권 이전 예측, 방어 및 투자판단 자료 제공 |
| 보고 의무자 | 임원(사실상 이사 포함. 이사대우 이상 모든 임원) 및 주요주주(의결권 있는 주식 10%이상 소유자 또는 사실상의 지배주주 포함) | 주식등을 5%(특별관계자 합산)이상 보유* 한 자<br>* 소유·인도청구권·의결권·처분권·일방예약완결권·옵션행사권·스톡옵션 |
| 보고대상 유가증권 | 누구의 명의로 하든지 자기의 계산으로 소유하고 있는 특정증권등* (거래에서 이득을 얻을 수 있는 지를 중심으로 파악)<br>* 주식(무의결권주 포함), 증권예탁증권, 교환사채 등과 이를 기초자산으로 한 주식워런트증권 등 파생결합증권 및 주식선물·옵션 등 | 본인·특별관계자·공동보유자가 보유하는 주식등* (의결권을 중심으로 파악)<br>* 의결권있는 주식, 신주인수권증서, 전환사채(CB)·교환사채(EB) 등 주식관련사채, 증권예탁증권(DR) 및 주식워런트증권(ELW)·주가연계증권(ELS) 등 파생결합증권 |
| 보고사유 | 신규보고: 임원·주요주주가 된 때<br>변동보고: 소유 특정증권등 수의 변동시<br>(1천주&1천만원 미만은 보고의무 면제) | 신규보고: 주식등을 5%이상 보유시<br>변동보고: 보유 주식등이 1%이상 변동시<br>변경보고: 보유목적변경이나 담보거래 등 발생 |
| 보고기한 | 임원·주요주주가 된(변동된) 날부터 5일이내 (공휴일·토요일 제외)<br>• 경영권 영향 목적이 아닌 경우 단순투자는 당해 분기 다음달 10일까지, 일반투자는 다음달 10일까지<br>• 장내매매는 결제일 기준<br>• 장외매매는 대금지급·수령일과 특정증권등 인도일 중 먼저 도래한 날 | 보유(변동)일부터 5일 이내 (공휴일·토요일 제외)<br>• 경영권 영향 목적이 아닌 경우 중 단순투자의 경우 일반투자자는 다음달 10일까지, 국민연금 등 일부 전문투자자는 해당 분기 다음달 10일까지<br>• 경영권 영향 목적이 아닌 경우 중 일반투자자의 경우 일반투자자는 10일 이내, 국민연금 등 일부 전문투자자는 다음달 10일까지<br>• 보유목적이 경영권에 영향을 주는 경우에는 보고사유발생일부터 실제 보고일 이후 5일까지 추가 취득 및 의결권 행사 금지<br>• 장내매매·장외취득 모두 계약체결일 기준 |
| 위반시의 제재기준 | 벌칙 (법 제446조)<br>• 1년 이하 징역 또는 3천만원 이하 벌금<br><br>증선위 조치<br>• 검찰고발, 경고 등 | 벌칙 (법 제444조)<br>• 5년 이하 징역 또는 2억원 이하 벌금<br>• 5억원 이하의 과징금<br><br>금융위 조치 (법 제150조, 제151조)<br>• 위반분에 대한 의결권 제한, 처분명령<br>• 검찰고발, 경고 등 |

## 3. 내부자거래 사전공시제도[5]

### (1) 내부자거래 사전공시제도 취지와 개요

2023년 12월 말, 내부자거래 사전공시제도가 국회를 통과하여 2024년 7월부터 시행된다. 자본시장법 제173조의3(임원 등의 특정증권등 거래계획 보고)에 도입된 이 제도는 상장회사 내부자(임원·주요주주)의 대규모 주식거래를 사전에 공시하도록 하는 제도로서, 그동안 주요 내부자에 의한 블록딜 등 대량 매각으로 주가가 급락하는 등 투자자 피해를 방지하고 내부자에 의한 정보이용 가능성을 차단하기 위한 목적에서 도입되었다.

이에 따라 앞으로 임원·주요주주는 상장회사가 발행한 주식등을 일정규모 이상 거래(매수 또는 매도)하려는 경우에는 매매예정일 이전(30일 이상 90일 이내의 시행령에서 정하는 기간)에 매매목적·가격·수량 및 거래기간 등을 공시하여야 한다. 쪼개기 매매 방지 등을 위해 사전공시 대상 여부는 과거 6개월간 거래수량 및 거래금액을 합산하여 판단하며, 거래기간이 겹치는 중복계획 제출은 허용되지 않는다.

여기서 임원의 범위는 등기임원인 이사와 감사는 물론이고 상법상 업무집행지시자인 사실상 임원도 포함된다.[6] 주요주주의 범위는 ① 누구의 명의로 하든지 자기의 계산으로 금융회사의 의결권 있는 발행주식총수의 100분의 10 이상의 주식을 소유한 자와, ② 임원(업무집행책임자

---

5  금융위원회, "일반투자자를 두텁게 보호하고, 자본시장의 공정성을 높이는 내부자거래 사전공시제도가 도입됩니다 – 자본시장법 개정안 국회 본회의 통과 –", 보도자료, 2023. 12. 28.

6  자본시장법에서 불공정거래를 규제하는 제4편 제1장(내부자거래 등)의 첫째 조문인 제172조는 제1항에서 "주권상장법인의 임원(「상법」 제401조의2제1항 각 호의 자를 포함한다. 이하 이 장에서 같다)"라고 하여 임원의 범위를 사실상 임원으로 확장하고 있다.

는 제외한다)의 임면(任免) 등의 방법으로 금융회사의 중요한 경영사항에 대하여 사실상의 영향력을 행사하는 주주는 주요주주가 된다.[7] 공시대상인 '주식등'은 제172조에서 정의하고 있는 '특정증권등'으로서 지분증권(우선주 포함) 뿐만 아니라 전환사채, 신주인수권부사채, 관련 증권예탁증권 등도 포함된다. 거래계획 미공시·허위공시·매매계획 미이행 등 제도 위반시에는 최대 20억원을 한도로 해당 상장회사 시가총액의 1만분의 1 이내의 과징금이 부과될 수 있다. 1년 이하의 징역 또는 3천만원 이하의 벌금에 해당하는 형사처벌의 대상이기도 하다.

다만, 동 제도가 과도한 부담요인으로 작용하지 않도록 보완방안도 함께 규정되었다. 먼저, 거래 당시의 시장 상황 등을 반영하여 필요한 경우에는 사전 공시한 거래금액의 30% 범위 내(구체적인 비율은 시행령에서 규정)에서 거래계획과 달리 거래할 수 있다. 또한, 상속, 주식배당 등 시행령으로 정하는 부득이한 사유에 따른 거래는 사전공시대상에서 제외되고, 사망, 파산, 시장변동성 확대로 과도한 손실이 예상되는 경우 등 거래계획 보고자가 사전에 예상하기 어려운 사유가 발생한 경우에는 거래계획의 철회가 허용된다.

구체적인 사항은 시행령 등 하위규정을 통해 확정될 예정인데, 금융당국은 사전공시대상 거래규모는 발행주식총수 1% 이상 또는 거래금액 50억원 이상으로 제시하고 있다. 과잉규제를 방지하기 위해 사전공시의무가 면제되는 경우도 있는데 대표적으로 연기금을 비롯한 국·내외 재무적 투자자들이다. 그리고 공시기한은 법에서 정한 최단 기간인 매매예정일 30일 전으로 하여 내부자의 재산권 행사가 과도하게 침해

---

7 주요주주의 개념은 자본시장법에서 직접 정의하지 않고 동법 제9조에서 대주주의 범위를 「금융회사의 지배구조에 관한 법률」 제2조제6호에 따른 주주로 정하고 있어서 최대주주와 함께 대주주에 포함되는 주요주주의 개념은 금융회사 지배구조법에 의해 확정된다.

받지 않도록 할 것으로 전망된다.

## (2) 내부자거래 사전공시제도의 본질: 매출규제

내부자거래 사전공시제도로 불리는 이 새로운 규제의 조문상 명칭은 '임원 등의 특정증권등 거래계획 보고'인데, 그동안 법안 발의자와 언론, 그리고 금융당국까지 내부자거래 사전공시제도라고 명명하였고 조문 위치도 내부자거래 규제 파트에 있기 때문에 제도의 본질 또한 내부자거래 규제인 것으로 오해하기 쉽다. 그러나 이 제도의 본질은 내부자거래 규제가 아니라 매출 규제라 할 것이다. 내부자거래 규제로서의 의미가 크지 않다는 사실은 금융당국이 이 제도의 적용 대상을 발행주식 총수 1% 이상 또는 거래금액 50억원 이상의 거래만 대상으로 할 예정임을 보면 명확하다.[8] 통상의 내부자거래에서 발행주식 총수의 1%가 넘거나 거래금액이 50억원 이상인 경우가 얼마나 되겠는가? 그러면 이 제도의 본질이 매출 규제라는 것은 무슨 의미일까?

이 책 앞 부분에서 공모 규제를 설명할 때 자본시장법은 간주모집(간주공모)은 규제하지만 간주매출에 대한 규제는 하지 않는다고 설명한 바 있다. 즉 상장회사가 신주를 발행한다면 50인 미만의 자를 대상으로 하더라도 공모에 해당하여 원칙적으로 증권신고서를 제출해야 하지만, 이 상장회사의 대주주가 50인 미만의 자를 대상으로 매도하고 이 매수자들이 즉각 시장에서 매각하더라도 여기에는 증권신고서 제출의 문제가 없다는 것이다. 그리고 그 이유는 여기서 대주주가 매도한 증권은 기존

---

8  이 법안의 최초 발의자인 이용우 의원의 제안도 발행주식 총수 1% 이상으로 되어 있었다. 이 원안은 나중에 현행과 같이 구체적인 규제 수량을 시행령에 위임하는 것으로 수정되어 국회를 통과하였다. 자본시장과 금융투자업에 관한 법률 일부개정법률안 (이용우의원 대표발의). 의안번호 15235, 2022. 4. 13. 참조.

에 공모를 위한 증권신고서 제출로 위험성이 제거된 소위 '우량증권'이라는 논리 때문이라고 하였다.[9] 간주공모 규제의 논리가 이상한 만큼 간주매출에 대한 비규제의 논리도 이상한 측면이 있다. 이번에 도입된 내부자거래 사전공시제도는 그동안 규제대상이 아니었던 블록딜 등 지배주주 등의 장내 매출을 본격적으로 규제하겠다는 취지다.

이 제도의 입법 모델은 미국 증권거래위원회의 규칙 Rule 144 안전항 조항이다. 동 조항은 제한증권[10]과 지배증권[11]에 대한 자유로운 유통을 허용하기 위해서 안전항 요건을 제시한 규정이다. 법리가 복잡하므로 여기서는 지배증권에 대해서만 간략히 서술하면 다음과 같다. 우선 지배증권의 매도를 규제하는 이유는 지배주주 등과 일반투자자 간 정보불균형의 해소가 목적이다. 즉 지배주주 등이 정보 우위를 이용하여 일반투자자에게 피해를 끼치는 것을 방지하겠다는 것이다. 이를 위해서 지배주주 등은 다음과 같은 요건을 충족하는 경우에만 매도가 가능하다: ① 정보 공개 요건: 1934년법상 등록법인으로서의 공시가 이루어 질 것, ② 매각수량 제한 요건: 3개월내 발행주식 총수 1% 또는 4주간 평균주간거래량 중 많은 것 이하일 것, ③ 브로커/딜러를 통한 매각

---

9    거래소시장(코넥스 포함)에서 장내 매도하는 경우 매출을 위한 증권신고서가 면제되어 대주주의 블록딜과 같은 장내 대량 매도가 자유롭게 이루어진다. 매출신고서 면제 근거는 다음과 같다.
     자본시장법 시행령 제11조(증권의 모집·매출) ① 법 제9조제7항 및 제9항에 따라 50인을 산출하는 경우에는 청약의 권유를 하는 날 이전 6개월 이내에 해당 증권과 같은 종류의 증권에 대하여 모집이나 매출에 의하지 아니하고 청약의 권유를 받은 자를 합산한다. 다만, 다음 각 호의 어느 하나에 해당하는 자는 합산 대상자에서 제외한다.
     ④ 제1항 및 제2항을 적용할 때 매출에 대하여는 증권시장 및 다자간매매체결회사 밖에서 청약의 권유를 받는 자를 기준으로 그 수를 산출한다.
10   공모가 아닌 거래에서 발행인이나 지배주주 등으로부터 직·간접적으로 취득한 증권, Reg. D의 전매제한 요건에 해당하는 증권, Rule 144A 증권, Reg. S 증권 등 SEC 등록 없이 발행·취득된 증권으로서 자유로운 유통이 제한되는 증권을 말한다.
11   임원이나 주요주주가 보유하는 증권을 말한다.

일 것, ④ 신고 요건: 3개월간 매각이 5만 달러 또는 5천주 초과시 Form 144에 따라 SEC에 신고할 것.

미국의 제도와 이번에 자본시장법에 도입된 내부자거래 사전공시제도를 비교하면 미국은 매각수량 제한과 신고 요건이 별도로 구성되어 있는데, 우리는 통합하여 1% 이상일 경우 신고 대상으로 하고 있다는 점이 큰 차이다. 이와 같이 내부자거래 사전공시제도는 미국의 지배증권 전매 규제 장치를 모델로 도입한 것이라 그 본질은 매출 규제이지만 내부자거래 규제 취지가 전혀 없는 것은 아니다. 임원과 주요주주는 이 제도에 따른 신고를 통하여 자신의 매매에 대한 확실한 알리바이를 증명함으로써 불필요한 내부자거래 의혹에 시달리지 않게 되는 효익을 누릴 수도 있는 것이다.


## 4. 미공개정보 이용 규제

(사례 연구) A는 상장법인의 홍보이사인데, 최근 자사가 세계 최초로 개발한 무세제 세탁기를 홍보하고자 8.17일 상품 개요와 시연회 계획을 언론사 기자들에게 보냈고, 이 중에는 모 언론사 기자인 B도 있었다. B는 이 제품의 성공 가능성을 직감하고 당일 밤 10시에 동생 C에게 관련 정보를 알려 주었다. 8.18일 아침 C는 이 회사의 주식 약 35,000주를 각 3천원에 매수하였다. 8.18일 오후 열린 시연회는 성공적이었고 여러 언론에 크게 보도되었다. 8.19일부터 이 회사의 주가는 14일 연속 상한가를 달렸고, C는 보유 주식을 매도하여 약 4억 5천만원의 이득을 얻었다. A, B, C의 내부자거래 관련 책임은 어떻게 될까?


### (1) 미공개정보 이용 규제의 개요

우리 사회에서 일반적으로 '내부자거래'라고 할 때는 '상장법인의 업무 관련 미공개정보'("내부정보"라고도 한다)를 이용하는 거래를 말한다. 일반투자자들은 모르는 회사의 미공개정보를 회사 내부자만이 이용하여 이득을 취하는 것은 공정과 정의에 대한 인간의 근본적 감정을 해친다. 우리 자본시장법은 이러한 공정과 정의 관념을 토대로, '정보 평등'을 내용으로 하는 내부자거래 규제 체계를 구축하고 있다. 한 나라의 내부자거래 규제 정도는 그 나라 자본시장의 건전성에 대한 척도가 되고 있을 만큼 현대 자본시장에서 내부자거래 규제는 아주 중요하다. 이하에서 '내부자거래'라고 할 때는 좁은 의미의 내부자거래로서 미공개정보 이용 행위라고 이해하면 된다.

## (2) 미공개정보 이용 규제의 주요 내용

내부자거래는 잘 모를 때는 간단하게 보이지만 구체적 상황으로 깊이 들어가서 사실관계와 법리를 따지면 상상 밖으로 복잡하고 어렵다. 내부자거래 규제를 누가(who), 무엇을(what), 어떻게(how) 라는 요소로 나누어 살펴보기로 한다.

### 1) Who: 누가 내부자인가? 규제대상자의 범위

내부자의 종류는 크게 3가지로 분류된다.

첫째는 회사 내부자이다. 이들은 회사 내부에서 회사 업무를 처리하는 자들로서 회사에 대한 고도의 선관의무와 충실의무를 지는 자들이다. 여기에는 우선 회사의 임직원과 그들의 대리인이 있고, 법인 자체도 회사 내부자로 분류된다. 총론에서 설명한 바와 같이 해당 법인에 대해서는 양벌규정이 일반적인 경우와 달리 역방향으로 적용된다는 점을 다시 한번 기억하기 바란다. 즉 법인이 1차적으로 처벌되고 양벌규정에 의해서 임직원도 처벌되는 것이다.

임원은 등기 임원(이사, 감사)과 그에 준하는 자들로서 상근 여부, 등기 여부, 사내·사외이사 여부를 불문하고 다 포함된다. 사실 미공개정보 이용 규제에서는 모든 직원이 다 포함되기 때문에 임원이냐 직원이냐 여부는 의미 없다.

다음으로 법인의 주요주주인데, 여기에는 10% 이상을 소유한 주요주주 외에도 사실상 지배주주라 하여 10% 미만을 소유하더라도 임원의 임면 등으로 해당 회사의 경영에 영향력을 행사하는 주주도 포함된다. 그 대리인·사용인 등도 또한 포함된다. 그리고 계열회사(공정거래법상 동일한 기업집단에 속하는 회사)와 그 임직원, 주요주주 및 주요주주의 대리인도 포함되며, 회사 내부자에 해당하지 아니하게 된 날부터 1년이 경과되지 아니한 자도 정보 입수후 바로 퇴직하여 이용하는 것을 방지하기 위하여 포함된다. 그런데 이들 회사 내부자는 내부정보를 직무와 관련하여 알 수 있는 자일 경우에만 규제대상이 된다. 직무관련성이 있느냐 여부는 내부자거래 판단에서 주요 논쟁 사항중 하나이다. 예를 들어, 한 사무실에 팀당 10명씩, 5개팀 총 50명의 직원이 근무한다고 할 때, 다른 팀에서 생성된 정보를 우연히 알게 된 경우 직무관련성이 있는지 여부가 불확실하다는 것이다.

둘째는 '준내부자'이다. 이들은 임직원 등 회사 내부자는 아니지만 법령상 또는 계약상 해당 법인의 내부정보에 합법적으로 접근할 수 있는 위치에 있는 자들로서, 해당 법인에 대하여 법령에 의한 인·허가, 지도·감독 기타의 권한을 가지는 자(예를 들어 정부 감독기관 등), 해당 법인과 계약을 체결하고 있거나 체결을 교섭중인 자(예를 들어 변호사·회계사·세무사·변리사 등 전문 서비스 제공자 및 납품업자 등) 등이다. 그리고 회사 내부자와 마찬가지로 이들의 대리인·사용인·종업원 등도 다 포함된다.

셋째는 정보수령자(tippee)인데, 내부자와 준내부자로부터 내부정보를 직접 전달받은 자이다. 가까운 가족, 친구, 기자 등이 해당되는 경우가 많다. 그런데 자본시장법은 정보수령자를 직접 받은 1차 수령자만 규제하고, 다만 1차 수령자가 2차 수령자에게 정보를 제공하는 행위를 금지함으로써 간접적으로 2차 수령자도 규제하고 있다. 이 경우 규제에 여러 허점이 노출되는데, 예를 들어 1차 수령자는 정보만 전달하고 실제 이용한 2차 수령자가 이득을 얻었을 때 1차 수령자를 어느 정도로 처벌할 지도 애매하고 2차 수령자가 취득한 부당이득은 회수할 수도 없는 문제가 있다. 이를 고려하여 2013년 도입된 시장질서 교란행위는 차수에 관계없이 모든 정보수령자를 규제대상으로 하고 있고, 실제 5차 정보수령자도 과징금에 처해진 사례가 있다.

## 2) What: 무엇이 내부정보인가? 규제대상정보의 범위

내부정보에 대한 법상 정의는 "상장법인의 업무 등과 관련된 미공개 중요정보(투자자의 투자판단에 중대한 영향을 미칠 수 있는 정보로서 대통령령으로 정하는 방법에 따라 불특정 다수인이 알 수 있도록 공개되기 전의 것)"이다(법 제174조 제1항). 이 정의에 따르면 내부정보는 3가지 요소를 갖추어야 이용이 금지되는 정보가 된다. 업무관련성, 중요성, 그리고 미공개성이다.

### ① 내부정보의 업무관련성

내부정보의 요소 중 첫째는 '업무 관련 정보'이다. 증권시장에 떠 도는 정보에는 업무 관련 정보 이외에도 시장정보와 정책정보라는게 있다. 시장정보란 증권회사의 조사분석자료나 선행매매에서 이용되는 기관투자자의 주문정보와 같이, 회사의 업무와는 관련이 없으나 그 회사의 주식가격에는 영향을 미치는 정보를 말한다. 정책정보란 특정 회사의 주가가 아니라, 시장 전체적으로 영향을 미치는 한국은행의 금리정보, 정부의 환율정책이나 경제정책 등에 관한 정보를 말한다. 나라마다 규제 대상 범위에 차이가 있는데, 우리나라는 업무 관련 정보만 증권 내부자거래 규제 대상으로 하고 있다. 시장정보와 정책정보를 이용한 거래는 형사처벌되는 범죄로서의 내부자거래에는 해당되지 않지만 시장질서 교란행위의 규제 대상이 되어 과징금 처분을 받을 수 있다. 한편 장내파생상품의 경우는 증권 거래와는 달리 시장정보와 정책정보도 규제되므로 이러한 정보를 이용하여 장내파생상품과 그 기초자산을 거래하면 안된다.[12]

## ② 내부정보의 중요성

내부정보의 둘째 요소는 정보의 "중요성"(materiality)이다. 모든 정보가 내부자거래 규제 대상이 되는 것이 아니라 중요성을 가진 정보만 규제 대상이 된다. 정보나 표현, 진술 등의 중요성 문제는 증권규제 뿐만 아니라 보험법에서 고지의무의 범위, 회계감사에서 감사의 범위 등을 결정 짓는 중요한 법적 쟁점이다. 그런데 법문은 "투자자의 투자판단에 중대한 영향을 미칠 수 있는 정보"라고 지극히 원론적인 입장만 표명하고 있어서 실제 사건 판단에 별 도움이 안되므로 판례를 살펴봐야 한다.

---

12  자본시장법 제173조의2(장내파생상품의 대량보유 보고 등) ② 다음 각 호의 어느 하나에 해당하는 자로서 파생상품시장에서의 시세에 영향을 미칠 수 있는 정보를 업무와 관련하여 알게 된 자와 그 자로부터 그 정보를 전달받은 자는 그 정보를 누설하거나, 제1항에 따른 장내파생상품 및 그 기초자산의 매매나 그 밖의 거래에 이용하거나, 타인으로 하여금 이용하게 하여서는 아니 된다.
   1. 장내파생상품의 시세에 영향을 미칠 수 있는 정책을 입안 · 수립 또는 집행하는 자
   2. 장내파생상품의 시세에 영향을 미칠 수 있는 정보를 생성 · 관리하는 자
   3. 장내파생상품의 기초자산의 중개 · 유통 또는 검사와 관련된 업무에 종사하는 자

판례는 구 증권거래법상 중요성 여부를 판단한 것들이 많은데 현행 자본시장법에도 동일하게 적용될 수 있다. 그리고 내부자거래 사건에서는 미국의 판례도 매우 중요한데, 그 이유는 내부자거래 규제 역사도 오래되었고 판례가 중요한 영미법계의 특성상 판례에서 치밀한 법리가 전개되어 왔기 때문이다.

우리 대법원 판례는 크게 두 가지 기준을 제시하고 있다. 하나는 1995년 바로크가구 사건에서 제시된 기준으로서 "'투자자의 투자판단에 중대한 영향을 미칠 수 있는 정보'란 합리적인 투자자가 당해 유가증권을 매수 또는 계속 보유할 것인가 아니면 처분할 것인가를 결정하는데 있어서 중요한 가치가 있는 정보, 바꾸어 말하면 일반투자자들이 일반적으로 안다고 가정할 경우에 당해 유가증권의 가격에 중대한 영향을 미칠 수 있는 사실을 말한다고 할 것"이라 하고 있다.[13] 시세에 미치는 영향을 중시하는 기준이라 할 수 있다.

이 기준의 모델이자 미국에서 확립된 기준은 1976년 TSC Industries 사건[14]에서 제시된 '현저한 개연성 기준'(substantial likelihood test)이다. 동 기준은 일반적으로 "중요한 정보란 합리적 투자자가 증권관련 결정을 함에 있어서 중요하다고 판단할 현저한 개연성이 있는 정보"를 말하며, 만약 공시서류 등에서 중요사실을 숨긴 경우라면 숨긴 그 정보의 중요성은 "생략된 정보의 공시가 합리적 투자자의 관점에서 기존의 정보의 총체적 의미(total mix of information)를 현저히 변경하였으리라고 받아들여질 현저한 개연성"이 있어야 한다는 것이다. 이 기준은 중요성 판단을 포괄적으로 하고 있다. 그러나 여기서도 투자자가 특정 정보를 중

---

13  대법원 1995. 6. 29. 선고 95도467 판결 증권거래법위반.

14  TSC Industries v. Northway, 426 U.S. 438 (1976).

요하다고 판단할 현저한 개연성은 가격 변동 가능성 여부일 것이니, 결국 정보의 중요성에서 제일 중요한 요소는 가격 변동 가능성이라 해도 무리는 없을 것이다.

다른 하나는 '개연성/중대성 비교 기준'으로서 1994년 신정제지 사건에서 처음 제시된 것이다. 동 기준에 따르면 "합리적인 투자자라면 그 정보의 중대성과 사실이 발생할 개연성을 비교 평가하여 판단할 경우 유가증권의 거래에 관한 의사를 결정함에 있어서 중요한 가치를 지닌다고 생각하는 정보를 가리키는 것이라고 해석함이 상당하고, 그 정보가 반드시 객관적으로 명확하고 확실할 것까지 필요로 하지는 아니한다"고 한다.[15] 이 기준은 미국에서 연방고등법원의 판례들[16]에서 제시되었는데 1988년 Basic 사건[17]에서 연방대법원이 받아들이면서 현재까지 확고한 법리로 확립되었다.

그런데 미국에서는 이 기준들이 정보의 성격에 따라 엄격히 구분되어 적용되고 있다. 미국에서는 정보를 크게 '역사적 정보'와 '투기적 정보'(또는 '불확정 정보')로 구분하고 있는데, 역사적 정보는 사실의 발생이나 결정을 말하고, 투기적 정보는 이러한 정보 중 합병이나 부도와 같이 상당 기간에 걸쳐 정보가 점진적으로 발전하고 실제 발생 가능성도 예측하기 어려운 정보로서 실제 발생하면 주가에 엄청난 영향을 미치는 정보를 말한다.

일반적으로 '역사적 정보'의 중요성은 발생했거나 결정된 사실이 언

---

15  대법원 1994. 4. 26. 선고 93도695 판결 특정경제범죄가중처벌등에관한법률위반(알선수재), 증권거래법위반.

16  연방고등법원의 판결들은 TGS 사건인 SEC v. Texas Gulf Sulphur, 401 F.2d 833 (2d Cir. 1968) 및 Geon 사건인 SEC v. Geon Industries, Inc., 531 F.2d 39 (CA2 1976)이다.

17  Basic v. Levinson, 485 U.S. 224, 108 S.Ct. 978 (1988).

제부터 중요한 것으로 되었느냐에 대해서 '현저한 개연성'기준을 적용하여 일반투자자의 관점에서 파악한다. 투기적 정보의 경우, 개연성과 중대성을 비교 형량하는데 여기서 중요한 점은 일반적인 역사적 정보라면 발생 개연성이 낮아 별로 중요하지 않다고 판단할 시점에서도(즉 계획 초기 단계), 실제 결과가 발생하면 엄청난 영향을 미치는 중대성이 있다면 그 초기 단계부터 중요성이 성립한다고 보는 것이다.[18]

우리 판례는 미국과 같은 명확한 구분 없이 기준을 적용하고 있는 것으로 보인다. 예를 들어 한국주강 사건(대법원 2000. 11. 24. 선고 2000도 2827 판결)에서는 불확정 정보인 부도 사실과 관련하여 개연성/중대성 비교 기준이 아닌 현저한 개연성 기준을 적용하였고, 거꾸로 대미실업 사건(대법원 1995. 6. 30. 선고 94도2792 판결)에서는 일반 정보 내지 역사적 정보로 볼 수 있는 결산실적 정보를 이용한 사건에서 개연성/중대성 비교 기준을 적용한 바 있다. 이론적 완결성이 아쉬운 부분이다.

이상의 기준을 적용하여 내부정보의 중요성 요건을 보자면, 현행 법령과 거래소 공시규정상 공시의무가 있는 업무 관련 사항들은 거의 대부분 중요성이 인정될 것이다. 그리고 법령과 규정에는 없어서 중요정보로 인식되기는 어렵지만, 당시 시장에서 화제가 되고 언론 보도도 이어지는 등 중요하게 받아들여질 상황이 존재한다면 이 또한 중요성이 인정된다고 할 것이다. 예를 들어, J제약 내부자거래 사건을 들 수 있다.

J제약의 대표는 2005년 7월, 줄기세포 등 바이오산업 투자열풍이 불던 시기 유망 바이오회사에 출자를 추진하면서, 이 정보를 이용하여 8

---

18  앞의 Geon 사건에서 법원은 "합병은 소규모 기업에 있어서는 사망과 같은 가장 중대한 사건이므로 이러한 합병 관련 정보는 통상의 거래보다 훨씬 이전 단계에서 중요성 (materiality)이 성립될 수 있다. 그리고 합병의 성사 가능성이 현저히 낮다 하더라도 그러하다"고 판단하여 중요성 성립 시점을 일반 정보보다 훨씬 앞당겨 인정하였다.

억여원의 주식시세차익을 얻은 혐의로 기소되었다. 1심은 내부자거래 혐의를 유죄로 인정해 징역 10월에 벌금 2억원을 선고하였으나, 2심은 J제약의 00000 신주 인수 규모는 자기자본의 3.07%에 불과하여, 증권거래법상 다른 법인 주식을 취득·처분하는 경우 공시가 요구되는 기준인 자기자본 5% 이상에 미달하기 때문에 중요 정보가 아니라며 공시위반만 유죄로 인정해 벌금 500만원을 선고하였다. 그러나 대법원은 내부자거래 대상이 되는 중요정보는 공시의무가 있어야만 성립하는 것이 아니라며 원심을 파기하여 결국 유죄로 확정되었다.

이 사건에서 눈여겨 볼 점은 이 정보는 시장 상황에 따라서는 중요한 정보가 아닐 수도 있다는 것이다. 공시의무와 정보의 중요성이 직접 연결되는 것은 아니지만 공시의무가 있다는 것은 그 만큼 그 정보의 중요성을 증명하는 대표적인 징표이다. 따라서 자기자본의 5%도 안되는 타 법인 출자규모는 사실 그리 중요하다고 보기 어려운 것이다. 그런데도 대법원이 이 사건에서 규모가 얼마 되지도 않는 타 법인 출자정보를 중요하다고 본 것은 당시 황우석 박사의 줄기세포 열풍으로 생명공학산업에 대한 관심이 높았고, 이에 따라 이와 관련되기만 하면 자그마한 정보에도 투자자들이 민감하게 반응하였기 때문인 듯 하다. 이와 같이 중요성 판단 기준은 고정된 것이 아니라 시장 상황에 따라 변하는 것이다.

다시 한번 강조하자면 정보의 중요성 요건은 다른 요건들보다 판단이 훨씬 더 어려워서 법정에서 치열한 논쟁이 이루어지는 법적 쟁점이며, 명확하고 객관적인 기준은 사실상 없다는 것이다.

### ③ 내부정보의 미공개성

내부정보의 세번째 요소는 정보의 미공개성인데, 이는 공개된 정보라면 누구나 동일하게 접근하고 인지할 수 있으므로 '정보 평등'의 규제 철학상 문제가 없기 때문이다. 즉 중요한 정보가 아직 공개되지 않아 일반투자자는 모르는 상태에서 내부자만 이를 알고 거래하는 것이 문제라는 것이다. 내부정보의 '중요성' 요건과 달리 '미공개성' 요건은 법령에 자세히 규정되어 있어 상대적으로 기준이 명확하다. 자본시장법의 위임을 받아 시행령 제201조는 다음과 같은 주지기간을 설정하여 이 기간을 경과하지 않은 정보는 미공개정보로 보고 있다.

**내부정보의 주지기간**

| 공시 수단 | 주지기간 |
| --- | --- |
| 금융위와 거래소의 비치공시 | 비치된 날부터 1일 |
| 신문 (일반일간신문 또는 경제분야의 특수일간신문 중 전국을 보급지역으로 하는 둘 이상의 신문) | 게재된 날의 다음날 0시부터 6시간<br>• 다만, 신문사 홈페이지의 경우 게재시부터 6시간 |
| 방송 (전국을 가시청권으로 하는 지상파방송) | 방송시부터 6시간 |
| 금융위와 거래소의 전자공시시스템 | 공개시부터 3시간 |
| 연합뉴스 | 연합뉴스를 통하여 제공된 때부터 6시간 |

이 주지기간에서 비치공시는 전자공시의 발달로 사문화되어 있고, 제일 중요한 공시 수단은 전자공시시스템이므로 일반적으로 전자공시후 3시간이 경과하면 내부정보는 공개정보가 된다. 그런데 내부정보의 공개와 법령 및 거래소 규정상 요구되는 공시는 성격 및 공개와 공시 수단이 다르다는 점을 유념할 필요가 있다. 예를 들어, 거래소 공시규정상의 공시사항은 아니지만 내부자거래에 해당될 위험이 있는 사항이 있을 경우에는 경영진이 신문이나 방송 인터뷰를 통해 그 사실을 공개할 수 있는 것이다. 즉 미공개정보의 공개 방법이 일반적인 수시공시와는 다를 수도 있는 것이다.

또 하나 주의할 사항은 아직 공시 시점에는 미치지 못하여 공시를 미루고 있는 사이(예를 들어 중요 사항을 결정하는 이사회가 진행중) 그에 대한 정확한 사실이 언론에 대대적으로 보도되었을 때, 일반투자자는 그 정보를 이용하여 자유롭게 투자를 할 수 있어도 내부자들은 아직 법적으로 미공개정보의 상태이기 때문에 거래를 할 수 없다는 것이다. 상식적으로는 거부감이 들어도 법령과 판례상 엄격히 적용되는 규제이므로 이를 꼭 기억하고 준수할 필요가 있다.

### 3) How: 어떻게 하면 위법행위인가? 내부정보의 이용 행위

**(사례 연구)** 영화 〈월스트리트〉의 한 장면을 보자. 영화 초반에 버드 폭스는 Blue star항공사의 정비사 노조위원장인 아버지를 모처럼 방문하여 이런 저런 이야기를 나누다가, 작년 Blue star의 항공사고에 대한 FAA(연방항공우주국)의 잠정 조사결과를 듣게 된다. 즉 동 사고는 항공사의 과실이 아니라 기체 결함으로서 제작사의 잘못이며, 따라서 Blue star의 책임은 없는 것으로 결론이 지어지고 곧 정지된 항공노선도 재개될 것이며, 조사결과는 곧 공표될 것이라는 것이다. 버드 폭스는 이 정보를 큰손 고든 게코에게 전달하여 큰 돈을 벌게 하였다. 여기서 게코는 2차 수령자이므로 우리 법에서는 처벌이 안된다. 버드 폭스와 아버지의 책임은 어떨까?

내부자의 행위가 위법행위가 되려면 본인이 직접 이용하거나 타인으로 하여금 이용하게 하여야 한다. 이용하는 행위는 고의성이 필요한데, 미공개 중요정보라는 점을 알고 이를 이용하여 금전적 이득을 취하고자 특정증권등을 거래하는 것이다. 그런데 실제 재판에서 많이 다투어지는 것이 또 이 고의성인데, 행위자는 당연히 고의성을 부인하고 다른 사실을 토대로 거래하였노라고 항변을 하기 마련이다.

우리 형사소송법에 따르면 형사소송에서는 검사가 범죄에 대한 입증책임을 지며 그 입증 정도는 보통 사람의 '합리적 의심을 배제'(beyond a reasonable doubt)할 수 있을 정도로 아주 그럴 듯 하게(거의 95% 이상 확실한 정도) 설득력이 있어야 한다.[19] 그런데 고의는 내면의 의사로서 타인이 알 수 없는 것이므로, 일반적으로 특이한 매매양태 또는 비정상적인 대량거래가 있는 사실 등 정황증거로써 내부정보를 이용하였음을 입증하고 있다. 결국 이 정황증거의 설득력을 어느 정도로 높이거나 깎아내리느냐에 따라 재판의 결과가 달려 있다할 것이다. 대체로 공격적으로 입증하기 보다는 방어적으로 반증을 제시하여 증거의 설득력을 부인하는 것이 쉽다.

외국의 입법례 중에는 이러한 점을 감안하여 적극적인 이용(이용기준)의 입증이 없어도, 내부정보를 보유한 상태에서 거래가 있으면(보유기준) 일단 내부자거래로 추정하고 피고인인 내부자로 하여금 그렇지 않음을 입증하게 함으로써 내부자거래 규제를 강화하고 있는 사례도 있다. 이와 같은 것을 법률상 추정에 의한 입증책임의 전환이라 한다. 그런데 우리나라에서는 죄형법정주의와 형사소송법의 원칙상 법률상 추정과 입증책임의 전환에 대해서 부정적인 의견이 지배적이다.

본인의 직접 이용행위 외에 타인으로 하여금 이용하게 하는 행위도 금지된다. 즉 다른 사람이 증권을 매매 기타 거래하리라고 예상하고 내부정보를 알려주거나 또는 다른 사람에게 매매 기타 거래를 권유하는 행위이다. 여기서 직접 이용하는 본인에는 '1차 정보수령자'도 포함되며(법 제174조 제1항 제6호), 이 1차 수령자는 직접이용 외에 타인(2차 수령자)으로 하여금 이용하게 해서도 안된다. 법 제174조 제1항 본문은 각호의 자가 타인에게 이용하게 하여서는 아니된다고 하고 있다.

---

19    형사소송법 제307조(증거재판주의) ① 사실의 인정은 증거에 의하여야 한다.
      ② 범죄사실의 인정은 합리적인 의심이 없는 정도의 증명에 이르러야 한다.

여기서 타인의 범위는 생각보다 넓어서 정보를 직접 수령한 자 외에 간접적으로 수령한 자도 포함될 수 있다는 점에 주의해야 한다. 실제 사례를 보면, 2013년 모 상장회사 IR팀은 3분기 영업이익이 시장전망치(200억원)를 훨씬 하회(70억원)할 것이라는 잠정 결산 정보를 애널리스트들에게 제공하였고, 애널리스트들은 이 정보를 펀드매니저들에게 제공한 사건이 있었다. 1심과 2심 법원은 이 상장회사 직원들에게 타인은 애널리스트들이고, 이 애널리스트들은 자신이 정보를 이용하지 않고 펀드매니저들에게 이용하게 하였을 뿐이므로 이들 직원들은 무죄라고 하였다. 그러나 대법원은 이들 직원들이 정보를 이용하게 한 타인의 범위에는 애널리스트뿐만 아니라 이들로부터 간접적으로 정보를 받은 펀드매니저도 해당될 수 있다면서 유죄 취지로 파기 환송하였다.[20]

대법원은 내부자(여기서는 이 상장회사 직원들)의 정보제공행위와 정보의 간접수령자(여기서는 펀드매니저들)의 정보이용행위 사이에는 인과관계가 존재하여야 하고, 정보 제공자는 정보의 간접수령자(펀드매니저)가 당해 정보를 이용하여 특정증권등의 매매, 그 밖의 거래를 한다는 점을 인식하면서 정보를 직접 수령자(애널리스트)에게 제공하여야 하는데, 이 인식은 미필적 인식으로도 충분하다고 하였다. 이에 따라 업계의 관행이나 그 동안의 사례 등에서 애널리스트가 펀드매니저에게 정보를 제공할 가능성이 어느 정도 인정된다면 타인의 이용에 대한 내부자의 미필적 인식이 성립할 여지가 커서 내부자거래 성립 가능성이 높아진다. 주의할 것은 2차 이상 간접수령자(여기서는 펀드매니저들)가 처벌 대상이 되는 것은 아니고 이들에게 간접적으로 정보를 제공한 것으로 간주되는 회사 내부자의 책임이 확장된다는 점이다.

---

20  대법원 2020. 10. 29. 선고 2017도18164 판결 [자본시장과금융투자업에관한법률위반].

(사례 연구 해설) 먼저 아버지의 책임을 보면, 아버지는 회사 내부자의 신분에서 아들에게 정보를 전달하였으나 그 정보를 이용하게 하였다고는 보기 어려우므로 내부자거래 책임이 없다고 할 것이다. 정보를 이용하게 하는 행위가 성립하기 위해서는 자신이 전달하는 정보가 내부정보라는 사실과, 수령자에게 그 이용을 적극 권유하거나 적어도 수령자가 그 정보를 이용할 것이라는 정도는 인식하고 있어야 하기 때문이다. 물론 아들이 증권 브로커인 점을 알고 있으므로 정보이용 가능성에 대한 인식이 있었을 수도 있지만, 이 영화에서 버드 폭스의 아버지는 전통적인 노동관을 가진 사람으로서 증권시장에 대한 이해가 부족하기 때문에, 아들의 내부자거래 가능성에 대한 인지를 기대하기는 어려운 상황이다. 이러한 허점을 고려하여 외국 입법례 중에는 적극으로 이용하게 하지 않고 단순히 전달을 하거나 모호한 권유만 하는 경우에도 내부자거래로 처벌하는 사례도 있다. 버드 폭스의 경우는 1차 정보수령자로서 본인이 정보를 이용하거나 타인으로 하여금 이용하게 하면 내부자거래의 책임이 있다. 여기서 폭스는 자신이 게코에게 전달하는 정보가 내부정보라는 것을 알고 있고, 이 정보를 전달하면 게코가 거래에 이용할 것이라는 것을 인식하면서 정보를 전달하였으므로 '이용하게 하는 행위'에 해당되어 내부자거래 책임을 지게 될 것이다.

### 4) 내부정보가 아닌데도 내부자거래로 규제되는 특별 정보

내부정보는 기본적으로 상장회사의 업무와 관련하여 내부에서 생성되는 정보이다. 그런데 우리 자본시장법은 이러한 내부정보가 아니고 외부에서 생성된 외부정보인데도 두 종류의 정보에 대해서는 그 중대성을 고려하여 특별히 내부자거래로 규제한다. 그 두 종류의 정보는 공개매수 정보와 대량취득·처분에 관한 정보로서 모두 주가에 큰 영향을 주는 기업인수(M&A) 관련 정보들이다. 그런데 이 정보들은 왜 내부정보가 아니고 특별 규정이 필요한 외부정보인가?

만약 A회사가 아마존과 같은 글로벌 회사에 대량의 납품계약을 따 냈다고 하자. 그럴 경우 A회사의 주가가 올라갈 것이고 A회사 임직원은 자기 회사 A의 주식을 살 것이다. 따라서 납품계약에 관한 정보는 A회사 주식에 대해서는 내부정보가 되는 것이다.

이와 달리 이번에는 A회사가 B회사의 주식을 공개매수한다고 해 보자. 이때 장차 주가가 오르는 것은 B회사이고, 정보를 알고 있는 것은 A회사 및 그 임직원들이다. 따라서 A회사와 그 임직원들은 자기 회사(A)의 업무 관련 정보를 이용하여 자기 회사 주식을 사는 것이 아니라 B회사의 주식을 사게 된다. 즉 거래 대상인 B회사 주식의 입장에서는 A의 공개매수 정보는 B에서 생성된 것이 아니라 외부에서 생성된 것이 된다. 그래서 이 정보는 외부정보가 되고, 일반 내부정보와 다르기 때문에 별도 규정이 필요하게 된 것이다.

대량취득·처분의 경우도 마찬가지다. 공개매수 만큼 대규모로 취득하는 것은 아니지만 주식등의 대량보유보고서 제출 대상(5% 이상 취득 및 1% 이상의 변동)이 될 정도로 취득하는 것도 주가에 큰 영향을 주기 때문이다(법 제174조 제2항 및 제3항). 예를 들어, A 회사가 B 회사를 적대적 M&A를 하고자 아무도 모르게 B 회사 주식을 5% 직전까지 꾸준히 매입하고 있다고 하자. A가 취득한 주식이 5%를 넘으면 5% 보고서를 제출할 것이고 그러면 곧 시장에 공시되고 주가에 반영되어 주가가 크게 상승할 가능성이 많다. 따라서 이 상황을 잘 알고 있는 A 회사 임직원들이 5% 보고서 제출 전에 미리 B 회사 주식을 매수하였고, 5% 보고서 제출 이후 예상 대로 주가가 큰 폭으로 뛰자 이를 매도하여 큰 이득을 얻었다면, 이런 행위가 바로 내부자거래이며 자본시장법은 이를 엄격히 금지하고 있는 것이다.

다만 이들의 경우 공개매수 공고나 대량취득·처분 공시 이후에도 상당한 기간 동안 주식등을 보유하는 등 공개매수나 대량취득·처분에 관한 미공개정보를 그 주식등과 관련된 특정증권등의 매매, 그 밖의 거래에 이용할 의사가 없다고 인정되는 경우에는 내부자거래로 보지 않는다. 그 이유는 공개매수나 대량취득 직전 이를 위한 사전매입행위는 정당한 준비행위로 인정되어야 하기 때문이다(법 제174조 제2항 및 제3항의 본문 단서).

### 5) 형사처벌과 민사 손해배상책임

일반적으로 자본시장법을 위반한 행위에 대해서는 형사처벌, 행정제재, 민사 손해배상책임이 인정된다. 그러나 모든 행위에 이 모든 제재가 가해지는 것은 아니고 행위의 성격과 중요성에 따라 때로는 어느 하나만 적용되고, 때로는 모두 적용되기도 한다. 불공정거래(내부자거래와 시세조종 및 부정거래)에 대한 책임은 모두 동일하게 형사처벌과 민사 손해배상책임이 적용되고 행정제재는 없다. 금융위원회(증권선물위원회) 차원에서 행정적으로 할 수 있는 행위는 검찰 고발 또는 수사의뢰 뿐이다. 고발과 수사의뢰는 법적으로는 고발의 경우 검찰의 처리 시한과 결과 회신 의무가 있는 차이가 있지만 실질적으로는 검찰의 수사 단서가 될 뿐이라는 점에서는 별 차이 없다. 다만 금융투자업자가 불공정거래를 저질렀을 경우에는 금융투자업자에 대한 포괄적인 감독 권한을 가지고 있으므로 금융위원회가 여러 가지 행정제재를 할 수 있다.

불공정거래에 대한 형사처벌과 민사 손해배상책임은 모두 동일하므로 여기서만 설명하고 시세조종과 부정거래 부분에서는 생략한다. 형사처벌의 경우 기본형이 10년이하의 징역 또는 그 '위반행위로 얻은 이익 또는 회피한 손실액'(통상 '부당이득'이라 함)의 2배~5배에 해당하는 벌금이다. 다만, 그 위반행위로 얻은 이익 또는 회피한 손실액의 5배에 해당하는 금액이 5억원 이하인 경우에는 벌금의 상한액을 5억원으로 하고 있어서 부당이득이 1억원 이하인 경우에는 최대 5억원까지만 벌금 선고가 가능하다.

그런데 부당이득 금액이 5억원이상인 경우에는 무겁게 가중처벌 되는데, 부당이득금액이 5억원 이상~50억원 미만이면 3년이상 유기징역에 처하고, 50억원 이상이면 무기징역 또는 5년이상의 유기징역에 처한다. 그리고 가중처벌 시에는 벌금도 선택적이 아니라 무조건 부과하도록 하여 부당이득의 환수를 도모하고 있다.

그런데 이 벌칙 조항에는 중대한 문제점이 있는데 바로 부당이득의 개념이다. 법문은 '위반행위로 얻은 이익 또는 회피한 손실액'이라고 하고 있고, 우리 대법원과 헌법재판소는 이 문구를 해석할 때 형사법상 대원칙인 책임주의를 근거로 위반행위와 부당이득간 엄격한 인과관계를 요구하고 있다. 그런데 자본시장에서 주가에 미치는 영향은 수십~수백가지에 이르는데 특정 불공정거래가 주가에 미친 영향을 정확히 계산한다는 것은 사실상 불가능한 일이다. 그럼에도 2009년 대법원 판결 이후 확립된 이 법리로 인해 최근 약 10년간 불공정거래에 대한 엄중한 처벌이 매우 어렵게 되어 있는 것이 현실이다.[21] 이에 검찰에서는 증권 민사사건에서 활용되는 '사건연구방식'(event study)으로 인과관계를 증명하고자 하나 우리 법원은 사건연구방식의 객관성을 신뢰하기 어렵다며 부정적인 입장이다. 이에 따라 최근들어 불공정거래에 유죄가 선고되어도 기본형만 부과되고 부당이득은 거의 회수하지 못하는 사례가 많아지고 있다.[22] 향후 효과적인 불공정거래 규제를 위해서는 심각하게 검토되어

---

21  대법원 2009. 7. 9. 선고 2009도1374 판결 ("구체적인 사안에서 위반행위로 얻은 이익의 가액을 위와 같은 방법으로 인정하는 것이 부당하다고 볼 만한 사정이 있는 경우에는, 사기적 부정거래행위를 근절하려는 위 법 제207조의2와 제214조의 입법 취지와 형사법의 대원칙인 책임주의를 염두에 두고 위반행위의 동기, 경위, 태양, 기간, 제3자의 개입 여부, 증권시장 상황 및 그 밖에 주가에 중대한 영향을 미칠 수 있는 제반 요소들을 전체적·종합적으로 고려하여 인과관계가 인정되는 이익을 산정해야 하며, 그에 관한 입증책임은 검사가 부담한다.")

22  성희활, "증권 불공정거래 범죄에 따른 부당이득 산정에서 인과관계의 증명의 문제", 기업법연구, 제31권 제3호 (통권 제70호), 2017, 392~393면 참조.

야 할 시급하고도 중대한 쟁점이라 아니 할 수 없다.

법인의 대표자, 법인 또는 개인의 대리인·사용인 기타 종업원이 그 법인 또는 개인의 업무에 관하여 미공개정보이용 행위를 한 경우에는 행위자를 처벌하는 외에 그 법인 또는 개인에 대하여도 벌금형을 부과하는 양벌규정도 있는데, 다만 사용자가 상당한 주의와 감독을 다하였을 때는 예외로 한다(법 제448조). 내부자거래의 주체가 법인의 임직원이 아니라 법인 자체가 되면 상당한 주의의무에 따른 책임 면제는 불가능할 것이다. 법인의 행위가 되려면 회사의 의사결정기구(이사회나 대표이사)가 일반적인 의사결정 절차에 따라 행한 경우 인정될 수 있을 것이다.

민사 손해배상책임(법 제188조의3)은 미공개정보 이용행위의 금지조항을 위반한 자에게 당해 증권 등의 매매 기타 거래를 한 자가 그 매매 기타 거래와 관련하여 입은 손해의 배상을 청구하는 것인데, 내부자거래를 이유로 한 손해배상청구는 거의 없고 시세조종에 대한 손해배상청구가 활발하다. 내부자거래에 대한 민사소송이 워낙 없다 보니 소송을 제기할 수 있는 자격인 원고적격의 범위도 명확하지 않을 정도로 법리가 발달되어 있지 않다.[23] 손해배상청구권의 소멸시효는 청구권자가 위반행위가 있었던 사실을 안 날부터 2년 또는 위반행위가 있었던 날로부터 5년이다.

---

23  원고적격 관련 일부 하급심에서는 내부자가 거래한 것과 같은 종목의 증권 등을 동시기에 반대방향으로 매매한 자에게 손해배상청구를 할 수 있는 자격을 인정한 사례가 있다.

(사례 연구 해설) 상장법인의 홍보이사인 A가 홍보 차원에서 상품 정보와 시연회 계획을 기자들에게 알린 것은 부당하게 정보를 유출한 것이라기 보다는 정당한 업무 수행 차원으로서 A는 법적 책임을 지지 않는다.

B는 회사 내부자로부터 정보를 직접 받은 1차 정보수령자로서, 본인이 직접 거래를 하지 않았더라도 타인으로 하여금 이용하게 하였으므로 내부자거래에 해당하여 법적 처벌 대상이 된다.

C는 실제 부당이득을 얻은 자 이기는 하나, 1차 수령자로부터 다시 정보를 받은 2차 수령자에 해당되어 내부자거래 책임을 지지 않고 따라서 부당이득을 박탈당할 일도 없다.

이 사건은 소위 '신동방 무세제 세탁기 사건'인데(대법원 2002. 1. 25. 선고 2000도90 판결), 여기서 큰 쟁점이 된 것은 B와 C가 1차 정보수령자의 공범이 되느냐 여부였다. 검찰은 이 형제를 공범으로 기소하였고 1심과 2심 법원은 이를 인정하였으나 대법원은 공범 관계에 대한 입증이 부족하다며 파기하여 최종적으로 C가 책임을 면하게 되었다. C의 책임을 부인한 대법원의 논리는 '필요적 공범'(대향범) 이론이었다. 즉 뇌물죄 등과 같이 주고 받는 자 쌍방이 존재하여야만 성립하는 범죄에서는 각자에 대한 명확한 처벌 근거 없이 쌍방을 무조건 공범으로 처벌해서는 안된다는 것이다.

그러나 대법원의 논지는 공범이론이 무조건 배척되어 2차 수령자이면 절대로 처벌을 할 수 없다는 것이 아니라 실질적인 공모 관계가 입증되면 모두 1차 수령자인 공범이 될 수도 있다는 것이었다. 이 신동방 사건 이후 검찰은 다른 사건에서 1차 수령자와 2차 수령자가 내부자거래를 깊이 공모한 것을 입증하여 모두 1차 수령자로 처벌한 사례가 있다.[17]

---

24  대법원 2009. 12. 10. 선고 2008도6953 판결. 이 사건에서 1차 수령자는 2차 수령자에게 내부정보와 함께 주식 매입자금도 제공하고, 나중에 수익을 분배할 것을 합의하였다. 이 정도가 되면 단순히 정보를 전달한 신동방 사건과는 달리, 양자의 관계는 운명공동체에 가깝게 되었다고 봐야 할 것이고 따라서 공범 책임을 묻는 것이 타당하다.

# 제3절 시세조종 규제

## 1. 시세조종 규제의 개요와 특징

통상 '주가조작'이라고 불리는 시세조종은 자유로운 수요·공급에 의하여 형성되어야 할 상장증권 등의 시세를 인위적으로 등락시키고, 타인으로 하여금 그 등락된 시세를 공정한 시세로 오인케 함으로써 부당한 이득을 꾀하는 행위이다. 내부자거래의 경우 인간의 공정과 정의 감정을 훼손하는 주관적 측면이 큰데 비하여, 시세조종은 자본시장의 공정성과 효율성의 근본이라 할 수 있는 주가를 왜곡시킴으로써 시장의 건전성 내지 완전성(integrity)을 해치고 나아가 자본시장의 정상적 기능을 저해함으로써, 국민경제에 심각한 손상을 가져오는 객관적 측면이 더 크다고 할 수 있다.

시세조종 규제의 기본 철학은 불특정 다수의 투자의사 결정에 따라 형성된 시장가격을 추종하는 매매는 괜찮지만, 그 가격에 영향을 미치고자 하는 모든 행위는 일단 부당한 행위라는 것이다. 이러한 점에서 어떤 주식에 대한 낙관적인 전망을 바탕으로 대량매수에 들어가고, 이에 따라 주가가 자연스럽게 올라가는 경우는 시세조종으로 보기 곤란할 것이다. 그러나 시세에 영향을 미치려는 의도를 가지고 전형적인 시세조종 행위로 분류되는 유형의 거래(직전가 대비 고가매수, 시가와 종가 관여, 순차적 고가매수 등)를 '반복'하는 경우와 허위사실을 유포하는 경우에는 시세조종행위로 규제될 가능성이 크다.

시세조종 규제는 내부자거래 규제에 비해 몇 가지 면에서 큰 특징이 있다. 첫째는 비신분범으로서 시장에 참여하는 모든 자가 시세조종죄의 행위 주체가 될 수 있다는 점이다. 내부자거래가 회사 내부자 등 일정한 신분을 가진 자에 의해 행해지는 것과 다르다.

둘째는 목적범이라는 점으로서 범죄의 일반적 구성요건인 고의 이외에 특정한 목적도 별도로 필요하다. 고의는 단순히 자신의 행위가 어떤 의미를 가지는 것인지를 아는 것이고, 목적은 왜 그 행위를 하는 지 뚜렷한 이유를 말한다. 예를 들면, 직전가 대비 고가매수를 반복하여 시세를 끌어 올리는 경우 나의 행위로 시세가 올라간다는 것을 아는 것은 고의이고, 마치 감춰진 호재가 있는 듯이 외관을 꾸미거나 다른 투자자의 매매거래를 유인하기 위한 의도는 목적이다.

자본시장법은 개별 시세조종 행위의 목적으로서 매매가 성황을 이루고 있는 듯이 잘못 알게 할 목적, 타인의 판단을 그릇되게 할 목적, 타인의 매매를 유인할 목적, 시세를 고정시키거나 안정시킬 목적, 부당이득을 취득할 목적 등을 요구하고 있다. 고의 외에 별도의 목적을 필요로 하는 것은 시세조종이 아닌 정상적인 매매와 구분하기 위함이다. 예를 들어, 어느 투자자가 분석 결과 향후 시세 상승이 예상되어 적극적으로 매수한다고 하면 고가매수나 시가·종가 관여도 반복될 수 있다. 그렇다고 이런 매매를 다 시세조종으로 처벌한다면 조금이라도 가격에 영향을 미치는 거래는 다 시세조종이 될 위험이 커지는데 이래서는 정상적인 거래가 이루어지기 어렵기 때문에 별도의 목적을 요구하는 것이다. 그리고 이런 목적은 고의와 마찬가지로 내면의 상태이기 때문에 객관적인 증명은 불가능하고 정황증거로 판단하게 된다. 정황으로 판단하자면 일련의 거래에서 목적을 유추할 수 밖에 없기 때문에 대부분의 시세조종은 겨우 몇 차례의 거래로는 성립되지 않고 상식적인 수준을 넘는 많은 거래가 필요하다.

셋째는 형식범 내지 위험범으로서 시세조종의 결과 부당이득을 취하였는가는 묻지 않는다는 점이다. 인위적으로 가격을 조작하는 행위 그 자체가 가지는 위험성을 제거하기 위한 목적에서 규제되는 것이 시세조종인데 반해 내부자거래의 경우는 정보 이용 결과 부당이득을 취할 것이 요구된다.


## 2. 시세조종의 유형과 규제 내용

정부(증권선물위원회)의 불공정거래 제재 관련 보도자료에 나타난 시세조종의 유형들을 보면 다음과 같다. 이 사례들을 염두에 두고 자본시장법에서 규정하고 있는 시세조종 유형들을 살펴보자.

> "전업투자자 甲은 주식거래 전용 사무실을 개설하고 직원 5인을 고용하여 가장·통정매매(17만회), 시가·종가관여 주문(1,180회) 등 총 36만회(1.5억주)의 시세조종 주문을 제출하여 36개사 주가를 조작하고 약 51억원의 부당이득을 취득한 혐의가 있음"
> (2016. 3. 23. 증권선물위원회 제6차 정례회의 보도자료).

> "지방 중소건설회사 회장 甲은 단기간 내 매매차익을 통한 부당이득을 얻기 위해 수십개의 차명 및 지인 명의 증권계좌 등을 이용하여, 가장 · 통정매매, 고가매수주문, 허수매수주문, 시가 · 종가관여주문 등 총 1,337회(2,829,090주)의 시세조종 주문을 제출함으로써 C사 주가를 인위적으로 상승시켜 약 10여억원의 부당이득을 취득한 혐의가 있음"
> (2015. 8. 12. 증권선물위원회 제5차 정례회의 보도자료).

### (1) 위장거래에 의한 시세조종 (제176조 제1항)

위장거래는 진정한 거래가 아니라는 의미로서 여기에는 가장매매와 통정매매가 있다. 가장매매(wash sales)는 권리의 이전을 목적으로 하지 아니하는 거짓된 거래로서 본인 계산의 여러 계좌를 가지고 매매를 반복하는 것 등이다. 통정매매(matched orders)는 자기가 매도(매수)하는 같은 시기에 그와 같은 가격으로 타인이 그 상장증권등을 매수(매도)할 것을 사전에 그 자와 통정한 후 매도(매수)하는 행위인데, 시세조종 판단 요소 중 핵심 징표의 하나이다. 통정매매의 경우 독립적인 2인 이상의 계산주체를 전제로 한 쌍방계약이 필요하다. 주문은 꼭 동일한 시기에 제출될 필요도 없고 수량이 동일할 필요도 없으나 밀접한 연계성은 있어야 한다. 위장거래의 주된 동기는 거래량이 많아 보이게 하기 위한 것이 대부분인데, 그 이유는 일반적으로 거래량은 주가에 선행한다는 시장의 믿음이 있기 때문이다.

위장거래에 의한 시세조종에 필요한 목적은 거래가 성황을 이루고 있는 듯이 잘못 알게 하거나 기타 타인으로 하여금 그릇된 판단을 하게 할 목적인데, 이는 합리적인 투자자라 할지라도 당해 위장거래로 인해 조성된 외관에 영향을 받아서 당해 상장증권등을 거래하기 위한 의사를 결정하도록 하려는 의도를 말한다.

## (2) 현실거래에 의한 시세조종 (제176조 제2항 제1호)

현실거래란 직접 거래행위에 참여하여 가격의 움직임에 영향을 미치는 행위로서 시세조종 행위 중에서도 시장에 가장 큰 영향을 미치는 유형인데, 매매거래가 성황을 이루고 있는 듯이 오인하게 하는 매매거래와 시세를 변동시키는 매매거래로 크게 구분된다. 현실거래의 전형적인 행위 유형으로는 시초가 결정시 전일종가 대비 고가매수주문, 직전가 또는 상대호가 대비 고가매수주문, 종가결정시 직전가 대비 고가매수주문, 주문을 점차적으로 높은 가격으로 내는 행위(순차적 고가매수), 매매체결의 진정한 의사없이 대량의 주문을 낸 후 곧 취소·정정하는 행위(허수주문) 등이 있다. 그런데 이런 행위들이 있다고 해서 바로 시세조종이 되는 것은 아니고, 거래 대상의 주가나 거래량에 대한 실질적 지배나 큰 영향을 미칠 때 시세조종으로 판단한다. 판단 기준으로는 가격상승분, 거래량, 거래일수 등에 대한 행위자의 관여도 등이 사용된다.

목적성 요건에 따라, 여기에는 매매거래를 유인할 목적이 필요한데 이는 시세나 매매 상황에 대한 투자자의 판단을 오인하게 하고 이들을 매매에 끌어들일 목적을 말한다. 즉 인위적인 조작을 가하여 시세를 변동시킴에도 불구하고 투자자에게는 그 시세가 시장에서서의 자연적인 수요·공급의 원칙에 의하여 형성된 것으로 오인시켜 상장증권 등의 매매에 끌어들이려는 의도이다.

## (3) 허위표시 등에 의한 시세조종 (제176조 제2항 제2호~3호)

허위표시 유포도 시세조종의 주요 수단인데, 특히 인터넷 시대에 과거에 비할 수 없는 위력을 발휘하고 있다. 유포에 드는 비용은 거의 없는데, 범위는 무한하게 유포할 수 있기 때문이다. 여기에는 시세조작설의 유포와 허위표시 행위가 있다.

시세조작설의 유포란 타인에게 시세조종이 진행 중이라고 하거나 또는 시작될 예정이라고 말하는 것으로서 진실 여부에 관계없이 시세조종으로 본다. 소위 '작전설'이라 하는데 증권시장과 투자자의 투자판단에 미치는 파급력이 워낙 크기 때문에 엄하게 규제한다. 이 행위에는 자기 또는 타인이 상장증권등의 시세를 조작할 의도를 현실적으로 가질 필요도 없고, 작전설의 유포가 상장증권등의 매매에 수반될 필요도 없다.

허위표시 행위는 상장증권등의 매매와 관련하여 중요한 사실에 관하여 거짓의 표시 또는 오해를 유발시키는 표시를 하는 행위이다, 허위 또는 오해를 유발하는 표시는 매매의 상대방에 한정될 필요가 없고 특정인 또는 소수에게 행해져도 무방하다. 시세조종에서 허위표시는 거의 필수적이라 할 만큼 그 자체 단독으로 사용되기도 하고 다른 시세조종 행위에 수반하여 사용되기도 한다.

### (4) 시세의 고정 · 안정 (제176조 제3항)

시세조종에는 시세를 상승시키는 것은 물론 하락시키는 것과 일정 수준으로 변동 없이 유지시키는 것도 모두 포함된다. 시세의 고정이나 안정행위는 적극적으로 시세를 변동시키는 거래가 아니라 소극적으로 시세를 유지시키는 행위이다. 다만 여기에는 중대한 예외가 있는데, 상장증권등의 모집 · 매출을 원활히 하기 위한 정책적 목적으로 법령의 절차를 준수한 경우는 특별히 허용하는 시장조성과 안정조작이 바로 그것이다. 이 예외는 기업의 자금조달과 관계없는 파생상품시장에서의 거래에는 적용이 안된다.

'안정조작'이란 증권의 모집 · 매출을 원활히 하기 위하여 그 증권의 청약기간의 종료일까지의 기간 동안 증권의 가격을 안정시켜 청약을 원활히 하고자 하는 것이고, '시장조성'이란 모집 · 매출한 증권의 수요 ·

공급을 그 증권이 상장된 날부터 일정기간 조성하여 급락에 따른 투자자의 피해를 방지하고 증권발행시장에서의 모집·매출의 위축도 방지하고자 하는 것이다. 안정조작과 시장조성에 대해서는 시행령 제203조~제206조에서 엄격한 통제 수단을 두고 있다. 즉 이 예외적 행위들은 사전·사후에 금융위원회와 거래소에 신고서·보고서를 제출하여야 하며 개입할 수 있는 가격, 수단, 절차, 요청자, 행위자 등이 엄격하게 제한된다.

이처럼 안정조작과 시장조성에 대한 엄격한 규제는 거꾸로 시세조종 규제가 그 정도로 자본시장 규제의 기본 원칙이라는 점을 다시 한번 보여준다. 즉 인위적인 시세 개입은 시세조종이 될 수 있으며 법령이 인정하는 예외는 오직 법적 절차를 준수한 안정조작과 시장조성 뿐이라는 것이다. 이와 관련하여 주가연계증권(ELS) 관련 일련의 소송에서 ELS의 만기일에 적극적으로 개입하여 시세를 자신에게 유리하게 변동시킨 증권회사들이, 자신들의 개입은 시장에서 보편적으로 사용되는 '델타헤지거래'이고 이는 정당행위라며 시세조종이 아니라고 항변한 사례가 있다. 그러나 대법원은 여러 건의 판결에서 이 주장을 받아들이지 않았는데, 시세조종의 기본 법리를 보면 대법원의 판단이 타당하다 할 것이다.

시장조성은 상장 후 최장 6개월까지 일정 수준(예를 들면 공모가격) 이상을 유지하는 행위인데, 이는 투자자에게는 최소한 공모가를 보장하는 보험이 될 수 있는 반면 이를 담당하는 인수인인 증권회사로서는 엄청난 부담이자 큰 위험이 초래될 수 있다. 과거에 신규상장시 시장조성을 의무화한 적도 있었으나 현재는 법적 의무는 없고 계약으로 시장조성 의무를 부담할 수는 있는데 실제 사례는 찾아 보기 어렵다. 대신 시장조성과 비슷한 환매청구권(풋백옵션)을 공모주를 인수한 일반투자자에게 인정하여 공모가의 90% 가격에 장외에서 되 사주는 경우는 있다.

## (5) 연계 시세조종 (제176조 제4항)

(사례 연구) 甲 증권회사가 A회사의 주식을 기초자산으로 하여 ELS를 발행하는데, 상환 조건으로 매 6개월 종료 시마다 종가가 2만원 이상이면 투자원금의 110%를 지급하겠다고 약정한다. 그리고 조기상환 조건이 충족되지 않아 3년으로 정해진 만기까지 계약관계가 존속할 경우에는 만기일 종가가 2만원 이상이면 투자원금의 130%를 지급하되, 2만원 미만이면 투자원금의 70%만 지급하겠다고 조건을 붙인다.

3년 후 만기 당일, 주가는 약간의 등락은 있지만 꾸준히 2만2000원 부근에서 형성되고 있어서 특별한 일이 없는 한 30%의 수익이 기대되는 상황이다. 그런데, 15시 종가 결정 직전 단일가매매 시간에 델타헤지 프로그램에 따라 대량의 매도물량이 쏟아져 나오는 바람에 종가가 1만9900원으로 결정되었다. 이에 따라 투자원금 1억원의 투자자 乙은 1억3000만원이 아니라 7000만원만 상환 받게 되어 큰 손실을 입었다. 甲 증권회사의 시세조종 책임이 성립하는가?

연계 시세조종이란 증권과 증권 및 파생상품의 가격이 연관되어 있는 점을 이용하여 A에서 이득을 얻을 목적으로 연계된 B의 시세를 조작하는 것을 말한다. 주식의 가격은 그 주식을 대상으로 하는 CB · BW · 주가연계증권 · 선물 · 옵션 등의 가격과 연관된다. 주로 기초자산격인 주식 가격의 변동이 연계된 증권이나 파생상품의 가격에 영향을 준다. 이러한 관계를 순방향이라고 한다.

연계 시세조종의 유형은 다양한데 1) 증권↔증권(주식↔ELS 등), 2) 증권↔파생상품, 3) 파생상품↔파생상품 모두 가능하고 주로 순방향의 관계가 성립한다. 물론 역방향의 연관성도 이론적으로 가능하고 실제로도 가끔 관찰된다. 선물과 옵션처럼 파생상품 간에는 연관성이 크진 않지만 관계가 없다고도 할 수 없다. 일반적으로 증권을 현물, 파생상품을 선물이라고도 부르기에, 앞의 거래 유형들을 ① 현 · 현 연계거래, ② 현 · 선 연계거래, ③ 선 · 선 연계거래라고 부른다.

이 관계를 그림으로 정리하면 다음과 같다.

**연계 시세조종의 유형**

| 이익을 얻고자 하는 보유중인 금융투자상품 | 시세조종 대상이 되는 금융투자상품 | 유형 |
|---|---|---|
| 파생상품(장내) | 현물(기초자산) | 순방향 현·선 연계거래 |
| 현물 | 파생상품(장내) | 역방향 현·선 연계거래 |
| 증권 | 연계증권 | 현·현 연계거래 |
| 파생상품 | 파생상품 | 선·선 연계거래 |

연계 시세조종의 예를 들면, A라는 주식을 기초자산으로 하여 발행된 B라는 주가연계증권(ELS)을 보유하고 있는 자가 B에서 이익을 얻고자 기초자산인 A주식의 가격에 개입하는 것이다. 이 거래의 유형은 순방향의 현·현 연계거래이다. 주식옵션을 보유하고 있는 자가 기초자산인 주식의 가격에 개입하면 순방향의 현·선 연계거래가 되는데, 연계시세조종에서 가장 많은 비중을 차지하고 있다.

연계 시세조종의 중요한 의의는, 가격 개입이 일어나는 시장에서의 행위가 단독으로는 시세조종에 해당되기 어려운 경우에도 연계거래 전체를 종합적으로 파악할 때 위법한 시세조종으로 보겠다는 것이다. 예를 들어 주식옵션을 보유한 자가 기초자산인 주식에 대해서 한 번만 대량의 주문을 내어 주가를 변동시켰다 하자. 매매는 주식에 대해서만 일어났는데 단 한 번의 거래만 있어서 주식매매동향만 봐서는 별 문제 없는 정상 거래로 볼 수 있다. 그런데 알고 보니 이 자는 그 주식과 연계된 옵션을 대량으로 보유하고 있어서 그 주식의 가격 변동으로 큰 이익을 얻을 수 있었다고 하자. 바로 이런 행위를 겨냥한 것이 연계 시세조종 규제이다. 파생상품이 주도하는 현대 자본시장에서 연계 시세조종에 대한 규제는 점점 더 중요해지고 있다.

연계 시세조종의 대표적 사례가 2010년 11월 11일에 발생한 소위 '11.11 옵션사태'이다. 옵션만기일이었던 당일 장 마감직전에 000증권에서 2조원이 넘는 대량의 주식 매도물량이 나와 KOSPI 주가지수가 50포인트 이상 폭락한 사태로서, 이로 인해 풋옵션을 매수한 투자자들은 무려 499배라는 천문학적인 수익을 거두고 매도 포지션을 취한 기관은 일부 파산한 사례도 나올 만큼 시장에 큰 충격을 주었던 사건이다. 조사결과 000은행이 주가지수 풋옵션을 미리 사놓고 주식 대량매도로 448억원의 이득을 부당하게 거둔 것으로 확인되었는데, 연계 시세조종의 중대성을 극적으로 보여주었던 사례이다.

(사례 연구 해설) 연계 시세조종의 대표적 사례가 ELS 관련 사건이다. 통상적으로 기초자산의 대량매도를 한 당사자, 즉 甲 증권회사 또는 甲과 백투백헤지 거래를 통하여 수익과 손실의 실질적인 주체가 된 외국계 은행 丙은 이 상품을 안정적으로 운용하기 위해서 보편적인 위험관리기법인 델타헤지를 수행하다 보니 불가피하게 매도를 하게 되었고 그러다 보니 주가가 하락하였다고 말한다. 그러나 검찰이나 투자자는 이러한 방식의 헤지거래는 부당하게 조건성취를 방해한 행위이며 또 자본시장법상 시세조종이라고 주장한다.

2009년 이후 본격화된 ELS 분쟁은 다양한 형태로 진행되었는데, 최근 대법원은 일련의 판결에서 대부분 투자자나 검찰 측의 주장을 인용하였다. 이러한 주류적 판례에는 대법원 2015. 4. 9. 자 2013마1052, 1053 결정 (증권집단소송 허가), 2015. 5. 14. 선고 2013다2757 판결 및 2013다3811 판결 (민법상 조건성취방해), 대법원 2015. 6. 11. 선고 2014도11280 판결 (형사, 자본시장법 위반), 대법원 2016. 3. 24. 선고 2013다2740 판결 (민사, 자본시장법 위반에 따른 손해배상) 등이 있다. 주류적 판례의 입장은 "델타헤지는 금융투자업자가 자신의 위험을 회피 내지 관리하는 금융거래기법에 불과"하고, "그 과정에서 투자자의 신뢰나 이익이 부당하게 침해되어서는 안 된다"는 것이며, 델타헤지 필요성이 있더라도 "그러한 사정의 존재가 피고인에 대한 시세고정목적의 인정에 방해가 되지는 않는다"고 한다.

그런데 이와 상반되게 증권회사 측의 책임을 부인한 판결도 소수이지만 존재한다. 주류적 판례와 상반된 판결들은 대법원 2016. 3. 10. 선고 2013다7264

판결과 대법원 2016. 3. 24. 선고 2012다108320 판결이다. 이들의 논지는 "금융투자업자가 파생상품의 거래로 인한 위험을 관리하기 위하여 시장에서 주식 등 그 기초자산을 매매하는 방식으로 수행하는 헤지(hedge)거래가 시기, 수량 및 방법 등의 면에서 헤지 목적에 부합한다면 이는 경제적 합리성이 인정되는 행위라고 할 것이므로, 헤지거래로 인하여 기초자산의 시세에 영향을 주었더라도 파생상품의 계약 조건에 영향을 줄 목적으로 인위적으로 가격을 조작하는 등 거래의 공정성이 훼손되었다고 볼만한 특별한 사정이 없는 한 이를 시세조종행위라고 할 수는 없다"는 것이다.

### (6) 시세조종에 대한 법적 제재

시세조종에 대한 형사처벌은 내부자거래와 동일하므로 추가 설명은 생략한다. 다만 내부자거래와 달리 시세조종의 경우에는 시세조종으로 취득한 재산(부당이득)은 물론이고, 시세조종을 위해 제공된 재산('시드머니')도 의무적으로 몰수·추징하도록 하고 있다. 예를 들어 甲이 주당 1만원인 주식 1만주를 매수(1억원) 후 시세조종으로 주가를 주당 3만원으로 부양시켜 전량 매도한 경우 부당이득 2억원 외에 매수자금 1억원도 '시드머니'로 보아 법원은 몰수·추징하여야 하는 것이다.

민사책임도 내부자거래와 비슷하게 규정되어 있으나 실제 운용은 많이 다르다. 일단 불공정거래 관련 민사 손해배상청구 소송이 거의 대부분 시세조종과 관련된 것이다. 그리고 시세조종의 거래인과관계에 대한 자세한 규정도 있다. 이에 더하여 시세조종에 대한 민사소송중 일부는 증권집단소송으로 진행되어 왔다는 점도 시세조종의 민사책임의 특징이다.

시세조종의 거래인과관계라는 것은 시세조종 행위로 인하여 원고인 투자자가 거래를 하였다는 요건을 말한다. 이는 손해인과관계와 더불어 증권 불공정거래에 대한 민사소송에서 주요 요건이다. 손해인과관계란 시세조종 행위로 인하여 투자자의 손해가 발생하였다는 요건을 말한다. 시세조종에서 거래인과관계가 문제된 것은 주가연계증권(ELS) 때문이었다.

일반적인 시세조종 사건에서는 먼저 시세조종 행위가 있고 이에 따라 부풀려진 주식을 나중에 투자자가 매수하고, 이어서 시세조종이 끝나고 주가가 폭락하면 손해가 발생하게 되고 최종적으로 그 손해는 인위적인 주가조작 때문이라는 사실이 밝혀지는 일련의 흐름으로 이어지는 구조이다. 그런데 주가연계증권은 시세조종 행위가 있기 전에 이미 주가연계증권을 매수한 상태에서 그 기초자산이 되는 주식에 대한 시세조종이 나중에 있고, 이로 인하여 투자자가 보유하고 있는 주가연계증권에 손해가 발생하는 구조라서 일반적인 시세조종 사례와는 흐름이 다르다.

그런데 과거 자본시장법 규정은 "위반행위로 인하여 형성된 가격에 의하여 해당 상장증권등의 매매나 위탁을 한 자가 그 매매나 위탁으로 인하여 입은 손해"라고 하고 있어서 문자적 해석을 하면 주가연계증권은 '위반행위로 형성된 가격에 의한 매매'가 아니기 때문에 이 규정을 근거로 하는 손해배상 청구가 어렵게 되었다. 이에 따라 법을 개정하여 현행과 같이, "그 위반행위(제176조 제4항 각 호의 어느 하나에 해당하는 행위로 한정한다)로 인하여 특정 시점의 가격 또는 수치에 따라 권리행사 또는 조건성취 여부가 결정되거나 금전등이 결제되는 증권 또는 파생상품과 관련하여 그 증권 또는 파생상품을 보유한 자가 그 위반행위로 형성된 가격 또는 수치에 따라 결정되거나 결제됨으로써 입은 손해"를 청구할 수 있도록 하였다(법 제177조 제1항 제3호). 그리고 이러한 연계 시세조종으로 발생할 수 있는 다양한 피해 사례를 감안하여 보다 포괄적으로 규정하고 있는 것이 제177조 제1항 제2호이다.

## (7) 종합 사례

아래 그림은 2002년에 발생한 델타정보통신 시세조종 사건의 전체적인 개요도이다. 이 사건은 시세조종의 규모도 컸지만, 시세조종 마지막 단계에서 기관투자자 계좌를 몰래 이용하여 대규모의 시세조종 물량을 매도 처분하였던 전대미문의 수법으로 사회적으로 큰 충격을 준 바 있다. 나중에 이 사건을 모델로 영화화 한 것이 '작전'이라는 증권영화이다.

**2002년 델타정보통신 시세조종 사건 개요도**

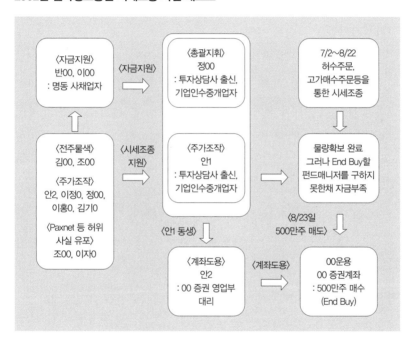

그림에서 왼쪽 아래 네모를 보면, 일군의 시세조종 세력들이 모여 역할 분담을 한다. 시세조종에 동원할 자금을 마련할 사람, 시세를 자연스럽게 조작할 사람, 허위사실 유포를 책임질 사람 등. 작전을 위한 자금은 명동 사채시장에서 가장납입을 위한 자금을 빌려주는 등 평소 기업

과 증권시장을 잘 아는 반모씨로부터 나왔다.

이 자금을 가지고 본격적으로 주가를 조작하는 작업에 들어 갔는데, 주가조작의 총괄 책임자는 당시 증권시장에서 큰손 투자자로 나름 유명세를 떨쳤던 정모씨였고, 정씨의 지휘하에 안모씨1이 주가조작 실무를 담당하였다. 이들은 7월 초에서 8월 하순까지 다양한 시세조종 수법(허수주문, 고가매수, 통정매매 등)으로 주가를 끌어 올렸다. 허위사실 유포 담당자들은 대형 증권사이트 게시판에 허위사실을 조직적으로 유포하였다. 대량의 거래와 함께 주가가 급등하고 그럴 듯한 루머도 돌면서 일반투자자들도 관심을 보였다.

그러나 보유 물량을 한꺼번에 처분할 만큼 충분한 매수세가 형성되지 않아 차익 실현을 위한 처분이 용이하지 않자, 이들은 기관투자자의 계좌를 몰래 이용하여 설거지(이를 end buy라 함)를 하기로 하였다. 마침 안모씨1의 동생 안모씨2가 모 증권회사 법인영업부에 근무하고 있었는데, 안모씨2에 따르면 일부 법인 계좌의 비밀번호가 0000 등으로 허술하게 관리되고 있었다고 한다. 이에 모 투신운용회사의 계좌를 확보하고 8월 23일 시초가 결정시에 이 계좌로 대규모 매수주문을 내는 한편, 자신들이 가지고 있던 시세조종 물량을 매도 주문하여 바로 처분하였다. 다행히 이 희대의 사건은 당시 코스닥시장을 관리하고 있던 증권업협회 코스닥위원회의 시장감시팀에 이상매매로 바로 적발되었고, 곧 금융감독당국과 경찰의 공조로 범인들을 신속히 검거하였고 사건 전모가 드러나게 되었다.

이 사건의 책임 문제를 보면, 계좌를 도용당한 모 투신운용회사는 관리 소홀에 따른 행정적 제재는 받을 수 있을 지 몰라도 형사나 민사적 책임의 대상은 아니었다. 결국 투신운용사가 매수한 것으로 된 물량은 안모씨2가 속한 증권회사의 책임이 되고, 그 증권회사는 동 물량 매수

대금을 일단 납부하고 떠 안을 수 밖에 없었다.

**(영화 속 시세조종의 세계)** 2009년 2월 개봉된 영화 〈작전〉(감독 이호재 · 제작 영화사비단길)은 증권시장에서의 주가조작(시세조종)을 핵심 주제로 다룬 우리나라 최초의 영화라고 할 수 있다. 시세조종의 백과사전이라 할 만큼 정교하고 방대한 영화 속 작전의 개요는 다음과 같다.[17]

시대적 배경은 닷컴 버블이 붕괴된 2000년과 카드사태가 터진 2003년을 지나 2005년 무렵이다. 닷컴 버블의 쓴맛을 겪은 유능한 데이 트레이더인 강현수는 차트 분석만으로 작전주에 무임승차 하였다가 작전 세력에게 걸려 혼이 나는데, 작전 세력은 강현수의 실력을 높이 평가하여 기획중인 큰 작전에 끌어들인다. 작전 대상은 상장법인인 대산토건 주식이다.

작전 멤버는 대산토건의 CEO인 박창주 사장, 3세대 조폭인 DGS캐피탈&홀딩스의 황종구 사장, 주포인 서진에셋의 조민형 차장, 한국계 교포 펀드매니저인 브라이언 최, 은행의 유능한 PB 유서연, 작전자금 제공자이자 슈퍼개미인 마산창투(별명), 한국증권TV 전속 족집게 애널리스트 김승범 실장, 그리고 신규 멤버인 데이트레이더 강현수로 구성되었다.

이들은 우선 다수의 차명계좌를 이용하여 자금추적을 피하면서 통정매매 등으로 대산토건의 주가를 끌어올린다. 초기 매집단계 이후에는 우량 비상장법인으로서 수질개선 박테리아 연구를 하는 환경벤처 한결환경공학연구소(대표 윤상태 박사)와 합병을 통한 우회상장을 재료로 삼아 추가 상승을 도모하는 한편, 일반투자자를 적극 유인하기 위하여 검은머리 외국인인 브라이언 최의 펀드를 통해 외국인 자금 유입 사실을 퍼뜨리고 증권방송 애널리스트 김승범이 방송을 통해 적극적인 투자권유를 한다. 가격이 충분히 오르고 일반투자자들이 대거 유입되면 그동안의 매집 물량을 처분하고 차익을 취한다는 계획이다. 그러나 이들의 작전은 금융감독원의 이재학 조사역에 의해 추적되고, 매집 물량을 털기 직전에 서로 먼저 빠져나가려고 서로를 배신한 작전 세력은 자중지란으로 결국 일망타진된다.

---

25 필자는 영화 〈월스트리트〉에 대한 분석 논문에서 내부자거래를 집중적으로 분석한 적이 있었는데, 이 영화 〈작전〉에 대해서도 시세조종을 중심으로 분석한 바 있다. 자세한 내용은 성희활, "영화 '작전'에 대한 금융법 및 자본시장법적 고찰", 한국거래소, KRX Market, 2013. 6 참조.

# 제4절 부정거래 규제

제176조의 시세조종 규제는 대상이 상장증권이나 장내파생상품이고 또 주관적 요건으로서 목적성을 필요로 하는데 반해, 포괄적 반사기 조항이라 할 수 있는 제178조의 부정거래 규제는 상장·비상장, 장내·장외 가리지 않고 모든 금융투자상품의 매매 기타 거래에 모두 적용되는 것이 특징이다. 한 마디로 자본시장의 거의 모든 위법행위에 대해 휘두를 수 있는 만능의 여의봉인 셈이다.

## 1. 부정거래행위 (제178조 제1항 제1호)

제1항 제1호는 "누구든지 금융투자상품의 매매 그 밖의 거래와 관련하여", "부정한 수단, 계획 또는 기교를 사용하는 행위"를 하여서는 아니 된다"고 간단하게 규정하면서 이를 위반한 행위에 대해서는 최고 무기 징역까지 처벌하고 있다. 포괄적 반사기 규정의 대명사인 부정거래에서도 제1호야 말로 포괄적 규제의 대표적인 상징이라 할 수 있다.

제1호는 고도의 불확정 개념으로서 죄형법정주의 논란을 불식하기 위해서는 '부정한 수단'등에 대한 구체적 지표가 있는 것이 바람직하다. 우리와 동일한 조항이 있는 일본에서의 논의를 보면, 어느 사건에서 고등법원은 "유가증권의 매매 기타 거래에 대한 사기적 행위로서 다른 사람을 착오에 빠지게 하여 자신 또는 타인의 이익을 도모하려고 하는 행위"로 다소 좁게 보았는데, 최고재판소(대법원)는 "유가증권의 거래에 한정하여 그것과 관련하여 사회통념상 부정이라고 인정되는 일체의 수단"이라고 넓게 해석한 바 있다. 그런데 일본에서는 이 사건 외에는 부정거래가 다루어진 적이 거의 없어서 사실상 사문화되어 있는 상태이다.

우리 대법원도 "'부정한 수단, 계획 또는 기교'란 사회통념상 부정하다고 인정되는 일체의 수단, 계획 또는 기교를 말한다"고 하여 일본 대법원과 동일한 입장이다. 다만 보다 구체적 지표로서 "이때 어떠한 행위를 부정하다고 할지는 그 행위가 법령 등에서 금지된 것인지, 다른 투자자들로 하여금 잘못된 판단을 하게 함으로써 공정한 경쟁을 해치고 선의의 투자자에게 손해를 전가하여 자본시장의 공정성, 신뢰성 및 효율성을 해칠 위험이 있는지" 등을 제시하고는 있지만, 그 모호함과 추상성을 제거하여 의미를 명확히 하는데는 그다지 도움이 되지 않는다.[26]

우리 대법원은 일본과 달리 여러 건의 불공정거래 사건에서 부정거래행위를 적극적으로 인용하고 있다. 지금까지 '부정한 수단·계획 또는 기교'를 사용한 부정거래행위로 인정된 사례들로서는, 실제로는 한국인의 자금인데도 외국 법인 명의로 투자를 하여 외국인 투자자금이

---

26  대법원 2018. 4. 12. 선고 2013도6962 판결 자본시장과금융투자업에관한법률위반. 보다 선례로는 대법원 2011. 10. 27. 선고 2011도8109 판결 참조.

유입된 것 처럼 외관을 창출하여 투자자를 기만한 일명 '검은머리 외국인'사건,[27] 코스닥 상장법인의 주가를 조작하기 위하여 사채시장에서 작전 자금을 차입하면서 투자수익보장을 한 사건,[28] 유사투자자문업자의 시세조종 사건[29] 등이 있다. 그러나 우리 법원이 일본보다 적극적이라 하더라도 기본적으로 죄형법정주의의 제약이 있고 또 부정거래 조항의 예비적 · 보충적 성격도 있어서, 부정거래 조항이 단독으로 사용되거나 다양한 사건에 무차별적으로 적용되는 것은 아니고 상당히 제한적으로 사용된다는 점을 유념할 필요가 있다.

부정거래 조항의 운용에 있어서 최근 획기적인 대법원 판결이 나와서 향후 우리나라 불공정거래 규제에 큰 영향을 미칠 전망이다. 2019년, 모 증권회사 애널리스트의 정보 이용 사건이 있었다. 그는 2015~2019년 특정 종목을 '매수' 추천하는 리포트를 작성하기 전 모친 명의의 차명계좌로 동 종목을 미리 매수하거나 친구로 하여금 이 정보를 이용하게 한 후 리포트 발행 후 주가가 오르면 이 종목을 팔아 차액을 얻는 방식으로 수 십억원의 부당이득을 취득하였다. 검찰은 이에 대해 자본시장법 제178조 제1항 제1호(부정한 수단) 및 제54조(직무관련정보 이용 금지) 위반 혐의 적용하여 기소하였는데 애널리스트의 리포트 이용 행위라는 정보 이용에 부정거래를 적용한 최초 사례였다. 제54조와 제178조는 상상적 경합 관계로서 중한 범죄의 형으로 처벌함에 따라 제178조 부정거래 조

---

27  대법원 2011. 10. 27. 선고 2011도8109 판결.

28  투자원리금 보장약정에 따라 대여금 회수가 보장된 상황에서 주식을 매수하게 하여 정상적인 매수세가 꾸준히 유입되고 있는 것처럼 일반투자자를 오인하게 하였음(대법원 2012. 6. 28. 선고 2012도3782 판결).

29  대법원 2018. 4. 12. 선고 2013도6962 판결.

항이 핵심이었고 1심부터 대법원까지 동일하게 유죄 판결이 나왔다.[30]

이 판결의 의미는 중대하다. 지금까지 제178조 부정거래 조항은 대체로 시세조종의 보완조항으로 간주되어 왔고 미공개 정보이용행위에 적용된 사례는 찾아보기 어려웠다. 이 판결이 확정됨에 따라 이제 부정거래조항은 애널리스트의 선행매매(스캘핑)를 넘어 일반적인 내부자거래에도 적용될 확장성을 갖게 되었다. 이론적으로는 여타 불공정거래 규제 조항들 없이 이 부정거래 조항 하나만으로 거의 모든 불공정거래를 처벌하는 것도 가능할 것이고, 나아가 증권회사의 영업행위규제 위반 행위와 여타 자본시장법 위반 행위 모두 부정거래 대상이 될 수도 있는 것이다. 사실 이런 식의 포괄적 규제를 하는 것이 바로 미국 증권거래위원회로서, 1934년법하의 규칙 §10b-5 하나로 거의 모든 불공정거래를 규제하고 있다.

---

[30]   대법원 2021. 4. 15. 선고 2021도1186 판결.

(검은머리 외국인은 무엇이 문제인가?) 자본시장에서 검은머리 외국인에 관한 논란은 대부분 외국인투자동향과 관련이 있다. 우리나라는 투자자의 거래 동향을 종목별 및 시장 전체적으로 개인, 기관투자자, 기타법인, 외국인으로 구분하여 거래량과 거래대금별 각각의 매도, 매수, 순매수를 공표하여 왔다. 문제는 1992년 외국인에게 국내주식시장 투자를 개방한 이래 외국인의 투자동향이 우리 시장에 큰 영향을 미쳐 왔다는 점이다. 즉 국내 투자자들은 외국인 투자자가 글로벌 포트폴리오를 가지고 세계 자본시장의 동향에 정통하며 탁월한 분석력과 정보력으로 시장예측능력이 우월할 것이라는 선입견으로, 외국인 투자자의 투자 방향을 따라가는 경우가 많았다는 것이다. 이런 지배적 편견을 이용하여 투자자를 현혹시키는 수법이 검은머리 외국인을 통한 시세조종 시도이다.

검은머리 외국인을 통한 이러한 시세조종 시도는 그 자체가 위법행위로 보기 어렵다. 근거 없는 선입견으로 추종매매를 하는 투자자들이 잘못된 것이지, 달리 위법한 수단을 쓰지 않고 외국법인 명의로 정상적인 투자를 하는것이 불법은 아닌 것이다. 그러나 전체적인 사기적 계획 하에 투자자를 오도할 수 있는 이러한 행위가 행해진 경우 위법행위가 될 수도 있다는 것이 자본시장법상 부정거래에 의한 규제법리이다.[24]

## 2. 허위 · 부실표시행위 (제178조 제1항 제2호)

제2호는 "중요사항에 관하여 거짓의 기재 또는 표시를 하거나 타인에게 오해를 유발시키지 아니하기 위하여 필요한 중요사항의 기재 또는 표시가 누락된 문서, 그 밖의 기재 또는 표시를 사용하여 금전, 그 밖의 재산상의 이익을 얻고자 하는 행위"를 금지하고 있다.

"거짓의 기재 또는 표시를 하거나"라는 문구는 적극적인 허위표시를 말하고 "중요사항의 기재 또는 표시가 누락된 문서, 그 밖의 기재 또는

---

31  성희활, "영화 '작전'에 대한 금융법 및 자본시장법적 고찰", 한국거래소, KRX Market, 2013. 6, 15면.

표시"는 소극적인 부실표시로 분류할 수 있는데, 양자 모두 표시 매체가 문서에 제한되지 않고 말이나 비문서 일반에도 적용된다. "중요사항의 기재 또는 표시가 누락된 문서"라는 표현만 보면 부실표시는 문서로 제한되는 것 처럼 보이기도 하지만, 문서 뒤에 나오는 "그 밖의 기재 또는 표시"에는 방송이나 인터넷 등도 포함될 수 있기에 굳이 문서 등 문자 매체에 제한된다고 보기는 어렵기 때문이다.

허위 · 부실표시행위는 "이익을 얻고자 하는 행위"라고 하여 금전 기타 재산상의 이익 취득을 주관적 요건으로 하는 목적범의 형태로 규정되어 있다. 이익의 주체는 타인의 이익이나 계산 등에 대한 언급이 없기 때문에 행위자 본인의 이익만을 의미한다고 보아야 할 것이다. 재산상 이익은 적극적인 이득은 물론 소극적인 이득뿐만 아니라 장래의 이익도 포함될 것이며, 이득을 얻기 위한 목적만 있으면 충분하고 현실적으로 실현될 필요는 없다. 그러나 무형의 이익(지위 상승 등)은 포함되기 어려울 것이다.


## 3. 풍문 유포 및 위계사용행위 (제178조 제2항 전반부)

부정거래 조항 제2항은 "누구든지 금융투자상품의 매매, 그 밖의 거래를 할 목적이나 그 시세의 변동을 도모할 목적으로 풍문의 유포, 위계(僞計)의 사용, 폭행 또는 협박을 하여서는 아니 된다"고 규정하고 있다. 동 조항의 "매매를 할 목적"이란 제1호의 "매매 그 밖의 거래와 관련하여"보다는 좁은 범위이지만 제176조의 구체적인 목적보다는 훨씬 포괄적으로 해석될 수 있다.

풍문유포에서 풍문이란 사실적 근거가 없어서 신빙성이 약하지만 허위가 명백한 정도까지는 아닌 소문으로 해석된다. 허위라는 것을 알고 유포하면 제1항의 허위표시에 해당될 것이기 때문이다. 우리 판례나 학설에서 풍문의 의미가 제대로 논의된 바 없기에 보다 명확한 이해를 위해 외국의 사례를 하나 제시한다. 호주 회사법 제1041E는 행위자가 자신이 유포하는 정보의 진실 여부에 대하여 신경쓰지 않고(the person does not care whether the statement or information is true or false) 오해를 유발할 수 있는 정보를 유포하는 행위를 처벌하고 있는데, 여기서 "정보의 진실 여부에 신경쓰지 않고"라는 표현이 허위사실이나 허위표시와 다른 풍문의 의미를 제대로 포착한 것이 아닌가 한다. 인터넷이나 SNS에서 본 루머가 진짜인지 가짜인지 알 수 없고 사실로 밝혀진 바도 없으나, 어쨌든 자신에게 유리한 듯 해서 다른 곳에 퍼나르면 이는 전형적인 풍문의 유포가 될 것이다.

위계란 타인을 기망하여 거래에 대한 착오를 유발시키기 위한 제반 수단 등인데, 핵심은 "허위나 기만적 요소"가 반드시 있어야 한다는 것이다.[32] 2004년에 발생한 소위 '헤르메스펀드'사건에서 영국의 헤르메스펀드가 삼성물산 주식을 단순투자 목적으로 5% 매입하고 나서는 애매하게 경영 간섭과 M&A 가능성 등을 언론에 흘린 것에 대해서, 검찰은 구 증권거래법 제188조의4 제4항에 있는 위계 사용을 이유로 기소하였다. 다른 시세조종 조항 없이 오직 위계 조항만 근거로 기소한 매우 드문 사건인데, 법원은 1심에서 대법원까지 모두 기만적 요소가 없다면서 위계 사용을 부정하였다. 구 증권거래법에서는 '위계'가 가장 포괄적인 불공정거래 행위였으나 자본시장법에서는 위계보다 훨씬 더 포괄적

---

32  대법원 2008. 5. 15. 선고 2007도11145 판결 ("위계라 함은 거래상대방이나 일반투자자들을 기망하여 매매 기타 거래에 관한 일정한 행위를 유인할 목적의 수단이나 계획, 기교 등을 의미").

개념인 '부정한 수단·계획·기교'가 도입되어서 이제 위계 조항은 과거의 중요성을 상실하였다. 그러나 제176조의 구체적 시세조종 행위와 제178조 제1항 제1호의 '부정한 수단'과의 중간에서 일정한 역할이 있을 수 있다. 왜냐하면 제176조는 너무 구체적이고 제178조의 '부정한 수단'은 너무 포괄적이기 때문이다.

## 4. 부정거래와 내부자거래

현재의 일반적인 인식은 부정거래 조항은 제176조의 시세조종에 대한 보완적 규제라는 것이다. 즉 까다로운 요건들로 인하여 제176조가 적용되기 어려운 경우 제178조가 예비적, 보충적으로 적용될 수 있다는 생각이다. 그러면 제174조의 내부자거래에 대해서도 동일하게 보충적 성격을 인정할 수 있을 것인가? 아직 이에 대한 판결이나 감독당국의 제재 사례도 없고, 학계에서도 제대로 논의된 바도 없어서 단정적으로 말 하기는 어렵지만 안 된다고 할 근거도 사실 없다. 즉 '부정한 수단·계획·기교'라는 엄청나게 포괄적인 용어에 미공개정보 이용행위는 포함되지 않는다고 말하기가 어렵다는 것이다. 부정거래 조항의 원조 격인 미국의 Rule 10b-5도 시세조종과 내부자거래 가리지 않고 전방위로 적용되고 있는 것이 현실이다. 다만 죄형법정주의 원칙이 훨씬 더 엄격하게 작용하는 대륙법계의 특성상 미국의 법리가 그대로 들어오기는 그리 쉽지 않은 것도 사실이다. 우리 자본시장법의 중요한 연구과제 중 하나라 할 것이다.

"입법의 도토리에서 자라난 사법의 상수리나무"는 윌리엄 렌퀴스트 전 미국 연방대법원장이 증권거래위원회(SEC)의 규칙 Rule 10b-5를 두고 한 말이다. 증권거래소법 제10조(b)항의 백지 위임에 따라 위원회가 제정한 이 규칙은 미국에서 민·형사 공히 거의 모든 증권사기 사건에 적용되는 '포괄적 반사기 조항(catch-all anti-fraud provision)'이다. 처음 제정될 때는 거창한 의도없이 무심히 만들어졌지만 이후 법원의 정교한 해석 및 유연한 적용에 의해 모든 것을 규제할 수 있는 만능의 법리 체계가 구축돼왔는데 그 과정을 한 문구로 요약한 것이 "입법의 도토리에서 자라난 사법의 상수리나무"라는 이 표현이다.

자본시장은 빠른 속도로 발전하고 거래되는 상품도 나날이 복잡해지고 있어 웬만한 전문가가 아니면 제대로 이해하기 힘든 전문 영역이 되어가고 있다. 이에 따라 불공정거래도 더욱 지능적으로 진화하고 있는데 '도고일척 마고일장(道高一尺 魔高一丈)'이라는 말처럼 신속하고 효과적인 규제는 날로 어려워지고 있다. 이에 따라 미국과 같은 포괄적 반사기 조항에 대한 요청이 지속적으로 제기된 끝에 우리나라도 2007년 자본시장법 제정 시 Rule 10b-5와 거의 동일한 포괄적 규제 조항을 제178조에 '부정거래'라는 이름으로 도입했다.

'부정거래' 조항은 왜 포괄적 반사기 조항으로 불릴까? 이 조항의 핵심은 제178조 제1항 제1호에 규정되어 있는 "부정한 수단, 계획 또는 기교를 사용하는 행위"다. 즉 누구든지 금융투자상품의 매매 기타 거래와 관련해 부정한 수단 등을 사용하면 최고 무기징역에 처해지고 부당이득의 5배에 달하는 벌금도 병과되는 무서운 조항이다. 이 부정거래에서 비난가능성의 지표는 '부정'이라는 단어뿐이다. 다른 모든 구성요건들, 즉 금융투자상품, 매매 기타 거래, 수단·계획·기교, 사용 등은 가치중립적이어서 '부정'이라는 요건이 유일무이한 위법성의 지표가 된다. 그러면 이 '부정'의 판단기준은 무엇일까? 우리 대법원은 '사회통념상 부정하다고 인정되는 일체의 수단, 계획 또는 기교'를 부정거래로 정의하고 있다. 전통적인 죄형법정주의 원칙에서 보면 이례적으로 포괄적이고 추상적인 이 부정거래 조항은 최근 활용도가 급증하고 있다. 멀리 거슬러 올라갈 것 없이 올 한 해 언론에 보도된 검찰 기소사건들만 보더라도 삼성물산 합병, 코오롱의 인보사 케이주, 신라젠의 무자본 인수 · 합병(M&A), 라임 · 옵티머스펀드 사기적 판매, 상상인 저축은행의 불법대출, 애널리스트 선행매매 등 굵직한 사건들에 모두 부정거래 조항이 적용되었다. 검찰의 적극적 활용과 법원의 유연한 적용으로 미국과 같은 상황이 되어 가는듯한데 과연 이렇게 진행되어 가는 것이 바람직할까? 우리와 미국의 법리는 동일할까?

사실 부정거래의 원조인 미국에서는 우리 검찰이 적극 활용하는 '부정한 수단'은 인정되지 않는다. 즉 10b-5에서 (a)와 (c)항에 있는 사기적인 수단 · 계획 · 기교 · 관행 · 업무방법 등에 의한 처벌은 인정되지 않고 (b)항의 부실표시(허위표시와 사실 은폐)에 의해서만 규제되고 있는 것이 미국의 현실이다. 그리고 '부정'이라는 모호한 말 대신 '사기적(to defraud)'이라는 보다 명확한 용어를 사용하고 있는 점도 작지 않은 차이점이다.

최근 우리 부정거래 조항은 또 한 번 진화하고 있는데 바로 정보이용행위에 부정거래 조항을 적용한 점이다. 금융감독원 특사경 제1호 사건으로 알려진 이 선행매매 사건에서 애널리스트는 자신이 작성한 조사분석보고서의 공표 전에 차명거래를 하거나 친구에게 정보를 제공해 거래하게 했다. 이에 대해 검찰은 논란은 좀 있지만 일반적으로 예상되었던 제54조나 제71조가 아니라 처음으로 제178조 제1항 제1호의 '부정한 수단' 조항 위반으로 기소했고 올해 7월 서울남부지법은 이를 인용해 유죄를 선고했다. 부정거래 조항은 시세조종 조항의 보완적 · 예비적 조항이라는 법조계의 일반적 인식을 깨고 일종의 내부자거래인 정보이용행위를 부정거래로 선언한 획기적 사건이다. 만약 이 판결이 확정된다면 이제 부정거래 조항은 내부자거래를 포함한 모든 불공정거래에 적용될 수 있는 진정한 '절대반지'가 될 것이다.

그런데 이렇게 진행되는 것이 바람직한가? 한편으로는 막연하기 때문에 무효라는 생각도 들 수 있겠지만 다른 한편으로는 날로 고도화 · 지능화되어 가는 자본시장 범죄와 오랜 기간 숙성된 규제 요구를 고려하여 도입된 부정거래 조항을 죄형법정주의의 명확성 원칙에 위반해 위헌이라고 단정하기는 어렵다는 생각도 든다. 그러나 지나치게 유연한 적용은 자의적 법적용과 권한남용으로 흘러 법적 안정성을 해칠 위험도 작지 않다. Rule 10b-5를 동일하게 도입한 일본에서도 부정거래 조항은 1965년 단 한번만 적용되었을 뿐 현재는 사문화돼 있는 상태다. 쉽지 않은 문제지만 하나의 방안을 제시하자면 법원이 부정거래에 대한 구체적 판단기준을 제시하는 것이 어떨까 한다. 미국에서 어떤 자금조달 수단이 증권에 해당하는가에 대한 판단 기준인 '하위 기준'은 1946년 연방대법원이 증권법상 '투자계약'이라고만 되어 있는 증권의 속성을 4가지로 제시한 것인데, 최근 비트코인에 이르기까지 75년간 숱한 사례에서 그대로 적용돼 법적 안정성을 유지할 수 있었다. 이와 같이 우리 대법원도 포기할 수는 없고 그대로 사용하기에는 지나치게 예리한 칼인 부정거래 조항에 대해 현명한 판단기준을 수립할 것을 요청한다.

(성희활, 아시아경제 시론, 2020. 11. 17)

# 제5절 시장질서 교란행위 규제

2015년 자본시장법에 도입된 시장질서 교란행위는 유럽연합(EU)의 시장남용행위(market abuse) 규제를 참조한 것으로서, 기존 법령에 따르면 명백한 위법행위로 보기는 어렵지만, 시장질서를 교란하여 거래의 공정성과 투명성을 저해하고 투자자의 신뢰를 무너뜨리는 행위를 규제하겠다는 취지이다. 그리고 제재 수단은 다른 불공정거래와 달리 형사벌이 아니라 정부가 부과하는 과징금 처분이라는 것이 특징이다.

시장질서 교란행위 규제의 효용은 기존 불공정거래 규제의 한계와 비교하면 명확히 부각된다. 예를 들어 내부자거래의 경우 2차 수령자는 아무리 큰 이득을 얻어도 형사처벌이 불가능하고, 시세조종의 경우는 시장을 크게 혼란케 하여도 구체적인 목적성이 없으면 처벌되지 않는다.[33]

---

33  예를 들어 2013년 발생한 모 상장법인 관련 사건에서 회사 관계자로부터 직접 정보를 받은 자(1차 수령자, 애널리스트)는 형사처벌이 가능하여 양자 모두 기소되었으나, 애널리스트로부터 정보를 건네 받아 이용하여 손실을 회피한 펀드매니저는 2차 수령자로서 형사처벌이 아예 불가능하였다. 시세조종의 경우 허수주문 · 통정매매 등으로 주가가 크게 변동하는 등 시장을 혼란케 하였으나 시세조종의 "목적성"이 입증되지 않아 무죄로 판결된 사례도 있다. (대법원 2008. 11. 27 선고 2007도6558 판결 증권거래법위반).

이러한 행위도 형사처벌로 엄격히 규제하는 것이 바람직하기는 하지만 기존 형사법 체계와의 조화 및 입법 작업의 어려움 등을 감안하여 중간적 조치로서 도입된 것이 시장질서 교란행위 규제이다. 시장질서 교란행위는 정보이용형 교란행위와 시세관여형 교란행위로 구분되는데 정보이용형 교란행위는 내부자거래를, 시세관여형 교란행위는 시세조종을 확대한 것이다.

## 1. 정보이용형 시장질서 교란행위

사실 시장질서 교란행위 규제의 큰 의미는 내부자거래 규제의 무한 확장이라고 볼 수 있다. 제재 수단이 과징금 처분에 그쳐 그 영향과 중대성이 크게 평가되지 못하고 있는데, 우리 내부자거래 규제의 패러다임을 완전히 바꾸었다 해도 과언이 아니다.

이 규제는 제1호에서 규제대상자를 규정하고, 이 규제대상자가 제2호에 규정된 규제대상정보를 이용하는 것을 금지한다. 그런데 논의의 편의를 위해 먼저 규제대상정보를 알 필요가 있다. 제2호에서 말하는 규제대상정보는 "그 정보가 지정 금융투자상품의 매매등 여부 또는 매매등의 조건에 중대한 영향을 줄 가능성이 있을 것"과 "그 정보가 투자자들이 알지 못하는 사실에 관한 정보로서 불특정 다수인이 알 수 있도록 공개되기 전일 것"이라는 요건을 갖추면 성립한다.

그런데 '지정 금융투자상품'의 정의를 '증권시장에 상장된 증권이나 장내파생상품 또는 이를 기초자산으로 하는 파생상품'이라고 하고 있어서 주가지수파생상품도 포함되게 되어 있다. 달리 말하면 업무 관련성도 필요 없고, 개별 주식이 아니라 시장 전체에 영향을 미치는 정보도 규제대상정보에 포함된다는 의미이다. 따라서 제174조에서 규제되지 않는 시장정보와 정책정보도 규제범위에 들어오게 되는 것이다. 이로 인해 내부자거래 규제의 초점이 상장법인의 내부자가 아니라 투자판단에 중요한 "정보"로 이동된다. 그리고 투자판단에 중요한 미공개정보이면 규제대상정보가 되어, 상장법인의 업무 관련성을 불문하고 규제범위에 포섭된다. 또한 이러한 정보를 알게 된 자는 다 규제대상자에 포섭되어, 상장법인 내부자와 관련자 등 신분에 관계없이 중요정보를 알게 된 모든 자가 규제된다.[34]

다음으로 규제대상자를 보면, 첫 번째 규제대상자는 제174조의 내부자거래 규제 대상자(회사 내부자, 준내부자, 1차 수령자)로부터 내부정보를 받거나 전득한 자라 하고 있다. 전득한 자가 포함됨으로써 정보 수령의 차수에 관계없이 모든 정보 수령자가 다 포함된다. 가장 눈에 띄는 규제의 변화라 할 수 있다(제1호 가목).

두 번째 규제대상자는 자신의 직무와 관련하여 제2호의 '규제대상정보'를 생산하거나 알게 된 자이다(제1호 나목). 이 나목의 두 번째 규제대상자 부터는 더 이상 기존 내부자거래의 패러다임에 속하지 않는다. 왜냐하면 여기서 말하는 규제대상정보는 시장정보와 정책정보도 모두 포함되기 때문이다. 이에 따른 규제대상자를 열거하자면, 기관투자자 주문을 받는 증권회사 직원, 분석보고서를 작성하는 애널리스트, 스튜어드십 코드에 따라 기업 관여를 하는 연기금들, 언론 기사를 작성하는 기자, 금리나 환율 및 경제정책을 기안하거나 결정하는 정부 공무원, 기업이나 자본시장 관련 중요 사건에 대한 판결을 내리는 법관, 국가기

---

34  자세한 내용은 성희활, "2014년 개정 자본시장법상 시장질서교란행위 규제 도입의 함의와 전망", 증권법연구, 제16권 제11호, 2015, 152면 및 162~163면.

관에 대한 감사권 행사로 중요 정책정보에 접근할 수 있는 국회의원 등 국민경제에서 중요한 역할을 하는 거의 모든 사람들이라고 할 수 있다.

세 번째 규제대상자는 해킹, 절취(竊取), 기망(欺罔), 협박, 그 밖의 부정한 방법으로 정보를 알게 된 자이다(제1호 다목). 기존 내부자거래는 정보를 생산하거나 직무와 관련하여 지득하거나 받은 경우만 규제되는데 반해, 여기서는 그 지득 방법에 관계없이 규제 대상이 되는 점이 특징이다. 다만 공공장소에서 우연히 엿들은 정보는 여기에 포함된다고 보기 어렵다. 외국 입법례 중에는 호주와 같이, 우연히 엿들어 알게 된 정보도 규제대상으로 하여 투자판단에 영향을 미치는 모든 정보는 누구라도 이용을 금지하는 극단적인 사례도 있다.

네번째 규제대상자는 앞의 두 번째와 세 번째 규제대상자로부터 나온 정보인 정을 알면서 이를 받거나 전득한 자로서, 여기서도 정보 수령의 차수에 관계없이 모두 규제대상자가 된다.


## 2. 시세관여형 시장질서 교란행위

시세관여형 교란행위는 기존 시세조종 규제에서 목적성 요건을 제거하여 내심의 동기 등 목적 입증 부담없이 행위 양태만으로 파악한 개념이다. 조문을 살펴보면 시세조종 행위에서 허수주문(제2항 제1호), 가장매매(제2항 제2호)에 대하여 별도의 목적을 요구하지 않고 행위 양태만으로 규제한다. 즉 "거래 성립 가능성이 희박한 호가를 대량으로 제출하거나 호가를 제출한 후 해당 호가를 반복적으로 정정·취소하여 시세에 부당한 영향을 주거나 줄 우려가 있는 행위"(허수주문), "권리의 이전을 목적으로 하지 아니함에도 불구하고 거짓으로 꾸민 매매를 하여 시세에 부당한 영향을 주거나 줄 우려가 있는 행위"(가장매매)이다.

그런데 통정매매의 경우에는 특이하게 "손익이전 또는 조세회피" 목적을 요구하고 있다(제2항 제3호). 제176조의 통정매매에 의한 시세조종은 "매매가 성황을 이루고 있는 듯이 잘못 알게 하거나, 그 밖에 타인에게 그릇된 판단을 하게 할 목적"을 요구함으로써 이런 목적이 아니라 실제로 흔하게 발생하는 손익이전·조세회피 목적의 거래는 규제하기 어려웠다. 따라서 손익이전 등의 목적으로 하는 통정매매가 규제대상이 된 것은 바람직하다. 그러나 목적에 관계없이 통정매매는 시세조종의 중요 행위 양태임에도 손익이전 등의 목적이 있어야만 규제되게 됨으로써 유연한 대응에는 다소 문제가 있다.

제4호는 시세관여형 시장질서 교란행위의 포괄적 조항이라 할 수 있다. 즉 "거짓으로 계책을 꾸미는 등"으로 상장증권 또는 장내파생상품의 수요·공급 상황이나 그 가격에 대하여 타인에게 잘못된 판단이나 오해를 유발하거나 상장증권 또는 장내파생상품의 가격을 왜곡할 우려가 있는 행위라고 하여 부정거래행위와 비슷한 효과를 도모하고 있다. 이 조항을 활용하면 앞에서 지적한 손익이전 목적이 없는 통정매매도 '거짓 계책'으로 볼 수 있을 것이다.

## 3. 시장질서 교란행위 제재와 검찰과의 정보교류

시장질서 교란행위에 대해서는 기본적으로 5억원 이하의 과징금을 부과하되, 그 위반행위와 관련된 거래로 얻은 이익(미실현 이익을 포함한다) 또는 이로 인하여 회피한 손실액의 1.5배에 해당하는 금액이 5억원을 초과하는 경우에는 그 이익 또는 회피한 손실액의 1.5배에 상당하는 금액 이하의 과징금을 부과한다. 이에 따르면 약 3억 4천만원 이상의 부당이득이 있으면 그 1.5배의 금액이 5억원을 초과하게 되므로 그 이상의 부당이득에는 한도 무제한의 과징금이 가능하게 된다.

시장질서 교란행위 제재에서 주의 깊에 봐야할 문구는 "위반행위와 관련된 거래로 얻은 이익"이다. 앞에서 3대 불공정거래가 부당이득의 산정을 "위반행위로 인하여 얻은 이익"으로 함으로써 엄격한 인과관계의 증명이 요구되는 바람에 형사처벌이 매우 어렵게 되어 있다는 것을 지적한 바 있는데, 시장질서 교란행위의 문구는 바로 이러한 문제점을 회피하고자 "인하여" 대신 "관련하여"로 완화한 것이다. 그러나 이러한 입법 의도가 법원을 설득할 수 있을지는 아직 알 수 없다.

시장질서 교란행위는 원래 형사처벌로 제재할 것을 여러 여건상 행정처분으로 제재하는 것으로 한 것이다. 이에 따라 형사처벌 대상이 되는 범죄인데도 금융당국이 과징금 처분으로 종료할 가능성도 있다. 이를 감안하여 자본시장법은 검찰과 금융당국의 정보교류에 대한 규정을 두고 있다. 증권선물위원회가 시장질서 교란행위(과징금 대상)에 대한 조사 중 해당 사건이 기존 불공정거래행위(형벌 대상) 혐의가 있다고 인정하는 경우에는 검찰에 통보해야 하며, 검찰총장이 제173조의2 제2항(장내파생상품거래 관련 미공개정보이용), 제174조(내부자거래), 제176조(시세조종) 또는 제178조(부정거래)를 위반한 자를 소추하기 위하여 관련 정보를 요구하는 경우에는 증권선물위원회는 이를 제공할 수 있도록 하고 있다(법 제178조의3).

## 4. 시장질서 교란행위 제재 사례[35]

### (1) 정보이용형 시장질서 교란행위 제재 사례

2017년 국내 모 제약사가 외국회사와 항암신약 관련 기술수출계약을 맺은 후 해당 항암신약의 임상실험 실패로 인해 계약이 해지된 사실을 공시하기 전에 내부 직원으로부터 정보가 유포되기 시작하여 혈연·학연·지연을 통한 광범위한 내부자거래가 발생하였다. 이에 대해 증권선물위원회는 범죄로서의 내부자거래 요건에 해당하는 자들은 검찰에 고발하고, 내부자거래 요건에 미달한 자들은 정보이용형 시장질서 교란행위로 과징금을 부과하였다. 이 사건은 2015년 내부자거래의 규모도 상당하였지만, 시장질서 교란행위가 도입된 이래 위법행위로나 과징금 액수로나 가장 규모가 큰 교란행위 사건이었다.

여러 과징금 부과 건중 대표적인 것 일부만 소개하면 다음과 같다.[36] ○○약품 법무팀에서 계약 업무를 담당하던 甲은 사내 메신저 등을 통해 '관계사와의 계약해지 사실'을 △△사 인사팀 직원 乙에게 전달하였고, 乙은 전화통화를 통해 지인인 A에게 정보를 전달하고 A는 전화통화를 통해 고등학교 동창인 B에게 정보를 전달하였으며 B 또한 전화통화를 통해 고등학교 후배인 C에게 정보를 전달하고 C는 과거 같은 직장 동료였던 D에게 정보를 전달하였다.

이에 증권선물위원회는 회사 내부자와 1차 수령자는 미공개정보 이용금지 규제 위반, 즉 범죄로서의 내부자거래에 해당된다고 보아 검찰

---

35  제재 사례 상세는 성희활·장인봉, "시장질서 교란행위 조사실무와 최근 제재사례 및 제도적 개선방안 고찰", 서울대 금융법센터, BFL, 제86호, 2017 참조.

36  금융위원회, "○○약품 시장질서교란행위자 대규모 과징금 부과 조치", 보도자료, 2017. 5. 24 참고.

에 고발하였고 이들은 검찰에서 구속기소되었다. 2차 수령자 이후는 범죄로서의 내부자거래 책임이 없기 때문에 증권선물위원회가 정보이용형 시장질서 교란행위 위반 책임을 물어 과징금을 부과하였다. 과징금 액수는 A가 4,600만원, B가 2억100만원, C가 3억8,190만원, D가 13억 4,520만원 이었다.

| 정보원천 | 1차 수령자 | 2차 수령자 | 3차 수령자 | 4차 수령자 | 5차 수령자 |
|---|---|---|---|---|---|
| 甲<br>(○○약품<br>법무팀)<br>구속 기소 | 乙<br>(△△사<br>인사팀)<br>구속 기소 | A<br>(개인투자자) | B<br>(개인투자자) | C<br>(전업투자자) | D<br>(전업투자자) |

## (2) 시세관여형 시장질서 교란행위 제재 사례

개인투자자들이 겨우 몇 주의 주식에 대해서 짧은 시간동안 수백 회의 고가매수주문을 내어 시세에 영향을 미치거나 투자자를 유인하는 것을 단주매매를 통한 시세조종이라 한다. 10주도 안 되는 소량의 주문으로도 시세조종이 가능한 이유는, 투자자들이 사용하는 HTS의 호가창에 매매거래가 체결될 때마다 화면이 깜박거려 일반투자자로서는 거래가 많이 이루어지고 다른 투자자들의 관심이 높다고 오인할 수 있기 때문이다.

거래 규모와 주가 변동폭이 작다고 해서 시세조종이 안되는 것은 아니다. 따라서 일반투자자가 개인 단독으로 단주매매를 하더라도 시세에 영향을 주거나 다른 투자자의 투자판단을 그르치게 한다면 여전히 시세조종에 해당된다. 그러나 개인투자자의 단주매매는 전통적인 시세조종 사례에 비해서 워낙 규모가 작다보니 범죄로서 처벌하기도 애매한 부분이 있었다. 증권선물위원회는 이 단주매매에 대해서 시세관여형 시장질서 교란행위로 보아 과징금으로 제재한 바 있다. 앞으로도 경미한 시세조종은 검찰 고발·통보 대신 교란행위로 제재될 가능성이 높다고 생각된다. 다만 단주매매도 엄연히 시세조종이므로 행위가 빈번하게 이루어지고 부당이득의 규모도 클 경우에는 시세조종으로 형사처벌될 가능성도 작지 않다.[37]

구체적인 사례를 보면, 어떤 개인투자자(A)는 2016. 9. 12.~10. 14. 기간 중 00사 등 4개사 주식 949,254주를 매수하고 949,256주를 매도하는 과정에서, 14거래일 중 평균 2~3분 정도의 짧은 시간 동안 1주의 고가매수주문을 수백회 반복하는 방법으로 시세에 관여하였다. 보다 구체적으로는 14거래일 중 평균 2~3분 정도의 짧은 시간 동안 고가의 단주주문을 수백회 제출하는 방식으로 일반투자자가 HTS 호가창에 매매가 빈번하게 체결되고 있는 상황으로 오인케 하거나, 매도1호가 가격대로 지속적으로 매수하여 일반투자자로 하여금 시장에서 거래되는 가격에 대하여 잘못된 판단을 하게 한 사실이 있으며, 소량 단위의 매수주문을 총 12,159회 제출하는 과정에서 2,458회에 걸쳐 가격이 상승하는 등 해당 주식의 가격을 왜곡할 우려가 있는 행위를 한 사실이 있었다. 또 다른 개인투자자(B)도 거의 동일한 행위로 소량 단위의 매수주문을 총 2,983회 제출하는 과정에서 523회에 걸쳐 가격이 상승하는 등 해당주식의 가격을 왜곡할 우려가 있는 행위를 한 사실이 있었다.

증권선물위원회는 이러한 단주매매 방식을 시세관여형 시장질서 교란행위 중 거짓 계책 등으로 타인에게 상장증권의 수요·공급상황이나

---

[37] 금융감독원과 검찰은 조직적 단주매매에 대해서 기획조사를 벌여 10여명을 기소한 적도 있다. 금융감독원, "단주매매 시세조종 관련 투자자 유의사항-소량(1~10주)의 주식이 지속 체결되면서 호가창이 깜박깜박한다면 초단기 시세조종을 의심하세요!", 보도자료, 2018. 11. 28. 참조

가격에 대해 잘못된 판단·오해를 유발하거나 상장증권의 가격을 왜곡할 우려가 있는 행위에 해당한다고 판단하고, 해당 개인투자자들에게 과징금을 부과하였다. 과징금 액수는 A, B 각각 45,000,000원과 69,300,000원이었다.[38]

---

38    금융위원회, "증권선물위원회 2017년 제12차 의결서", 2017. 7. 20. 참조.

# 제6절 공매도 규제

## 1. 공매도란 무엇이고 왜 하는가?

'공매도'(short sale or short selling)란 투자자가 소유하지 않은 증권을 매도하는 것을 말한다. 투자자는 왜 공매도를 할까? 일반적으로 주식 투자라고 하면 전망이 좋아 보이는 주식을 사서 오르면 팔아 차익을 얻는 경우가 대부분이다. 그런데 거꾸로 전망이 안 좋아 보일 때, 주식을 빌려 팔아 놓고 가격이 떨어지면 사서 갚아도 차익을 얻을 수 있다. 예를 들어, 현재 1만원 짜리 주식이 있는데 분석 결과 이 회사의 실적이 나빠질 것으로 예상된다면, 이 주식을 1만원에 100주를 공매도를 하고, 이후 예상대로 실적 악화로 주가가 5천원이 되었다면 그 때 5천원에 100주를 사면 5,000원×100주=5백만원의 차익을 얻을 수 있는 것이다. 이런 점에서 공매도는 선물 매도와 사실상 동일하다.

공매도는 상당히 위험한 투자 방식이다. 왜냐하면 일반적인 투자 방식인 매수후 매도는 이론상 최대 손실이 투자원금 전액일 뿐 그 이상의 위험은 없다. 그러나 공매도는 손실이 무한히 커질 수 있다. 1만원에 공매도한 주식이 10만원을 가고 100만원을 갈 수도 있기 때문이다. 그래서 공매도는 보통 헤지펀드나 기관투자자 등 위험 감수 능력이 있는 전문 투자자들이 많이 이용하는 편이다.

그런데 소유하고 있는 증권이 없는데 어떻게 매도를 할 수 있는가? 두 가지 방법이 있는데, 하나는 차입 공매도라 하여 대차거래 등을 통하여 다른 사람으로부터 빌린 주식을 매도하는 것이다. 자본시장법은 이처럼 빌린 주식을 매도하는 경우는 본인 주식을 매도하는 경우와 다르게 취급하여 공매도 표시, 호가 제한 등 복잡한 공매도 규제를 적용하고 있다.

또 다른 하나는 무차입 공매도(naked short selling)라 하여 소유하고 있는 주식도 없고 빌린 주식도 없는데 매도하는 것이다. 계좌에 주식이 전혀 없는데도 어떻게 매도가 가능할까? 과거 이것이 가능했던 이유는 위탁증거금과 관계가 있다. 즉 계좌에 1천만원이 있다고 하자. 그러면 이 돈으로 주식을 매수할 수 있는 것은 너무나 당연하다. 그런데 이 돈을 근거로 매도 주문도 낼 수 있다. 왜냐하면 이 돈이 일종의 담보 역할을 하기 때문이다. 예를 들어, 계좌에 1천만원이 있는 투자자가 어느 회사 주식에 대해 1천만원어치 매도 주문을 낸다. 중개 증권회사는 계좌에 있는 1천만원을 보고 그 주문을 중개하여 거래소 시장에서 체결시킨다. 그러면 거래일 다음 다음날(T+2일)인 결제일에 현금 1천만원이 들어올 것이다. 그 대신 이 투자자는 결제일에 주식 1천만원어치를 매수자에게 보내야 한다. 따라서 투자자는 결제일까지 1천만원어치 주식을 자기 계좌에 입고시켜야 하는 것이다.

만약 투자자가 결제일에 매도한 주식을 계좌에 입고하지 않으면 어떻게 되는가? 이 때는 거래 증권회사가 계좌에 있는 현금 1천만원으로 이 주식을 사서 결제하게 된다. 즉 현금 1천만원이 비상시 담보로 기능하는 것이다. 계좌에 돈이 없는 투자자는 담보 역할을 할 자금이 없는 것이므로 이러한 무차입 공매도를 할 수 없다. 다만 신용이 높아 위탁증거금이 면제되는 기관투자자 등은 계좌에 돈이 없어도 무차입 공매도를 할 수 있다. 최근 일부 외국인과 기관 등이 무차입 공매도를 한 것으로 적발되고 제재를 받는 것은 바로 이 때문이다.

차입 공매도는 몇 개월 이상 장기간 빌려 매도하는 경우가 많은데, 무차입 공매도는 증권 결제기간인 3일 내에 이루어지는 것이 큰 차이점이다. 우리나라는 2000년 이전까지는 차입 공매도는 물론 무차입 공매도도 자유롭게 허용되었고 공매도에 대한 까다로운 규제도 없었다. 그러나 2000년과 2002년 두 차례에 걸쳐[39] 무차입 공매도로 인한 결제불이행 사태가 발생하였고, 이에 따라 무차입 공매도 전면 금지 등 엄격한 공매도 규제가 도입되었다. 이후 2008년 글로벌 금융위기와 국내 시장에서 횡행하는 외국인 투자자의 공매도로 인하여 우리나라 공매도 규제는 지속적으로 강화되어 왔다.

공매도는 일반투자자에게 마치 '악의 화신'처럼 여겨지지만, 시장의 과잉반응을 완화시키고 과대평가된 주식을 적정 가격으로 환원시켜서 시장의 균형을 잡아주는 순기능도 있다. 그렇더라도 공매도는 다양한 불공정거래에 활용되기도 하고 결제불이행 사태로 시장에 충격을 주는 경우도 있으며, 위기 상황에서 주가 하락을 가속화시키는 특성이 있기 때문에 엄격한 규제를 하고 있다. 불공정거래와 관련해서는 악재 정보를 얻은 자가 공매도로 부당이득을 얻는 내부자거래도 있고, 대량의 공매도를 하여 가격을 인위적으로 하락시키는 시세조종도 있다. 종합적으

---

39  2000년에는 성도이엔지 주식을 무차입 공매도한 우풍상호신용금고가 이틀 후 결제일에 주식을 확보하지 못하여 결제불이행이 발생하였는데, 이 이유는 주식 발행물량보다 더 많은 수량을 공매도하였기 때문이었다. 2002년에는 정리금융공사가 현대금속(1우)을 착오로 공매도하는 바람에 결제불이행이 발생한 바 있다.

로 보면 공매도는 순기능과 역기능이 결합되어 있는 '악의 꽃'이라 하는 것이 보다 타당하다.

## 2. 자본시장법의 공매도 규제 내용

### (1) 법령상 규제 내용

법 제180조 제1항은 공매도의 정의에 차입·무차입 공매도 모두 포함하되, 무차입 공매도는 전면 금지하고 차입 공매도만 시행령이 정하는 방법에 따를 경우 예외적으로 허용한다. 시행령은 차입 공매도에 한하여 투자자와 거래소의 회원에게 공매도 명시의무를 부여하면서 구체적인 공매도 규제를 거래소의 업무규정에 다시 위임하고 있다.

한편 동법 동조 제2항 및 시행령은 결제불이행 위험이 없는 일정한 경우는 공매도의 개념에서 배제하고 있다. 결제불이행 위험이 없는 경우란 유·무상증자나 주식배당 등으로 주식 취득이 확정되어 결제일까지 그 주식이 상장되어 결제가 가능한 경우와 같이 거래일 다음 다음 날까지 증권인도에 전혀 문제가 없는 경우를 말한다.

공매도 정의에서 배제되는 경우로는 "증권시장에서 매수계약이 체결된 상장증권을 해당 수량의 범위에서 결제일 전에 매도하는 경우", "전환사채·교환사채·신주인수권부사채 등의 권리 행사, 유·무상증자, 주식배당 등으로 취득할 주식을 매도하는 경우로서 결제일까지 그 주식이 상장되어 결제가 가능한 경우"가 있고(법 제180조 제2항), 법의 위임에 따라 시행령이 정하는 경우도 있다. 시행령에서는 "대여 중인 상장증권 중 반환이 확정된 증권의 매도", "증권시장 외에서의 매매에 의하여 인도받을 상장증권의 매도"등을 열거하면서 재차 거래소 업무규정으로 하여금 추가로 정하게 하고 있다.

2016년에는 공매도 순보유잔고에 대한 보고 및 공시 제도가 법에 도입되었다. 제180조의2에서 규정하고 있는 보고 제도는 1만분의 1(음수로서 절댓값) 이상의 순보유잔고가 있는 종목에 대해서 금융위원회와 거래소에 동 사실을 보고하도록 하고 있다. 아울러 순보유잔고 평가액이 10억원 이상인 경우 순보유잔고 비율에 관계없이 보고대상에 포함된다. 순보유잔고는 총보유물량에서 차입물량을 차감한 것을 말한다. 제180조의3에서 규정하고 있는 공시 제도는 순보유잔고 비율이 음수(-)로서 그 절댓값이 1천분의 5이상인 경우 매도자에 관한 정보 등을 사유발생일로부터 3영업일 증권시장 종료 후에 공시하도록 하고 있다.

## (2) 거래소 규정상 규제 내용

공매도 규제의 세부적인 내용, 즉 공매도 호가시 가격제한이라든가 공매도 명시, 차입 여부 확인 등은 자본시장법의 위임에 따라 거래소 업무규정으로 정해진다. 거래소 업무규정상 공매도 규제를 간략히 살펴보면 다음과 같다. 우선 공매도 주문 관련 차입 여부와 결제가능여부를 확인하는 방법에 대해서는 업무규정 제17조 제3항에서 구체적으로 정하고 있다. 이에 의하면 거래소 회원은 위탁자로부터 매도 주문 수탁시 차입 공매도 여부, 차입계약 성립 여부, 결제가능 여부 등을 통보 받을 것이 요구되는데, 여기서 핵심적인 문제는 차입계약이 성립되어 있다는 위탁자의 통보가 진실인지 여부이다. 실제로 위탁증거금이 면제되는 기관이나 외국인 투자자들이 차입계약 없이, 말로는 차입계약을 맺었다고 통보하고서는 무차입 공매도를 한 사례가 몇 차례 적발되기도 하였다. 거래소는 회원에 대해서 공매도 규제 준수 여부를 조사할 수 있을 뿐 위탁자에 대해서는 회원을 통하여 간접적으로 조사할 수 밖에 없어서 규정 준수여부에 대한 점검은 한계가 있으므로 회원의 규정 준수 의지가 중요하다. 완벽한 규제가 되려면 투자자 주문 접수시 실제 보유 여부나 차입계약의 존재 여부를 실시간으로 확인할 수 있는 시스템이 필요할 것이다.

공매도 규제에서 핵심적인 장치 중 하나가 소위 업틱룰(up-tick rule)이라고 부르는 공매도 호가 가격제한이다. 이는 업무규정 제18조에서 정하고 있는데, 이에 따르면 공매도 호가는 원칙적으로 직전의 가격 이하의 가격으로 호가할 수 없다. 즉 직전가보다 높은 가격으로만 호가가 가능하므로 가격 하락을 주도할 수 없게 된다. 다만 직전의 가격이 그 직전의 가격(직전의 가격과 다른 가격으로서 가장 최근에 형성된 가격을 말한다) 보다 높은 경우에는 직전의 가격으로 호가할 수 있다. 이는 공매도 규제의 기본 취지가 주가하락의 가속화를 방지하는 것이므로 상승장에서는 규제 필요성이 약하기 때문이다. 업틱룰에 의해서 공매도를 이용한 인위적인 시세 하락은 어렵다. 그러나 대량의 매도 물량이 쌓여 있는 것만으로도 상승을 억제하고 하락을 재촉하기 때문에 어느 정도의 가격 하락은 불가피하다.

### (3) 공매도 규제 위반에 대한 제재

자본시장법상 공매도 규제 위반행위에 대해서는 형벌이나 과징금 대신 과태료가 부과된다(법 제449조). 일반적으로 과태료는 교통 위반과 같이 행위의 반사회성이나 비난가능성이 크지 않은 경미한 질서위반행위에 부과된다. 그러나 공매도 규제는 자본시장의 건전성과 신뢰성 확보를 위해서 상당히 중요한 제도인데 이렇게 가볍게 제재하는 것이 타당한 지는 의문이다. 구 증권거래법은 내부자가 회사의 악재 정보를 이용하여 공매도를 하면 형사처벌을 하였다.

2018년 11월에 증권선물위원회는 세계적 투자은행인 골드막삭스 인터내셔널에 대해서 무차입 공매도 규제 위반으로 과태료 약 75억원을 부과하였다. 공매도 규제 위반에 대한 과태료는 1억원이 상한인데 이렇게 큰 금액이 부과된 것은, 다수의 공매도 건에 대해서 건별로 과태료를 부과했기 때문이다. 골드만삭스의 무차입 공매도는 156종목에 걸쳐 약 401억원어치 이루어졌다. 이 때까지 무차입 공매도에 대한 과태료는 건당 평균 1,630만원에 불과하였고 최고금액도 6,000만원에 그친 점을 감안하면 과태료의 성격을 넘는 징벌적 성격이 강한 제재라고 볼 것이다.

최근 들어 국내외 공히 공매도에 대한 개인투자자들의 반발이 조직화되면서 우리나라의 공매도 규제는 크게 강화되었다. 코로나19라는 미증유의 사태를 맞아 2020년 3월에 한시적으로 6개월간 전면 금지된 공매도는 이후 한 차례 더 6개월간 금지 조치가 연장되었다가 2021년 5월에 코스피200 및 코스닥150 주가지수 구성종목과 같이 유동성이 풍부한 중대형주에 한해서 부분적으로 재개가 되었다. 이 과정에서 투자자들은 공매도의 영구적 금지론 청원까지 제기하였고 국제통화기금(IMF)이 우리나라의 공매도 재개를 권고하는 훈수를 두자 내정간섭이라고 반발하기도 하였다. 미국에서는 게임스톱 주식에 대해서 헤지펀드 등이 대규모 공매도를 치자 200만 개인투자자들이 연대해 반발 매수로 맞받아치는 등 전쟁 같은 공방전을 벌여 논쟁이 의회 청문회로 확대되기도 하였다. 이에 정치권 주도로 자본시장법을 개정(2021. 1월 개정, 2021. 4월 시행)하여 공매도 규제를 대폭 강화하였는데 주요 내용은 다음과 같다.

첫째, 시행령에 규정되어 있는 금융위원회의 예외적인 차입공매도 제한조치의 내용을 법률에 상향하여 규정하였다(제180조제3항).

둘째, 누구든지 증권시장에 상장된 주식에 대한 모집·매출 계획이 공시된 이후부터 모집·매출 가액이 결정되기 전까지 대통령령으로 정하는 기간 동안 해당 종목을 공매도하거나 공매도 주문을 위탁한 경우에는 해당 모집·매출에 따른 주식을 취득하지 못하도록 제한하고, 이를 위반한 경우 과징금을 부과할 수 있도록 하였다(제180조의4 및 제429조의3 제2항 신설).

셋째, 차입공매도를 목적으로 상장증권의 대차거래 계약을 체결한 자는 대차거래 정보를 5년간 보관하고, 금융위원회 및 거래소가 그 자료의 제출을 요구하는 경우 이를 지체 없이 제출하여야 한다(제180조의5 및 제449조 제1항 제39호의5 신설). 미국의 경우 모집·매출 관련 공매도를 제한하는 규정으로 증권거래위원회의 규칙인 Regulation M이 있다. Regulation M Rule §105는 주식모집시 일정기간에 해당 모집 주식을 공매도한 후 나중에 이 주식을 취득하여 공매도 물량을 청산하는 것을 금지하고 있다. 이는 공매도에 따른 발행가 하락 방지 및 발행가 결정의 온전성(integrity)을 확보하고자 하는 취지와 무위험 차익(no market risk)을 노리는 증권거래에 대한 SEC의 거부감 때문으로 보인다. 다만, 이 규정은 총액인수(firm commitment) 방식의 공모에만 적용된다.

넷째, 금융위원회는 불법 공매도를 하거나 불법 공매도 주문을 위탁 또는 수탁한 자에 대하여 공매도 주문금액 범위 내에서 과징금을 부과할 수 있도록 하되, 동일한 위반행위로 벌금을 부과 받은 경우에는 과징금 부과를 취소하거나 벌금에 상당하는 금액의 전부 또는 일부를 과징금에서 제외할 수 있도록 하였다(제429조의3 제1항 및 제3항 신설).

다섯째, 제180조를 위반하여 상장증권에 대하여 허용되지 아니하는 방법으로 공매도를 하거나 그 위탁 또는 수탁을 한 자는 1년 이상의 유기징역 또는 부당이득액의 3배 이상 5배 이하에 상당하는 벌금에 처하도록 하였다(제443조 제1항 제10호 신설).

다른 규제도 강화되었지만 특히 형사처벌이 신설되고 그 형량도 내부자거래와 시세조종 등 불공정거래와 동일한 수준으로 정해진 것은 국제적으로 유례가 없는 엄격한 규제다. 참고로 외국 사례를 보면 홍콩만이 세계에서 거의 유일하게 무차입공매도에 징역형을 두고 있는데 그것도 2년 이하의 가벼운 형에 불과하다. 일본은 불법 공매도에 30만엔의 과태료 처분 밖에 없다. 흔히 공매도 처벌 강화 주장의 대표적 근거로 드는 미국 사례(20년 이하의 징역)는 오해가 있다. 미국 증권거래소법 제32조에 있는 20년 이하의 징역 조항은 이 법을 위반한 모든 행위에 대한 처벌의 한계를 정한 포괄적 규정일 뿐 공매도 위반행위를 처벌하는 근거로 볼 수 없기 때문이다. 실제 공매도 위반으로 형사처벌된 사례도 찾을 수 없다. 개정된 공매도 규제에 각별히 유념할 필요가 있다.

---

**칼럼** 공매도, 악의 축인가 마녀사냥인가

공매도(short sale). 지난 20년간 우리 증권시장에서 공매도만큼 논란이 치열하고 끊임없이 쟁점이 돼온 사안이 또 있을까? 뉴스 검색 · 분석 시스템 '빅카인즈'에서 공매도 관련 기사를 검색해보면 흥미로운 사실이 발견된다. 우선 2000년 무차입공매도가 금지되기 전까지 공매도란 곧 무차입공매도를 지칭했다는 것, 그리고 2000년 이전에는 공매도 언급 기사가 연간 몇 건에 불과했으나 2000년 이후 수백 건으로 증가했고 2011년부터는 매년 1000건이 넘는 기사가 올라왔다는 것이다. 현재 상황을 보면 국민 여론에서 대략 70% 내외가 공매도에 부정적인 것으로 나타나듯이 대다수 개인투자자들은 공매도를 '악의 축'으로 공격하면서 아예 금지를 주장한다. 금융 당국은 이러한 공격이 지나친 '마녀사냥'이라는 기본적 인식하에 점진적 개선에 치중하면서 방어하고 있는 형국이다.

역사를 살펴보면 이러한 공매도 논란이 우리나라에서만 유별나게 진행되고 있는 일이 아니라는 점과 공매도의 부정적인 측면에도 그 금지가 생각만큼 쉬운 일이 아니라는 점을 알 수 있다. 역사상 최초의 공매도는 1609년 근대 증권시장의 효시인 암스테르담거래소에서 동인도회사 주식에 대해 발생했다. 당시 동인도회사의 이사들은 공매도가 "고아와 과부 같은 순진한 투자자들에게 측량할 수 없는 손해를 끼친다"며 당국에 공매도 금지를 촉구해 관철한 바 있다. 그러나 이 금지 조치는 실효성이 약했고 그나마 1689년에 금지 대신 공매도로 거둔 이익에 대해 세금을 부과하는 쪽으로 변경됐다.

영국에서는 아이작 뉴턴도 큰 손해를 본 남해회사 버블이 1720년에 터지면서 공매도에 비난이 쏟아져 결국 1734년 공매도가 법으로 금지됐다. 그러나 이 법은 제대로 집행되지 않았고 1860년에 폐지됐다. 프랑스에서는 1724년 황제칙령으로 공매도를 금지했고, 나아가 나폴레옹은 1802년 모든 증권 거래에서 실물 증권의 수수를 의무화하고 공매도를 범죄로 규정하기도 했다. 그러나 이 법 또한 집행은 미약했고 1885년에 폐지됐다. 미국에서는 1929년 증권시장 대붕괴 시 공매도가 주가 폭락의 주요 원인으로 비난받았다. 이에 따라 '1934년 증권거래소법'에 의해 출범한 증권거래위원회가 1938년 '업틱 룰'을 제정해 현재에 이르고, 여러 나라에서 금지된 무차입공매도도 제한적으로 허용되고 있다.

우리나라는 1996년에 비로소 업틱 룰이 시행될 만큼 공매도 규제가 느슨해 2000년 초반까지 공매도는 매혹적인 투자 전략으로 널리 행해졌다. 당시 신문에는 '중졸의 증시 풍운아'라는 제목으로 1996년 초 1000만원으로 주식 투자를 시작해 공매도를 적극적으로 활용한 투자 전략으로 약 4년 만에 130억원을 번 이 모씨에 대한 기사가 실린 바도 있다. 그러나 2000년 4월 우풍상호신용금고가 성도이엔지 주식을 공매도한 후 결제를 불이행하는 사태가 발생하자 이후 무차입공매도를 아예 금지했다. 그럼에도 최근 삼성증권 유령주 사건과 골드만삭스의 대규모 무차입공매도로 공매도 규제의 정당성은 크게 훼손된 상태다.

공매도가 이론적인 타당성에도 비난을 받는 것은 '공정'에 대한 국민감정이 가장 중요한 이유일 것이다. 공매도는 모처럼의 주가 상승세를 짓밟는다는 기본적인 인식에 더해 대차·대주의 불균형으로 외국인(90% 비중)과 기관(10% 비중)만 자유롭게 이용할 수 있고 규제의 허점을 틈타 금지된 무차입공매도마저 할 수 있는 기울어진 운동장이라는 현실이 개인투자자들을 분노케 하는 것이다. 그러면 어떻게 할 것인가? 공매도를 아예 폐지할 수는 없고 그렇다고 약간의 개선으로는 공매도의 불공정성에 대한 인식을 바꾸기 어려울 것이므로 더욱 근본적인 대책을 고려할 필요가 있다. 외국인·기관의 공매도 주문을 실시간으로 모니터링하거나 무차입공매도에 대한 형사처벌과 부당이득 환수 등 기존에 논의된 강력한 방안들을 더욱 신속히 추진할 필요가 있다. 아니면 아예 발상을 전환해 엄격한 요건(대형주에 한해서·일정 수량 이하 등)하에 2000년 이전처럼 무차입공매도를 허용하면 어떨까? 우리의 공매도 규제가 주요국에 비해 더 엄격함에도 이러한 사회적 비용을 치를 바에는 차라리 무차입공매도를 부분적으로 허용하면서 결제불이행을 방지하는 쪽이 더 합리적일 수도 있지 않을까 고민해본다.

(성희활, 아시아경제 시론, 2019. 11. 18)

# 제7절 부당이득 산정[40]

## 1. 부당이득 산정 관련 문제점

자본시장법상 불공정거래(내부자거래, 시세조종, 부정거래)에 대한 형사소송에서 위반행위자가 얻은 부당이득은 범죄 구성요건 및 양형의 중요 요소이다. 또한 이 부당이득액에 대해서는 몰수·추징이 적용되며, 징역형과 벌금형의 필요적 병과를 위한 요건이기도 하다. 따라서 부당이득액 산정은 원칙적으로 형사법의 대원칙이라 할 수 있는 죄형균형의 원칙과 책임주의 원칙에 따라 이루어져야 한다.[41]

2009년 이전에는 불공정거래 관련 형사소송에서 부당이득액 산정은 단순차액방식, 즉 위반행위와 관련하여 얻은 총수입에서 총비용을 공제

---

40  자세한 내용은 졸저, "증권 불공정거래 범죄에 따른 부당이득 산정에서 인과관계 증명의 문제", 한국기업법학회, 기업법연구, 제31권 제3호, 2017 참조. 저자의 이 논문은 저자가 책임연구원을 맡아 진행한 한국증권법학회(성희활·신흥철·우민철), 「자본시장법상 불공정거래에 따른 부당이득의 산정에 관한 연구」, 대검찰청 학술연구용역 보고서, 2016.4. 중 저자의 집필부분을 논문형식으로 보완, 정리한 것이다.

41  대법원 2007. 4. 19. 선고 2005도7288 전원합의체 판결 참조.

하는 단순한 방식으로 산정하여 왔다.[42] 그런데 2009년 이후 우리 법원은 책임주의 원칙을 강화하여 행위자의 위반행위와 그가 얻은 이득 간 인과관계 증명을 엄격히 요구하고 정확한 부당이득액 산정을 요구하는 경향이 이어지고 있다.[43] 검찰측에 정확한 부당이득액 산정을 위한 엄격한 인과관계 증명 요구는 대략 2009년의 대법원 판결이 전환점으로 보인다.[44] 이어서 헌법재판소도 2009년 대법원 판결의 피고인이 제기한 헌법소원심판 사건에서 시장 요인에 의한 정상적인 주가 변동분을 부당이득에서 제거할 것을 요구한 바 있다.[45]

이에 따라 거증책임을 지는 검사가 이 인과관계에 대하여 법관으로 하여금 합리적인 의심을 배제할 정도로 입증하지 못하면 부당이득액은 불상 내지 없는 것으로 된다. 이 경우 자본시장법상 가중처벌 조항이 적

---

[42] 대법원 2002. 6. 14. 선고 2002도1256 판결 ("증권거래법 제207조의2 단서 소정의 '위반행위로 얻은 이익'이라 함은 거기에 함께 규정되어 있는 '손실액'에 반대되는 개념으로서 당해 위반행위로 인하여 행위자가 얻은 이윤 즉 그 거래로 인한 총 수입에서 그 거래를 위한 총 비용을 공제한 차액을 말하고, 따라서 현실거래로 인한 시세조종행위로 얻은 이익은 그 시세조종행위와 관련된 유가증권 거래의 총 매도금액에서 총 매수금액 외에 그 거래를 위한 매수수수료, 매도수수료, 증권거래세(증권거래소의 경우 농어촌특별세를 포함한다) 등의 거래비용도 공제한 나머지 순매매이익을 의미한다.")

[43] 대법원 2007. 4. 19. 선고 2005도7288 전원합의체 판결은 경제범죄에서 형벌에 연계된 부당이득의 산정시 책임주의 원칙을 강화한 판결로서 그 의의가 크다. 동 사건은 사기로 인한 특정경제범죄가중처벌법 사건에서, 부당이득액 산정시 단순 총액으로 계산하던 기존의 판례를 변경하여 대가나 부담부분을 공제한 순이득만 계산하도록 엄격한 책임주의를 적용하기 시작하였다. ("형법 제347조의 사기죄는 사람을 기망하여 재물의 교부를 받거나 재산상의 이익을 취득하거나(제1항) 제3자로 하여금 재물의 교부를 받게 하거나 재산상의 이익을 취득하게 함으로써(제2항) 성립되고, 그 교부받은 재물이나 재산상 이익의 가액이 얼마인지는 문제되지 아니하는 데 비하여, 사기로 인한 특정가법 제3조 위반죄에 있어서는 편취한 재물이나 재산상 이익의 가액이 5억 원 이상 또는 50억 원 이상이라는 것이 범죄구성요건의 일부로 되어 있고 그 가액에 따라 그 죄에 대한 형벌도 매우 가중되어 있으므로, 이를 적용함에 있어서는 편취한 재물이나 재산상 이익의 가액을 엄격하고 신중하게 산정함으로써, 범죄와 형벌 사이에 적정한 균형이 이루어져야 한다는 죄형균형 원칙이나 형벌은 책임에 기초하고 그 책임에 비례하여야 한다는 책임주의 원칙이 훼손되지 않도록 유의하여야 할 것이다.") 증권 불공정거래에 대한 본문의 2009년 대법원 판결에도 이러한 엄격한 책임주의 원칙이 반영된 것으로 보인다.

용되지 못하고, 자유형과 벌금형의 필요적 병과와 몰수·추징 또한 적용될 수 없다.

정확한 부당이득액 산정을 위해서는 거래 증권의 가격 변동에 대하여 영향을 미친 요인들을 두루 감안한 계산이 요구된다. 그러나 증권의 가격 결정에는 수많은 요인들이 함께 영향을 미치기 때문에 특정 불공정거래 행위와 대상증권의 가격 변동 간 인과관계나 영향력을 정확히 측정하고 증명한다는 것은 사실상 불가능에 가까운 일이다. 이로 인해 검찰은 법원의 엄격해진 인과관계 증명 요구에 대응하여 사건연구방식

---

44  대법원 2009. 7. 9. 선고 2009도1374 판결 ('국회의원 정국교 사건' 또는 'H&T' 사건) ("구 증권거래법(2007. 8. 3. 법률 제8635호로 공포되어 2009. 2. 4. 시행된 자본시장과 금융투자업에 관한 법률 부칙 제2조로 폐지) 제207조의2와 제214조에서 정한 '위반행위로 얻은 이익'이란 그 위반행위와 관련된 거래로 인한 이익을 말하는 것으로서 위반행위로 인하여 발생한 위험과 인과관계가 인정되는 것을 의미한다. 통상적인 경우에는 위반행위와 관련된 거래로 인한 총수입에서 그 거래를 위한 총비용을 공제한 차액을 산정하는 방법으로 인과관계가 인정되는 이익을 산출할 수 있겠지만, 구체적인 사안에서 위반행위로 얻은 이익의 가액을 위와 같은 방법으로 인정하는 것이 부당하다고 볼 만한 사정이 있는 경우에는, 사기적 부정거래행위를 근절하려는 위 법 제207조의2와 제214조의 입법 취지와 형사법의 대원칙인 책임주의를 염두에 두고 위반행위의 동기, 경위, 태양, 기간, 제3자의 개입 여부, 증권시장 상황 및 그 밖에 주가에 중대한 영향을 미칠 수 있는 제반 요소들을 전체적·종합적으로 고려하여 인과관계가 인정되는 이익을 산정해야 하며, 그에 관한 입증책임은 검사가 부담한다. 한편, 구 범죄수익은닉의 규제 및 처벌 등에 관한 법률(2007. 12. 21. 법률 제8719호로 개정되기 전의 것) 제2조 제1호 [별표 제16호], 제2호 (가)목, 제8조, 제10조에서 몰수 또는 추징 대상으로 정한 구 증권거래법 제207조의2의 범죄행위에 의하여 생긴 재산인 불법수익 역시 위와 마찬가지로 구 증권거래법 제207조의2 위반행위와 관련된 거래로 인한 이익으로서 위반행위로 인하여 발생한 위험과 인과관계가 인정되는 것을 의미하므로, 법원은 그 인과관계가 인정되는 이익이라고 하더라도 여러 사정을 고려하여 재량에 따라 그 불법수익의 몰수 또는 추징 여부를 최종 결정하면 된다.") (밑줄은 필자가 추가).

45  헌법재판소 2011. 2. 24. 2009헌바29 결정 ("'위반행위로 얻은 이익'이라는 문언 자체의 의미뿐만 아니라 입법목적이나 입법취지, 입법연혁, 그리고 법규범의 체계적 구조 등을 종합적으로 고려하는 해석방법에 의할 때, 건전한 상식과 통상적인 법감정을 가진 일반인이라면 어렵지 않게 '위반행위로 얻은 이익'은 '위반행위가 원인이 되어 그 결과로서 발생한 이익'을 의미하는 것으로 해석할 수 있다. 이러한 해석에 의할 때, 사기적 부정거래행위를 한 자가 이 사건 법률조항들에 의하여 자신의 행위와 인과관계 없는 부분, 즉 주식시장에서의 정상적인 변동요인에 의한 주가상승분이나 행위자와 무관한 제3자가 야기한 변동요인에 의한 주가상승분에 기한 형사책임까지 지게 될 여지는 없다고 할 것이다. 따라서 이 사건 법률조항들이 자기책임의 원리에 반한다고 볼 수 없다.") (밑줄은 필자가 추가).

(event study)과 같이 널리 활용되는 금융경제학적 방법으로 부당이득액을 산정하고자 한다.

그러나 법원은 동 산정방식의 객관성과 신뢰성이 부족하다며 아직은 인용을 거부하는 입장이 주류이다. 법원의 기본적인 입장은 사건연구방식은 연구자의 자의가 필연적으로 개입될 수밖에 없어서 객관성이 확보되기 어렵기에, 증거로서 객관성 및 중립성이 담보되어야 하는 형사사건에 있어서는 사건연구방식의 채택이 논란의 여지가 많다는 것이다. 거기에 더하여 부당이득 있음이 명백하고, 부당이득이 특정될 경우에도 위반행위와 그 부당이득 간 구체적으로 인과관계가 특정되지 않았다는 이유로 부당이득 불상으로 판단하여 가중처벌을 적용하지 않고 또한 추징도 선고하지 않는 경향이 있다. 이로 인해 위반행위자에 대한 합당한 처벌과 불법수익의 환수가 제대로 이루어지지 못하였다.

## 2. 부당이득 산정방식 법제화 현황

우리 자본시장의 난제 중 하나인 이 문제는 2023년 자본시장법 개정과 이에 따른 시행령 개정으로 일대 전환점을 맞이했다.[46] 이 개정 자본시장법은 세 가지 중요한 조치를 도입했는데, 첫째는 불공정거래에 대해서 부당이득의 2배까지 과징금을 부과할 수 있도록 한 것이다. 죄형법정주의의 제약이 많은 형사처벌의 한계를 감안하여 행정청의 금전적 제재를 통한 범죄 예방효과를 도모하겠다는 취지다. 이로써 금융당국

---

46  의안번호 22985, 자본시장과 금융투자업에 관한 법률 일부개정법률안(대안), 2023. 6. 30. 국회 본회의 통과, 2023. 7. 18. 공포.

은 기존의 시장질서교란행위뿐만 아니라 범죄로서의 불공정거래에 대해서도 막대한 금액의 과징금을 부과할 수 있게 되었다.

둘째는 부당이득의 산정방식을 법령으로 유형화하도록 한 것이다. 과거의 단순차액방식, 즉 위반행위를 통하여 이루어진 거래로 발생한 총수입에서 그 거래를 위한 총비용을 공제한 차액을 산정하는 방식을 기본으로 하되 불공정거래 각 유형별로 대통령령에서 산정방식을 정하도록 한 것이다. 이 산정방식은 불공정거래와 불법 공매도에 대한 과징금뿐만 아니라 불공정거래에 대한 형사처벌시에도 동일하게 적용된다.

정부는 개정 시행령에서 부당이득 산정시 인과관계를 감안하는 방법을 제시하였다.[47] 우선 출발점은 단순차액방식으로서 위반행위를 통하여 이루어진 거래로 발생한 총수입에서 그 거래를 위한 총비용을 공제한 차액으로 산정한다. 그리고 이 금액에 시세에 영향을 미치는 수많은 변수들의 인과관계를 다음과 같은 방식으로 반영한다.

(1) 제3의 요인에 의한 시세변동이 위반행위로 인한 시세변동을 완전히 상쇄하였다고 인정되는 경우 제3의 요인이 발생하기 직전까지의 시점을 기준으로 부당이득액을 산정한다.

(2) 제3의 요인에 의한 시세변동이 위반행위로 인한 시세변동을 능가하였다고 인정되는 경우 제3의 요인이 발생한 이후의 시세변동분은 1/3만 반영하여 부당이득액을 산정한다.

(3) 제3의 요인에 의한 시세변동이 위반행위로 인한 시세변동에 준한다고 인정되는 경우 제3의 요인이 발생한 이후의 시세변동분은 1/2만 반영하여 부당이득액을 산정한다.

---

47  자본시장법 시행령, 별표 23.

(4) 제3의 요인에 의한 시세변동이 위반행위로 인한 시세변동에 미치지 못하는 경우 특별한 사정이 없는 한 그 전체를 부당이득으로 본다. 다만, 특별한 사정이 인정되는 경우에는 제3의 요인이 발생한 이후의 시세변동분은 2/3만 반영하여 부당이득액을 산정한다.

증권의 가격에 영향을 미치는 수많은 변수들의 인과관계 측정이란 사실상 불가능하기에 정부가 위와 같은 기계적 방식으로 대응하는 것은 이해가 간다. 그러나 대법원과 헌법재판소의 책임주의 원칙에 비추어 보면 위헌 판정을 받을 가능성이 적지 않아 보인다.

셋째는 불공정거래를 자진신고하거나 수사·재판절차에서 해당사건에 관한 다른 사람의 범죄를 규명하는 진술 또는 증언 등과 관련하여 자신의 범죄로 처벌되는 경우 그 형을 감경 또는 면제받을 수 있도록 한 것이다. 이것은 미국의 플리바게닝(유죄협상제도)과 같은 제도인데 국가의 형사사법권을 범죄인과 협상의 대상으로 삼는 것에 대한 국민의 법감정을 고려할 때 이례적이고 과감한 조치라 할 수 있다.

# 색인

# [ㅇ]

## 성희활

한양대학교 법과대학 졸업
미국 인디애나대학 로스쿨 (블루밍턴) LL.M (법학석사)/ SJD (법학박사)
미국 뉴욕주 변호사
인하대학교 법학전문대학원 교수

한국증권법학회, 한국상사법학회, 한국법정책학회 부회장/ 한국거래소 법무팀장
상장회사협의회·금융투자협회·서울지방변호사회 등 자본시장법 강사, 금융위원회 시장효율
화위원회 위원, 금융위원회 자본시장조사심의위원회 위원, 금융위원회 자본시장법 개정 민·
관합동 TF 자문위원, 금융감독원 금융감독 행정지도 심의위원회 위원, 한국거래소 유가증권
시장 기업심사위원회 위원장, 한국거래소 코스닥시장 상장폐지실질심사위원회 위원, 한국거래
소 시장감시위원회 분쟁조정위원회 위원, 인천지방법원 민사조정위원, 법조윤리협의회 전문위
원, 법학전문대학원협의회 고충처리특별위원회 위원, 해양경찰청 자체규제심사위원회 위원 등

### 저서/ 논문

• 「자본시장법 주석서」, 한국증권법학회 (공저)
• 「법정책학이란 무엇인가」, 한국법정책학회 (공저)
• 가상화폐의 공모(ICO)와 상장에 대한 적정 규제방안, 상사법연구, 2018; 4차 산업혁명의
  시대에서 "네거티브규제 패러다임"에 따른 금융규제체계의 재구축 방안 연구, 제주대 법과
  정책, 2018; 증권 불공정거래 범죄에 따른 부당이득 산정에서 인과관계 증명의 문제, 기업
  법연구, 2017; 주가연계증권(ELS) 분쟁 관련 최근 대법원의 상반된 판결에 대한 고찰, 증
  권법연구, 2016 등 다수

# 자본시장법 강의 입문에서 중급까지

**초판 발행** | 2018년 12월 31일
**2024년 판 2쇄 발행** | 2025년 1월 3일

**지은이** | 성희활
**발행인** | 김정수
**임프린트** | 캐피털북스
**발행처** | 서울파이낸스앤로그룹
**디자인** | 나디하 스튜디오
**제 작** | 제이오
**주 소** | 서울특별시 마포구 새창로 11, 1262호 (도화동, 공덕빌딩)
**전 화** | (070) 7535-9441
**E-mail** | sflibf@naver.com, capitalmd@naver.com
**출판신고번호** | 310-2011-1

ISBN 979-11-978500-3-5 93360
*캐피털북스는 서울파이낸스앤로그룹의 금융·경영 관련 도서의 임프린트입니다.